The Science of Adolescence

思春期学

[監修]
長谷川寿一

[編]
笠井清登／藤井直敬
福田正人／長谷川眞理子

東京大学出版会

The Science of Adolescence
Kiyoto KASAI, Naotaka FUJII, Masato FUKUDA,
and Mariko HASEGAWA, Editors
Toshikazu HASEGAWA, Supervisor
University of Tokyo Press, 2015
ISBN 978-4-13-011141-6

はじめに

　一般に「こころ」と呼ばれている人の精神機能の本質的特長は、自分とはどういう存在か、社会の中でどうふるまえばよいのか、自分はどうありたいかを考え、自分を発展させることです。思春期は、人が自分という固有の存在の価値や意味を形成するとともに、そのことを通じて人間における普遍的な価値や意味をも考えるようになります。ヒトは、進化の過程で格段に大きな脳を持つようになり、それを成熟させるために長い思春期を持つようになりました。すなわち思春期は「ヒトが人間になる」きわめて重要なライフステージと言えるでしょう。

　しかし、他のライフステージと比べて身体的に健康な時期であることに加え、自分自身を知るということ、他者の存在下にある実生活でのふるまい、将来どうありたいかという希望、といった複雑な精神表象や行動を科学的に扱うことが困難であったため、精神分析学や発達心理学などの一部の分野での探求以外は、人文社会科学においても、脳科学・医学においても、思春期は、児童期と成人期の間のブラックボックスでした。

　また、皮肉なことに、人類史上類を見ない超少子高齢社会という問題が取りざたされるほど、人の目は児童と高齢者に向かいます。本当は、若者世代に活気と希望をもたらすことが少子高齢社会を支える源なのに、です。

　このような問題意識から、私たちは人文社会科学と脳科学・医学を融合させることによって、「思春期学」を提唱するに至りました。文部科学省の新学術領域研究においても、2011 年より「精神機能の自己制御理解にもとづく思春期の人間形成支援学」がスタートし、総合人間科学としての思春期学の確立が目指されています。

　私たちは様々な学問分野の単なる寄せ集めではなく、科学者の理論、臨床に携わる専門家の実践、心理的困難を乗り越えようとする体験者や介護者の語りの統合こそが、総合人間科学の深化をもたらすものと考えています。そして、日本初・日本発の本格的な総合人間科学としての思春期学の教科書である本書

はじめに

を学んだ大学生や大学院生が、新しい融合学術領域を支える専門家として育つことを期待しています。また、思春期の研究をさらに進め、教育や政策にも生かすことによって、若者ひとりひとりが自分の存在の価値と意味に気づき発展させ、活気と希望を持って社会に貢献する、またそうした社会の実現により市民ひとりひとりのウェルビーイングが満たされることを願っております。

　　　　　　　　　　　　　　　　　　　編者を代表して　笠井清登

目 次

はじめに（笠井清登）i
序　章　総合人間科学としての思春期学（笠井清登）・・・・・・・・・・・・・・・・ 1
　　　　コラム 1　現代の「フツーの子」の思春期（岩宮恵子）18

I・進化学からのまなざし 23

第 1 章　思春期はなぜあるのか──人類進化学からの視点（長谷川眞理子）・・・ 25
　　　　コラム 2　少年犯罪（長谷川眞理子）41

II・発達科学からのまなざし 43

第 2 章　思春期発達の基盤としてのアタッチメント（遠藤利彦）・・・・・・・・ 45
第 3 章　思春期のアイデンティティ形成（西平　直）・・・・・・・・・・・・・・・・ 65
第 4 章　思春期の発達教育心理学（平石賢二）・・・・・・・・・・・・・・・・・・・・・・ 75
第 5 章　思春期の発達疫学（安藤俊太郎・西田淳志）・・・・・・・・・・・・・・・・ 85
　　　　コラム 3　英国の双生児出生コホート研究──「生涯発達の時間軸」と
　　　　「遺伝・環境の相互作用」（滝沢　龍）96
第 6 章　思春期のホルモン変化（西谷正太・藤川慎也）・・・・・・・・・・・・・・ 101
第 7 章　思春期の心と体の発達（平岩幹男）・・・・・・・・・・・・・・・・・・・・・・ 113
　　　　コラム 4　双生児研究と思春期（安藤寿康）124

III・脳科学からのまなざし 129

第 8 章　脳の思春期発達（小池進介）・・・・・・・・・・・・・・・・・・・・・・・・・・・・ 131
第 9 章　言語・コミュニケーションの思春期発達
　　　　（橋本龍一郎・酒井　弘・萩原裕子）・・・・・・・・・・・・・・・・・・・・・・ 145
第10章　思春期における自我の確立とその脳基盤（福田正人）・・・・・・・・ 159
第11章　社会性の神経基盤（藤井直敬）・・・・・・・・・・・・・・・・・・・・・・・・・・ 173
第12章　報酬系の神経基盤（村尾託朗・村井俊哉・高橋泰城）・・・・・・・・ 185

目　次

第13章　思春期と発声学習——鳥とヒトに見る脳機能の類似点〔岡ノ谷一夫〕… 197
　　　　コラム5　エピゲノム研究〔西岡将基・金田　渉・音羽健司・滝沢　龍・岩本和也〕 211

Ⅳ・精神病理学からのまなざし　217

第14章　統合失調症〔笠井清登〕……………………………………………… 219
第15章　気分障害〔髙垣耕企・岡本泰昌〕…………………………………… 230
第16章　発達障害〔金生由紀子〕……………………………………………… 240
第17章　摂食障害〔田中　聡〕………………………………………………… 251
第18章　依存症〔鶴身孝介・村井俊哉〕……………………………………… 263
　　　　コラム6　思春期のメンタルヘルスリテラシー〔小塩靖崇・佐々木司〕 273

Ⅴ・体験・現実を乗り越えて　279

第19章　回復とは何か——40年かけて「収まりがついた」私が思うこと〔夏苅郁子〕… 281
第20章　病の受け入れに対する一般市民の潜在能力と可能性〔石井綾華〕… 292
第21章　「困った時に人は助け合う」行動の科学
　　　　——私はケアラーだったのだ！〔堀江紀一〕………………………… 303
　　　　コラム7　思春期についての精神分析的理解〔笠井さつき〕 312

Ⅵ・学問分野の融合による思春期学の発展　319

第22章　青年心理学との融合〔溝上慎一〕…………………………………… 321
第23章　思春期学と社会医学〔川上憲人〕…………………………………… 330
　　　　コラム8　実験社会科学〔亀田達也〕 343

監修者あとがき〔長谷川寿一〕 345
人名索引　347
事項索引　349

序章　総合人間科学としての思春期学

笠井清登

1　思春期学へのいざない

　人の精神機能（こころ）の本質的特長は、自分とはどういう人間か（自我、意味）、社会の中でどうふるまえばいいのか（社会性）、自分はどうありたいか（価値観、希望）を想い、自分自身を実現・発展させることである。思春期（本書では、10〜20歳くらいの時期を指すものとする。ライフステージの区分の考え方については第2節参照）は、人間ひとりひとりが社会との交流を通じて人間性を形成するために極めて重要なライフステージといえる。長い思春期は進化史上、人間に特徴的であり、これは、大脳皮質の中で最後に前頭前野を含む大脳新皮質が成熟することと対応すると考えられている。近年、従来の成人の脳・精神機能の研究に加えて、乳幼児・児童期の研究が進展してきたが、思春期はこれらの狭間におかれて、研究の対象となってこなかった。一般に、身体発達上は比較的健康度の高い時期であるため、精神の発達も健康な時期であるとの誤解もあったのではなかろうか。しかし、精神疾患の大半が思春期に発症することや、日本では思春期・青年期の死因の第1位が自殺であることなど、思春期は精神の健康にとって危機であることがわかっている。
　思春期学が黎明期にある要因はそれだけではあるまい。思春期・青年期を含む成人以前のライフステージの取扱いが不可欠な発達心理学や精神分析学であっても、以下のような指摘がある。山 (2012) は、これまでの認知発達研究において思春期がほとんど注目されない要因の一つとして、ピアジェ (Piaget, J.) の認知発達段階説において、最終段階の形式的操作期が10代前半で成熟するとの見解があったことを挙げている。その結果、大学生の学習による認知の変容についての教育心理学的研究は多いものの、たとえば中学生と大学生の認知

発達の比較研究などはほとんどなされてきていない、としている。井上（2008）は、ジクムント・フロイト（Freud, S.）にはじまる精神分析学理論においても、アンナ・フロイト（Freud, A.）やクライン（Klein, M.）らの第二世代までは乳幼児期・児童期に注目が集まり、思春期の発達理論・治療論が展開されはじめたのは、1950年頃から活躍したブロス（Blos, P.）やエリクソン（Erikson, E. H.）によるものであったとしている。筆者は、思春期に育まれる自我や価値意識（価値観）といった主観的な概念を、科学、特に客観的・量的計測で理論構築される自然科学として扱うことがこれまで難しかったことが本質的要因であると考えている。

　人間は、進化過程で発達した前頭前野を含む神経回路ネットワークを活用して、メタ認知と言語から自我機能を成立させ、自分自身の精神機能さらには脳機能を制御する、「精神機能の自己制御性」を持つに至った。人間は、思春期にこの自己制御機能を用いて、自分を形成し、発展させる。「汝自身を知れ」「無知の知」との言葉にあるように、自己制御は、古より哲学の重要テーマだったが、こうした再帰性・自己参照性を持つ概念は、脳の分子メカニズムの解明を重視する還元主義的な脳科学では扱うことが困難であった。そのため、この自己制御性を成熟させるためのライフステージである思春期が研究対象となってこなかったのは、最後の砦としていわば必然だったとも言える。

　脳科学の対象は、知覚・認知に始まり、情動、対人認知・社会性へと発展し、そして現在、自我や、行動の動因となる価値システムが扱われようとしている。脳科学が自我や価値を扱えるようになってきたことと、それらが発達・成熟するライフステージである思春期を科学的に検討しようという機運が高まってきたことは、偶然の一致ではないだろう。

　本章は、これから思春期学を展開していく上で基本となる枠組みについて筆者の考えを平易に述べ、読者が次章以降を読み解くためのヒントとなることを意図したものであり、個別の研究文献紹介は各章の詳述に譲った。確立した学問分野ではないので、実証的なエビデンスが少なく、作業仮説に過ぎない点も多いが、読者の方々におかれては、ご自分が思春期学の開拓者だというつもりで、批判的に読んでいただきたい。なお、思春期学は国際的にも黎明期にあり、概観できるような書籍や総説論文も多くはないが、医学・健康科学（Sawyer et *al.*, 2012)、脳科学（Casey *et al.*, 2010）、精神医学・心理学（Romer & Walker, 2007; Allen & Sheeber, 2008）などの研究者から少しずつ発信されるようになってきているので、併せて参照してほしい。また、国内学会としては「日本思春期学会」があり、医学における産婦人科学等の専門家が中心となって発足し、その後多くの領域が加わる形で発展してきているが、本書で扱う人文社会系諸科学や脳科学等との更なるクロストークが期待されよう。共同研究コンソーシアムとしては、文部科学省・新学術領域研究の支援により、2011 年より「精神機能の自己制御理解にもとづく思春期の人間形成支援学」〈http://npsy.umin.jp/amsr〉がスタートしている。

2　人生における思春期というステージ

人間の人生（ライフコース）は、おおまかに、胎児期・新生児期（母体の妊娠中から生後 1 ヵ月くらいまで：両者をまとめて周産期）、乳児期（1 歳くらいまで）、幼児期（1～6 歳くらいまで）、児童期（6～10 歳くらいまで）、思春期（10～20 歳くらいまで）、青年期（20～25 歳くらいまで）、成人期（25～60 歳くらいまで）、老年期（およそ 60 歳以降）というライフステージに分けられる。

学問分野や研究者によって、身体、脳、精神・心理、教育、社会のどの観点から人間の発達を考えるかが異なるためもあって、ステージの名称や年齢幅の定義が異なってきた（高橋ほか, 2012；無藤・子安, 2013；清水, 2001；伊藤ほか, 1994；青木, 2011；平石, 2011；藤永, 2013；日本発達心理学会, 2013）。日本の発達心理学では、児童期と成人期の間にあたる時期、英語では adolescence と呼ばれる時期を青年期と訳し（高橋ほか, 2012；無藤・子安, 2013；伊藤ほか, 1994）、思春期という呼称は、第二次性徴の開始～骨端線の閉鎖（17, 18 歳くらい）という生物学的変化（puberty）に限定して用いてきた。教育学の立場では、児童期と思春期・青年期の境界を学校制度の切り替わり、すなわち 12 歳くらいと定義し、前者を学童期と呼ぶことが多いが、その場合、10 歳前後から始まるホルモンの急激な変化が心身の成長に及ぼす重要性が研究されづらくなるおそれがある。また、日本の一般社会においては「青年」とは早くて 10 代後半、通常は 20 代をさし、10 ないし 12 歳の小学生を青年とは呼ばない。他方、近年の脳科学の進歩は、前頭前野の成熟や白質の髄鞘化が 25 歳くらいまで続く

序　総合人間科学としての思春期学

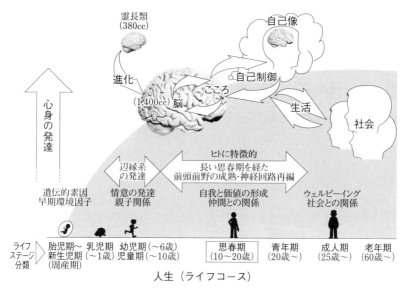

図 0-1　思春期：「ヒトが人間に変わるとき」

ことを示唆している。こうしたことから、総合人間科学としての思春期学を推進するには、10〜20歳くらいを思春期（adolescence）、20〜25歳くらいを青年期（young adulthood）と呼ぶのが妥当と筆者は考えている。なお、高学歴志向、専門職志向などの社会の変化にともなって青年期が延長し、最近では30歳くらいまでを青年期と考える立場がある一方、それを青年期の長期化と見なすのではなく、成人期に移行していく「成人形成期」（emerging adulthood）という新たな発達期とみなして理論化しようとする動きもある（青木，2011）。学問分野毎の用語使用の不統一は、単に研究者同士の対話不足にもとづくのではなく、学問の依って立つ理論や発展の歴史に深くかかわり、さらには日本の場合は海外の概念の翻訳という問題があるので、各章で思春期や青年期の用語使用が多少ばらつくことを今のところお許しいただきたい。

　長い思春期はヒトに固有とされる（第1章参照）。ヒト以外の動物では、サルやチンパンジーといった霊長類でも思春期は短く、小児期が終わり第二次性徴が始まると、すぐ成年期となり、繁殖行動をするようになるという。ヒトだけが、小児期が終わってから大人になるまでに、10年以上もの年月をかけるの

である。このようなことから思春期は、「ヒトが人間になる」ためにきわめて重要なライフステージに他ならないことが仮説できよう（図0-1）。

　シェイクスピアの時代、16〜17世紀に興味深い思春期の記載がある。『冬物語』から引用する。「十から二十三までの歳なんか無きゃいいんだ。さもなきゃそのあいだは眠っててくれりゃいい。だってよ、その年ごろの若えもんのすることときたら、娘っこをはらませる、年寄りゃいびる、盗みは働く、喧嘩はするって、ろくでもねえことばっかしだからな。そうら、あれだ、頭に血いのぼった十九から二十二までのやつらでなけりゃ、誰がこんな天気に狩りなんかする？」（シェイクスピア，2009）。「十から二十三」といった年齢区分が現代科学における思春期の定義と見事に合致しており興味深い。また、当時の思春期の理解が、衝動性が強くなる時期、大人になる前の未熟な人間というイメージであった可能性もうかがえる。思春期学では、そのような固定観念をいったん取り払い、なぜ衝動性が思春期に高まるのか、その神経基盤は何か、適応的な意義はなにか、ということを進化心理学、発達心理学、脳科学、臨床医学などの専門家が知恵を出し合って解明していくことになる（第3節で詳述）。

　「はじめに」で、思春期が少子高齢社会というキャッチフレーズの時流に乗った小児期、成人期や老年期の研究の狭間で見逃されてきたと述べたが、排他的に思春期だけを研究する学問分野を作り、他のライフステージを対象とした学問分野と対抗しようという態度は望ましくない。後述するように、児童期の発達を土台として思春期の発達・発展があるという発達段階的理解が重要であり、また、成人期・老年期のウェルビーイングやこころの不調の解決にも、その人の思春期発達がどのようであったかの深い理解とそれに基づく回復の伴走が欠かせないことを実践家は知っている。「人間はかつて甘えるということを経験しなければ自分をもつことができない」（土居，1971）。したがって、私たちは人生（ライフコース）に沿った発達（生涯発達）というより大きな視野の中で、人間で独自に長くなった思春期の意味を考えていく、という態度が必要なのである。

3　思春期の脳とこころの発達

　発達心理学の分野では、エリクソンの心理社会的発達理論がよく用いられて

序　総合人間科学としての思春期学

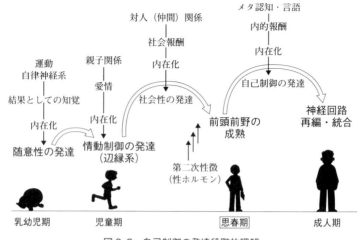

図 0-2　自己制御の発達段階的理解

きた（伊藤，2012）。人のライフサイクルを 8 段階に分け、思春期を自我同一性の確立の時期として重要視したことは今でもその意義を失っていない（第 3 章参照）。今後、発達心理学の知見と、近年発展がみられる脳科学、発達疫学、発達精神病理学等との対応づけが「思春期学」を確立する上で欠かせない道程である。

　人間の脳機能は、おおむね、知覚、情動、対人機能、自我機能の順に成熟を遂げる。このことが、脳科学の対象となる機能ドメインの発展の歴史的順序と一致していることは偶然か必然か、いずれにしても興味深いことである（福田，2012）。人間の脳と精神機能の発達段階的理解について、筆者の仮説を図 0-2 に示した。人間は生まれた時から、すなわち他者からの言語的指示の理解や自身の内言語による指令が未成熟でも、脳や自律神経系を駆使してからだを動かしたり排泄をしたりして、結果として物体に触った、お尻がぬれた、という知覚が生じる。こうしたループから随意性や自律神経系が発達するものと考えられる。例えば夜尿といった随意・不随意性のバランスや自律神経系の発達に関連の深い現象は、従来小児科や泌尿器科などの医療の見地からの研究しかなされていないが、今後は発達科学の観点からの研究が待たれる。乳幼児期〜児童期前半までは、愛情という情動報酬を通じて親子関係が子自身に内在化する過程

であり、情動回路（大脳辺縁系など）の発達が促進される。児童期後半から思春期前半は、仲間との交流が社会報酬となり対人関係が自身に内在化して、社会性脳回路が発達する。そして思春期・青年期は、メタ認知と言語機能の抽象化を基盤として、自己制御性が発達する時期である。将来の自分自身の価値についてのメタ認知とも言える希望をもって、自己を実現、発展させていくのである。

　人間の脳機能と精神機能の発達は、直線的に生じるのではなく、前のライフステージを受けて次のライフステージが生じるとする発達段階的理解が必要である。従来の認知科学や脳科学は、五感による入力を行動への出力に変換するのが脳（入力優先システム）で、五感、認知、記憶、情動、社会性といった要素的な機能が、徐々に統合されてくるのが人間の脳の発達過程である、という考え方をとって発展してきた。しかし、よく考えてみると、人間は生まれながらにして泣き、手足を動かしている。すなわち、脳は出力優先システムである（福田ほか, 2012；波多野, 1990）。この時期の脳は全体論的、未分化であり、それが徐々に分化し、要素的な機能を果たすようになる（福田, 2013）。一方、思春期を通じて、いったん分化した脳機能が、前頭前野の成熟とともに、回路の組み換えや再編が生じて統合される（竹内, 1987）、と考えることはできないだろうか。また、そうした再統合に、他の霊長類と比べて格段に大きくなり、個体発達上も最後に成熟を遂げる前頭極（frontal pole：ブロードマン10野）が大きな役割を担っているのではないかと筆者らは考えている（滝沢ほか, 2012）。

　以下、情動・対人制御、自我形成、価値システムの発達に分けて、もう少し詳しく見てみよう。

3-1　情動・対人制御の発達

　仲間の中での位置づけや異性との関係など、思春期以降によりリスクを選択する方向に行動が変化することは、動物の生存・適応や子孫を残すことにとって欠かせない。10歳前後からテストステロンなどの性ホルモンが急激に増大すると、それによって生物学的変化を受ける辺縁系と、まだ十分に成熟していない抑制機能を司る前頭前野とのアンバランスが生じて、リスクを選好する方向に行動が変化する、という作業仮説が提出されている。しかし、人間における思春期のリスク選好態度はそうした単純なモデルだけで説明できるであろう

か。それまでの人生で、本人のもともとの特性と親子関係を中心とした環境によって大まかに発達を遂げた辺縁系や基底核などの脳の深い部分が、第二次性徴の初来による性ホルモンの増大とともに活性化し、リスクを選好する方向に行動が変化する。しかし、ここで仲間や社会という外界に適合しなければ適応的ではない、という社会環境適合性が圧力となって行動が制御され、そのことが前頭前野の発達を促し、それによって辺縁系が制御されるようになり、いったんアンバランスであった前頭前野―辺縁系バランスを再統合していく過程が想定されるのではないだろうか。脳の発達が行動を変化させるという一方通行だけでなく、脳の発達によって行動が変化し、それが社会環境適応のために修正され、そのことが脳の成熟を促す、という、脳と社会環境の相互作用性を考えていく必要があろう。また、制御という言葉を、衝動性の抑制とだけとらえないようにしたい。思春期は、脳と精神機能の発達にともない、現在の自分についてのメタ認知と言語化だけでなく、将来の自分（のイメージ）についてのメタ認知と言語化（時間的展望）を可能とし、それは夢や希望と呼ばれるものの源となる。何か行動を起こそうとする内的なエネルギーである衝動性は、メタ認知や言語機能の成熟によって、目標に向かって挑戦する、といったポジティブな方向に行動を促進することを可能にするともいえるのである。

　よりよい教育法を開発したり、いじめなどの社会現象の原因を考え、対策をたてる上でも、単なる印象論や精神論ではなく、脳の発達と社会の関係についての科学的理解が必須であろう。人間の脳、特に前頭前野の成熟は25歳くらいまで続く、すなわち、思春期の脳はまだ完全には成人の脳ではないから、思春期の犯罪に対する刑罰の考え方にも脳科学のエビデンスを取り入れる必要があるのではないか、という議論が司法の分野でもなされている（Steinberg, 2013）。こうした課題を解決していくには、おのずと多くの学問分野が協力しなければならない。思春期学が総合人間科学たる所以である。

3-2　メタ認知と言語を基盤とした自我の形成

　古代ギリシャのアポロン神殿の入り口には、「汝自身を知れ」という言葉が刻まれている。哲学者ソクラテスは「無知の知」との名言を遺し、論語も「知らざるを知らずと為す是知るなり」と述べている。「自分自身を知る」「自分自

身の認識が完全ではないことを自覚している」、こうしたこころのはたらきが、現代人だけが持っているものではなく、古代から認識され、格言となって受け継がれていることは、驚くべきことである。「自分自身を知る」ということは、心理学の用語では「メタ認知」と呼ばれている（三宮, 2008）。動物におけるメタ認知機能は、「自分の記憶に対する確信度がどの程度かを認知していること」を指標とした行動実験で研究されてきており、異論はあるもののイルカ、げっ歯類などでも萌芽的に存在することが報告されている（清水, 2009）。しかしながら人間は、他の動物と異なり、言語という表象系を使うことができることから、メタ認知と言語機能を基盤として、自分自身の思考内容を言語化することができる。人間における言語は、人と人とのコミュニケーションの道具と思われているが、自分の内界を言語化する、すなわちメタ認知とともに自我や思考を支えるシンボルとしても重要なのである。

　人間の自我を支えるこのメタ認知や言語の機能は、人間の一生のなかで、どの時期にどのように発達するのだろうか。メタ認知と言語、さらにはその相互作用の発達の脳基盤研究はまだ黎明期であるが、作業仮説を提示したい。なお、自我と自己という用語の区別については、自我心理学の慣習にならい、主体としての自分を自我、客体として対象化された自分を自己と呼ぶこととする（伊藤ほか, 1994）。

　乳児は言語を利用できず、メタ認知もほとんど働いていないと思われる。幼児から児童期にかけては、他の人が何を意図しているか、どういう感情の状態にあるか、を知ること（「こころの理論」）ができるようになるが、自分自身の思考内容について、それをあたかも天井から眺めるように、言語化する、ということはあまりできていないだろう。10歳前後くらい、すなわち思春期の始まりくらいから、言語能力がさらに発達して抽象概念を扱えるようになってくるのとあいまって、メタ認知機能が発達してくるものと考えられる。他人の感情、意図だけでなく、「他人（特に同世代の仲間）から見て、自分はどう見えているのか」が気になってくる。この頃の子どもたちが鏡を長く見るようになるのもそうした意味があるのだろうし、サリヴァン（Sullivan, H. S.）は、思春期前半における同世代の仲間のことをチャムグループと呼んで重視している。さらに、自分自身の感情、意図を言語化することができるようになると、それを言葉

序　総合人間科学としての思春期学

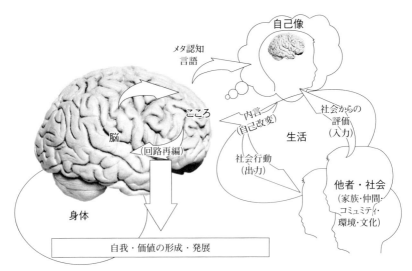

図 0-3　思春期の脳・精神機能の「自己制御性」にもとづく自我・価値の形成・発展

(内言) でコントロールすることができるようになる。この、思春期のこころの発達における、内言の重要性を、ロシアの心理学者ヴィゴツキー (Vygotsky, L. S.) が 20 世紀初期に既に見事に表現している (ヴィゴツキー, 2004) のには驚くとともに、それ以来、思春期におけるメタ認知と言語の発達の解明が進んでいないのは、前述した脳科学の進展の歴史が段階を経る必要があったことにもとづくものと思われる。

　思春期には、脳の発達により獲得・成熟してきたメタ認知と言語を用いて、自分自身のこころの内界を表象し、他者が自分をどうとらえているか、自分自身が自分をどうとらえているかを言語化して、その表象を修正し、こころを豊かに発展させていき、それが脳の発達を促していく……という、脳とこころの双方向的な回路がぐるぐると回り始めるのだろう。従来の脳科学は、高度な精神機能を理解するには脳の理解が必要、それには神経回路、ニューロンの動作特性、そして分子、最後は遺伝子の理解が必要である、という還元論をとっていた。脳が精神機能を生み出し、メタ認知と言語を通じて自己像を形成し、それを内言によってフィードバックすることにより精神機能が成熟、それが脳の発達を促していく、またそのことに、他者との言語を通じた精神機能の共鳴が

関与する……。このような脳と精神機能の双方向性およびその発達における言語という表象系の関与は、従来の還元主義的脳科学のパラダイムでは扱えなかったが、最近、他者の存在下という実生活の場面での脳の時空間的な詳細計測が技術的に可能となった（Kasai *et al.*, 2015）ことから、今後のブレークスルーが期待される（図0-3）。

3-3 報酬系・学習システムの発達による価値、行動選択の成熟

人間は、生まれながらにして運動しており、次第にその随意性を獲得し、行動する主体である。それでは人間の行動選択は完全に随意なのだろうか。いや、フロイトの精神分析理論を持ち出すまでもなく、人間の行動選択には、意識されていない何かがそれを決めている部分がある。むしろほとんどの行動は予め意識化、言語化されていないといっても過言ではない。後からどのような意図だったか言語化しようとすることがある程度できるため、人間は自分の行動に随意性が大きいと思っているだけかもしれないのである。このように、人間の行動選択の動因を、価値と呼ぶことにする（「価値」の定義や意味する範囲は、哲学者、心理学者、生物学者によっても異なるので、本稿に限定した作業仮説的定義と考えてほしい）。この価値は、無意識に支えられている部分がおそらく多く、その中で、意識化、言語化されうる部分が価値意識と呼びうるものかもしれない。

人間の発達とともに、「価値」はどのように形成されていくのだろうか。報酬系や情動学習システムの脳科学は、基底核モノアミン系の機能を動物で調べることで発展してきたが、これと、人間がどのように価値を形成して行動を選択し、ひいてはウェルビーイング（幸福）を目指していくのかという人文社会系諸科学が対象としてきた学問とは、まだほとんど融合されていないため、ここでも作業仮説を提出する。まず、児童期までに、親子関係を基盤とする愛情やしつけなどで、情動回路や対人関係脳回路の基盤ができあがる（基本報酬による価値形成）。これを基盤として、思春期に入ると、親子関係より仲間との関係（peer relationship）が重要になるといった社会報酬による価値形成の段階に入る。そして最終的には、自分の将来の希望を言語化できるといった精神機能の発達とともに、それが実現する方向に内発的に努力して達成されると喜ばしい、という、内的報酬による価値形成の段階に入るのではないだろうか。こう

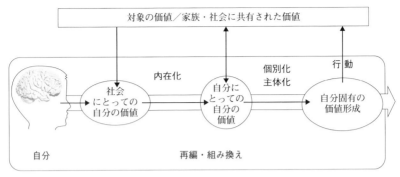

図 0-4　思春期発達を通じた価値の形成

した価値形成の3段階と、辺縁系・基底核、前頭前野の発達、そしてそれらの再統合、といった脳の発達がどのように関係するのかは、今後の報酬系の脳科学の課題であろう。

家族や社会で共有されている価値は、本人の身体や脳に意識的、無意識的に内在化され、本人に固有の価値として個別化・主体化されていく。こうした価値形成の個体発達と世代間伝達の理解は、個人のウェルビーイングを考える上でも、精神的不調や精神疾患からの回復を支援するうえでも本質的に重要なものである。価値形成の脳科学の発展が期待される（図0-4）。

4　思春期のこころの成長を支援する

4-1　自己効力感とウェルビーイング

思春期の子どものウェルビーイングをどのように支えられるだろうか。まず、肯定的な自己認知、すなわち自尊感情（self-esteem）を持てるよう、そして自分にはこういうよいところ（存在の意味）がある、ということに気づけるよう支援していきたい。思春期の子どもは、自分の特長に気づけたことを土台として、自分はこういうふうになりたい、という、将来の自己像を希望的に思い描く。その際、自分ならできそうだ、と思えることが重要である。この、「自分ならできそうだ」という、自分の目標達成への肯定的な見通しのことを、「自己効力感」（self-efficacy）と呼ぶ。すなわち、自尊感情を基盤に、自己効力感を通じて、人は自己を実現していくのである。自尊感情、自己効力感、という、

似たような言葉があり、混乱されたかもしれない。同じく肯定的な自己認知を表す言葉だが、現在と過去についてのものが「自尊感情」、未来に対して向かっていく、行動につながるようなベクトルを持つものが「自己効力感」といえるだろう。さらに、目標に向かって一歩を踏み出すには、やりたい、まずやってみよう、という動機づけ（モチベーション）が、自分から（内的に）出てくることが必要である（内発的動機づけ）。自尊感情→自己効力感→内発的動機づけ→将来の自己像の実現という思春期のウェルビーイングの発達基盤が明らかになり、教育的かかわりに生かされていくことが期待される。

4-2　精神的不調とリカバリー

　思春期の一般用語である「青春」という言葉を聞くと、甲子園で汗を流す高校野球の選手やそれを応援する生徒たちをイメージするのではないだろうか。しかし脳とこころの健康の観点からいうと、思春期は必ずしも順調な時期ではない。精神疾患にかかった人について、いつ発症したかを調査した研究によると、2分の1が14歳までに、4分の3が24歳までに発症していたことがわかっている。すなわち、思春期は、精神疾患が好発する不安定な時期なのである。また、日本においては、思春期を含む若者の死因の第1位が自殺であるという痛ましい現実がある。

　10歳くらいまでの辺縁系の発達は、0歳児の時点で決定されているわけではなく、親などからの適切な愛情や養育行動がなされたかどうかの環境因に大きく左右されることが研究結果から示されている。たとえば、小児期に虐待を受けることによって、辺縁系の発達が阻害され、大人になってうつ病や不安障害などの精神疾患へのリスクを高めることが、脳画像研究や動物を用いた研究などで示唆されている。また、小児・思春期の貧困、移民、都市生活といった環境要因が脳機能に影響を与えることが示唆されているが、その機序として、孤立、貧困・マイノリティに対する差別偏見等の社会からの評価が個人に内在化され、それが脳回路の変化として脆弱性を形成するとの仮説が提出されている。

　あらゆるライフステージに生じる精神的不調からの回復（リカバリー：第14章参照）に、その人の思春期発達と価値形成がどうであったかについて、本人と支援者が理解を共有するプロセスが重要であると筆者は考えている。リカバ

序　総合人間科学としての思春期学

リーという主観的なプロセスを解明するためには、脳科学や発達疫学の手法だけでは限界があり、精神的不調という困難を乗り越えてリカバリーのプロセスを歩んだ体験者の語り（ナラティブ）から学ぶことが必要である。そのため本書では、教科書としては異例であるが、体験・現実を乗り越えて回復・成長する個人の語りを第Ⅴ部に設けた。個人的な体験の語りから人間の思春期発達についての普遍性・科学性が見事に抽出されていることを学んでほしい。

　精神科医の夏苅郁子さん（第19章）は、10歳のときに母親が統合失調症を発症し、不遇な少女時代を送った。その影響から成人して精神科医になっても長期にわたるうつ状態を呈したが、自分と同様な境遇の漫画家と知り合い、自分の人生や母親のことを公表（夏苅, 2012）することにより、50代になって精神的に回復（リカバリー）していく。成人期の精神的不調からの回復において、思春期までの発達を踏まえて自分の人生を物語り、肯定的なものとして再編していくことの重要性が理解できる。夏苅さんは、その著書において、自身の人生を連続射殺犯・永山則夫のそれと比較し、多くの類似点を見いだすとともに、決定的な差として、幼少期の適切な養育体験の有無を指摘している（夏苅, 2013）。母親が結核で入院していた幼少期に、伯母が、実子であるいとこ同様に夏苅さんに愛情を注いでくれていたことがわかる写真が出てきたのである。その事実と、その事実を踏まえた人生の物語の再編が夏苅さんのリカバリーをさらに促進した。

5　今後の研究の方向性

5-1　生涯発達における発達段階的理解

　思春期を、他のライフステージと切り離して独自に研究してよしとするのではなく、エリクソンの図式にもあるように、前のライフステージを受けて次のライフステージが生じるとする発達段階的理解が必要である。児童期までの発達を踏まえた思春期の発達、思春期の発達が人生に及ぼす影響、人生後半での精神的不調、精神疾患からの回復（リカバリー）における児童期・思春期発達のあり方の評価の重要性などについての科学的研究が望まれる。生まれてから思春期を経た成人期までの脳機能の発達は、分化→統合という線形的なプロセスではなく、未分化（全体的）→分化→組み換え・再編成（統合）というダイナ

ミックなプロセスである。

5-2　脳と精神と社会の双方向的作用と言語の役割

家族や社会に共有されていた価値が思春期に個人に内在化、個別化されていく過程を理解するには、疫学、発達心理学、神経科学、臨床医学の融合が必要である。他者・社会認知の成立により、他者とのコミュニケーションの手段として出発した言葉が、内在化されることで個人の思考と行動の道具として用いられるようになる。この内在化された言葉を用いることで、人間は自我を確立する。こうした価値や自我の思春期発達における脳、精神、社会、言語の相互作用の理解の発展が期待される（第10章参照）。

5-3　思春期発達のあり方の時代による変化

人間の脳や精神機能の発達が、家族や社会など環境の影響を受けるということは、文化や時代の影響を受けてそのあり方が変化することを意味する。「キレる子どもが増えた」「ケータイ、ネットはよくない」といった議論がさかんである。人工環境の氾濫など、社会環境の時代による変化が思春期発達にどのような影響をもたらしているのかは重要なテーマである。しかし、時代によらない思春期発達の普遍的な原理の理解、そして発達疫学のエビデンスを踏まえて、時代の影響を論じる姿勢を徹底したい。その時代を生きる人にとって思春期の自我形成のあり方自体が前の時代と変化し、それが大多数であれば、どのような自我形成が社会で適応的なのかも変化する。それを前のジェネレーションの人間が眉をひそめて「今どきの子は」と印象論を語るだけでは若者は救われない。

5-4　思春期発達の男女差

本稿では、思春期の脳や精神機能の発達について、男性にも女性にも当てはまる原理を中心に述べた。しかし思春期発達の男女差は、生物学的、社会的役割、文化的（男女差別、男性・女性とはこうあるべきものという社会規範という価値の伝達など）な観点から総合的に研究すべき重要なテーマである。初潮年齢の早まりの進化心理学的考察、思春期のうつ病や不安障害の罹患率の性差などは

そうした例であろう。

5-5　発達心理学と発達精神病理学の双方向的発展

これまで、健常発達を扱う発達心理学と精神病理を扱う精神医学は相互交流が乏しかった。また、精神疾患は思春期発症が多いにもかかわらず、思春期発達と精神疾患の発症が統合的に論じられることは少なく、発達精神病理学（中釜，2012）という分野が生まれたのはつい最近のことである。今後は発達心理学におけるライフステージ同士の発達段階の理解によるウェルビーイング学と、思春期発達と発症過程の理解を踏まえたリカバリー学が双方向的に発展することが望まれる。

引用文献

Allen, N. B., & Sheeber, L. B. (Eds.) (2008). *Adolescent emotional development and the emergence of depressive disorders*. Cambridge: Cambridge University Press.

青木省三 (2011). 思春期の心の臨床（新訂増補）　金剛出版

Casey, B. J., Duhoux, S., & Malter-Cohen, M. (2010). Adolescence: What do transmission, transition, and translation have to do with it? *Neuron*, **67**, 749–760.

土居健郎 (1971).「甘え」の構造　弘文堂

藤永保（監修）(2013). 最新心理学事典　平凡社

福田正人 (2012). もう少し知りたい統合失調症の薬と脳［第2版］　日本評論社

福田正人 (2013). 発達精神病理としての統合失調症——脳と生活と言葉. 福田正人・糸川昌成・村井俊哉・笠井清登, 統合失調症　医学書院　pp. 59–66.

福田正人・村井俊哉・笠井清登・池淵恵美 (2012). 統合失調症の認知障害論. *Progress in Medicine*, **32**, 2369–2375.

波多野完治 (1990). 波多野完治全集11　生涯教育論　小学館

平石賢二（編著）(2011). 改訂版　思春期・青年期のこころ　北樹出版

井上果子 (2008). 思春期の臨床心理学. 永井撤（監修）, 思春期・青年期の臨床心理学　培風館

伊藤美奈子 (2012). アイデンティティ. 高橋惠子・湯川良三・安藤寿康・秋山弘子（編）, 発達科学入門3　青年期〜後期高齢期　東京大学出版会　pp. 35–50.

伊藤隆二・橋口英俊・春日喬 (1994). 人間の発達と臨床心理学4　思春期・青年期の臨床心理学　駿河台出版社

Kasai, K., Fukuda, M., Yahata, N., Morita, K., & Fujii, N. (2015). The future of real-world neuroscience: Imaging techniques to assess active brains in social environments. *Neuroscience Research*, **90**, 65–71.

無藤隆・子安増生（編）(2013)．発達心理学Ⅱ　東京大学出版会

中釜洋子（2012）．障がい・問題行動．高橋惠子・湯川良三・安藤寿康・秋山弘子（編），発達科学入門3　青年期〜後期高齢期　東京大学出版会　pp. 69-83．

夏苅郁子（2012）．心病む母が遺してくれたもの──精神科医の回復への道のり　日本評論社

夏苅郁子（2013）．もうひとつの「心病む母が遺してくれたもの」　日本評論社

日本発達心理学会（編）(2013)．発達心理学事典　丸善出版

Romer, D., & Walker, E. F. (Eds.) (2007). *Adolescent psychopathology and the developing brain: integrating brain and prevention science*. New York: Oxford University Press.

三宮真智子（編著）(2008)．メタ認知　北大路書房

Sawyer, S. M., Afifi, R. A., Bearinger, L. H., Blakemore, S. J., Dick, B., Ezeh, A. C., & Patton, G. C. (2012). Adolescence: A foundation for future health. *Lancet*, **379**, 1630–1640.

シェイクスピア，W.／松岡和子（訳）(2009)．シェイクスピア全集18　冬物語　筑摩書房，p. 109．

清水凡生（編）(2001)．総合思春期学　診断と治療社

清水寛之（編著）(2009)．メタ記憶　北大路書房

Steinberg, L. (2013). The influence of neuroscience on US Supreme Court decisions about adolescents' criminal culpability. *Nature Reviews Neuroscience*, **14**, 513–518.

高橋惠子・湯川良三・安藤寿康・秋山弘子（編）(2012)．発達科学入門1　理論と方法　東京大学出版会

竹内常一（1987）．子どもの自分くずしと自分つくり　東京大学出版会

滝沢龍・笠井清登・福田正人（2012）．ヒト前頭前野の発達と進化．日本生物学的精神医学会誌，**23**，41-46．

ヴィゴツキー，L. S.／柴田義松・森岡修一・中村和夫（訳）(2004)．思春期の心理学　新読書社

山祐嗣（2012）．青年の認知．高橋惠子・湯川良三・安藤寿康・秋山弘子（編），発達科学入門3　青年期〜後期高齢期　東京大学出版会　pp. 3-16．

コラム1　現代の「フツーの子」の思春期

岩宮恵子

　社会の変化に一番、敏感に反応しているのは思春期の子どもたちである。普遍的な思春期のテーマは間違いなく彼らの心の古層で動いているのだが、社会の変化が彼らに与えている影響はかなり大きい。このような現代の急激な社会の変化の中で生きる子どもたちの今を、トラッドな「ふつう」と少し違う、「フツー」という表記で考えてみたい。

　例えばスマートフォン（スマホ）やネットゲームなどが当たり前にある中で育つというのは、それがなかった時代とはまったく違う。ファミコンなどのゲーム機は1980年代からあったが、その頃は、あくまでもそのゲーム機と子どもの関係で閉じていた。しかし今は、たいていのゲーム機はインターネットにつながっており、その向こう側には年齢も性別も顔もわからない他人が存在し、親の知らないうちに子どもはそういう人たちとの交流を深めていることもある。

　最近は、いつのまにか1歳の子がタブレットでゲームをダウンロードして遊んでいたという話も耳にする。タブレットにひとりで触れている時間が長いと、きっと自分の感情の高ぶりも、不快感も、二次元のタブレットが与えてくれるインパクトの強い画像で収めるようになってしまうのだろう。

　そんなふうに育った子が、何か問題にぶつかった時に、現実の人に頼って話したりして落ち着くことより二次元ツールの中に引きこもろうとする力が強くなってしまう可能性は否定できない。今、思春期になっている子たちも、タブレットはなかったものの、生まれた時からデジタル機器がフツーに家にあり、二次元に親しみ、ネット環境があるなかで成長している。そして24時間、好きな時に好きな人とつながることができるツールを個人で所有しているのだ。つまりコミュニケーションのありようが劇的に変化していく中で彼らは育っている。

　その一方で、学校という生身の集団の中で過ごすという状況は変わっていない。そのため、今までの「ふつう」とは違う配慮を「フツー」にしながら、どこかですごく消耗している子たちが増えている。それがどういうことなのか、考えてみよう。

　近年、町内会などの自治体に入らない人も増えてきた。たとえ入っていても役割はお金を払うことで回避する人も多く、「好きな人とだけつきあいたい」「プライベート重

コラム1　現代の「フツーの子」の思春期

視」と、外的な人間関係の縛りから自由になることを求めて、そのような制約の枠組みを避ける人が増えてきている。会社に対しても、終身雇用が崩壊し、疑似家族のようなつながりを求めることも難しい。そこに住んでいるからという「場所」や、その会社に勤務しているからという「所属」によって自然発生的に生まれる共同体に守られることは期待できなくなっているのだ。そうなると金銭による私的な契約か、公的な事業か、自分で選び取った相手と個人的に作る人間関係を頼りにするしかない。子育ても個人的な関係を構築できるかどうかで、ずいぶんと負担が違ってくるので、ママ友問題などが大きく論じられるようになっているのだろう。そして、自分で人間関係を積極的に作っていける人はより自由に幸せになり、それが苦手な人はどんどん精神的に追い込まれていくような状況が社会全体で進んできているように思う。

　そのような状況が子どもに影響を与えないわけはない。同じことが学校でも起こっている。クラスが一緒でも、嗜好が似ているもの同志が一緒になるはずの部活が同じであっても、自然に人間関係ができることは少なくなっている。

　「同じクラスだけど名前は知らない」「同じ部活だけど他人」というような言葉を子どもたちからよく聞く。敵対しているわけではない。ただ、フツーに無関心なだけなのだ。だから、クラスの中ではもちろん、部活の中でもきちんと連絡を回してもらうためには、イツメン（「いつものメンバー」という意味）という親密圏に入っておくことがとても重要なことになってくる。同じ部活の同じ学年に属していてもイツメンがいないと、当たり前の連絡さえ回ってこない。昔から思春期のグループ化の問題というのはあったが、それが今はとても極端になってきている。

　その結果、グループの中での関係性を維持することが、学校生活をフツーに送るために何よりも重要になっている。そのため、優しい言葉をかけ合っていても、それは別に本心じゃないんだという、何とも言えない空しさを慢性的に感じている子もいる。イツメンというのは、まるでご近所づき合いなのだ。ご近所トラブルがあると毎日が過ごしにくいので、とにかくトラブルは避けたいのである。彼らは個人の努力で自前の共同体を作り、それを維持しようとしているのだ。それが「友だち」という思春期にとって最も重要な関係性と混ざり合ってしまうため、些細な出来事で傷ついたり混乱したりしているように思う。

　ある中学生の男子は、自分の発言でその場がシラケた直後に、「ドンマイ」とか、「全然OKだよ！」と言って、イツメンたちがばっとフォローを入れてくれた時、自分のしたことはそれくらい周りの人たちに気を遣わせることだったんだ、としんどくなったと話していた。

コラム1　現代の「フツーの子」の思春期

　フォローしてくれてありがたいと思う前に、関係性を維持するための労力を相手に遣わせてしまったという後ろめたさをまず感じるのだ。そしてそれは自分との関係が悪くなると、クラスの居心地が悪くなるから親切にしてくれているのであって、自分のことを思ってしてくれるのとは本当は違う、と瞬時に思うのである。そのベースには、自分も他のイツメンに対してそのように感じているという自己不信がある。
　イツメンイコール仲の良い友人という幸せな子ももちろん存在しているが、SNSでずっとつながっていたり、一緒にいたりするから仲の良い友だち同士のように見えるのに、「友だちというわけではない」「親友がいない」「イツメンのケアがしんどい」と嘆く子も多いのだ。彼らにとって、イツメンという共同体から弾き出されることは、もう教室にいられないということとイコールなのだ。不登校の裏にイツメン内でのトラブルがあることは多い。ここ5～6年、中学生の男子のグループの中で、今までだったら女子の専売特許だったような人間関係の問題が頻出してきている。イツメンとの表面的な関係性の維持に必死になって疲れて、他者不信と自己不信の泥沼に落ち込んで不適応を起こしてしまう思春期の男子と出会うことも増えてきた。

　外からの人間関係の強制力が緩くなった分、彼らは自分たちで人間関係の枠組みを作らなくてはならなくなった。そして、それは明文化されないだけに察する力をかなり要する枠組みであり、彼らを内側からきつく規制している。そのため察することが苦手な子が、空気が読めないなどと言われて孤立したり、何か発達に問題があるのではないかと過剰に問題視されたりすることも増えてきているように思う。
　以前は、人間関係の枠組みの強制力が苦痛でたまらず不適応を起こした子が臨床の対象になることが多かった。しかしその一方で、人間関係の強制力のある中だと、何も考えずにその「場」に溶け込むことができるため、そのおかげで集団の中になじむことができていた人たちもいたのではないだろうか。今は、特別な支援という形であえてかかわりを濃くしない限り、コミュニケーションが苦手な子を集団になじませていく「場」が作りにくくなっている。
　学校での人間関係が緩くなっていくということは、好きな人を自由に選んで過ごすことが許されるということにつながる。このような環境の中では、ひとりでいるということは、誰にも選ばれていない残念な人であるということになってしまう。だから、思春期の子どもたちは「ぼっち（ひとりぼっち）」を極端に恐れる。
　このところ「対人恐怖症」が減ってきたと言われている。実際、対人恐怖を訴える相談者はほとんどいない。一方で増えているのはひとりぼっちになる恐怖、「ぼっち恐怖」

コラム1　現代の「フツーの子」の思春期

とも呼びたくなるような症状である。「対人恐怖」とは共同体の中でひとりだけ目立つことを恐れる症状だが、「ぼっち恐怖」はイツメングループからはみ出てひとりになる恐怖である。しかも、どんなに仲のよい人（やイツメン）がいたとしても、たまたまひとりになることだってあると思うのだが、それも怖がるのである。「ひとりでいるところを人に見られたくない」という訴えは多い。かつてなら対人恐怖症になっていたであろう思春期心性を持つ人が、今はぼっち恐怖に陥っているのではないだろうか。そのような傾向は大学生にも見られる。「ひとりでいるところを見られたくないから、ひとりでは授業に出ることができない」という大学生は、たくさんいる。

　また一方で、衝動的で暴力的な子も増えている。外的な人間関係の規制がゆるくなると、対人的なふるまい方に規制をかけるのは個々の家庭のしつけや、その子自身の資質に頼る部分も大きいため、その差が極端になる部分もあるのではないだろうか。生（ナマ）の感情や衝動を学校で出しても平気な子も増加してきている。このように、学校現場では過剰な対人関係への配慮で疲れ果てる子と、コントロールを失って暴走している子の二極化が進んでいる印象がある。

　もう一つ、二極化が進んでいる部分がある。イツメンなのか否かで、態度が極端に違う子たちがいるのだ。彼らはイツメンに対しては過剰な配慮をするのだが、イツメン以外にはひどいことを言っても何も気にしない。その両極の態度を見ていると、非常に繊細な配慮をしているのに常に葛藤と罪悪感を抱えている神経症的な面と、冷酷で傍若無人にふるまっても一切の葛藤も罪悪感もない面との、あまりの落差に驚愕する。

　これは、「旅の恥はかき捨て」ということわざが示すように、今の思春期の子どもたちにとっては、イツメンのみが世間体を気にしなくてはならない共同体であり、それ以外は旅先の知らない人たちと同じだということなのだろう。旅先でも普段と変わらずきちんとしている人もいるし、普段の共同体での圧を吹き飛ばすかのように、旅先では恥ずべき一面を見せてしまう人もいるのである。

　最近のフツーの子たちは、「凹んだ」「むかつく」などその時の瞬間的な感情をネットにこまめに書き込んだりする。顔を合わせていたときはふつうにふるまっていたのに、その直後に「うざ」とか「（気持ちが）落ちた……」などと書き込むのである。自分の感情を生身の関係の中では、副音声の放送のように、ネットで感情の実況をしている子もフツーにいる。こういうことについて「リアルはリアル、ネットはネット」と、二重構造をそのまま解離して、リアルの態度とネットの言葉をひとりの人の全体像を現すものとして考えない子もいる。そういう子は、要領がよく、学校にもうまく適応している

21

コラム1　現代の「フツーの子」の思春期

ことが多い。

　その反面、実際会っている時に伝わってきている感情とは違うことがネットには書いてあることに反応して、「自分の言葉がホントはうざかった……？」と気に病み、どこまでも内省したり、何を信じていいのかと混乱する子もいる。

　つまり、トラッドな心性を持っているふつうの子がかなり心理的な負担を感じ、軽やかに解離しているフツーの子は、葛藤を意識することなく過ごしている様子が見えてくるのだ。

　また、ネットに書き込んだ内容を、見せる人、見せない人に登録の仕方を変えて分けたり、学年の終わりに今後は連絡を取らない人をチェックしてアドレスを削除したりと、人間関係を指先一つでデジタルに整理するのはフツーのことなのである。そういうことに傷つくと言ったら「重いね……」と引かれたので、もう絶対に口にできないと話したふつうの子もいる。

　他者も自分も、生身の感覚を失ってどうかするとただのデジタルデータとしてしか感じられなくなっているだけでなく、それのどこが悪いのかまったくわからないという子もフツーにいる。そういうデジタルな解離をしているほうが適応しやすいのだ。そのデジタルな解離が溶けて、生身の関係が問題になった時（それは生きていく上で大事なプロセスであるが）、それが身体的な暴力という問題行動の形で出てくることも多いように感じている。

　最近は、一緒に食事に行っていても、全員がそれぞれのスマホをいじってお互いの顔も見ずにうなだれた姿勢になっている家族もよく見かける。大人も目の前の子どもに向かわずに、二次元に逃げ込んだり、SNSで他者との交流に夢中になっていることがフツーになってきているのだ。目の前にいない人との切れ目のない薄いつながりに時間のほとんどを費やしているのは、思春期の子どもだけではない。今、大人に求められているのは、あまりに素朴なことだが、現実の生活の中で子どもと話をする機会を意識して作っていくこと、生身の関係の暖かさを日常的に伝えていくことだと痛感している。

I

進化学からのまなざし

第1章 思春期はなぜあるのか
―― 人類進化学からの視点

長谷川眞理子

　思春期とは何か？　なぜあるのか？　思春期とは、成長の一段階であるので、思春期がなぜあるのかを生物学的に探求するには、成長や寿命に関する時間配分である生活史戦略の観点から見なければならない。そして、ヒトはどんな動物なのか、どんな動物として進化してきたのか、進化生物学、進化人類学の視点から見なければならない。

1 生活史戦略の進化

1-1　生活史戦略とは
　有性生殖する生物は、必ずや受精卵から発生して個体になる。つまり、単細胞が分裂してだんだんに大きなからだを作っていくのである。さらに、そうしてできた個体はすぐ繁殖可能になるのではなく、生殖機能を徐々に発達させて「大人」になる。大人は繁殖し、やがて死ぬ。この成長と繁殖と加齢の過程がどのように進むのかは、種内に多少の個体変異はあるものの、種ごとにおよそ一定のパターンを見ることができ、これをその種の生活史パターンと呼ぶ。
　生活史のパターンは、生物の種ごとに大きく異なる。例えば、一年草の植物は、種子が文字通り1年以内に成体となり、1回繁殖しただけで死んでしまう。しかし、同じ植物でもカシなどの樹木は、何年もかかって成熟し、成体はさらに何十年、何百年と生き続けて繁殖を繰り返す。寿命が1000年以上に達する樹木もある。鳥類でも、ツグミは、成体の体重が30〜50gで、生後1年で性成熟し、年に数回繁殖して、寿命が3〜4年である。ところが、同じく体重が30〜50gであるアナドリの一種は、性成熟までに4〜5年かかり、年に1回しか繁殖せず、寿命は30年以上に及ぶ。
　このように、生活史のパターンは生物の種ごとに千差万別なのであるが、そ

こには一定の規則性が見られる。例えば、概して、からだの小さな生物は成長速度が速く、成体が1回に産む子の数が多く、子のサイズが小さく、寿命が短い。一方、からだの大きな生物は成長速度が遅く、1回に産む子の数が少なく、子のサイズは大きく、寿命が長い。つまり、生活史のパターンを形成するもとになっているいくつかのパラメータ間には関連がある。このような規則性がなぜ生じるのか、なぜ、ある生物は特定の生活史パターンを示すのかは、進化生態学の大きな疑問の一つである。

生活史のパターンも、生物種が持つ他の様々な形質と同様、長い進化の歴史の中で適応的に形成されてきたに違いない。どのようなパターンが進化上有利であるのかを検討するにあたって、進化生態学では、それぞれの生活史パターンを「戦略」ととらえ、生活史戦略として、環境との関係における進化を研究している。

1-2 r戦略とK戦略

からだの小さな生物とからだの大きな生物の生活史戦略はおおいに異なる。それは、生活史パターンにかかわるパラメータ間に相互の関連があり、それらがからだの大きさと密接に関連しているからである。からだの小さな生物は、小さいがゆえに死亡率が高い。それゆえ寿命が短く、成長速度が速い。そして、一度に生産する子の数が多く、多いゆえに一つ一つの子のサイズが小さい。また、親による子の世話はほとんどなく、子の生存は運にまかされることになる。

このようなパラメータ関係は一つのセットとして生物界に見られ、それはr戦略と呼ばれる。このような戦略は、どのような環境で適応的になるのだろうか？ それは、非飽和で予測不可能な環境である。非飽和で予測不可能な環境では、いつ生息地に空きができるかわからない。そして、一度空きができると未開拓の場所が大量に出現する。そのような環境では、常に最速・最多で繁殖できる生活史パターンが適応的になる。そこでは、同種個体間の競争関係はほとんどないに等しいので、親が子に世話投資することはなく、チャンスを得たときに最大限繁殖可能な体制が最も有利となる。これをr戦略と呼ぶのだが、rは、個体群生態学でいうところの内的自然増加率（r）からきている。環境が空いている状態で最大限のrを発揮できる戦略という意味である。

一方、からだの大きな生物は、r型の正反対で、ゆっくり時間をかけて大きなからだを作るので成長速度が遅く、そうするまでに親の世話投資がたくさんあり、全般的に死亡率が低い。ゆえに寿命は長い。このような戦略が有利となるのは、飽和した予測可能な環境である。飽和環境下では、環境が飽和しているのであるから、子にとって安易に生息場所を獲得することはできない。つまり、同種個体間の競争が非常に強いのである。この場合、死亡率の高い小さな子を大量に生産しても無意味で、少数の大きな子どもに親が世話投資をたくさん行って、競争力の高い子を作る方が有利となる。そのようにして育てた子どもは死亡率が低く、そうして得られた高い競争力は、子に長い寿命をもたらす。これをK戦略と呼ぶが、Kは、個体群生態学でいうところの環境収容力（K）からきている。Kいっぱいになったところで有利な戦略という意味である。

2　霊長類の進化と生活史戦略

2-1　哺乳類の生活史戦略

哺乳類は、動物全体から見るとかなりからだの大きな生物である。母親が胎内で一定期間子を育てるのが標準であるので、親の世話投資がもとより非常に大きい。ゆえに、動物全体として見れば、きわめてK戦略の分類群である。

しかし、哺乳類の中を細かく見れば、その中でさらにからだの大きさと関連した戦略の違いを見てとることができる。ネズミのようにからだの小さな哺乳類は、概して寿命が短く、死亡率が高く、1回に産む子の数が多く、子のサイズは小さく、成長速度が速い。それに対してゾウのようにからだの大きな哺乳類は、概して寿命が長く、死亡率が低く、1回に産む子の数が少なく、子のサイズが大きく、成長速度が遅い。

哺乳類の生活史には、必ずや四つの段階がある。それは、母親の胎内にいる胎児期、母親から授乳されている乳児期、離乳してから性成熟までの子ども期、そして、繁殖中の成体期である。乳児は、母親から授乳されているばかりでなく、母親に運ばれて移動せねばならないので、栄養面でも移動の面でも母親に依存している。一旦離乳すると、多くの哺乳類はその後急速に性成熟して成体となる。しかし、そこには多少の時間がかかるので、乳児期と成体期との間に子ども期が存在する。子ども期は、栄養と移動の面ではすでに独立しているが、

I 進化学からのまなざし

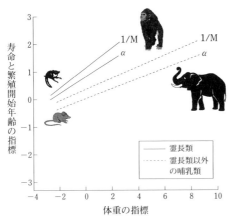

図1-1 成熟年齢と寿命（Charnov & Berrigan, 1993）
M は平均成人死亡率。

性成熟の途上にあって、まだ繁殖が開始されていない時期である。それぞれの期間がどれほどであるかは種によって異なり、概してからだが大きいほど長くなる。

その中で、私たちヒトも属する霊長類は、基本的に1産1子であり、成長にかかる時間が長く、寿命も長い、一段と K 戦略の分類群である。霊長類は、体重が同じである他の哺乳類と比較して、最も寿命が長く、成長速度が遅い。

図1-1は、霊長類とそれ以外の哺乳類について、成熟年齢と寿命を比較したものだが、どちらも、体重が同じであれば霊長類は他の哺乳類よりも長くなっていることがわかる（Charnov & Berrigan, 1993）。

2-2 霊長類の社会脳仮説

では、霊長類はなぜこのように、ことさらに K 戦略を進化させたのだろうか？　霊長類が体重に比べて相対的に大きな脳を持っていることが原因である。霊長類は、他の哺乳類群に比べ、体重の割に脳が非常に大きい。脳はその成長と維持のためにとくに多くのエネルギーと栄養を必要とする「コスト高」の器官である。その脳が体重に対して相対的に大きいので、霊長類は、同体重の他の哺乳類よりも成長速度が遅く、寿命も長くなるのである。霊長類の場合、生活史のパラメータは、体重よりもむしろ脳重に関連している。

では、なぜ霊長類はことさらに大きな脳を進化させたのだろうか？　霊長類という生物群が進化してからどこかの時点で、彼らは昼行性で集団を作って暮らすようになった。現存する昼行性の霊長類のほぼすべての種が、単なる烏合の衆のような集団ではなく、半ば閉鎖的な社会集団を作っている。集団内部では互いに個体識別し、個体間には社会的順位があり、血縁どうしのまとまりも絆もある。非血縁者どうしが連合することもあれば、順位をめぐる競争もある。

このような複雑な社会生活に対応するには、他者との関係を記憶し、他者の心的状態を推測し、自分にとって適切な行動を選択するという、社会的情報の操作ができることが特別に有利になったと考えられる。霊長類は、他の哺乳類に比べてとくに複雑な技術を要するような食物を食べているわけでもなく、より複雑な環境に住んでいるわけでもない。しかし、より複雑な社会に住んでいることは確実である（Dunber, 1992; Byrn & Whiten, 1989）。

　霊長類の脳が相対的に大きくなったのは、複雑な社会生活への適応の結果であるという説は、社会脳仮説と呼ばれる。社会脳仮説は、多くの面から検証されている。また、脳の機能として、同種他個体の「こころ」の状態を推測するような社会的な知能は、物体どうしの作用を理解するような物理的な知能とは異なる部位で処理されていることも明らかである。いずれにせよ、このような大きな脳を育てるためには長い時間がかかるので、霊長類の生活史パターンは非常にゆっくりしている。

　霊長類の生活史段階も、基本的に、胎児期、乳児期、子ども期、成体期の四つに分けられる。離乳が終われば、そのあとの子どもは、栄養面でも移動の面でも独立し、母親の世話は次の子に向けられるようになる。しかし、多くの霊長類は、離乳から性成熟の開始までにかなりの時間がかかり、若者期として区別できる段階を持つ。ニホンザルなどの旧世界ザルの多くでは、雄がこの時期に自分の生まれた群れを離れて他の場所に分散する。脳が大きく、大人が複雑な社会生活を送る霊長類は、その脳を作り上げるための期間が長いので、成長の段階も、他の哺乳類よりも多くの段階に分かれている。ヒトは、このような霊長類の仲間から進化した動物である。

3　ヒトの進化と生活史戦略

3-1　ヒトの進化史

　生物の和名で言うところのヒトとは、現在の私たちであるホモ・サピエンスをさす。「人類」と言うともっと広く、常習的に直立二足歩行する霊長類をさす。そのような生物はおよそ600万年前にアフリカで出現した。現存する霊長類の中で人類と最も近縁なのはチンパンジーである。つまり、600万年前まで、チンパンジーとヒトの共通祖先の種が生存していたのだが、そこで、チンパン

ジーの系統と人類の系統が分岐した。人類の系統は常習的に直立二足歩行し、その後、様々な種を生み出したが、それらの種はみな絶滅し、現在ではヒト（ホモ・サピエンス）のみが存続している。

　およそ600万年前に出現した、今のところ人類の最古の祖先として知られているサヘラントロプスは、まだ森林に住んでいたらしい。そこでなぜ常習的な直立二足歩行を始めたのかは謎である。その後、アルディピテクス類やアウストラロピテクス類と呼ばれる人類が出現した。彼らも常習的に直立二足歩行していたが、まだ、現在の私たちよりは樹上を利用する生活をしていたらしい。彼らの脳は小さく、現在のチンパンジーやゴリラなどの大型類人猿と同じく、およそ400 cc前後であった。

　やがて、250万年前ごろから、より脳が大きい人類が出現した。彼らは、ホモ属という分類群に分類されている。そこにはいろいろな種が含まれているが、そのうちの1種がアフリカを出てユーラシア大陸に拡散した。それが、ホモ・エレクトスである。およそ180万年前にはアフリカ以外の地で発見されているので、かなり早いうちに出アフリカを果たしたのだろう。

　彼らは森林を捨ててサバンナをてくてくと歩く（または、走る？）生活に適応し、現在の私たちとほぼ同じ体形になった。すなわち、相対的に脚部が長く、相対的に腕が短く、完全に直立二足歩行することに徹底したからだの構造になったのである。エレクトスの脳容量はおよそ900〜1100 ccで、以前の人類に比べれば2倍以上になった。からだ全体も大きくなったが、それを差し引いても脳が非常に大きくなっている。ホモ・エレクトスは、アシュレアンと呼ばれる石器を使用し、ユーラシア大陸全体に広がった。ジャワ原人、北京原人などと呼ばれている化石人類はみな、エレクトスである。しかし、彼らはその後絶滅してしまった。

　また、80万年ほど前から、より脳容量が大きい、「古代型サピエンス」と呼ばれるような人類が、ヨーロッパや中近東に広がった。そのうちの1種がネアンデルタール人である。しかし、20万年ほど前に、私たちの直接の祖先であるホモ・サピエンスがアフリカで進化し、10万年ほど前から再びアフリカを出て、今度はユーラシア大陸のみならず、全世界に拡散した。ネアンデルタール人は3万年ほど前までヨーロッパに存在したが、その後絶滅した。こうして、

現在の地球上に残っている人類は、私たちホモ・サピエンスのみである（斎藤ほか，2006；海部，2005）。

3-2　ヒトの進化環境

ヒトという種は、以上のような変遷を経て進化してきた。人類はアフリカの森林で出現し、その後、ホモ属から始まってやがては全世界に拡散した。したがって、人類が適応してきた単一の環境というものはない。「ホッキョクグマは北極圏の氷原に生息する肉食動物である」というような具合には、人類の進化環境を定義することはできない。人類は地球上の様々な環境に進出し、それぞれ異なる環境に適応しながら進化してきた。

そうだとしても、およそ20万年前に出現した私たちヒトが、物理的には赤道域から極域までのどんな環境においてであれ、適応せねばならなかった進化的・環境的圧力の総体というものを抽出することができる。それは、ヒトの適応複合体として、以下のようにリストアップされている（Lancaster & Kaplan, 2009）。

① 植物性、動物性を含め、高エネルギー、高栄養の食物を利用する
② 技術を駆使した生計活動を行っており、それらの技術の獲得には高度な学習が必須である
③ 様々な分野にわたる大量の情報を学習し、蓄積するための大きな脳を必要とする
④ 子どもが親その他の大人に頼る期間が非常に長い
⑤ 生産性の高い大人の時期が長く、祖父母から親から子に至る、3世代にわたる資源のフローがある
⑥ 男性の狩猟と女性の採集を初めとして、様々な生計活動に性的な分業がある
⑦ 長期にわたって協力的な関係を結ぶ夫婦というものが、社会の中のユニットとして存在する
⑧ 広範囲にわたる社会的共同作業と共同繁殖を行う

どんな環境に住むどんな文化のヒト集団であれ、みな、このような進化的圧力にさらされてきた。これが、ヒトの進化環境である。本稿では、人類進化の

詳細について論じるのではなく、ヒトがどのような進化環境で進化したのか、どのような進化的圧力に適応するように進化してきたのかを考え、そのコンテキストの中で思春期を考えてみたい。

3-3　ヒトの生活史パターン

それでは、ヒトの生活史のパターンを見てみよう。ヒトも哺乳類であるので、母親の胎内にいる胎児期、母親から授乳されている乳児期、離乳から性成熟までの子ども期、繁殖中の成人期の4段階を持つ。しかし、離乳が終わった後から成人期に至るまでの間が非常に長く、そこは、幼児期（juvenile）、子ども期（childhood）、思春期（adolescence）とさらに三つに分けられている。そして、繁殖を終了した後もさらに生き続けるので、老年期（post-reproductive）も存在する。ヒトは、繁殖の終了と寿命が一致しない、数少ない哺乳類でもある（Thompson et al., 2007）。

ヒトの妊娠期間はおよそ40週だが、チンパンジーの妊娠期間は、およそ34週だ。チンパンジーの大人の脳容量がおよそ380 cc なのに対し、ヒトの大人の脳容量は1400 cc 前後もある。それなのに、妊娠期間がチンパンジーに比べてたった6週しか長くなっていないというのは、先に述べた、からだ（脳）の大きさと生活史の各種パラメータとの関係から見て不思議なことだ。これでは、ヒトの乳児は明らかに「未熟児」の状態で生まれていることになる。事実、ヒトの新生児の運動能力その他は、他の類人猿の新生児に比べて非常に未熟であり、自らの把握力で母親のからだにしがみつくこともできない。しかし、これがヒトという種としては正常な状態なのであり、「生理的早産」と呼ばれて、早くから注目されてきた。

さらに、チンパンジーの授乳期間は4年以上あり、乳児期は5歳までである。一方、現代の人工的な哺乳瓶やカンヅメの離乳食などを持たない、自然妊娠の狩猟採集民においても、平均授乳期間は2.8年であり、乳児期は3歳までに過ぎない。そして、ヒトの乳児の脳の成長率を見てみると、3歳までは、胎児期と同じ速度で成長している。つまり、母親の胎内から出てはいるものの、ヒトの乳児は、3歳までは胎児と同様だということだ。

では、離乳した後はどうだろう？　チンパンジーでも他の哺乳類でもみな、

離乳した子は独力で採食し、独力で移動する。しかし、ヒトの子どもは離乳しても、第一大臼歯が生えてくる6歳頃までは、大人と同じ物を食べることはできない。また、直立二足歩行が大人と同じエネルギー効率でできるようになるのも、6〜7歳頃である。つまり、採食と移動の面で独立できたと言えるのは、7歳頃なのだ。そこで、離乳した後の3歳から、食物と移動の面で独立できたと言える7歳までを幼児期と呼ぶ。ただし、採食での独立と言っても、大人と同じ物が食べられるようになったというだけで、自分の食糧を自分でとってくることはできない。それは、大人の採食活動が、高度な技術と知識に依存した複雑なものだからである。以後も、大人に対する食料依存はずっと続く。

また、ヒトでは、幼児期の終わりが性成熟の開始ではない。性成熟の開始は、女児で12歳頃、男児で14歳頃である。それまでの期間を子ども期と呼ぶ。そして、性成熟が始まり、完成して、成長が止まるまでを思春期と呼ぶ。ヒトの乳児が離乳してから一人前になるまでには、これほど長い時間がかかるのである。その間、生計活動にかかわる技術（道具）の作成と使用について、周囲の自然環境について、同じ集団に属する人々との社会関係の調整について、他の集団の人々との競争と協力について、病気の治療や儀式について、性と夫婦の絆と子どもの育て方についてなどなど、実に大量の知識と情報を処理し、記憶して、適切な行動が取れるようにならねばならない。

このような長期にわたる子育てと教育は、母親のみならず、生物学的な両親のみでも完遂できるものではない。ヒトは、両親、祖父母を初めとする血縁者、そして非血縁者を含めて多くの人々が子育てにかかわる共同繁殖なのである（Hrdy, 2011）。

先に述べたように、ヒトは脳が大き過ぎるため、長く母親の胎内に残して育てることは不可能であり、未熟な状態で出産してしまう「生理的早産」になった。このような未熟な新生児を育てていくには、そもそも母親ひとりでは不可能だっただろう。180万年ほど前にホモ属がアフリカを出てユーラシア大陸に拡散する頃には、人類は、社会集団で協力しながら生計活動を行っていたはずだ。そこで、子育てに関しても共同繁殖が成立するには、それほどの困難はなかったに違いない。

その共同繁殖の結果として、ヒトは、母親が自分自身の生産するミルクだ

で育てるよりもずっと早く子どもを離乳することができるようになった。そして、母親は、他の大型類人猿に比べて、より早く次の子を妊娠することができるようになったのである。ヒトは霊長類の中でも最も脳が大きく、子育ての投資も最も大きいので、最もK型であるはずなのだ。それがなぜ、他の大型類人猿たちよりも早く再生産が可能な、いわばr型になったのかと言えば、それは、共同繁殖になったからなのだろう。

　ホモ属が最初の出アフリカを果たした時も、サピエンスが2度目にアフリカを出た時も、「人類」という生き方で生態学的ニッチを占めている動物種は、全世界にほかに存在しなかった。そのような生態学的な「空き」が十分にあった時代、ヒトが共同繁殖によって、他の類人猿たちよりもr型の生活史戦略になれたことは、ヒトが世界中に拡散する上で非常に有利に働いたのだと考えられる。世界中の様々な環境に適応することができるヒトの能力の源泉は大きな脳である。その大きな脳を、共同体の全員で協力して育てることによって、ヒトは、逆説的に高い増加率を得ることに成功したのだろう。

4　ヒトの思春期の機能

4-1　思春期のスパート

　ヒトの思春期の非常に顕著な特徴は、からだが急激に成長する「スパート」が見られることである。年間当たりに身長が何cm伸びたか、すなわちcm/yearの成長速度で見ると、女子では12～14歳頃、男子では13～15歳頃に最高の伸びを示し、その後は伸び率が急速に落ちて、20歳前で成人の大きさになって止まる。この急速な成長の時期を思春期のスパートと呼ぶが、この現象はヒトに特異的であるらしい。これまで、類人猿にもスパートがあるのかどうか、いろいろと議論がなされてきたが、結論として、チンパンジーを初めとする他の類人猿には思春期のスパートは存在しない (Boggin, 1999)。

　ヒトに思春期のスパートが存在するのも、ヒトの脳があまりに大きいからである。すでに見たように、ヒトの脳はあまりにも大き過ぎるので、母親の胎内で十分に大きくすることはできない。そこで、早めに出産してしまい、乳児の間も胎児期と変わらない成長を続ける。その後は、成長のペースは落ちるものの、脳の成長は続き、10歳で成人の脳のおよそ90％にまで達する。このよう

な急激な脳の成長とからだの成長とを同時に行うのは不可能なのである。そこで、まず先に脳を大きくし、その間はからだの成長を抑えぎみにしておく。そして、10歳以降、脳が大人とほとんど変わらない大きさに達したところで、急激にからだの成長を追いつかせているのである。これが、スパートの存在する理由である。

　からだの成長には、性成熟も含まれる。と言うことは、ヒトでは、他の類人猿に比べて相対的に性成熟が遅れるのだと予測される。事実、その通りであり、チンパンジーの雌は、11歳から15歳の間で出産する可能性はかなりあるが、ヒトの女性ではまずない（Thompson *et al.*, 2007）。

4-2　脳の発達と思春期：抑制、メタ認知、自己

　脳の発達の点でも、思春期は非常に重要な時期である。脳の大きさ自体は、10歳頃までにほとんど大人と同じくらいに成長するが、思春期の間には、さらに詳細な発達や調整が行われる。その一つは、性的成熟に応じて、脳内でも性ホルモンに関連した変化が起こることである。もう一つは、前頭葉の発達に伴って、抑制系が成熟していくことだ。抑制系の成熟は長くかかり、20代の前半までにも至ることが知られている。

　抑制系の成熟は、ヒトにとって非常に重要である。ヒトは、先に述べたような適応複合体の中で進化してきた。ヒトは高栄養、高エネルギーの食物に依存しており、それを獲得するためには高度な技術が必要で、その技術の習得には高度で長期にわたる学習が必要である。そうして高度な技術に頼る生計活動はまた、大人であっても個人が単独で成し遂げることはできず、血縁、非血縁を含む多くのメンバーとの共同作業が必須である。そのようにして機能する大人を育てるための子育ても、親のみならず共同で行わねばならない。それらのための社会的関係に関する知識の習得も必須である。このような複雑な技術的、社会的圧力のもとでは、相反する様々な欲求や衝動、相反する利害を客観的に俯瞰し、優先順位をつけて事柄を執行せねばならない。そのためには、メタ的な認知と抑制の能力が鍵となる。

　子どもとは、親から世話されている個体だ。成体とは、自分自身が繁殖して親となり、子育てをする個体である。ヒト以外の動物では、成体の生活も子育

I 進化学からのまなざし

てもそれほど複雑ではないので、子どもから成体への転換は、主に性成熟の観点だけからで理解できる。しかし、ヒトの大人が大人として機能するためには、自分自身を維持するためにも、また、大人という生活史段階の最大の特徴である「繁殖」という事態に関しても、他者との共同作業が不可欠なのである。自分自身が食べ、子どもに食べさせていくためには、他者との協力が必須なのだ。そのための大量の知識と技術の習得は、学習と教育によるのであり、その学習と教育もまた、共同作業で成り立っている。

こうして、ヒトでは共同体としての生活が必須になるのだが、共同体の中の個々の人々の利害は必ずしも一致しない。また、共同体全体の利益と個人の利益もしばしば合致しない。さらに、現在の目前の欲求は、将来の目的達成には回避する方がよい場合もある。その中で、ヒトの大人たちは利害の調整をし、将来の利益を最大化する方策を見出していかねばならないのである。このことは、狩猟採集社会であれ、農耕または牧畜の社会であれ、工業化以降の現代社会であれ、本質的には変わらない。サピエンスの適応複合体は常に、このような利害の調整、全体的メタ的俯瞰による認知、抑制、計画を要求するものだったのである。

思春期は、このようなことができるようになる大人になるための直前の段階だ。思春期以前の幼児期や子ども期にも、からだが徐々に成長し、様々な事柄を学習してはきたのだが、思春期には、これから自分たちが主体となって社会を動かし、次世代を再生産していくための要へと変身せねばならないのである。そのことに関連して、思春期には、いくつかの心理的、認識的、感情的機能のメタ的転換が必要であるように思う。

ヒトの活動は、将来に向かっての計画と、適切な目標の設定の上に成り立っている。それを達成するためには、短期的な目標と長期的な目標の関係、自己の利益と他者の利益の関係、競争と協力の間の関係など、何層にもわたる事柄の関係性の理解が必要である。その上で、いろいろな事態を理解し、それらを適切に制御しなければならない。

ヒトの行動の究極要因は、行動生態学で一般的に言われているところの採食戦略や繁殖戦略の最適化であろうが、その達成のためには、様々な異なる局面での個々の事態の制御の最適化が必要である。そこには、自己と他者の深い理

解が必要であり、過去から将来という時間軸と、社会の中の様々な関係という空間軸の双方を俯瞰的に見る能力が必要である。自己自身の欲求と行動の制御も、その中の重要な側面である。思春期は、大人の活動の一部を担い始め、いわばOJT（On the Job Training：実地訓練）の中でこれらの認識を身に付けていく時期であろう。

4-3　ペアボンド形成と性を超えた共同作業

　思春期に開始する重要なもう一つの作業は、性成熟に関連して、繁殖の相手を見つけることである。これは、自分が特別な愛着と性的欲求とを感じる1人の異性を見つけるということだ。ヒトという生物は、1人の男性と1人の女性がペアを作り、分業しながら協力して子育てをする。どの時代、どの文化の社会にもペアボンドは存在する。そのペアの相手を見つけるのは、大人として非常に重要なことだ。ところが、ヒトの社会は先に述べたように、様々な人々が協力しあって暮らしている社会である。協力しあわねばならない相手の中には男性も女性もいる。そのような人々とは性的な関係はないが、互いに理解しあい、協力しあう良好な関係を持たねばならない。つまり、ヒトは、性的で特別な愛着という点では排他的なペアを形成しつつ、他の異性とは、性抜きで良好な協力関係を維持しなければならないという、非常にまれな生物なのだ。

　子ども期までは、男児どうし、女児どうしの友達関係とともに、性抜きで男児と女児が遊ぶことはできた。しかし、思春期になると、ペアボンドの形成に向けて特定の相手を見つけねばならない。そして、そこにはとりもなおさず、行動生態学で言うところの配偶者獲得をめぐる競争が存在する。誰が最も望ましい配偶相手を獲得できるかについては、男性どうし、女性どうしの間で熾烈な競争が展開される。男性から女性へ、女性から男性へ、双方向での求愛も展開される。ところが、配偶以外の面では、男女それぞれが異性とも同性とも協力しなければ、生きることも繁殖することもままならないのである。その葛藤に最初に直面するのが思春期である。

　自分にとってどんな相手がペアとして最適なのかは、最初から自明ではない。単なる友情だけではなく、性が介入してきたときにどんな相手が自分に適しているのか、それは、何度かの恋愛を経て実地に学んでいくしかないのだろう。

そして、そのような配偶相手の獲得を試みながら、同性間での友情の絆も維持していかねばならない。そこには、子ども期には必要がなかった、男女の性を認識した上での、メタ的な人間関係の認知と構築が必要になってくる。思春期は、この点でも、何度かの恋愛経験と異性関係、同性関係の混迷を通してOJTで習得していく時期である。

4-4　同世代の絆と問題制御のヒューリスティクス形成

　思春期には、同世代の仲間どうしの絆が非常に強まる。それ以前の子ども期までは、親や先生など上の世代の指示に従い、尊敬もしていたのが、思春期にはそのような権威に対する反発が強まり、同世代の仲間どうしの絆、その中での評判の方が大切になる。この現象には、進化的意味があると考えられる。

　ヒトの生計活動は共同作業である。ヒトは寿命が長く、祖父母、親、子の三世代にわたる協力関係が重要であるが、自分自身が大人になった時、最も重要なのは、やはり同世代の仲間どうしの関係であろう。したがって、上の世代の人間たちよりも同世代の仲間どうしの関係に重きを置くようになり、その中での評判の方により敏感になるのは、大人になった時の人的資産の形成として重要であるに違いない。

　では、なぜそれが、これまでの権威への反発という方向に向くのだろうか？これは筆者の仮説に過ぎないが、ヒトの生活が、社会関係であれ、生活技術であれ、様々な問題に対する最適な制御を見つけたいという動機からなっており、思春期がそれを自分なりに習得していく段階だとすれば、思春期には、すでにある制御のやり方とは異なるやり方を試してみようとするだろう。そのとき、思春期は性的な競争が激化する時期でもあるので、異なるやり方の利点を主張することは、同性間競争での武器ともなり、異性へのアピールともなるのだろう。これまで一般に受け入れられてきた物事とは異なるものを主張するのは、「かっこいい」のである。結果的に、それは様々なイノベーションの可能性を生み出す原動力となる。

　ヒトは、過去の大量の経験の中から、自分の生存と繁殖に大きく影響を与えるような事柄の制御にかかわる事態は、特に鮮明に記憶する。それらは無意識のうちに自動的に喚起され、意識的な決定をするときに影で影響を与える。こ

れは、その人が様々な事態に直面した時にどうするか、まず喚起される問題制御のヒューリスティクスである（Geary, 2005）。

　このヒューリスティクスの形成と更新は、一生の間続いていくことはできるが、それが最も強固に形成されるのが、思春期までなのではないだろうか？　思春期以降は、自分の母語で思考するのが当然であり、第二外国語の習得が、それ以前に比べて非常に困難になることはよく知られている。また、アメリカ合衆国の北部の文化と南部の文化を比較した研究では、どちらかの地域で育った人が、思春期以降に居住域を変えても、以前の文化での考えや反応を維持するという。つまり、思春期までに大人としての基本ヒューリスティクスが決まり、以後の更新は、かなりの意識的な努力を要するものと考えられる。

　「世代論」というものがある。世代が違うからわかりあえない、世代が違うから肌が合わない、というのは何なのだろうか？　筆者は、それは、同じ時代に思春期を過ごし、同じ基本ヒューリスティクスを身に付けた集団が「同世代」なのであり、時代の変化とともに思春期の環境が異なった人々どうしでは、この問題制御の基本ヒューリスティクスが異なるからなのではないかと思う。当然ながら、時代の変化が速ければ速いほど、世代のギャップは大きくなる。

＊

　本稿では、ヒトという種が進化してきた背景をもとに、ヒトの生活史戦略の成り立ちと、思春期の適応的意味について考察した。ヒトの進化環境や、狩猟採集生活での生計活動を研究する自然人類学の分野でも、思春期に特に着目した記述や分析はまれである。本稿では、かなりの部分、筆者自身の考える仮説に基づいて議論を展開したので、今後の研究によって、様々な修正が行われていくに違いない。

　さらに、この100年あまりの、現代科学技術文明の急速な発展を考えると、ヒトという種の思春期を取り巻く環境は激変している。特に、先進国の社会システムと生活様式の変容は、人類進化史という時間スケールで見ると、一瞬ほどの間に起きている大変化である。このような急激な外部環境の変化によって、現代人の思春期はどのような影響をこうむっているのだろうか？

　24時間明かりが手に入ることによる日照リズムの乱れ、貨幣経済がすみず

みまで浸透し、社会の機能の分業化が進んだこと、それに呼応して、大人になるためには、学校教育が最重要視されるようになったこと、その学校教育では、抽象的な認知理解がことさらに重視されること、貨幣の獲得をめぐって、異様とも言えるストレスを生じさせる競争社会であること、そして、昨今のIT環境の進展などなど……。現代の思春期を取り巻く環境は、20万年前はおろか、たった20年前と比較しても大きく変容している。その中で、健全な思春期を育むためには何をしたらよいのか、そのための「基本線」を知る上で、人類進化史的視点が役に立つことを願う次第である。

引用文献

Boggin, B.（1999）. *Patterns of human growth*. Cambridge: Cambridge University Press.

Byrn, R., & Whiten, A.（Eds.）（1989）. *Machiavellian intelligence: Social expertise and the evolution of intellect in monkeys, apes and humans*. Oxford: Oxford University Press.（藤田和生・山下博志・友永雅己（監訳）（2004）.マキャベリ的知性と心の理論の進化論　ヒトはなぜ賢くなったかⅠ・Ⅱ』ナカニシヤ出版）

Charnov, E., & Berrigan. D.（1993）. Why do female primates have so long lifespan and so few babies? Or life in the slow lane. *Evolutionary Anthropology*, **1**, 191-194.

Dunbar, R. I. M.（1992）. Neocortex size as a constraint on group size in primates. *Journal of Human Evolution*, **20**, 469-493.

Geary, D. C.（2005）. *The origin of mind: Evolution of brain, cognition, and general intelligence*. Washington DC: American Psychological Association.

Hrdy, S. B.（2011）. *Mothers and others: The evolutionary origins of mutual understandings*. Cambridge: Belknap Press.

海部陽介（2005）.人類がたどってきた道——"文化の多様化"の起源を探る　日本放送協会

Lancaster, J. B., & Kaplan, H. S.（2009）. The endocrinology of human adaptive complex. In P. T. Ellison & G. Gray（Eds.）, *Endocrinology of social relationships*. Cambridge: Harvard University Press. pp. 95-119.

斎藤成也ほか（2006）.岩波シリーズ進化5　ヒトの進化　岩波書店

Thompson, M. E. *et al.*（2007）. Aging and fertility patterns in wild chimpanzees provide insights into the evolution of menopause. *Current Biology*, **17**, 2150-2156.

コラム2　少年犯罪

長谷川眞理子

　第1章で、ヒトの生活は、様々な事態を自分にとって最適に制御しようとする動機づけからなると述べた。ヒトの行動の究極要因は、他の動物一般の行動の進化を研究する行動生態学で言及されているように、採食戦略や配偶戦略、子育て戦略として整理される。しかし、ヒトの生存と繁殖は、きわめて複雑なもろもろの関係性における、様々な行動選択肢のサブセットの上に成り立っており、ヒトは、それぞれの事態における事柄を、自分にとって最適に制御したいと欲する。そこには、様々な葛藤が生じる。

　葛藤は、自己と他者の利害の対立のみならず、自分自身にとっても、「今、ここ」での最適解と長期的・全体的に見た最適解とでは異なることが多い。そこで、ヒトは、単なる反射のように「今、ここ」での欲求に従って生きていてはいけないのである。少なくとも、大人としては。

　子どものしつけというのは、全般的に、将来のためや社会全体の秩序のために、「今、ここ」での欲求を抑えることを学ばせる教育である。箸の上げ下げや年長者に対する礼儀など、他の文化の人間から見れば「滑稽」とも見える集団内の取り決めを教えることも含まれている。しかし、それらの取り決めを守らない場合、集団の構成員としての適切な扱いが受けられなくなるので、部外者から見て瑣末なこととはいえ、それらを体得するのは重要な生存戦略なのだ。

　しつけの中には、法律を守るように教えることも含まれている。法律とは、様々な利害の対立を内に秘めている人々が共同体として生活していくために、個々の構成員の利益を最大限保障するための取り決めである。法律を理解するには、社会の構成員の間に利害の対立があることを知り、社会全体の利益のため、ひいては、自分自身の長期的な利益のためには、いくつかの欲望は抑えるべきだという全体像を理解せねばならない。

　犯罪とは、法律に違反する行為を行うことだが、なぜそんなことをするかと言えば、多くは目前にある強い欲求を満たすために、長期的または全体的な視野からすれば回避すべきである行動を取ってしまうからである。窃盗、万引き、強盗、詐欺などは、金品を手に入れたいという目前の欲求を満たすために他者の所有物を奪う行為であり、殺人の多くは、人間関係における自分の欲求を満たすために他者を暴力的に消す行為である。

　では、どんな人間が犯罪を犯しやすいのだろうか。日本の犯罪統計を見てみよう。図

コラム2　少年犯罪

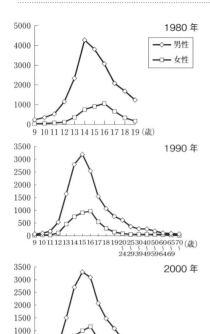

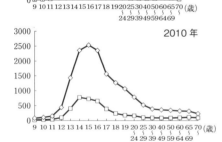

図　年齢別の10万人当たり犯罪率
（警察庁犯罪統計より作成）

は、現在の犯罪統計と同じ年齢区分が使用されている1980年以降について、10年おきに年齢区分別の人口10万人当たり犯罪率を示したものである。1980年から2010年までの10年おきのプロフィールだが、驚くほど変わっていない。すべての年齢において、男性は女性よりも犯罪率が高く、犯罪率の鋭いピークが14歳から16歳ごろにある。つまり、思春期である。そして、思春期の犯罪のほとんどは、窃盗、万引きである。

思春期には、明らかに、法律を守るための自己制御がうまくできていない。思春期の少年たちの犯す犯罪の大部分が窃盗、万引きであるのだから、目の前にある金品がほしいという欲求をうまく制御できないのだろう。なぜ、それほど金品がほしいのか。それは、性的成熟に入って、同性との性的競争が激化し、異性に対するアピールも最重要になり、そのコンテクストで金品が重要な意味を持つからだ。たとえ、本人がそう自覚していなくても。

この性的競争の重要さはその後も継続するが、成長するにつれて、他人の金品を盗むという行動選択肢は、長期的、全体的には最適ではなく、抑えなければならないということが理解されていく。思春期はまさに、そこがまだできていない。社会の急激な変化にかかわらず、この犯罪率の年齢プロフィールが何十年も同じに保たれているということは、脳の抑制系の発達が、ヒトとしてかなり固定的に作られている可能性を示しているのだろう。

II

・

発達科学からのまなざし

第2章　思春期発達の基盤としてのアタッチメント

遠藤利彦

　本章が企図するところは、思春期・青年期の心理社会的発達の基盤として、乳幼児期から連綿と続く養育者等の特定他者との親密なアタッチメント関係が、いかなる意味で枢要な働きをなすかを審らかにすることである。具体的には、そもそもアタッチメントとは何かを、特に思春期・青年期の発達的特質と絡めて確認した上で、アタッチメントの安定性がどれくらい思春期・青年期の心理社会的適応性や精神的健康等と関連し得るかを示し、さらに、刮目すべき研究上の近年の新展開として、生活史理論の視座からアタッチメントと思春期・青年期との密なる結びつきについて試論することとしたい。

1　アタッチメントとは何か

1-1　生涯発達概念としてのアタッチメント

　アタッチメント（attachment）あるいは愛着という言葉は、今や、ただ心理学や精神医学の専門的術語としてある訳ではなく、子育てや保育・教育の文脈を中心に、日常的に用いられるに至っている。そして、そうした文脈において、それは多くの場合、暗黙裡に、親とその幼い子どもとの間の緊密な情愛的絆（affectional bond）、時には、その愛情（affection）関係全般の特質を指し示すものとして受け取られているようである。しかし、アタッチメント理論の創始者たるボウルビィ（Bowlby, J.）が最初に示したその原義（Bowlby, 1969, 1988）は、文字通り、生物個体が他の個体にくっつこうとする（アタッチしようとする）ことに他ならない。彼は、個体がある危機的状況に接し、あるいはまた、そうした危機を予知し、恐れや不安の情動が強く喚起された時に、特定の他個体への近接を通して、主観的な安全の感覚（felt security）を回復・維持しようとする傾性をアタッチメントと呼んだのである（数井・遠藤、2005）。別の言い方をす

るならば、それは"一者の情動状態の崩れを二者の関係性によって制御するシステム（dyadic regulation system）"（Schore, 2001）とも言い得るものなのである。

ボウルビィは自身の考えを、人の揺りかごから墓場までのパーソナリティの生涯発達を理解するための総合理論であると言明していた（Bowlby, 1988）。ボウルビィの初期の仕事が「母性的養育の剥奪」（maternal deprivation）という概念の提示から始まったこともあり、アタッチメント理論は、当初、専ら、幼少の子どもとその母親との関係性にかかわる理論という受け取られ方もした訳であるが、彼の最も中核的な関心は、生涯を通して人が誰か特定の他者に身体的あるいは情緒的にくっつく（attach）、あるいはくっつけるということの発達的・適応的な意味と、また、その安心してくっつき得るという関係性を喪失した時の人の心身全般に亘る脆弱性とに注がれていたと言えるのである（Bowlby, 1980）。

現在、アタッチメント研究は、実際、乳児期から老年期までの全発達期に亘って、分厚く展開されるに至っている。また、例えば、主に欧米圏において展開されている長期縦断研究は、現に、乳児期から成人期に至るまで全発達期において、その対象が誰であれ（例えば親であれ親友であれ配偶者であれ）その時々に築いている個人のアタッチメントの質がその人の心理社会的適応や心身の健康の鍵を握ること、また複数の発達期に跨がって、アタッチメントの質にはある程度の時間的連続性とともに豊かな変化可能性も認められることを明らかにしてきているのである。

1-2 つながって在ることと独り立ちすることの表裏一体性

アタッチメントが生涯発達的概念として提唱されているということは、元来、それが、単に子どものような弱者の大人という強者に対する依存的な関係のみならず、力に強弱の差のない対等な個人同士の関係においても十分成り立ち得るということを含意している。加齢に伴い、人は徐々に、他者に対して物理的・身体的にはそう頻繁には近接しなくなるものと言える。しかし、アタッチメントは、次第に、表象レベルの近接、すなわち危急の際には誰か他者によって確実に保護してもらえるということに対する信頼感（confidence in protection）（Goldberg, 2000）へと形を変えて、生涯、重要な意味を担い続けるのである。

既にふれたように、アタッチメントのその時々の至近的な働きは、様々な危機によって生じたネガティヴな情動状態を低減させ、自らが安全であるという主観的意識を個人にもたらすことである。しかし、それが、特定他者との間で毎回、確実に実現されるようになると、その他者は個人にとって、危機が生じた際に逃げ込み保護を求める"信頼できる避難所"（safe haven）であると同時に、ひとたび情動が静穏化した際には、今度はそこを拠点に外界に積極的に出て自由に探索するための"安全基地"（secure base）として機能するに至る。すなわち、何かあったらあそこに向けて信号を発すれば、あるいは駆け込んでいけば、必ず慰撫され、保護してもらえるはずであるという確かな見通しが成り立つと、それに支えられて、個人はより大胆にまたチャレンジングにふるまい得るようになるということである。

　実のところ、アタッチメント理論が最も重視するところは、ただくっついていることの中に在るのではなく、むしろ、何かあったら確実につながることができるという主観的確信が、個人がひとりでいること、またひとりで何かをすることを可能ならしめるということなのである。"attachment"という言葉の文字通りの意味、すなわち「くっつくこと」から連想されるのはどちらかと言えば依存性（dependency）や甘えということになる訳であるが、それとは裏腹に、アタッチメント理論の基本的な問いは、人がその発達過程においていかに自律性（autonomy）を獲得し得るかということであることを再確認しておくべきであろう。

1-3　アタッチメントの転換点としての思春期・青年期

　前述したようにアタッチメントは個人の自律性を促し支え、それこそ自身の生活世界を徐々に拡張し、そこで自発的に様々な探索（exploration）を行うことを可能にするものと言える。言うまでもないが、こうした自律性や探索は、元来、思春期・青年期の枢要な発達課題として問われてきたものである。しかし、これまでのアタッチメントにかかわる議論が含意しているところは、それが思春期に至って初めて顕在化するような性質のものではなく、むしろ幼少期における主要なアタッチメント対象との関係性の中から連綿と紡がれ続けるものとして在るということである（e.g. Sroufe, 1990）。古典的な青年心理学の枠組

II 発達科学からのまなざし

みの中では、自律性の獲得と、養育者との親密な関係性との間に深刻な葛藤が思春期において半ば必然的に生じることが仮定されてきた（e.g. Blos, 1967）と言い得る訳であるが、実証的研究が示唆するところは、むしろ、思春期以降の真に健康な自律性が、養育者等の特定他者との安定したアタッチメントと密に関係しているということなのである（e.g. Kerig & Wenar, 2006）。別の言い方をすれば、自律性の獲得は、必ずしも養育者等とのアタッチメント関係を犠牲の上に成り立つものではないということである。思春期以降の個人の多くに見られる実態は「"自律性"対"結合"」ではなく「"結合"を伴った"自律性"」(autonomy with connection) と言うべきものであるらしい（Kerig et al., 2012）。

　もっとも、このことは、幼少期から思春期・青年期にかけての発達の道筋が、"平穏なる不変"であることを意味するものではさらさらない。それどころか、そこには大きな転換があり、その意味では、その発達の道筋は本源的に、いくつかの変容を内包しつつ連続するものと言えるのかも知れない（Allen, 2008）。一つの大きな変容は、主要なアタッチメント対象が家族外の人物に移行していくということである。児童期においては、主要なアタッチメント対象は依然として養育者のままであることが圧倒的に多いことが確認されているが（Kerns, 2008）、標準的な発達的変化としては、児童期後期から思春期・青年期前期にかけて養育者に対して徐々に回避的な態度をとる傾向が強まり、少なくとも行動上の依存性はかなり影を潜めるようになると言われている（Ammaniti et al., 2005）。そして、多くの場合、それに代わるように、友人や恋人等が（現実的に機能し得るか否かは措くとして）少なくとも主観的なレベルでは、近接欲求・分離抵抗・安全基地・避難所といったアタッチメントの諸機能を最も具現してくれる存在として覚知されるに至るらしい（Hazan & Shaver, 1987, 1994）。無論、このことは、アタッチメント対象が完全に入れ替わるというような性質のものではなく、あくまでも意識の中でその相対的な重みが変化するということに他ならない。思春期・青年期に至っても、稀にきわめて重篤な危機にさらされた時には大概、子どもは依然として安全基地としての養育者に現に頼ろうとするもののようである（Allen & Hauser, 1996）。また、友人や恋人等との関係性の質、あるいはそこにおける問題行動や抑うつなどは、概して、養育者との間でのアタッチメントの質と関連するということが知られている（Allen, 2008）。

もう一つの際立った変容は、アタッチメントが、特定他者との関係に強く結びついた身体的・物理的近接から、特定他者を中核としつつも他者一般に対する表象的近接へと、いよいよそのウエイトを大きくシフトさせるということである。たしかに、ボウルビィ（Bowlby, 1973）は、アタッチメントが、3歳以降にいわゆる目標修正的なパートナーシップの段階（他者が置かれた状況やその心的状態を理解し、それを考慮に入れた上で、自らの行動のアタッチメント行動に関わる目標や計画を柔軟に調整できるようになる）へと徐々に変じ始めるということを仮定していた訳であるが、近年においては、それが本格化するのは、養育者への生活上の依存性が大幅に減じ、自己意識・自己理解を含めた認知能力が飛躍的に増す児童期以降になるのではないかと考える向きが優勢化しつつある（Mayseless, 2005）。そして、この段階に至って、子どものアタッチメント上の目標は、養育者への物理的な近接性（proximity）そのものの実現から、表象レベルでの養育者の情緒的な利用可能性（emotional availability）の覚知へと大きく変容するものと考えられる（Ainsworth, 1990）。さらに、思春期に入り、論理的および抽象的な思考が飛躍的に増大するようになると、養育者等の特定他者のみならず、様々な他者との関係性に関わる諸経験を、内省的に統合することができるようになり、そこから、アタッチメントに関する一般化された心的状態を形成し始めるものと言い得るのである（Allen, 2008）。ここに至って、アタッチメントの質は、具体的に誰との関係なのかというところから離れて、まさにそれぞれの個人の表象の中に内属するものになると考えられよう。

2　アタッチメントと思春期・青年期の発達

2-1　アタッチメントと思春期における心の健康と病理

　アタッチメント理論においては一般的に、アタッチメントの個人差を4タイプに分けて把捉する。そして、それは、乳幼児期においては、多くの場合、ストレンジ・シチュエーション法（Strange Situation Procedure: SSP）によって、アタッチメント対象に対する実際の身体的近接のあり方の差異として測定されるのに対し、思春期以降になると、成人アタッチメント面接（Adult Attachment Interview: AAI）、あるいは多項目式アタッチメント尺度等によって、個々人が思い描く特定他者、あるいは他者一般に対する表象的近接のあり方の違いとし

て取り出されることになる（こうした方法論の詳細については、数井・遠藤, 2005, 2007 などを参照されたい）。

　前者における4タイプは、安定型（養育者との分離に際し苦痛を表出するが再会によって容易に静穏化する）、回避型（分離に際しても養育者に苦痛を表出しない）、アンビバレント型（養育者との分離に激しく苦痛を表出し、しがみつき、後追い等を強く見せ、再会後もネガティヴな情動状態を長く引きずる）、無秩序・無方向型（養育者に対するおびえ、すくみ、うつろな表情等を不自然に多く示す：多くは虐待やネグレクトといった不適切な養育、あるいは養育者の感情障害等によって発生する）である。一方、後者におけるそれは、安定／自律型（自他に対する高度な信頼感によって特徴付けられる）、拒絶／回避型（他者に対する不信感が強く、他者との関係を自ら拒絶する傾向がある）、とらわれ型（見捨てられ不安が強く、他者との関係に強く執着する傾向がある）、未解決型あるいは恐れ／回避型（過去のトラウマを未だ解決できていない、あるいは他者との関係を恐れ、自らそこから撤退する傾向を有する）である。そして、それぞれにおける4タイプは順に理論的に対応するものと仮定されている。

　こうした方法論の枠組みに従い、アタッチメントの個人差と種々の心理社会的適応や精神的健康との関連を扱った研究は既に膨大な数に上り、それらは総じて、そこに有意な連関を認めている（Allen, 2008）。例えば、スルーフ（Sroufe, A.）らによる長期縦断研究（Sroufe *et al.*, 2005）は、幼少期に子どもがその養育者から受けたケアの質の高さ、およびアタッチメントの安定性が青年期前期に至った際の全般的な適応状態を予測すること、また、不安定型だった子どもがすべて悪い予後を辿るとは限らないものの、生後1年目の無秩序型アタッチメントは解離性の障害を中心とした種々の精神病理や問題行動の強い予測因子となることを明らかにしている。無秩序型アタッチメントは、元来、一般的に、虐待やネグレクト等の不適切な養育状況に起因して生じることが知られており、それは乳幼児期以降も、貧困や片親状況、家庭内暴力、養育者の薬物やアルコール使用、乏しい隣人関係等のリスク因子を伴いやすいこともあり、思春期・青年期以降の精神病理と相対的に強く連関するものと考えられよう（Cassidy & Mohr, 2001）。

　また、乳幼児期ではなく、思春期・青年期現時において友人および養育者と

のアタッチメントがうまく調節されていて、安定的に築いている個人は、抑うつ、自殺願望、不安障害、反社会的行動、薬物依存などの傾向が非常に低いという知見も得られている (e.g. Cooper et al., 1998)。もっとも、それ以外の不安定型については、乳幼児期における無秩序型の延長線上に位置づけ得る未解決型を除き、心理社会的適応性や精神的健康を著しく損なわせるほどのネガティヴな影響力は有していないようである(数井・遠藤, 2007)。ただし、既に何らかの精神病理や問題行動等が認められているサンプルに限って言えば、その中での拒絶／回避型の青年は、総じていわゆる外在化の問題(暴力、薬物使用、行為障害等)を呈する確率がやや高いと言われている (e.g. Rosenstein & Horowitz, 1996)。一方、とらわれ型の青年に関しては、相対的にいわゆる内在化の問題(抑うつや不安障害等)を示すケースが多いものの、男性の場合、あるいはその養育者が極度に自己主張的、拒絶的、侵害的であるような場合には、むしろ、種々の非行や性的逸脱といった外在化の問題を示すことも少なからずあるという(Allen, 2008)。

2-2 アタッチメントと恋愛およびセクシャリティ

　思春期・青年期は、身体的な性的成熟のプロセスの進行とともに、異性への関心が高まり、特定異性との親密な関係性が現実的に形成され始める時期と言い得る。アタッチメント研究の領域においても、アタッチメントの個人差と恋愛関係やセクシャリティとの関連がきわめて精力的に問われてきている(Feeney, 2008; Mikulincer & Shaver, 2007)。

　そこでの結果を、総じて述べるならば、幼少期における養育者による温かいケアおよび養育者との安定したアタッチメントは、思春期・青年期における良好な恋愛関係を予測し得ると言え (e.g. Sroufe et al., 2005)、また青年期現時のアタッチメント・タイプに関しては、自律／安定型がいわゆるエロス (eros: 相互情熱的な愛) あるいはアガペー (agape: 無私・利他的な愛) と言われる恋愛傾向を、拒絶／回避型がルーダス (ludas: 遊戯的な愛) と言われる恋愛傾向を、とらわれ型がマニア (mania: 独占・支配的な愛) と言われる恋愛傾向を、それぞれ示しやすいと概括できるかも知れない (Feeney, 2008)。例えば、自律／安定型は相手と親密な関係を築きやすく、相手の必要に応じて適切な世話を提供

する傾向が高いのに対し、拒絶／回避型は相手への世話や気遣い自体が少なく、またとらわれ型および恐れ／回避型は相手の必要というよりも、自分がそうしていないと気が済まないかのように強迫的なケアを行うことが多く、結果的に苦悩や抑うつを呈しやすいことなどが報告されている（e.g. Davila et al., 2004; Kunce & Shaver, 1994; Mayseless & Scharf, 2007）。

　また、恋愛のパートナーとして、どのようなアタッチメント・タイプを持っている者同士が結びつきやすいかに関しては一部、見解の相違も認められるが、現実に安定型同士のカップルが多いこと、架空の関係を想像した選択ではいずれのアタッチメント・タイプの個人も安定型のパートナーを好む傾向があることなどが知られている（e.g. Feeney & Noller, 1996）。この他に、実際に形成された関係について言えば、とらわれ型の女性は、相対的に拒絶／回避型の男性とカップルになる可能性が高く、この組み合わせにおいて、双方の主観的満足感等は低水準に止まるも、関係の形態は崩れることなく比較的、維持されやすいことなども明らかにされている（Kirkpatrick & Davis, 1994）。この対象選択の傾向に関しては、早期の養育者とのアタッチメント関係に由来する、いわゆる内的作業モデル（Internal Working Model）（Bowlby, 1973）に従って対人関係に対する期待を抱き、またそれをさらに増強・固定化するようふるまう中で、そうなりがちであるということが想定されているようである（Feeney, 2008）。

　セクシャリティに関して言えば、元来、アタッチメントとは異質な進化生物学的起源と機能を有する独立した心理行動システムと見なされることがより一般的であると言い得るが、現実の生活の中では、相互に深く影響を及ぼし合っていると見なすべきもののようである（e.g. Diamond, 2003）。もっとも、両者の結びつきの様相は、アタッチメント・タイプによってかなり異なることも知られており、例えば、拒絶／回避型の個人では、アタッチメントとセクシャリティが乖離している傾向が強く（例えば性的欲求の充足は情緒的絆の形成や深まりにほとんど寄与しないなど）、一方、とらわれ型の個人では、両者が渾然一体化しているような様子が認められるという（例えば脅威状況でアタッチメント欲求が活性化されると相対的に容易に性行動に走るなど）。それに対して、安定型の個人では、両者の結びつきが、その中間レベルにあり、両者の間にポジティブなフィードバック・ループが成り立っていることが多い分、その中で、関係性がより

深まり安定していく傾向があるらしい（Birbaum, 2010）。

また、より具体的な知見に目を向ければ、安定型は、コミットしている恋愛関係以外では他の異性との性的交渉をあまり持たない傾向が強く、性的なものであれ非性的なものであれ、身体接触を愉悦に満ちたものと認識することが多いようである（Moore, 1997）。それに対して、拒絶／回避型は、親密で情緒的な絆が形成されないまま、比較的早期段階から性的交渉を持つ傾向があり、そして情愛が絡まない性交も快いと感じやすいと言われている（Brennan & Shaver, 1995）。一方、とらわれ型の女性は、他型に比してやや性的に露出的でより多くパートナーを変えがちであり、また性的に受け身的になり、服従する傾向が見られるようであるが、同タイプの男性はむしろ性的なことをあまり口にしないという傾向があるらしい（Brennan & Shaver, 1995）。

2-3 乳幼児期から思春期・青年期に至るまでの連続性と不連続性

既にふれたように、発達早期のアタッチメントあるいは青年期現時のそれに現れる個人差は、青年の心理社会的適応性や精神的健康を、それなりの確率で予測すると言って過誤はないようである（遠藤, 2010；数井・遠藤, 2005, 2007）。しかし、そのことと、アタッチメントそれ自体の個人差が、乳幼児期から思春期・青年期に至るまでに変わらずに連続するものであるか否かという問いは必ずしも同じではない。これまでに、欧米圏を中心に短期・長期に亘る様々な縦断研究のプロジェクトが進行してきており、それらは、幼少期から思春期・青年期、さらには成人期に至るまでのアタッチメントの連続性とその機序について実に数多くの興味深い知見を提示するに至っている。それは、基本的に、同一個人における、先にも見た乳児期のSSPの結果と成人期のAAI等の結果とが、現に理論的に仮定される通りの一致を見せるかどうかを問うという形で検討されてきている。

例えば、ウォータース（Waters, E.）らは、60人の白人ミドルクラスのサンプルについて、乳児期のSSPにおけるアタッチメント・タイプとAAIによって測定した21歳時のアタッチメント・タイプとの間に、（乳児期の無秩序型と青年期の未解決型を除く）3分類で64％、安定型とそれ以外の不安定型2分類で72％の理論通りの一致が認められたことを報告している（Waters et al., 2000）。

ハミルトン（Hamilton, C. E.）も、家族ライフスタイルの研究プロジェクトに参加した30人の子どもを対象に同様の検討を行い、安定型／不安定型2分類で乳児期と成人期の間に77％の一致を認められたことを報告している（Hamilton, 2000）。さらに、ドイツでデータを収集したグロスマン（Grossmann, K. E.）らは、21、22歳まで追跡可能だった38人について、乳児期におけるSSPの結果では認められなかったものの、6歳時の分離不安テストに現れたアタッチメントの特徴が成人期のAAI分類を有意に予測したことを公にしている（Grossmann et al., 2002, 2005）。しかし、その一方で、ハイリスクの貧困家庭で生まれ育った57名を対象にしたウェインフィールド（Weinfield, N.）らの研究は、発達早期段階と青年期の間に連続性を見出しておらず、虐待、家庭内不和、親の抑うつなど、ネガティブな事態にさらされる確率の高いこうしたサンプルでは、アタッチメントの質がその時々の環境の特質に起因して変動しやすくなるのではないかと推察している（Weinfield et al., 2000）。

このように20年にも亘るアタッチメントの連続性については研究間に食い違いが認められる訳であるが、これについて私たちは現段階で、どのように理解しておくべきなのだろうか。ここで一つ参考にすべきは、フレーリー（Fraley, R. C.）による五つの縦断研究、総計218ケースに対するメタ分析の結果（Fraley, 2002）と言えるかも知れない。それによれば、アタッチメントの安定性を量的指標に換算した場合、乳児期と16〜21歳におけるその重みづけ相関は0.30程度のものであり、総じて、そこには緩やかな連続性があると仮定してよいのではないという。もっとも、先に見たウェインフィールドらの研究知見が示すように、発達過程において養育環境の変化を相対的に多く経験しやすいハイリスク・サンプルほど、こうした連続性は低くなる傾向があると言えるのかも知れない。

また、考えてみれば、そもそも、比較的高い連続性が認められたウォータースらの3分類での64％という一致率でさえも、実のところ、3人に1人は成人になるまでに何らかの形でアタッチメントのタイプを変質させたことを物語っており、ボウルビィ（Bowlby, 1973, 1988）が仮定したほどに、内在化された関係性、すなわち、いわゆる内的作業モデルが個人の中で不変のものとして在り続けるとは言えないのかも知れない。そうした意味で、現今の研究者の多く

は、いわゆる幼児決定論的な見方をほぼ捨てていると言っても過言ではない。むしろ、ほとんどの論者が、乳児期のアタッチメントが、その後の成育過程において、個人がさらされることになる養育の質や、貧困や親の教育歴なども含めた家族の生態学的条件と絡み合う中で、個人の発達の道筋や適応性に複雑に影響を及ぼすという見解を採るに至っている。

別の言い方をすれば、比較的多くのケースで、幼少期のアタッチメントの質がその後もそのまま保たれるのは、個人がそう大きくは変化しない家族環境の中で育ち、また同じ養育者の下で相対的に等質の養育を受け続けるからであると言い得るということである (Allen, 2008)。逆に言えば、たとえ不遇な養育環境に起因して幼少期のアタッチメントが不安定であったとしても、その後の条件次第で、それが多少とも変じ得ることは十分に想定される訳であり、現に、幼少期から成人期にかけてアタッチメントが不安定型から安定型へと変化したいわゆる獲得安定型 (earned secure) の存在を明らかにし (e.g. Pearson *et al.*, 1994)、その変化に現今の安定した異性等との関係性が関与した可能性を認めているような研究もある (Roisman *et al.*, 2002)。

ちなみに、思春期・青年期に至った子どもの AAI によるアタッチメント分類とその母親の同じく AAI による分類との一致度を問題にした、いわゆる世代間伝達研究も既に行われている。乳児期における SSP でのアタッチメント分類とその親の AAI による分類との合致の度合いを問う研究は既に相当数行われており、例えば、18 サンプル、854 組の親子を対象にしたメタ分析 (van IJzendoorn, 1995) では、それが、安定型と不安定型の 2 分類で 74％、(乳児期の無秩序型と青年期・成人期の未解決型を除く) 3 分類で 70％、4 分類でも 63％ と、概して親からの強い影響を示す高い合致度が確認されている。それに対して、思春期・青年期の子どもとその親のアタッチメントの質の合致度は (一次元性の安定性得点に換算した上での相関が) 0.2 程度と低い値に止まることが知られており (Allen *et al.*, 2003)、そこからは、思春期・青年期のアタッチメントに対して、養育者以外の仲間や親密な異性等からの影響が徐々に強まってきていることが示唆されるのである (Allen, 2008; Allen & Miga, 2010)。

3 生活史理論から見るアタッチメントと思春期

3-1 現代進化生物学とアタッチメント理論

　元来、ボウルビィ（Bowlby, 1969, 1973, 1980）は、自らの理論を構成する上で、ヒトという種に標準的に備わって在るアタッチメントの生物学的特質を度外視することはできないと考えていた。そして、彼は、当時、活況を呈していた比較行動学に基づきながら、ヒトという生き物に普遍的な発達や養育の機序、および社会的関係の構築や維持に関わる本源的な動機づけシステムを見極めようとし、その視座から、親と子あるいは人と人との緊密な情緒的絆とそれらが個人の発達の道筋や適応性に影響を及ぼすプロセスを理論化するに至ったのである。もっとも、ボウルビィが依拠した比較行動学や進化生物学は、その後、現在に至るまでに飛躍的に発展し、ボウルビィ理論の中に在った少なくともいくつかの進化論的仮定は今や時代遅れになっているという感が否めない（e.g. Simpson & Belsky, 2008）。

　より具体的に言えば、ボウルビィが仮定したアタッチメントの生物学的機能はあくまでも個体の生存（survival）を高度に保障することであった訳であるが、現今の進化生物学は、生物学的な適応を、単に個体の生存ということのみならず、繁殖や養育も含めた適応度（fitness）の増大、すなわち、個体の全生涯を通した遺伝子の維持・拡散というところに見るようになってきており、その部分での乖離が無視できないものになってきているのである。

　しかし、ここに来て、現代の複数のアタッチメント研究者が、こうした乖離を埋めるべく、特に生活史理論（life history theory）に拠りながら、アタッチメントの進化生物学的基盤を現代的に再考し始めている。そして、こうした理論的動向の中で、幼少期のアタッチメントの個人差と、思春期・青年期における発達の軌道との関わりが改めて、問い直されてきているのである。ここでは、生活史理論の視座から、アタッチメントと思春期の関連性について試論することにしよう。

3-2 生活史理論とは何か

　生活史理論とは、生物個体には、自らが置かれた環境の特質に応じて、ただ

2 思春期発達の基盤としてのアタッチメント

現時現空間においてというのではなく、生涯という長いタイムスパンの中で、身体の保持（生存や成長）および繁殖の成功（配偶行為や子育て）など、適応に関わる様々な要素に時間、エネルギー、資源などの配分を調整しながら、自らの適応度を最大化しようとする傾性があることを仮定するものである（e.g. Ellis & Bjorklund, 2012）。この立場からすれば、個体は、発達早期の養育者等との関係性から、自らがこの後、長期的に住まうことになる、つまりはこれから適応すべき生態学的および社会的環境の特質を（ほとんどの場合は無意識的に）見積もり、それに応じて、生涯にわたる時間やエネルギー等の配分あるいはトレード・オフのパターンをある程度、決定するということになる。生活史理論の論者ら（Chisholm, 1996, Gangestad & Simpson, 2000 など）によれば、進化の過程を通して、確率的にその将来的環境を予測させることになる重要な手がかり（養育の厳酷さや資源の乏しさあるいは生活状況の激変性・予測不可能性など）を察知し、それに応じて、ある特定の時間やエネルギー等の配分あるいは（生存・成長・配偶・養育等に潜在的に深く絡む）社会的行動のパターンを一貫して取り得るような心理的機構がヒトという種に備わったのではないかという。

　そして、これらの論者は、こうした心理的機構の中核にあるものがアタッチメントであり、その安定性や不安定性（secure/insecure）あるいは各種アタッチメント・タイプを、それぞれ特異な生活環境に容易に適応すべく、予め仕組まれた代替的な心理行動的戦略であると見なすべきではないかと主張するのである。そもそも、このような発想の源泉は、今から約四半世紀前のベルスキー（Belsky, J）らによる進化論的社会化理論（Belsky *et al.*, 1991）の中にあり、そこでは、個体が、人生の比較的早期に経験するストレスの度合いに応じて、彼らが言うところの「安定したアタッチメント／質的繁殖戦略」あるいは「不安定なアタッチメント／量的繁殖戦略」のいずれかを身につけるように方向づけられるのだと仮定されている。

　それによれば、相対的にストレスの低い環境下（同一の対象から持続的に資源を得られるような信頼にたる家族や社会的な環境）では、前者、すなわち、特定のパートナーとの間に持続的で安定した関係を持ち、結果的に少産とはなるが、その子孫に対して質的に高い養育を施すことで、確実に自分の遺伝子を残そうとする生物学的戦略がとられやすい。一方、相対的にストレスフルな環境下

(貧困や家庭内不和・葛藤などを含む不安定な家族や社会的な環境)においては、後者、すなわち早く成熟し、早い時期から、複数の異性との間で頻繁に性行動を行うことで、数多くの子どもを持ち(配偶行動に多く力を注ぐ分、結果的に養育行動はおろそかになる)、それを通じて自分の遺伝子を拡散する量産的な戦略がとられやすいのだという(もっとも、ここで言うストレスは心理社会的なものに限定されるものであり、例えば極度の貧困および栄養失調などの身体に直接的に作用するストレスに関しては、思春期の到来をむしろ遅くすることが知られている (Ellis, 2004))。

3-3 アタッチメントの個人差と思春期発来

前述したような仮説は、これまでにベルスキーら自身による研究も含め、既に複数の研究において実証的に検討されてきている。そして、まだまだ不確定要素はあるものの、少なくともその一部の結果からは、乳幼児期における子どもと養育者とのアタッチメント関係がその後の繁殖にかかわる生理的発達や心理・行動などに多少とも影響を及ぼすという可能性が示唆されるに至っているのである。例えば、夫婦間葛藤(および父親の不在、あるいは母親の異性パートナーなどの父親以外の男性の存在)や厳酷な養育など、子ども期に(不安定なアタッチメントの形成に関与するような)ストレスフルな家族環境にさらされた場合に、女児の第二次性徴が、性的成熟にかかわる遺伝的要因を統制してもなお、有意に早まるという結果が得られている (Belsky *et al.*, 2007, Ellis & Essex, 2007)。男児に関してはこうした結果は明確には認められていないが、一部、同性愛傾向のある男児については同様の知見を得ている研究もある (Savin-Williams & Ream, 2006)。

さらに、ベルスキーらは、400人弱の白人女児を対象に、乳幼児期にストレンジ・シチューエーション法によって測定されたアタッチメントの安定性が、思春期のタイミングにいかに影響するかを検討している (Belsky *et al.*, 2010)。それによれば、乳幼児期に不安定型(回避型・アンビヴァレント型・無秩序/無方向型)であった女児は、安定型であった女児に比して、自己報告による初潮時期、実際の身体検査時にタナー段階(乳房の膨らみや発毛等の度合いによって第二次性徴の進行度を5段階に分けて評価)によって判断された思春期発来(タナー段階が2度になった時期)および完了(タナー段階が5度に至った時期)すべてにおい

て、それに関わる遺伝的要因の関与（母親の初潮時期）を統制してもなお、有意に早かったことを報告している。

　加えて言えば、こうした女児における思春期の早い発来は、多くのメンタルヘルス上の困難や問題行動を招来する傾向が相対的に強いということも広く認められている（Ge et al., 1996）。また、チザム（Chisholm, J. S.）らは、個人が幼少期に経験したストレスが、初潮の早さのみならず、第一子の出産時期を有意に早める傾向があることを見出している（Chisholm et al., 2005）。さらに、シュミット（Schmitt, D. P.）は、前述した研究が女児のみにおいてその影響を見出しているのに対して、男女両性において、先に見たベルスキーら（Belsky et al., 1991）の仮定が部分的に妥当である可能性を示唆している（Schmitt, 2005）。それは、全56文化、総計1万7千人弱の男女を対象にした大規模な質問紙調査から（厳密なアタッチメントの測定はなされておらず、しかもあくまでも青年期現時の対人的志向性のみを問題にしているという点で割り引いて受け止めなくてはならないところも多いが）、アタッチメントの質が家族ストレスと関係し、なおかつその不安定さが短期的な配偶戦略（short-term mating strategy：特定の異性との持続的関係ではなく、頻繁に対象を変えるような関係性の持ち方）と結びつきやすいことを明らかにしているのである。ちなみに、性活動が活発な青年をターゲットにした研究では、特にアタッチメントの不安定性が、現により多くの性的パートナーを有すること、およびあまり避妊を行わない傾向と関連することなどが認められているようである（Moore, 1997）。

　このように、乳幼児期の被養育経験およびそこで形成されるアタッチメントの安定性が、思春期のタイミングという身体的変化を伴う、長期的な適応戦略に関与するという知見が徐々に蓄積されつつあると言える。もっとも、これらの知見は、あくまでもベルスキーらが示した仮説のごく一部に、しかも間接的な意味で、さらには主に女児においてのみ、かかわるものであり、これらをもって、アタッチメントの個人差を、思春期の心身発達の軌道を分ける、代替的な適応戦略と考える見方の正当性が完全に証明されたという訳では当然ない。それを訝る向きも依然として根強く存在しており（e.g. Zeifman & Hazan, 2008）、今後のより厳密な実証的検討が俟たれるところである。また、ここでふれたことは、あくまでも遺伝子の論理から見る生物学的な適応であり、従来、心理学

が問題にしてきた(例えば主観的なウェルビーイングを基準とするような)適応観とは一定の隔たりを有するものであることは言うまでもない。当の個々人が主観的に経験し意識する次元から見えてくるアタッチメント上の個人差やそれに絡める適応性は、生物学的適応度から見えるそれとは、多かれ少なかれ食い違うものであるということを私たちはここで確認しておいてよいかも知れない。

引用文献

Ainsworth, M. D. S. (1990). Epilogue: Some considerations regarding theory and assessment relevant to attachments beyond infancy. In M. T. Greenberg, D. Cicchetti, & E. M. Cummmings (Eds.), *Attachment in the preschool years*. Chicago: University of Chicago Press. pp. 463-488.

Allen, J. P. (2008). The attachment system in adolescence. In J. Cassidy & P. R. Shaver (Eds.), *Handbook of attachment: Theory, research, and clinical applications* (2nd ed.). New York: Guilford Press. pp. 419-435.

Allen, J. P., & Hauser, S. T. (1996). Autonomy and relatedness in adolescent-family interactions as predictors of young adults' states of mind regarding attachment. *Developmental Psychopathology*, **8**, 793-809.

Allen, J. P., & Miga, E. M. (2010). Attachment in adolescence: A move to the level of emotion regulation. *Journal of Social and Personal Relationships*, **27**, 181-190.

Allen, J. P. *et al.* (2003). A secure base in adolescence: Markers of attachment security in the mother–adolescent relationship. *Child Development*, **74**, 292-307.

Ammaniti, M., Speranza, A. M., & Fedele, S. (2005). Attachment in infancy and in early and late childhood: A longitudinal study. In K. A. Kerns & R. A. Richardson (Eds.), *Attachment in middle childhood*. New York: Guilford Press. pp. 115-136.

Belsky, J., Houts, R. M., & Fearon, R. M. P. (2010). Infant attachment security and the timing of puberty. *Psychological Science*, **21**, 1195-1201.

Belsky, J., Steinberg, L., & Draper, P. (1991). Childhood experience, interpersonal development, and reproductive strategy: An evolutionary theory of socialization. *Child Development*, **62**, 647-670.

Belsky, J. *et al.*, & the NICHD Early Child Care Research Network (2007). Family rearing antecedents of pubertal timing. *Child Development*, **78**, 1302-1321.

Birnbaum, G. E. (2010). Bound to interact: The divergent goals and complex interplay of attachment and sex within romantic relationships. *Journal of Social and Personal*

Relationships, **27**, 245-252.
Blos, P. (1967). The second individuation process of adolescence. *The Psychoanalytic Study of the Child*, **22**, 162-186.
Bowlby, J. (1969). *Attachment and Loss: Vol. 1, Attachment.* New York: Basic Books (revised ed., 1982).
Bowlby, J. (1973). *Attachment and Loss: Vol. 2, Separation.* New York: Basic Books.
Bowlby, J. (1980). *Attachment and Loss: Vol. 3, Loss.* New York: Basic Books.
Bowlby, J. (1988). *A secure base: Parent-child attachment and healthy human development.* New York: Basic Books.
Brennan, K. A., & Shaver, P. R. (1995). Dimensions of adult Attachment, affect regulation, and romantic relationship functioning. *Personality Social Psychology Bulletin*, **21**, 267-283.
Cassidy, J., & Mohr, J. J. (2001). Unsolvable fear, trauma, and psychopathology: Theory, research, and clinical considerations related to disorganized attachment across the life span. *Clinical Psychology: Science and Practice*, **8**, 275-298.
Chisholm, J. S. (1996). The evolutionary ecology of attachment organization. *Human Nature*, **1**, 1-37.
Chisholm, J. S., Quinlivan, J. A., Petersen, R. W., & Coall, D. A. (2005). Early stress predicts age at menarche and first birth, adult attachment, and expected lifespan. *Human Nature*, **16**, 233-265.
Cooper, M. L., Shaver, P. R., & Collins, N. L. (1998). Attachment styles, emotion regulation, and adjustment in adolescence. *Journal of Personality and Social Psychology*, **74**, 1380-1397.
Davila, J., Steinberg, S. J., Kachadourian, L., Cobb, R., & Fincham, F. (2004). Romantic involvement and depressive symptoms in early and late adolescence: The role of a preoccupied relational style. *Personal Relationships*, **11**, 161-178.
Diamond, L. M. (2003). What does sexual orientation orient? A biobehavioral model distinguishing romantic love and sexual desire. *Psychological Review*, **110**, 173-192.
Ellis, B. J. (2004). Timing of pubertal maturation in girls: An integrated life history approach. *Psychological Bulletin*, **130**, 920-958.
Ellis, B. J., & Bjorklund, D. F. (2012). Beyond mental health: An evolutionary analysis of development under risky and supportive environmental conditions: An introduction to the special section. *Developmental Psychology*, **48**, 591-597.
Ellis, B. J., & Essex, M. J. (2007). Family environments, adrenarche, and sexual matu-

ration: A longitudinal test of a life history model. *Child Development*, **78**, 1799-1817.

遠藤利彦 (2010). アタッチメント理論の現在――生涯発達と臨床実践の視座からその行方を占う. 教育心理学年報, **49**, 150-161.

Feeney, J. A. (2008). Adult romantic love: Developments in the study of couple relationships. In J. Cassidy & P. R. Shaver (Eds.), *Handbook of attachment: Theory, research, and clinical applications* (2nd ed.). New York: Guilford Press. pp. 456-481.

Feeney, J. A., & Noller, P. (1996). *Adult attachment*. Thousand Oaks CA: Sage.

Fraley, R. C. (2002). Attachment stability from infancy to adulthood: Meta-analysis and dynamic modeling of developmental mechanisms. *Personality and Social Psychology Review*, **6**, 123-151.

Gangestad, S. W., & Simpson, J. A. (2000). The evolution of human mating: Trade-offs and strategic pluralism. *Behavioral and Brain Sciences*, **23**, 573-644.

Ge, X., Conger, R. D., & Elder Jr., G. H. (1996). Coming of age too early: Pubertal influences on girls' vulnerability to psychological distress. *Child Development*, **67**, 3386-3400.

Goldberg, S. (2000). *Attachment and development*. London: Arnold.

Grossmann, K., Grossmann, K. E., & Kindler, H. (2005). Early care and the roots of attachment and partnership representations: The Bielefeld and Regensburg longitudinal studies. In K. E. Grossmann, K. Grossmann, & E. Waters (Eds.), *Attachment from infancy to adulthood: The major longitudinal studies*. New York: Guilford. pp. 98-136.

Grossmann, K. E., Grossmann, K., Winter, M., & Zimmermann, P. (2002). Attachment relationships and appraisal of partnership: From early experience of sensitive support to later relationship representation. In L. Pulkkinen & A. Caspi (Eds.), *Paths to successful development: Personality in the life course*. New York: Cambridge University Press. pp. 73-105.

Hamilton, C. E. (2000). Continuity and discontinuity of attachment from infancy through adolescence. *Child Development*, **71**, 690-694.

Hazan, C., & Shaver, P. R. (1987). Romantic love conceptualized and an attachment process. *Journal of Personality and Social Psychology*, **52**, 511-524.

Hazan, C., & Shaver, P. R. (1994). Attachment as an organizational framework for research on close relationships. *Psychological Inquiry*, **5**, 1-22.

数井みゆき・遠藤利彦 (編). (2005). アタッチメント――生涯にわたる絆 ミネルヴァ書房.

数井みゆき・遠藤利彦（編）．（2007）．アタッチメントと臨床領域　ミネルヴァ書房．

Kerig, P. K., Swanson, J. A., & Ward, R. M. (2012). Autonomy with connection: Influences of parental psychological control on mutuality in emerging adult's close relationships. In P. K. Kerig, M. S. Schulz, & S. T. Hauser (Eds.), *Adolescence and beyond: Family processes and development.* Oxford: Oxford University Press. pp. 134–153.

Kerig, P. K., & Wenar, C. (2006). *Developmental psychopathology: From infancy through adolescence (5th ed.).* New York: McGraw-Hill.

Kerns, K. A. (2008). Attachment in middle childhood. In J. Cassidy & P. R. Shaver (Eds.), *Handbook of attachment: Theory, research, and clinical applications (2nd ed.).* New York: Guilford Press. pp. 366–382.

Kirkpatrick, L. A., & Davis, K. E. (1994). Attachment style, gender, and relationship stability: A longitudinal analysis. *Journal of Personality and Social Psychology,* **66,** 502–512.

Kunce , L. J., & Shaver, P. R. (1994). An attachment-theoretical approach to caregiving in romantic relationships. In K. Bartholomew & D. Perlman (Eds.), *Advances in personal relationships: Vol. 5. Attachment process in adulthood.* London: Jessica Kingsley. pp. 205–237.

Mayseless, O. (2005). Ontogeny of attachment in middle childhood: Conceptualization of normative change. In K. A. Kerns & R. A. Richardson (Eds.), *Attachment in middle childhood.* New York: Guilford Press. pp. 1–23.

Mayseless, O., & Scharf, M. (2007). Adolescents' attachment representations and their capacity for intimacy in close relationships. *Journal of Research on Adolescence,* **17,** 23–50.

Mikulincer, M., & Shaver, P. R. (2007). *Attachment in adulthood: Structure, dynamics, and change.* New York: Guilford Press.

Moore, C. W. (1997). Models of attachment, relationships with parents, and sexual behavior in at-risk adolescents. *Dissertation Abstracts International: Section B: The Sciences and Engineering,* **58,** 3322.

Pearson, J. L., Cohn, D. A., Cowan, P. A., & Cowan, C. P. (1994). Earned- and continuous-security in adult attachment: Relation to depressive symptomatology and parenting style. *Development and Psychopathology,* **6,** 359–373.

Roisman, G. I., Padron, E., Sroufe, L. A., & Egeland, B. (2002). Earned-secure attachment status in retrospect and prospect. *Child Development,* **73,** 1204–1219.

Rosenstein, D. S., & Horowitz, H. A. (1996). Adolescent attachment and psychopathology. *Journal of Consulting and Clinical Psychology*, **64**, 244–253.

Savin-Williams, R. C., & Ream, G. L. (2006). Pubertal onset and sexual orientation in an adolescent national probability sample. *Archives of Sexual Behavior*, **35**, 279–286.

Schmitt, D. P. (2005). Is short-term mating the maladaptive result of insecure attachment? A test of competing evolutionary perspectives. *Personality and Social Psychology Bulletin*, **31**, 747–768.

Schore, A. N. (2001). Effects of a secure attachment relationship on right brain development, affect regulation, and infant mental health. *Infant Mental Health Journal*, **22**, 7–66.

Simpson, J., & Belsky, J. (2008). Attachment theory within a modern evolutionary framework. In J. Cassidy & P. R. Shaver (Eds.), *Handbook of attachment: Theory, research, and clinical applications* (2nd ed.). New York: Guilford Press. pp. 131–158.

Sroufe, A. (1990). An organizational perspective on the self. In D. Cicchetti & M. Beeghy (Eds.), *The self in transition: Infancy to childhood*. Chicago: University of Chicago Press. pp. 281–307.

Sroufe, L. A., Egeland, B., Carlson, E. A., & Collins, W. A. (2005). *The development of the person: The Minnesota study of risk and adaptation from birth to adulthood*. New York: Guilford Press.

van IJzendoorn, M. H. (1995). Adult attachment representations, parental responsiveness and infant attachment: a meta-analysis on the predictive validity of the Adult Attachment interview. *Psychological Bulletin*, **117**, 387–403.

Waters, E., Merrick, S. K., Treboux, D., Crowell, J., & Albersheim, L. (2000). Attachment security in infancy and adulthood: A twenty-year longitudinal study. *Child Development*, **71**, 684–689.

Weinfield, N., Sroufe, L. A., & Egeland, B. (2000). Attachment from infancy to early adulthood in a high risk sample: Continuity, discontinuity, and their correlates. *Child Development*, **71**, 695–702.

Zeifman, D., & Hazan, C. (2008). Pair bonds as attachments: Reevaluating the evidence. In J. Cassidy & P. R. Shaver (Eds.), *Handbook of attachment: Theory, research, and clinical applications* (2nd ed.). New York: Guilford Press. pp. 436–455.

第3章　思春期のアイデンティティ形成

西平　直

1　「アイデンティティ」と「思春期」──エリクソンのコンテクスト

　「アイデンティティ」という言葉は思春期研究にいかなる意味を持つか。「分析概念」として見た場合、この言葉の不備はよく知られている。幾多の「アイデンティティ実証研究」にもかかわらず、調査・実験の操作概念として用いられた場合、「定義の不備・曖昧・不明確」は否みようがない。ではこの言葉は役に立たないのか。一度エリクソンのテクストに立ち戻り、初発の「ものの見方」を確認することにしたい。

　エリクソンは「自我と社会」の関係を重視した。しかも歴史を重視した。社会が変化してゆく中で個人が発達してゆく、その二つの変化系の相対的な関連を捉えようとした。

　そして実は、この点は、古典的テクストを読む場合の、私たち読み手自身の問題でもある。時代が違うということ。例えば、エリクソンは1902年の生まれである（ロジャーズ（Rogers, C. R.）、パーソンズ（Parsons, T.）と同年、日本で言えば小林秀雄と同年）。彼自身は「思春期」を、1910年代南西ドイツ（主にカールスルーエ）で過ごした。第一次世界大戦勃発（1914年）が12歳、ワイマール憲法制定（1919年）が17歳。25歳で（知人の紹介で偶然）精神分析と接点を持つまで、画家を目指してヨーロッパ各地を放浪していた。その後、米国に渡り（1933年）、新大陸の青少年を相手に心理療法を行う中で誕生したのが「アイデンティティ」という言葉である。

　日本で言えば、彼の過ごした思春期はおよそ大正期、青年期は昭和初期の時代。そして、これから見るテクストの事例は、およそ戦中から戦後の時代の少年たちということになる。そう思ってみれば、今とはまるで違う時代の話とい

うことになる。

　ところが、「古典」とは「そのつど新しい」ということ。時代は変われども、そのつど新たな刺激をもたらす力を秘めている。現代の課題に直接答えるわけではないのだが、むしろ時代が違うからこそ、現代の問いを相対化する力を秘めている。その意味でも「歴史の中に生きる個人」の歴史的相対性を、身をもって体験しながら、「アイデンティティ」という言葉の初発の「ものの見方」を確認しておくことにする。

2　「家族のアイデンティティ」と「少年のアイデンティティ」
　　　――エリクソンのテクスト

　論文集『アイデンティティとライフサイクル』はエリクソンの最も早い時期の論文から成り立っている（Erikson, 1980/2011）。ここでは少年たちの問題を「自我アイデンティティ」という言葉で解き明かした論文のみ見ることにする（以下、原書／訳書の頁数のみ示す）。

　まず、エリクソンは問題を抱えた子どもたちについてこう語る。「彼らの問題行動は、彼らが自らの内に芽生えつつある自我アイデンティティを防衛する必要に迫られていることの表現である」（p. 26/p. 12）。

　なぜ「自我アイデンティティを防衛する必要（the necessity to defend a budding ego identity）」に迫られるのか。それは「自我アイデンティティが、生活のあらゆる面において起こりつつある急速な変化を統合すると約束してくれるからである」（ibid.）。

　エリクソンは「急速な変化を統合する（to integrate the rapid changes）」という。急激な変化の中で混乱し分裂し葛藤する、にもかかわらず、それらを「統合し・つなぎとめる」機能を「自我アイデンティティ」と呼ぶのである。

　エリクソンは、子どもの頃の憧れや断片的な自己イメージを「同一化（identifications）」と複数形で呼び、単数形の「アイデンティティ」と区別する。「アイデンティティ」は複数の同一化の集合ではない。新たに統合される必要がある。その時に「社会的モデル」が必要になる。少年たちは自分自身の内側（願望・意志・憧れ）だけでは「自我アイデンティティ」を得ることができない。「様々な同一化の断片を有効に組み合わせるための社会的モデル」を必要とす

る。

　ところが、そうしたモデルが適切に提供されることは少ない。むしろそのモデルの混乱が少年たちに混乱を生じさせている。エリクソンはそう語りながらいくつかの事例を紹介する。ここでは三つの事例を見る。

2-1　事例1：無意識的な同一化──「軍人的アイデンティティ」

　まず、退役したドイツ軍人の息子の話。彼の父親はナチズムを避けて米国に移住してきたため、彼（少年）自身はナチズムの教育を受けることがなかった。ところが彼はある時期からあらゆる権威に対して神経症的に反抗するようになり、しかも反抗に際して彼が用いた言葉はヒトラー・ユーゲント（ナチスの青少年団体）のものであった。彼が一度も読んだはずのないナチスの言葉。「その態度は、無意識的に、ヒトラー・ユーゲントの反抗であった。ヒトラー・ユーゲントのスローガンに同一化していたこの少年は、エディプス的な原理に従って、父親に対する攻撃者に同一化していた」というのである (p. 26/p. 12)。

　そこで両親は息子を陸軍士官学校に行かせることにした。息子は抵抗するどころか、士官学校の制服を受け取った瞬間、劇的に変化し「米国のプロトタイプである士官学校の制服に身を包んだ無意識のヒトラー・ユーゲント」となった。そして少年の反抗的な態度は消え去った。一市民にすぎない父親は、少年にとって危険でもなければ重要でもなくなったとエリクソンは語るのである。

　続けて「軍人的アイデンティティ（the military identity）」という言葉が登場する。歴史のある時期、軍人的アイデンティティは特別に重要な意味を持っていた。しかもある家族においては、時代が変化し、もはやそのアイデンティティが社会的な意味を失っても、無意識のうちに、強い影響力を持ち続けている。この少年は元軍人である父親の無意識的なアイデンティティに同一化していた。正確には、「父親の属した家族が無意識的に共有していたアイデンティティ」に同一化していたために、「士官学校の制服」を手にした時、少年は「社会的モデル」を得たと感じた。

　そして重要なコメントを付け加えている。まず、子どもたちが「社会的モデル」から影響を受ける方法。エリクソンは「極めて微妙な方法」と言いながら、例えば、「愛情・誇り・怒り・罪責感・不安・性的緊張などの感情を、ほんの

少しだけ見せること」と指摘する。つまり大人たちが日々の暮らしの中で見せる微妙な感情の揺れ、あるいは「無意識的なジェスチャー」。そうした微妙なふるまいが、体系だった教育言説などよりよほど大きな影響力を持つ（持ってしまう）。この少年は、おそらく家族が「第一次世界大戦中の手柄」を語る場面を通して「軍人的アイデンティティ」を、無意識のうちに、形成したのだろうという。

　もう1点、エリクソンは「社会的・経済的・文化的なパニック」について言及する。突発的な出来事によって生じるパニックは、家族全体を「幼児的な贖罪心理」に退行させ、同時にその反動として「より原始的な道徳律」へと逆戻りさせてしまう。「歴史的により初期の行動原則の内容と形式」に逆戻りさせ、無意識のうちに、道徳律が「より抑制的・より魔術的・より排他的」になる。例えば、閉鎖的なナショナリズムや排他的な民族アイデンティティが呼び起こされる。急激な混乱の時ほど、閉鎖的・排他的な「社会的モデル」が威力を発揮してしまうというのである。

2-2　事例2：社会的な差別の中で──「邪悪なアイデンティティ」

　次は、差別される人々の問題。社会的マイノリティである彼らは、実は自ら「邪悪なアイデンティティ」を引き受けてしまうという「悲しい事実」である。エリクソンはこう説明する。

　「抑圧・排斥・搾取に基礎をおいたあらゆるシステムにおいて、抑圧されている者・排斥されている者・搾取されている者は、無意識のうちに、支配者たちによって自分たちがその代表とされてしまった邪悪なイメージを受け取り、それを正当なものと信じてしまうという事実である」(p. 30/p. 18)。

　そしてある男性の少年期を紹介する。背が高く優秀な牧場主であったこの男性は、米国西部の農業に影響力を持つほど成功していた。ところが彼はずっと強迫症状や恐怖症に悩まされていた。面接を続けた結果、これらの症状が少年時代の環境を再現していることが明らかとなった。彼はユダヤ人として生まれ、大都市のユダヤ人街で育てられていた（このことは妻以外誰も知らなかった）。

　彼の心の中では、すべての人間関係が、気がつかないうちに、少年時代の環境を再現していた。現在の友人も敵も上司も、彼の心の中では、少年時代の自

分に惨めな思いをさせたドイツ人の少年やアイルランドのギャングたちの役割を演じていた。ユダヤ人の少年に対する敵意や嘲笑を再現していたのである。

　エリクソンはこう説明する。多くのユダヤ人が実は自分自身の心の中に「邪悪なユダヤ人アイデンティティ」を持っており、過去のユダヤ人イメージに縛られる必要がない状況においても、無意識のうちに、邪悪なアイデンティティを自ら引き受けようとしてしまう。そしてこうした理解は、より一般化されて、共同体に共有される「理想的プロトタイプ（善い人イメージ）」と「邪悪なプロトタイプ（悪い人イメージ）」の問題として語られる。支配（抑圧・排斥・搾取）する側は、自らの邪悪な部分を切り離し、被支配者たちに押し付けることによって、自らは理想的なイメージを生き、他方、支配される側は、支配者たちによって自分たちがその代表とされてしまった邪悪なイメージを受け取り、しかも、それを正当なものと信じてしまうことになる。

　ここでもエリクソンは興味深い考察を付け加えている。一つは身体的特徴の意味、「身体自我（body ego）」の問題。この男性にとっては「鼻」である。エリクソンによるとこの男性は、ユダヤ人にとって唯一の救済者は形成外科医であると、本気で考えていた。病的な自我アイデンティティを持つ「身体自我（body ego）」において、身体の部位は決定的に重要な意味を持つ。それは肢体が不自由な者にとっての手足や、一般的な神経症患者にとっての性器と似た役割を果たしている。問題となる身体部位は、他の部位とは異なる「自我緊張（ego tonus）」を帯び、実際より大きく重く感じられる場合もあれば、逆に実際より小さく、肉体から切り離されているように感じる場合もある。どちらの場合も、身体全体から分離しているように感じられながら、しかし他方では、最も目立っていて、他者の注目に曝されているようにも感じられる。

　もう1点は、大人にとっての子ども時代の意味。大人の心の中には、子ども時代の人間関係や身体像が保存されている。大人たちの「自我の空間＝時間」の内には、「子ども時代の周囲の環境についての社会的トポロジーと自らの身体像の輪郭が保存されている」。

　＊　なお、エリクソンは、患者の子ども時代の歴史を、以下のような視点から理解することを提案している。米国に特殊な事例であり、安易な一般化は許されないが、「ものの見方」としては貴重である。①家族が住んで

た場所。アングロ・サクソン文化（米国東部）か、「保守的な」地域（南部）か、「革新的な」地域か（西部や北部のフロンティア）。②その家族の移住の歴史。どこからどこに移住してきたのか。③家族の宗教。例えば、回心や改宗の出来事が、社会階層においては、いかなる意味を持ったか。④その家族は、社会階層の標準に適合したか、あるいは、失敗したか。⑤最も力強い文化的アイデンティティの感覚を与えてくれた個人あるいは家族。

　エリクソンによれば、多くの患者たちは子どもの頃、「国家・地域・階級のアイデンティティ」の急激な変化を体験し、治療の中で（「転移や抵抗の中で」）、子ども時代に体験したアイデンティティの混乱を統合しようと試みる。「自我の病理」は、個人の「内的ダイナミズム」を見ているだけでは理解されない。子ども時代を過ごした地域の特殊性を考慮に入れ、その歴史的背景を理解することによって、初めて手掛かりが見出される。つまり、「自我の病理（Ego Pathology）」と「歴史的変化（Historical Change）」のワンセットを見るべきであるというのである。

2-3　事例３：家族の歴史とライフスタイルの変化――開拓者と定住者

　第三は、開拓の歴史と結びついた新大陸アメリカに特徴的な事例である（p. 33/p.22）。この少年の祖父は典型的な「開拓者＝西部人」であった。祖父は行動的・精力的な技術者で、新しい挑戦を求めて広大な土地を転々と移り住み、目的を達すると仕事を他人に譲り、また別の場所に移った。そうした父親を持つ家族の典型として、彼の息子たちは父親のペースに着いてゆくことができなくなった。「開拓者」という父親のライフスタイルから取り残された息子たちは「定住者」という別のライフスタイルを選ぶしかなかった。

　＊　エリクソンはこの変化を二つの異なる「啖呵（たんか）」で表現している。「こんな所から出ていってやる（let's get the hell out of here）」から、「ここは俺たちの場所だ、あいつらを締め出してやる（let's stay……and keep the bastard out)」へ。新天地を求めて出てゆく開拓者から、他の連中を追い出してまで自分の居場所を守ろうとする定住者へと変化したというのである。

　ところがこの祖父のひとり娘、すなわち患者の母親だけが、父親と同一化し続けていた。そして「まさにその同一化のために」、彼女は父親に匹敵するよ

うな強い夫と結婚することができなかった。結局、彼女は軟弱な男と結婚して定住し、息子を大切に育てた。定住者の暮らしにふさわしく、信心深く勤勉になるように育てた。ところが息子であるこの少年は、時に向こう見ずで、時に抑うつ的になった。

エリクソンによればこの心配症の母親は、以下のような自らの振る舞いに気づいていなかった。①自分が定住した父親（夫）を軽蔑し続けていたこと。②変化に乏しい結婚生活を嘆き、むしろ少年の祖父を理想化して息子に語っていたこと。③ところが、少年が元気よく動き回ると、落ち着いた近所の目を恐れてパニックを起こし、少年を厳しく罰したこと。

こうしてこの少年は、二つの異なるライフスタイルに引き裂かれていた。〈開拓者的な力強さ（定住に馴染まぬ荒々しさ）〉と〈定住者的な落ち着き（軟弱さ）〉。家族の歴史におけるライフスタイルの変化が、少年のアイデンティティに影響を与えていると、エリクソンは見るのである。

3 「アイデンティティ」の定義

さて、こうした「家族のアイデンティティ」と「少年のアイデンティティ」を一般化する仕方で、エリクソンは「共同体アイデンティティ（Group Identity）」と「自我アイデンティティ（Ego Identity）」と呼ぶ。

単に「家族」の問題ではない。様々なレベルの共同体の問題である（民族、宗派、職業集団など）。他方、「少年」だけの問題ではない。個人の自我の問題である。個人の自我は、その個人が属する共同体のアイデンティティとの関連の中で初めてアイデンティティを持つことが可能である。個人の自我は、自分ひとりでは、アイデンティティを持つことができない。

エリクソンはこう説明する。同じ共同体に住む人々は「共同体アイデンティティ」を共有している。子どもが生まれてくると、共同体はこの「共同体アイデンティティ」を子どもに共有させる（教え込む）という仕方で、新たなメンバーを「共同体の一員」へと育ててゆく。他方、子どもの自我も、自らの内的要求にのみ従って成長するわけではない。共同体の一員として認められようと成長し、認められることによって成長してゆく。

例えば、「開拓者アイデンティティ」を共有する共同体であれば、子どもた

Ⅱ　発達科学からのまなざし

ちに「開拓者」のライフスタイルを習得させる仕方で、新たなメンバーを「共同体の一員」に育ててゆく。他方、子どもたちは、そのライフスタイルを身に付け周囲から褒められることによって育つ。子どもの自尊感情は社会に共有された価値観と一致する場合に成り立つ。しかし、この自尊感情は「自我アイデンティティ」の一部ではあるとしても、それがそのままアイデンティティではない。共同体の中で意味あることと認められる（認められていると感じることができる）感覚が重要なのである。

　つまり、〈自分の内的満足〉と〈周囲から認められること〉との二重性であり、〈内〉と〈外〉との噛み合わせである。エリクソンはその噛み合わせの出来事を「アイデンティティ」という言葉で描き出そうとした。

　先の事例3で言えば、母親が「開拓者アイデンティティ」と「定住者アイデンティティ」という異なる二つの「共同体アイデンティティ」に引き裂かれ、そのために少年の「自我アイデンティティ」が混乱していた。こうした〈母親の側の問題〉と〈少年の側の問題〉との関連を「アイデンティティ」という言葉で描き出そうとしたということである。

　つまり「アイデンティティ」とは、正確に言えば、「自我アイデンティティ」と「共同体アイデンティティ」とのワンセットである。その複雑な噛み合わせの出来事を丸ごと描き出すために、エリクソンは「アイデンティティ」という言葉（より正確には「心理社会的アイデンティティ」という言葉）を用いたのである（西平, 1993）。

　そこで「アイデンティティ」の定義には、常に二つの項目が含まれる。〈内〉と〈外〉との2項目。より厳密に定義しようとすると、例えば、次のような（ややこしい）説明になる。しばしば引用される有名な規定である。

「一方は、自分自身の斉一性（セルフセイムネス）と時間の流れの中での連続性（コンテイニユイテイ）を直接的に知覚すること。他方は、それと同時に、自分の斉一性（セイムネス）と連続性（コンテイニユイテイ）を他者が認めてくれているという事実を知覚すること（the immediate perception of one's selfsameness and continuity in time; and the simultaneous perception of the fact that others recognize one's sameness and continuity）」(p. 22/p. 7)。

　前者の「斉一性（セイムネス）と連続性（コンテイニユイテイ）」が内なる「自我アイデンティティ」と対応し、後者の「斉一性（セイムネス）と連続性（コンテイニユイテイ）」が外なる「共同体アイデンティティ」と対応して

いる。ということは、この後者の定義も心理学的であり、「共同体アイデンティティ」が個人にとっていかなる事実として体験されているか、そうした心の中の意味を語っていたことになる。つまり「他者から認めてもらう」という体験。「自分の斉一性と連続性」が他者から認められているという事実。先の言葉で言えば、自尊感情、あるいは、周囲から褒めてもらうこと。正確には、褒めてもらうとは限らない、より一般的に、承認され受け入れられること（無視されないこと）。人は、自分ひとりでは「アイデンティティ」を得ることができず、他者からの承認を必要とするということである。

4 歴史的相対性ということ

さて、こうした「アイデンティティ」というものの見方は、実はそれ自身の内に、既に二つの特徴を秘めている。

第一に、「自我と社会」の関係を重視する。問題の焦点は「自我」と「社会」が複雑に関連し合う出来事である。しかもエリクソンは歴史を強調した。ということは、正確に言えば、「個人と社会」の関連ではなくて、個人も変化し社会も変化する、その二つの変化系の相対的な関連が重要である。固定した社会構造に個人の自我が組み込まれていくメカニズムではない。「発達していく自我」と「変化していく歴史」との関連。変化する歴史の中で子どもの自我が発達していく。その相対的な関連を解き明かそうとしたことになる。

第二に、社会と自我を、対立関係において見るのと同じだけ、その協力関係も見ようとする。社会は子どもを抑圧するのと同じだけ子どもを歓迎する。社会は（超自我を通して）子どもの欲動を規制するだけではなく、新たなメンバーを共同体の一員に育て上げていく。他方、子どもにとってもそうした社会からの承認が必要である。自我の発達には、共同体の中で意味があると認められること（共同体の一員として受け入れられていること）が必要である。そして共同体の一員としての自覚を持った新たなメンバーが加わることによって、逆に、社会の側も新たな活力を得る。つまりエリクソンは「変化する社会」と「発達する自我」の相互協力関係に光を当てたことになる。相互の敵対関係と同じだけ、協力関係を見ようとしたのである。

思春期を「アイデンティティ」の視点から問うとは、実はこうした二つの

「ものの見方の特徴」を共有するということなのである。

 さて、最後に「歴史的相対性」について。歴史の強調とは、単に時代の変化に注目することではない。重要なのは「歴史的相対性」を自覚することである。安易に一般化することへの警戒、特定の時代にのみ限定的に通用する特殊性の確認である。

 エリクソンは自らの言葉（自らが依拠する「精神分析の用語」）に当てはめて語っている。精神分析の「概念」それ自体も歴史的相対性を免れない。「現実」とか「自我」という基本概念すら歴史的相対性を免れることはできない。フロイトの時代と時代状況が違うのであれば、相関的に、「概念」自体の中身も変化して当然、むしろ変化すべきである。

 こうして私たちの「ものの見方」は歴史的相対性を免れ得ない。ならば、私たちに必要なのは、自らの拠って立つ土台の相対性を反省的（reflective）に自覚すること。それこそエリクソンのものの見方の根幹、エリクソンがフロイトの理論の真髄として受け取った点である。より正確に言い換えれば、自らを反省的に対象化する視点を持ちつつ同時に他者とかかわる方法、あるいは、自分自身を相対的＝関係的（relative）に見ながら実践する方法なのである（西平，1993；鈴木・西平，2014）。

 そうであれば、「アイデンティティの視点から思春期を問う」とは、アイデンティティ概念自体のもつ歴史的相対性を自覚しつつ、思春期研究それ自体の歴史的相対性を問い直す営みとして、理解されなければならないことになる。

引用文献

Erikson, E. H.（1980）. *Identity and the life cycle.* Norton（1st ed. 1959）.（西平　直・中島由恵（訳）（2011）．アイデンティティとライフサイクル　誠信書房）

西平　直（1993）．エリクソンの人間学　東京大学出版会

鈴木　忠・西平　直（2014）．生涯発達とライフサイクル　東京大学出版会

第4章　思春期の発達教育心理学

平石賢二

　子どもの心の発達は、子どもを取り巻く様々な社会的文脈の影響を強く受けており、特に家庭と学校がその中心的なものとして位置づけられている。本章ではこの二つの社会的文脈のうちの学校環境に焦点をあて、思春期年代の子どもたちの学校生活における経験が彼らの心理的な発達や適応とどのように関連しているのかについて論じることにする。

1　学校移行と学校適応

1-1　思春期に経験する学校環境の変化

　思春期の子どもは、心身の急速な発達的変化を経験することになるが、ほとんどの子どもがそれと並行して学校移行（school transition）を経験している。児童期の子どもが小学校だけで生活しているのに対して、思春期の子どもは比較的短期間のうちに小学校から中学校、高校へと学校環境の移行を繰り返し、その都度、新たな環境が要求する行動規範や役割期待などを引き受けていくという適応の課題に直面しなければならない。

　このような学校移行は子どもたちの心の発達や健康においてリスク要因になってしまう可能性がある。日本における学校不適応の代表的な現象としては、不登校問題を挙げることができるが、不登校児童生徒数は、中学1年生以降に急増することが報告されている。近年、この小学校から中学校への移行期において学校適応上の悪影響が生じている状況は「中1ギャップ」と呼ばれ、それを解決するための小学校と中学校との連携の重要性が指摘されてきている（文部科学省，2012）。

　小学校から中学校への教育環境の変化としては、学校規模の拡大、学級担任制から教科担任制への変更、学習量の増大と難易度の上昇、定期テストの実施

と高校受験のための成績重視、部活動の重視、制服や持ち物、髪型など校則による規制が厳しくなる、などが挙げられる。日高・谷口（2010）は、中学1年生への調査から「中1ギャップ」には、「勉強・学習に対するつまずき」「先輩に対する恐怖心」「人間関係への戸惑い」「学校生活倦怠感」「新しい友人関係の獲得困難」の五つの側面があることを見いだしている。

1-2 子どもの発達的特徴と学校環境との適合性

エックルス（Eccles, J. S.）らは、中学校においては学習上の要求や期待が高まり、生徒の行動規制への動きも目立つようになるが、生徒の認知的・社会的発達の要求は、自律的行動への要求や、発達しつつある高次の思考力と課題解決能力を発揮したいというものであり、教育プログラムと生徒の内発的な要求の間にずれが生じる可能性を指摘している（Eccles et al., 1993）。このようなずれは、発達的なミスマッチであり、生徒に心理的葛藤を生じさせることになると述べている。そして、「発達段階―環境適合（stage-environment fit）」という概念を提唱し、教室、学校、学区、コミュニティといった様々な生態学的レベルにおいて、この適合性が重要であることを指摘している（Eccles & Roeser, 2011）。

また、大久保・加藤（2005）は、「個人―環境の適合の良さ」が学校適応において重要であるとの観点から、中学生から大学生までの青年に調査を実施し、自己決定理論（Deci & Ryan, 2002）で提唱されている三つの心理的欲求（関係性、自律性、コンピテンス）について、学校環境における子どもの個人的な欲求の程度と学校環境からの要請の程度の不一致を測定した。その結果、個人の欲求と環境からの要請の不一致があること、つまり、個人と環境との不適合は学校不適応と有意に関連していることが検証されている。

これまで学校移行が思春期の子どもの適応に及ぼすネガティブな側面について述べてきたが、学校移行はポジティブな影響を及ぼすこともある。例えば、中学校へ進学した生徒の中には、制服を着ることで大人になったと感じたり、自分自身を成長したと感じたりする者もいる。また、学業での知的な挑戦や部活動への傾倒など、中学校生活に積極的に関与している生徒も少なくない。また、都筑（2008）は、小学校から中学校への学校移行と時間的展望について縦

断的調査を行い、小学校では不適応的だと見なされていた子どもが中学校移行後に、将来への希望や将来目標の渇望を増大させるようになるケースも見られることを示し、新しい環境に移行することで適応的になる可能性もあることを示唆している。

思春期における学校移行が子どもに及ぼす影響については、個人差の観点も必要である。シモンズ（Simmons, R. G.）とブリス（Blyth, D. A.）は、心身の発達的変化のタイミングは個人によって異なるが、これらの発達的変化や学校移行に伴う適応の課題が一時期に重なった場合に累積効果を生み、適応上の困難を引き起こすと考え、これを焦点変化仮説（the focal change hypothesis）と呼んでいる（Simmons & Blyth, 1987）。また、個人の持つ資源としてソーシャルサポートの持つストレッサーに対する緩衝材としての役割の重要性も指摘している。

その他にも、個人の気質やパーソナリティ特性、社会的スキルによっても違いが生じると考えられる。学校教育においては集団指導が中心になりがちであるが、個人と学校環境の適合性のあり方には多様性があることに注意する必要がある。

2　思春期における友人関係の発達的特徴

2-1　友人関係の発達

子どもにとって学校生活の中での重要な対人関係は、生徒同士の友人関係と、教師―生徒関係である。平石・杉村（1996）は、中学生の「仲間関係」「教師との関係」「学校の要求」「母親からの圧力」「父親からの圧力」の五つの側面とストレス反応との関連を検討し、これらの五つの中でも特に「仲間関係」と「学校の要求」に対して、同時に高い緊張感や嫌悪感を抱いていることがストレス反応に影響を与えていることを明らかにしている。

子どもたちの友人関係のあり方は発達的に変化する。例えば、友人関係の発達論としては、サリヴァンが提唱した親友関係（チャムシップ：chumship）の概念がよく知られている。親友（chum）とは、前思春期以降に現れる特定の人に対して向けられる非常に強い親密欲求を伴う同性同年代の友人である。サリヴァンはこの親友との関係を通して、合意的妥当性確認（consensual validation）、すなわち、自分とは異なる他者とわかり合う経験を得ると述べている。保坂

(2000) は、このチャムシップの概念を発展させ表4-1に示すような前思春期から思春期までの仲間関係の三つの発達段階モデルを提示している。

2-2　視点取得能力

　友人や仲間との良好な関係を築き、学校生活を適応的に過ごしていくためには、社会的スキルが必要である。社会的スキルは、良好な対人関係を形成し、維持していくために求められる能力や技能である。セルマン（Selman, R. L.）は、このような対人関係の能力として、視点取得能力（perspective taking）の発達段階論を提唱している（Selman, 2003）。表4-2は、乳児期から青年期までの視点取得能力の発達段階の特徴を示したものである。自他未分化な自己中心性の段階から、自他の視点を区別して理解できるようになること、自分の視点だけではなく、他者の視点や第三者的視点、一般化された他者としての視点など、自他の心の理解において多様な視点を獲得できるようになっていくことが示されている。また、このような視点取得能力の発達と並行して、対人交渉方略も発達すると述べている。セルマンは子どもの様々な対人関係上の問題の多くがこの視点取得能力と対人交渉方略の未発達さに起因すると考え、それらを育むための心理療法や心理教育プログラムの実践研究を行っている（Selman, 2003）。

2-3　友人関係における適応上の問題

　思春期の子どもたちは親密な友人を必要としているが、まだ十分に他者の個性や異質性を受け入れることができないことや、多様な視点で人の気持ちを理解することができないなどの未熟さから対人関係や心理適応上のトラブルを引き起こすことがある。
　石本ら（2009）は、中学生と高校生の女子の友人関係のあり方について、心理的距離と同調性の2次元から適応との関連について検討している。その結果、心理的距離は近いが同調性は低いという関係は、中学生と高校生のどちらにとっても適応的な特徴を示していた。しかし、心理的距離が近く同調性が高い密着した友人関係のあり方は、中学生段階においては適応的であるが、高校生段階では学校適応はよくても心理的適応の面で否定的な特徴があるという学校段階の違いが見出されている。

4 思春期の発達教育心理学

表 4-1　仲間関係の発達（保坂，2000 より作成）

関係性の名称	対応する学校段階	特　徴
ギャング・グループ	小学校高学年	親からの自立のための仲間集団を必要とし始める時期に現れる徒党集団である。同一行動による一体感（凝集性）が重視され、仲間集団の承認は家庭（親）の承認よりも重要になる。
チャム・グループ	中学生	同じ興味・趣味やクラブ活動などで結ばれ、互いの共通点や類似性を言葉で確かめ合うのが基本である。言語による一体感の確認から仲間に対する絶対的な忠誠心が生まれてくる。
ピア・グループ	高校生以上	チャム・グループとしての関係に加えて生じてくるグループである。この段階では互いの価値観や理想、将来の生き方等を語り合い、共通点や類似性だけではなく、互いの異質性をぶつけ合うことによって、他との違いを明らかにしつつ自分の中のものを築き上げていくことが目標になる。そして、異質性を認め合い、その違いを乗り越えて、自立した個人として互いに尊重し合ってともにいることができる状態である。

表 4-2　視点取得能力の発達（Selman, 2003 より作成）

発達レベルと出現する年齢	各発達レベルにおける視点取得能力の特徴
0（3～5歳）	一人称的（自己中心的）視点取得 　自己中心的な視点で理解する 　人の身体的特性と心理的特性をはっきりと区別できない
1（6～7歳）	一人称的・主観的視点取得 　自分の視点とは分化した他者（あなた）の視点を理解する
2（8～11歳）	二人称的・互恵的視点取得 　他者（あなた）の視点から自分の主観的な視点を理解する
3（12～14歳）	三人称的・相互的視点取得 　彼あるいは彼女の視点から私たちの視点を理解する
4（15～18歳）	三人称的・一般化された他者としての視点取得 　多様な視点の文脈のなかで自分自身の視点を理解する

酒井ら（2002）は、中学生にとって親友との信頼関係が孤立傾向を減らし、リラックスした気分を高めるなどの学校適応に影響を及ぼすことを検証しているが、他方で、親との相互不信が見られる子どもたちの場合、親友との信頼関係が反社会的傾向の促進要因にもなりうることを指摘している。また、須藤（2008）は、友人との過剰な同一化が問題行動化や症状の共有などの病理的な側面を持つ危険性を指摘している。

　中学生にとっては、親友と同時に少人数の仲間関係も大切である。部活動は、仲間関係を築く場の一つである。角谷（2005）は、部活動への取り組みが学校生活への満足感を高めることを明らかにした。また、吉村（2007）は、中学生の適応感を規定する対人行動の特性としては、自己表現や主張性と共に小集団閉鎖性が大切であることを示している。

　しかし、仲間関係における閉鎖性は、集団からの排除、いわゆる「仲間はずれ」や「いじめ」の問題にもつながる可能性があり両面性がある。

3　教師─生徒関係と学習動機づけ

3-1　教師との関係が及ぼす影響

　友人関係と同様に教師と生徒の間の信頼関係も学校適応上、最も重要な要因の一つである。中井・庄司（2008）は、中学生の教師に対する「安心感」「不信」「役割遂行評価」の3因子から構成される尺度を開発し、調査を行っている。その結果、特に教師に対する「安心感」は、中学生すべての学年で、学習意欲や友人関係、進路意識、規則への態度、特別活動のすべての学校適応の側面と望ましい関連を示していた。

　学校生活を送る上で、教師が子どもたちに与える影響は絶大である。近藤（1994）は、エリクソンが唱えた儀式化（ritualization）の概念を用いながら、教師による儀式化の影響力について論じている。儀式化とは、「特定の目標や価値観に基づいてその方向に向かうように働きかける水路づけや訓練の過程」という意味である。学校においては、教師が生徒に対して明示的、暗示的に特定の役割期待や要求を示している。この要求や期待に対して、生徒が同意してその役割を積極的に引き受ける場合には、教師と生徒の関係は適合性が高く、葛藤は生じない。しかし、生徒個人の理想や価値が教師による儀式化の方向性と

一致しない場合、両者の関係には葛藤が生じる可能性がある。

　また近藤は、儀式化は生徒間でも成立していると述べている。教師の儀式化が浸透した結果、教師の儀式化と適合する形で生徒の集団内での規範意識が形成される。教師の儀式化に対して従順で同調している生徒は、学業や部活動に積極的に取り組むことが自分自身の理想や目標になると考えられるが、他方で、教師による儀式化に葛藤を感じたり、反抗心を覚えたりしてしまう生徒は、そのような生徒同士で別の儀式化を行う可能性がある。このような集団は教師から反社会的な問題のある生徒とみなされ、生徒の間でも摩擦が生じる危険性が考えられる。スメタナ（Smetana, J. G.）が明らかにしているように、思春期においては自律性の発達により、大人との権威関係についての意識が変化し、個人の自由や自己決定権について認識の不一致が生じやすい（Smetana, 2011）。そのため、教師の管理や統制に対して従順になれない気持ちが生じることもある。

3-2　学習観と学習動機づけ

　学習は思春期の子どもたちが学校生活で経験している、最も重要かつ心理的負荷の高い課題である。小学校から中学校にかけて、学習上の要求は益々増大し、また、同様に学習の量と困難さも増す。このような学校状況の変化に伴って、子どもたちの学習態度も変化する。鈴木（2013）は、学習観が「意味理解志向」「暗記再生志向」「学校依存」「義務」の四つの因子構造からなることを見出した。また、小学校高学年から中学生までを対象にして調査を行った結果、小学生の方が中学生よりも「意味理解志向」学習観の得点が高く、逆に「暗記再生志向」学習観の得点が低い傾向が見出されている。このような学習観における学校段階の違いは、中学生が高校受験を視野に入れた競争的で成績を重視する社会的文脈に身を置いていることが原因であると考えられる。しかし、先に述べた発達的適合性という観点から思春期における抽象的、論理的思考力の発達を考慮すれば、中学校ではただ詰め込むだけの暗記再生志向以上に意味理解志向学習を重視する必要があろう。

　学習への意欲、やる気は、学習動機づけという用語で研究され、近年ではデシ（Deci, E.）とライアン（Ryan, R. M.）が提唱した自己決定理論（Deci & Ryan, 2002）に基づく自律的学習動機づけの研究が盛んに行われている。自己決定理

論においては動機づけを、動機づけがない状態から、外発的動機づけ、内発的動機づけという順序で続く、連続性の中でとらえている。この連続性は、統制から自律性へと進む一つの次元を表しており、内発的動機づけが最も自己決定的であり自律的である。また、この連続性に関しては、動機づけの調整（regulation）という観点から、動機づけの調整のない（non-regulation）タイプ、外発的動機づけとして外的（external）調整、取り入れ的（introjected）調整、同一化的（identified）調整、統合的（integrated）調整、そして、内発的動機づけとして内的（intrinsic）調整タイプの、合計六つのタイプが提唱されている。外発的動機づけの外的調整は、外的な賞と罰による統制的な働きかけによって学習に取り組む動機づけである。取り入れ的調整は、外的調整が部分的に内面化されたもので、罪や恥の意識の回避や自尊感情の維持などに基づいている。同一化的調整は、自分の目標のための手段として必要性や重要性を意識している状態である。そして、統合的調整とは、個人の価値や目標、欲求と一致し矛盾しない形で統合されたものである。最後に、内的調整は、その行動自体を目的とし、楽しみや興味、喜びを見いだして動機づけられているもので最も自律的な動機づけである。

　岡田（2010）は、自己決定理論に基づいた学習動機づけに関する近年の国内外の研究をメタ分析し、外的調整と取り入れ的調整からなる統制的動機づけ因子と、同一化的調整と内的調整からなる自律的動機づけ因子の2因子構造を見いだしている。また、小学生段階では自律性と統制のどちらか両極に動機づけが偏る傾向があるのに対して、中学生は、様々な調整タイプの動機づけが同時に機能して学習に取り組んでいるか、あるいは学習に対して全く動機づけられていないかという個人差があると指摘している。

　また、西村・櫻井（2013a）は、小学校高学年から中学生にかけて自律的動機づけが低下し、統制的動機づけが高くなる傾向を見いだし、この変化は一般的によく指摘されている小学生から中学生にかけて見られるコンピテンスの低下や学業成績の評価システムの違いが背景にあると示唆している。しかし、他方で、西村・櫻井（2013b）は、自律的動機づけは、学業成績や学業的コンピテンス、適応などとの関連で最も望ましい結果を示したものの、外発的動機づけの中でも、同一化調整と取り入れは、学業成績や学業的コンピテンスと正の関

連を示すという望ましい部分も見られており、自律的調整が適応的で統制的調整は不適応的であるという二分論的な解釈には慎重である必要があると指摘している。

引用文献

Deci, E., & Ryan, R. M.（Eds.）（2002）. *Handbook of self-determination research: Theoretical and applied issues. Rochester*, NY: University of Rochester Press.

Eccles, J. S., & Roeser, R. W.（2011）. Schools as developmental contexts during adolescence. *Journal of Research on Adolescence*, **21**, 225-241.

Eccles, J. S., *et al.*（1993）. Development during adolescence: The impact of stage-environment fit on young adolescents' experiences in schools and families. *American Psychologist*, **48**, 90-101.

日高樹奈・谷口明子（2010）．中1ギャップの構造と規定因――学級適応感との関連から――山梨大学教育人間科学部紀要，**12**, 308-314.

平石賢二・杉村和美（1996）．中学生の役割緊張に関する研究――コンピテンスおよびストレス反応との関連から　青年心理学研究，**8**, 27-40.

保坂亨（2000）．子どもの心理発達と学校臨床．近藤邦夫・岡村達也・保坂亨（編），子どもの成長　教師の成長――学校臨床の展開　東京大学出版会　pp. 333-354.

石本雄真ほか（2009）．青年期女子の友人関係スタイルと心理的適応および学校適応との関連　発達心理学研究，**20**, 125-133.

近藤邦夫（1994）．教師と子どもの関係づくり――学校の臨床心理学　東京大学出版会

文部科学省中央教育審議会初等中等教育部会（2012）．小中連携，一貫教育に関する主な意見等の整理（骨子案）

中井大介・庄司一子（2008）．中学生の教師に対する信頼感と学校適応感との関連　発達心理学研究，**19**, 57-68.

西村多久磨・櫻井茂男（2013a）．小中学生における学習動機づけの構造的変化　心理学研究，**83**, 546-555.

西村多久磨・櫻井茂男（2013b）．中学生における自律的学習動機づけと学業適応との関連　心理学研究，**84**, 365-375.

岡田涼（2010）．小学生から大学生における学習動機づけの構造的変化――動機づけ概念間の関連性についてのメタ分析　教育心理学研究，**58**, 414-425.

大久保智生・加藤弘通（2005）．青年期における個人―環境の適合の良さ仮説の検証――学校環境における心理的欲求と適応感との関連　教育心理学研究，**53**, 368-380.

酒井厚ほか（2002）．中学生の親および親友との信頼関係と学校適応　教育心理学研究，**50**，12-22.

Selman, R. L. (2003). *The promotion of social awareness: Powerful lessons from the partnership of developmental theory and classroom practice*. Russell Sage Foundation.

Simmons, R. G., & Blyth, D. A. (1987). *Moving into adolescence: The impact of pubertal change and school context*. Adline.

Smetana, J. G. (2011). *Adolescents, families, and social development: How teens construct their worlds*. Wiley-Blackwell.

須藤春佳（2008）．前青年期の親しい同性友人関係"chumship"の心理学的意義について――発達的・臨床的観点からの検討　京都大学大学院教育学研究科紀要，**54**，625-638.

角谷詩織（2005）．部活動への取り組みが中学生の学校生活への満足感をどのように高めるか――学業コンピテンスの影響を考慮した潜在成長曲線モデルから　発達心理学研究，**16**，26-35.

鈴木豪（2013）．小・中学生の学習観とその学年間の差異――学校移行期の変化および学習方略との関連　教育心理学研究，**61**，17-31.

都筑学（2008）．小学校から中学校への学校移行と時間的展望――縦断的調査にもとづく検討　ナカニシヤ出版

吉村斉（2007）．中学生の適応感を規定する要因としての対人行動とその性差　心理学研究，**78**，290-296.

第5章　思春期の発達疫学

安藤俊太郎・西田淳志

1　発達の視点から見た思春期の重要性

　思春期は、児童期から成人期への移行期であり、人間性の形成にもかかわる非常に重要なライフステージである。この時期には、脳を含む身体・心理・人間関係を含む社会環境などのあらゆる面において、人生の中でもひときわ大きな変化が起こり、それらは相互に複雑に絡み合っている。

　思春期に起こる最も特徴的な身体変化は第二次性徴の発来である。まず、副腎性アンドロゲンの産生（adrenarche）が、女子では6～9歳に、男子では約1年遅れて起こる（Blakemore et al., 2010）。これに伴い、腋窩や陰部の体毛が発育し、汗腺や体臭が変化し、にきびが出てくる。次に、性腺の成熟（gonardarche）が、女子で8～14歳に、男子で9～15歳に起こる。視床下部―下垂体―性腺系（hypothalamic-pituitary-gonadal axis）が活性化し、視床下部からの性腺刺激ホルモン放出ホルモン（gonadotropin-releasing hormone）分泌により、下垂体から黄体形成ホルモン（luteinizing hormone）や卵胞刺激ホルモン（follicle-stimulating hormone）が産生される。これによって成熟した性腺からは、エストロゲンやテストステロンなどの性ホルモンが分泌される。最後に、成長ホルモン―インスリン様成長因子の活性化により、身長が急激に伸びる。これは女子では12歳頃、男子では14歳頃に起こる。そして、女子では初潮が発来し、男子では声変わりや精通が起こる。

　心理・環境面にも大きな変化が見られる。親からの心理的独立が進み、家族中心であった人間関係は友人中心へとシフトしていき、恋愛感情・関係も生じてくる。それとともに、いじめなどの人間関係の問題が起きやすく、並行して抑うつや自殺関連行動などの精神的健康問題も生じやすくなる（Centers for

Disease Control and Prevention, 2011)。さらに、思春期にはアルコール等の薬物、オートバイ、インターネットなどの危険を伴う環境要因や、後の人生における非伝染病のリスクを高めるリスク要因（喫煙、体重増加、運動の減少など）への曝露が急激に高まる。また、社会的役割も変化し、性的活動、若年妊娠、就労などへのかかわりが生じてくる。こうした背景のもと、思春期において最も生活に負担を与えるのは精神疾患である（Gore et al., 2011)。精神疾患の約半数は14歳までに発症し（Kim-Cohen et al., 2003)、自殺が主要な死因となるのもこの時期である（Patton et al., 2009)。

　こうした思春期における身体変化と心身の健康は相互に関係することがわかってきた。例えば、第二次性徴の成熟度合は、精神的不健康と関係することが指摘されている。うつ病は女性により多く見られるが、性差が出現するのは第二次性徴後からである（Kaltiala-Heino et al., 2003)。また、実年齢よりも第二次性徴の成熟度合の方が、パニック発作や摂食障害の発症を予測する（Hayward et al., 1992; Killen et al., 1992)。これらの疾患は、第二次性徴発来前は稀であるが、第二次性徴発来後に急増する。そして、注意欠如・多動症の症状は、副腎アンドロゲンの一種である DHEA (dehydroepiandrosterone) や DHEA-S (dehydroepiandrosterone-sulphate) と負の相関を示す（Strous et al., 2001)。さらに、第二次性徴の成熟度合のみならず、その発来時期も精神的不健康と関係することが知られている。第二次性徴の発来時期には個人差があり、第二次性徴早期発来群は、女子において情緒や行動の問題と、男子において行動の問題と関係があることが指摘されている（Kaltiala-Heino et al., 2003)。第二次性徴早期発来は、女子においても物質使用と関係しており（Lanza & Collins, 2002)、男子において反社会的行為と関係している（Felson & Haynie, 2002)。また、第二次性徴が進行する速さも健康問題と関係があることが示唆されている（Dorn & Biro, 2011)。そして、第二次性徴早期発来は、精神的健康のみならず、身体的健康にも関係している。例えば、喘息を持つ第二次性徴早期発来児童においては、思春期に入っても症状が持続しやすく、成人期においても重症度が高い傾向がある（Varraso et al., 2005)。さらに、第二次性徴早期発来は、後の人生における健康問題にも関係する。第二次性徴早期発来群の女子では乳がんのリスクが高まり（Key, 1999)、死亡率や心血管疾患リスクも高いことが知られている（Prentice &

Viner 2013)。このように、第二次性徴が精神的および身体的不健康と重要な関係を持っていることがわかってきたが、まだその関係やメカニズムの解明は十分ではない。

2　思春期の重要性が増している

人類史的視点から見ると、この百年ほどの間に、思春期児童がさらされる環境は大きく変化してきた。1879年のエジソンによる電球発明に伴い、電灯の実用化が進み、夜間も明るい環境が普及し、生活リズムは大きく変化した。また、機械化や国際化に伴い、思春期児童の食生活や栄養状態は大きく変化した。さらに、近年ではインターネットの普及に伴い、以前とは全く異なる質のコミュニケーション環境が生まれた。

こうした環境変化と並行し、近年、思春期発来が早期化していることが複数の研究で指摘されてきた（Aksglaede *et al.*, 2009; Biro *et al.*, 2010）。また、若者の自殺率は50年前と比べて世界的に上昇傾向にある（Pitman *et al.*, 2012）。このように、この百年ほどの間に、思春期児童の心身には人類史的にも大きな変化が見られている。

しかし、これまで一般的に若者は健康であると見なされる傾向があり、国際的にも彼らの健康や心身の変化は系統的に調査されてこなかった（Patton *et al.*, 2012）。原因別の死亡統計ですら、世界の若者のわずか26%についてしかデータが存在しない。さらに、若者世代においては、あらゆる疾患の中で精神疾患が最も負担が大きいにもかかわらず（Gore *et al.*, 2011）、18歳以下の若者の精神疾患の罹患状況についての国際比較データは存在しない。同様に、健康サービスが若者にどの程度行き渡っているかについての指標やデータも存在せず、若者の心身発達や健康問題は、課題として十分な注目を浴びてこなかった。

3　発達疫学——思春期を解明する

思春期の心身の発達軌跡と環境による影響を明らかにする学問として、発達疫学の必要性が増してきている。ここで、疫学、特にコホート研究について概説しておく。疫学とは、集団中における疾患の分布と、その発症や広がりに影響を及ぼす要因について研究し、それを健康問題のコントロールに応用する学

問である（木原ほか，2010）。有名な例として、19世紀中期のスノウ（Snow, J.）によるコレラの疫学調査がある。当時、イギリスにおいて原因不明だったコレラによる死亡が多発していたが、スノウが各家庭を一軒一軒訪ねて回り、家庭が利用している水道会社の分布とコレラによる死亡率が一致していることを突き止めた。当時、コレラ菌の存在はまだ知られておらず、コレラの病態も不明だったが、スノウの調査から、汚染された水がコレラと関係するという結論が導かれ、予防にも結び付いた（木原ほか，2010）。

　疫学研究にはいくつかの手法があるが、このうち、特に仮説の分析・検証を目的とする分析疫学には、大きく分けて横断研究と縦断研究がある。横断研究とは、ある集団についての一時点のデータから、疾病（アウトカム）と曝露要因との関係を調べる研究である。横断研究は、実施に比較的時間がかからず、有益な情報が得られる研究であるが、曝露要因と疾病の時間的前後関係を明らかにできずに因果関係を検証できないことも多い。一方、縦断研究では、時間的に前後関係のあるデータの解析を行うことにより、ある要因が疾病（アウトカム）の原因となっていることなど、因果関係を検証しやすい。

　縦断研究の代表格であるコホート研究には、後ろ向きコホート研究と前向きコホート研究がある。後ろ向きコホート研究とは、過去の時点におけるある集団（コホート）を遡って追跡する研究である。このデザインは、比較的時間がかからないという長所がある一方、過去のデータを使用するため、取得できる情報に限りがあるという短所がある。それに対し、前向きコホート研究では、ある集団（コホート）を将来に向けて追跡していく研究であり、時間はかかるものの、必要な情報を取得しやすいという長所がある。したがって、調べたい要因を正確に評価でき、アウトカムとの関係を検証できる前向きコホート研究の科学的価値は高い。

　思春期は心身の変化が急激に起こるため、その変化の要因を捉えるためには、変化の前後を含む複数時点において、ある集団を対象とした追跡調査を行うことが望ましい。また、対象となる集団の選択にあたっては、同じ時代に生まれている集団かどうかを考慮する必要がある。時代が違えば生育時の環境が異なるため、同年齢の集団でも疾患の出現率に差が出ることがあり、これをコホート効果という。したがって、コホート効果を最小限にするために、ある年に生

まれた集団をコホートとして追跡対象とすることがあり、これは出生コホートと呼ばれる。

4 発達疫学研究（前向きコホート研究）の手法

　研究の科学的価値を高く保つという視点からコホート研究を行う上で重要になるのは、追跡率を高く保つことである。追跡率とは、ある時点の調査に参加した参加者のうち、どのくらいの割合の参加者が次の時点における調査に参加したかを意味する。追跡率が低い場合、特定の偏りを持った参加者が追跡調査に参加した可能性が高くなり（選択バイアス）、研究結果の一般化可能性が低くなってしまう。

　縦断研究において追跡率を高く保つためには様々な工夫が求められる。まず、研究参加者の負担を減らすことが大事である。時間や手間がかかりすぎると、協力率は低下してしまう。調査センターを設けて参加者に来訪してもらう方法もあるが、参加者の移動負担を減らすために、家庭訪問型の調査を行う研究も多い。そして、調査を行う時期にも注意が必要な場合がある。研究参加者が多忙な時期、たとえば日本で言えば受験シーズンなどは、避けた方が望ましいだろう。また、研究参加に対して謝礼やフィードバックを行う研究も多い。ただし、コホート研究のような観察研究においては、介入を行わないことが原則であるため、フィードバックは介入に該当しない範囲にとどめる工夫が求められる。研究参加者のモチベーションを高め、調査主体側と研究参加者の接触を保つために、誕生日カードやニュースレターを送付したり、研究参加者のみが参加可能なイベント（パーティーなど）を開催する研究もある。また、ホームページやソーシャルネットワークを通じて調査主体側が情報開示する研究もある。

　研究参加者のモチベーション以外に、追跡調査を行う際に大きな障壁となりうるのが転居である。特に都市部では転居者が多く、その追跡は非常に重要な課題である。そこで、ある程度の頻度で研究参加者の連絡先を確認する工夫が求められる。また、研究参加者との連絡を保つために、複数の連絡手段を確保しておくことも大事である。こうした目的で、研究参加者の親族や友人の連絡先情報を取得している研究もある。

　データ収集は、質問紙の郵送で行われることもあれば、調査員が対象者に接

触して行われる場合もある。研究参加者が安心して回答できるという点から、調査員は女性が担当することが多いようである。思春期児童は未成年であるため、調査参加には養育者の代諾同意が必要となる。回答形式は面接や質問紙が用いられることが多いが、特にセンシティブな質問（いじめや物質使用など）に関しては、養育者に回答を聞かれず（見られず）に回答できる環境を整えることが、正確で質の高いデータ収集のために重要である。また、こうしたプライバシー確保の観点から、タッチパネル等のコンピュータ、インターネットを用いた調査が今後増えていくであろう。そして、信頼性の高いデータ収集のためには、研究参加者のみからではなく、養育者や教師、友人、近隣住民など、複数の評価者から情報を収集することも検討の価値がある。

5　これまでの思春期発達疫学調査

　英国では、1946年の全英国家コホート研究（National Survey of Health and Development）を初めとして、12年おきに出生コホートが立ち上げられてきた。その1946年の全英国家コホート参加者は、1946年3月にイングランド、スコットランド、ウエールズで出生した5362人の代表サンプルからなる。彼らは既に65歳を超えており、思春期（13～15歳）におけるセルフ・コントロール能力が低いことが、後に中年時点（53歳）における幻聴体験のリスクを高めることなど（Nishida et al., 2014）、思春期の環境や心身発達が、人生の中後期におけるアウトカムをどのように予測するかという人生過程（ライフコース）を科学的に解明するダイナミックな知見が得られてきている。

　ニュージーランドで行われている「ダニーディン健康と発達に関する学際研究」（The Dunedin Multidisciplinary Health and Development Study）は、35年以上の長期追跡をしながら95%という驚異的な追跡率を維持し、質の高い科学的知見を多くもたらしてきた。この研究は、1972年から1973年にかけてダニーディン市内で出生した乳児を対象に追跡調査を行っているが、渡航費用を負担することで海外に転居した対象者の追跡にも成功するなど、きめ細かい追跡調査を行っている。哲学、教育学、統計学、心理学、看護学、医学など広範な分野の専門家が集まって研究を行っており、医学分野についても歯科、耳鼻咽喉科、呼吸器内科、小児科、精神科など多彩な分野の専門家で構成されている。

同コホート研究からは、健康に無害と信じられてきた大麻の持続的使用が中年期の認知機能低下をもたらすことなど (Meier et al., 2012)、数多くの質の高い研究成果が発表されてきている。

ALSPAC (Avon Longitudinal Study of Parents and Children) は英国のブリストルという都市およびその近郊で行われているコホート研究であり、1991 年から 1992 年にかけて同地域で出生した 1 万 4 千人以上の子どもを対象としている。質問紙調査に加え、同研究専用のクリニックに対象者を招いて超音波検査などを含む生物学的データも多く取得している。クリニック内には菓子やゲームを備え付けたリラックススペースを設けてあり、若者が来訪しやすくなっている。当初は母親とその子どもを対象としていたが、これまでに父親やきょうだい、祖父母までも対象に拡大している。現在では多くの研究者が参加し、同研究専用ビルディングまで持つほどの大規模研究となっている。データ使用も開かれたものになっており、一般の研究者も申請書を提出し、許可されればデータを使用できる形をとっている。ALSPAC は特に胎児期から乳幼児期においてもきめ細かく頻繁にデータを取得しているのも特徴であり、胎児期（妊娠 32 週）において母親が摂取する魚の量がある一定以下だと子どもの 8 歳時点における知能低下のリスクが高まることなど、貴重な知見が示されてきている (Hibbeln et al., 2007)。

6 最新の思春期発達疫学調査

オーストラリアのメルボルンでは、思春期に起こる第二次性徴に焦点を当てた CATS (Childhood to Adolescence Transition Study) が立ち上げられた (Mundy et al., 2013)。第二次性徴に影響を与える各ホルモンによる変化の起こるタイミングやその軌跡、思春期に起こる心身の健康問題との関係を調査することが研究の主目的となっており、特に第二次性徴の最初の変化である副腎性アンドロゲンの産生 (adrenarche) が焦点となっている。初回ベースライン調査では、この変化が多くの児童で起こる 8～9 歳の児童をリクルートし、1239 人が参加している。この調査は学校を基点としたリクルートを行っており、担任教師からも児童の情報を得ている。第二次性徴の精査に重点が置かれているため、8 歳から 13 歳まで毎年調査を行い、唾液サンプルからアンドロゲン産生の指標

としてDHEAやDHEA-Sの測定が計画されている。また、CATSの部分サンプルを対象に、第二次性徴と心身の健康との関係を仲介する脳基盤を解明するために、iCATS（Imaging brain development in the Childhood to Adolescence Transition Study）という脳画像研究も行われ（Simmons *et al.*, 2014）、これも縦断研究として続いていくことが期待されている。

Millennium Cohort Study（MCS）は、前述した英国で12年おきに立ち上げられてきたコホート研究の一つであり、2000年に英国で誕生した1万9千人を対象としたコホート研究である。実施主体であるCenter for Longitudinal Studyはロンドンにあるが、他に1958年や1970年に開始したコホート研究（1958 National Child Development Studyと1970 British Cohort Study）も管轄している。MCSは、児童の認知機能や発達はもちろん、養育者のしつけや学校選択、住環境、近隣住民や地域の健康状態、社会資源、民族性など、児童の発達における環境要因を様々な視点から調査している。

7　今後の思春期発達疫学調査に求められるもの

思春期は心身の急激な変化が起こり、人間関係や社会的役割にも大きな変化が生じる時期である。したがって、その解明には、心理学、医学、社会学などの融合による多面的なアプローチが求められる。様々な分野の専門家が共同して研究を行い、学際的な思春期発達疫学研究が行われていくことが期待される。また、思春期発達疫学研究の重要性は国際的にも認知されてきている。今後、思春期を対象とした発達疫学研究が増えていくことが予想されるが、各研究同士が連携して国際比較を行うことにより、人種、文化、気候や社会制度が心身の発達に与える影響についての知見も創出されていくことが期待される。

最後に、筆者らが現在従事している思春期発達疫学研究を紹介しておく。日本ではこれまで、成人や乳幼児を対象としたコホート研究は行われてきたが、思春期を対象とした研究はその狭間に落ち、ほとんど行われてこなかった。近年、健康上および発達上の観点からも思春期の重要性が国際的にも見直されている状況で、われわれは日本初の思春期コホート研究（東京ティーンコホート）を開始した。

東京ティーンコホートは、東京在住の児童を対象とした前向き出生コホート

研究であり、思春期における自己制御精神機能の発達過程を解明することを一つの主要な目的としている。本研究は、前思春期にあたる10歳時点を初回調査とし、第二次性徴発来とともに変化する自己制御機能を捉えるために、おおよそ2年ごとの追跡調査を計画している。都内3自治体と連携協定を結び、正式な手続きを経て同自治体において対象者を無作為抽出した。データ収集は質問紙と面接によって行うが、センシティブな質問については回答後に質問紙を封入する封筒を渡すなど、回答者のプライバシー保護と正確なデータ収集に配慮している。面接は家庭訪問によって実施するが、これは綿密なトレーニングとロールプレイングを経て調査説明や手技に十分習熟した調査員によって行われている。さらに、コンピュータ機器を用いた自己制御機能の測定、尿や唾液を用いたホルモン等の測定や、部分サンプルを対象とした脳画像を含む生物学的データ測定など、質問紙調査や面接調査と相補的となる生物学的データ収集にも力を入れている。調査内容の選定においては、進化心理学、精神医学、社会学、経済学など様々な専門背景を持つ研究者が集まり、新たな学問分野の発展に資する学際的な研究の構築を目指している。東京ティーンコホートは、思春期児童の健全な心身の発達に貢献しうる知見を創出する公共的役割を果たすことを目標としており、対象世帯には定期的にニュースレターを送付し、研究成果を還元している。こうしたニュースレターおよび研究紹介ビデオ等は、東京ティーンコホートのホームページ（http://ttcp.umin.jp/）で閲覧可能となっているので、ぜひご参照いただきたい。また、当研究は国際連携も重視しており、国際アドバイザリーボードとして、英国の1946年の国家コホート研究の責任者、ニュージーランドのダニーディン健康と発達に関する学際研究や英国のTEDS study（The Twins Early Development Study: コラム3参照）の中心的役割を果たしている研究者など、思春期発達疫学における代表的な研究者から貴重な助言を受けている。そして、これらの研究やMCSなどと連携し、相互のデータから国際比較研究を行っていくことを目標としている。

引用文献

Aksglaede, L. *et al.* (2009). Recent decline in age at breast development: The Copenhagen puberty study. *Pediatrics*, **123**, 932–939.

Biro, F. M. et al. (2010). Pubertal assessment method and baseline characteristics in a mixed longitudinal study of girls. *Pediatrics*, **126**. 583–590.

Blakemore, S. J., Burnett, S. & Dahl, R. E. (2010). The role of puberty in the developing adolescent brain. *Human brain mapping*, **31**, 926–933.

Centers for Disease Control and Prevention (2011). Bullying among middle school and high school students: Massachusetts, 2009. *Morbidity and mortality weekly report* (MMWR), **60**, 465.

Dorn, L. D., & Biro, F. M. (2011). Puberty and its measurement: A decade in review. *Journal of Research on Adolescence*, **21**, 180–195.

Felson, R. B. & Haynie, D. L. (2002). Pubertal development, social factors, and delinquency among adolescent boys. *Criminology*, **40**, 967–988.

Gore, F. M. et al. (2011). Global burden of disease in young people aged 10–24 years: A systematic analysis. *Lancet*, **377**, 2093–2102.

Hayward, C. et al. (1992). Pubertal stage and panic attack history in sixth-and seventh-grade girls. *American Journal of Psychiatry*, **149**, 1239–1243.

Hibbeln, J. R. et al. (2007). Maternal seafood consumption in pregnancy and neurodevelopmental outcomes in childhood (ALSPAC study): An observational cohort study. *Lancet*, **369**, 578–585.

Kaltiala-Heino, R. et al. (2003). Early puberty is associated with mental health problems in middle adolescence. *Social Science & Medicine*, **57**, 1055–1064.

Key, T. J. (1999). Serum oestradiol and breast cancer risk. *Endocrine-Related Cancer*, **6**, 175–180.

木原正博・木原雅子・加治正行（2010）．疫学――医学的研究と実践のサイエンス　メディカル・サイエンス・インターナショナル

Killen, J. D. et al. (1992). Is puberty a risk factor for eating disorders? *American Journal of Diseases of Children*, **146**, 323–325.

Kim-Cohen, J. et al. (2003). Prior juvenile diagnoses in adults with mental disorder: Developmental follow-back of a prospective-longitudinal cohort. *Archives of General Psychiatry*, **60**, 709–717.

Lanza, S., & Collins, L. (2002). Pubertal timing and the onset of substance use in females during early adolescence. *Prevention Science*, **3**, 69–82.

Meier, M. H. et al. (2012). Persistent cannabis users show neuropsychological decline from childhood to midlife. *Proceedings of the National Academy of Sciences*, **109**, 2657–2664.

Mundy, L. K. *et al.* (2013). Study protocol: The Childhood to Adolescence Transition Study (CATS). *BMC pediatrics,* **13,** 160.

Nishida, A. *et al.* (2014). Adolescent self-control predicts midlife hallucinatory experiences: 40-year follow-up of a national birth cohort. *Schizophrenia Bulletin,* sbu050.

Patton, G. C. *et al.* (2009). Global patterns of mortality in young people: A systematic analysis of population health data. *Lancet,* **374,** 881–892.

Patton, G. C. *et al.* (2012). Health of the world's adolescents: A synthesis of internationally comparable data. *Lancet,* **379,** 1665–1675.

Pitman, A. *et al.* (2012) Suicide in young men. *Lancet,* **379,** 2383–2392.

Prentice, P., & Viner R. M. (2013). Pubertal timing and adult obesity and cardiometabolic risk in women and men: A systematic review and meta-analysis. *International Journal of Obesity,* **37,** 1036–1043.

Simmons, J. G. *et al.* (2014). Study protocol: Imaging brain development in the Childhood to Adolescence Transition Study (iCATS). *BMC pediatrics,* **14,** 115.

Strous, R. D. *et al.* (2001). Analysis of neurosteroid levels in attention deficit hyperactivity disorder. *The International Journal of Neuropsychopharmacology,* **4,** 259–264.

Varraso, R. *et al.* (2005). Asthma Severity is associated with body mass index and early menarche in women. *American Journal of Respiratory and Critical Care Medicine,* **171,** 334–339.

コラム3　英国の双生児出生コホート研究
―「生涯発達の時間軸」と「遺伝・環境の相互作用」

滝沢　龍

S・G・D・P

　1994年、英国ロンドン大学の精神医学研究所に、ラター（Rutter, M.）教授らに先導され、英国医学研究会議により、学際的な研究センターが設立された。社会遺伝発達精神医学センター（Social, Genetic and Developmental Psychiatry centre: SGDP centre）では、精神疾患や関連する心理的特性についてのリスク因子・保護因子や介入・予防を研究するため、1994～1996年に英国で生まれた1万5千組以上の双生児家族の追跡コホート研究（The Twins Early Development Study: TEDS）を開始した。「氏と育ち（nature and nurture）」の結びつき――「遺伝と環境の相互作用」（Rutter, 2005）を、生涯発達の視点からとらえ直し、精神疾患の解明に取り組む。遺伝学的研究・神経画像研究・心理社会的研究など様々な手法で、社会的環境要因 Social の S、遺伝要因 Genetics の G、発達要因 Development の D、精神医学 Psychiatry の P という四つの視点から領域横断的な研究をする目標は、センターの名称にその想いが込められている。

多因子疾患としての精神疾患を研究する

　精神疾患は、遺伝子に一定の障害があったりストレス要因となる出来事があったりしても、必ず発症するわけではない。遺伝的影響は、精神疾患を発症へ導く因果経路のおよそすべてに見出され、ほとんどが環境との相互作用に付随する。環境への暴露自体にも、その環境への感受性にも個人差があり、その両方に遺伝的影響が重要な役割を担う（前者を遺伝・環境相関、後者を遺伝・環境交互作用と呼ぶ）。

　こうした遺伝・環境相互作用という視点の重要性は、遺伝要因を健康増進・発症予防の方法へととらえ直すことで、環境そのものを個人が変えていくことを可能にするという「ものの見方」そのものにある。今後も続く分子遺伝学的発見を決定論として受け取るのではなく、リスクの高い遺伝要因（DNA配列の組み合わせなど）を持つとしても、環境に働きかけることで（それは翻って自身に働きかけることになり）レジリエンス（resilience）を高めて健康増進・発症予防を目指すという方向性である。

　また、精神疾患はそれぞれ発症しやすい年齢や発症リスクを受けやすい年齢が異なる。遺伝要因は因果経路の複数時点に作用し、発達の時間軸の中で環境への個人差に影響を

与える。時系列に沿った遺伝と環境の結びつきを正確に検討するには、条件を統制しつつ検討できる動物実験が最適である。その点でモデル動物研究は非常に有用であり、人間に応用する研究の出発点を提供する。ただし、精神疾患や心理的特性は、言語に支えられた、広く人間の精神の特徴と言える高次機能（社会認知・メタ認知など）にもとづいていると考えられるため（Brüne & Brüne-Cohrs, 2006; 滝沢ほか，2010a）、最終的に人間に応用する知見は、人間を対象とした検討の結果になると思われる。

精神疾患研究のための双生児出生コホート研究

人間を対象に精神疾患や関連する心理的特性の研究を、条件統制下で進めることは容易ではない。しかし、可能な条件を統制するため、いくつかの有用なアプローチがある。ここでは偶発的災害や紛争難民などによる自然実験といった強力な手法は除外する。

①厳密な遺伝要因を統制した検討を行うため、（現在の技術で直接測定できる範囲の）遺伝子情報そのものを扱う「分子遺伝学研究」や、DNA 配列が完全に一致する一卵性同士の比較や 50% 程度一致する二卵性ペアとの比較で、（直接計測していない範囲を含んだ）遺伝情報を総体として統制できる「双生児研究」は有用である。②遺伝的影響を踏まえつつ、家族内（社会経済的状況など）と家族外（学校のいじめ・職場のストレスなど）の環境からの影響を個別に評価するため、同胞・養子や双生児を含む「家族研究」も有用である。③疾患を持つ個人の過去情報を後ろ向き調査するのではなく、同世代の一般集団を前向き追跡する「コホート研究」も、時系列データによる因果関係に迫った解析を行える。さらに、④発達の時間軸に沿った環境要因を統制するため、生活にまつわる環境要因などを複数回評価する心理社会的な「縦断研究」がある。

こうした利点を同時に満たす研究法が、双生児を家族単位で出生時から同年代の集団として追跡調査する「双生児出生コホート研究」である。ここでは、（直接計測していない要素の統制も含めて）遺伝要因と環境要因が生涯発達の時間軸に沿って系統的に統制されたデータとして提供される。最近の遺伝学研究は、ある遺伝子が特定の環境下においてのみ発現することを明らかにした。そうした環境が遺伝子発現に影響するダイナミックな過程を検討するエピゲノム研究（コラム 5 参照）にも、発達の時間軸に沿って遺伝と環境を統制できるこの手法は、最適な研究モデルとなる。

ただし、双生児の研究結果の一般化可能性への批判もある。そのため、TEDS は一般コホートとの比較を行えるよう計画された。英国では、1946 年以降、国家規模で運営される出生コホートが複数ある（第 5 章参照）。これらのコホート研究は国内の研究者にデータ・アクセスが許されるため、筆者も含め SGDP センターの多くの研究者が

コラム 3　英国の双生児出生コホート研究

TEDS とこれらを並行して検討を進め、相互補完している（Takizawa et al., 2014a）。

E-Risk

　SGDP センターの TEDS には、その目的と対象に沿って下位の研究プロジェクトがいくつかある。中でも精神疾患の遺伝・環境相互作用と環境リスクの検討を主題としたものを Environmental-Risk（E-Risk）という。E-Risk は、英国ロンドン大学と米国デューク大学の心理学教授を兼任するモフィット（Moffitt, T. E.）とカスピ（Caspi, A.）の 2 人が、「児童・思春期精神医学の父」と言われるラターの協力を得て開始した。モフィットらは、「世界で最も成功している出生コホート研究」とも言われるダニーディン研究（Silva & Stanton, 1996）での独創的な検討で世界的に有名であるが、それと並行させて英国の双生児出生コホート（E-Risk）を進め、比較検討している。

　ここでは TEDS 全体の中から、環境リスク因子として代表的な「10 代で出産・子育て経験のある母親」が出産した双生児のいる家族を多く抽出し、約 1100 組の双生児家族に絞って追跡した（Moffitt et al., 2002）。これまで稀に見る追跡率（96％）を保っている。紙面の制限で個別の研究は取り上げないが、精神医学の新しい診断基準 DSM-5 の変更点（滝沢，2014）にも影響を与えた研究を初め、E-Risk からは精神医学や心理学に影響のある成果が多数公表されてきた（コラム 5 に一部紹介）。

　2012〜2014 年現在、TEDS は 18 歳時の調査を行っており、E-Risk は今回からアーセナルト（Arseneault, L.）が研究責任者となった。今回の主題は「暴力的な幼少期体験と思春期の精神疾患の発展メカニズムの解明」である。思春期から成人初期へ移行する精神疾患の発症準備期に当たり、この最新データによる貴重な報告が今後期待できる。

精神疾患の予防を目指して

　最後に、精神疾患を予防するとの目標から、研究法について考え直してみる。その際、「発達：development（個体発生：ontogeny）」（Toga et al., 2006）と「進化：evolution（系統発生：phylogeny）」（Crow, 2006）という視点で、人間と精神疾患を相対化することが指針を与えてくれるだろう（滝沢ほか，2012）。

　発達心理学者たちが行ったように、人間の生涯を発達段階（Erikson, 1959）として、乳幼児期、児童・学童期、思春・青年期、成人・壮年期、中年・老年期と分けてみる。この生涯発達における人間の進化上の特徴は、身体的成長にもかかわらず扶養状態が続く「思春・青年期」と、次々世代の養育にも参加し得る「中年・老年期」の 2 期間の延長にある（Bogin & Smith, 1996）。すると、進化の中で培った遺伝的影響と、これらの

発達段階における現代の生活環境とのミスマッチが焦点になるかもしれない。

精神現象は脳の働きが司ることは明らかであるから、脳についての進化と発達を考えてみる。進化上、近縁な類人猿との顕著な脳の差異は、前頭葉（特に前頭極）の比率の拡大にある（滝沢ほか, 2010b）。前頭葉の発達は、他の脳部位の発達に遅れて思春期に開始され成人初期まで続く（Toga et al., 2006）。脳機能の変化という視点で精神疾患をとらえると、前頭葉と関連部位とのネットワークを検討するのが妥当であろう。これまで筆者らはこうした示唆から、主な精神疾患にそれぞれの脳機能の変化に共通性と特異性があることを脳科学の視点から検討してきた（滝沢ほか, 2010c; 滝沢ほか, 2011; Takizawa et al., 2014b）。しかし、どの発達段階で脳機能が障害されやすいのか、遺伝・環境要因はどのようにかかわるのか、という疑問にはまだ答えられていない。そのため、高次機能について、双生児研究や縦断的研究を用いた脳科学研究も日本で進めている。

次に、精神疾患は他の重症身体疾患と比較して発達の時間軸の中で特徴的な点はあるだろうか。世界保健機構（WHO）などで用いる疾患横断的な指標として、疾病により失われた生命や生活の質を包括的に測定するDALY（第23章参照）がある。精神・神経疾患全体では心血管疾患やガンと同等の疾病負担になるが、この割合を年齢別で見ると、重症身体疾患と同等に中年・老年期に高い割合を示す一方で、思春期から若年成人期に、精神・神経疾患の疾病負担の割合が他の疾患と比べて突出して高くなる。この年代と、進化上延長した発達段階との一致は偶然ではないかもしれない。

さらに、精神疾患治療の本質的な目標は、症状が目立たなくなること（寛解：remission）だけでなく、生活の中で十分機能する状態を取り戻し、生活の質（Quality of Life: QOL）が保たれること（リカバリー、回復：recovery）にある（滝沢, 2015）。このリカバリーを科学的に明らかにすることは、裏を返せば、治療を受けていない一般の人々の健康増進・発症予防の知見、いわゆるウェルビーイング研究やレジリエンス研究につながる。一部の脳科学研究は、前頭葉の働きとリカバリーやウェルビーイングとの関連を示唆する。まさに進化（遺伝）と生活（環境）と人生（生涯発達）の産物である脳において、進化上格段に拡大した前頭葉とリカバリーやウェルビーイングとの関連は、偶然ではないかもしれない。

まとめると、精神疾患を予防するという観点から、①思春・青年期と中年・老年期に焦点を当てつつ、②それらの前から生活環境を追跡した縦断的研究やコホート研究による時系列データを、③遺伝・環境の相互作用も検討できる研究モデルを用いて、④高次機能についての脳の働きを含めて、検討する方向性が必要になるだろう。双生児出生コホート研究はその有力な候補の一つである。

引用文献

Bogin, B., & Smith, B. H. (1996). Evolution of the human life cycle. *American Journal of Human Biology*, 8, 703-716.

Brüne, M., & Brüne-Cohrs U. (2006). Theory of mind. *Neuroscience and Biobehavioral Reviews*, 30, 437-455.

Crow, T. J. (2006). March 27, 1827 and what happened later. *Progress in Neuro-Psychopharmacology & Biological Psychiatry*, 30, 785-796.

Erikson, E. H. (1959/1980). *Identity and the life cycle*. W. W. Norton.（西平直・中島由恵（訳）(2011). アイデンティティとライフサイクル　誠信書房）

Moffitt, T. E., & the E-Risk Study Team (2002). Teen-aged mothers in contemporary Britain. *Journal of Child Psychology and Psychiatry*, 43, 727-742.

Rutter, M. (2005). *Genes and behavior*. Malden: Blackwell Publishing.（安藤寿康（訳）(2009). 遺伝子は行動をいかに語るか　培風館）

Silva, P. A., & Stanton, W. R. (Eds.) (1996). *From child to adult: The Dunedin Multidisciplinary Health and Development Study*. Oxford: Oxford University Press.（酒井厚（訳）(2010). ダニーディン子どもの健康と発達に関する長期追跡研究　明石書店）

滝沢龍 (2014). DSM-5. 誠信心理学辞典　誠信書房　pp. 404-407.

滝沢龍 (2015). 生活機能評価 (Global assessment of functioning: GAF). 山内俊雄・鹿島晴雄（編），臨床評価で読み解くこころ　中山書店

滝沢龍ほか (2010a). 自分自身を変えるこころと脳　こころの科学，150, 100-106.

滝沢龍ほか (2010b). 前頭極 FP の構造と機能．福田正人・鹿島晴雄（編），前頭葉でわかる精神疾患の臨床　中山書店　pp. 77-90.

滝沢龍ほか (2010c). 統合失調症の NIRS 研究と臨床応用　精神科，16, 448-456.

滝沢龍ほか (2011). 気分障害の脳画像研究と先進医療 NIRS の紹介　精神医学，53, 383-392.

滝沢龍ほか (2012). ヒト前頭前野の発達と進化　日本生物学的精神医学会誌，23, 41-46.

Takizawa, R. et al. (2014a). Adult health outcomes of childhood bullying victimization: Evidence from a five-decade longitudinal British birth cohort. *The American Journal of Psychiatry*, 171, 777-784.

Takizawa, R. et al. (2014b). Neuroimaging-aided differential diagnosis of the depressive state. *NeuroImage*, 85, 498-507.

Toga, A. W. et al. (2006). Mapping brain maturation. *Trends in Neurosciences*, 29, 148-159.

第6章　思春期のホルモン変化

西谷正太・藤川慎也

1　思春期のホルモン

　いじめ、キレるといった衝動的暴力、不登校、引きこもりに象徴される思春期の学校不適応等の増加は、現代の社会問題である。ただし、なぜ、これらが思春期にばかり生じやすいかという背景には、序章で述べられているように、思春期は精神疾患が好発する時期であるとともに、前頭前野を初めとした脳がまだ完全には発達を遂げておらず、身体的には成人にかなり近くとも、脳は成人のそれとは異なっているということがある。霊長類のうち、ヒトだけが、小児期が終わってから大人になるまでに、10年以上の年月をかける。この間、最も顕著な身体的変化は、性腺の発達に代表される第二次性徴であり、ヒトは種の保存という本能に基づき、生殖機能を獲得していく。しかし、そもそもこの第二次性徴の変化自体、性腺や身体側だけで行われているのではない。

　例えば、小児期では脳―松果体から分泌されるメラトニンが性腺の成熟を抑制しており、思春期にこの抑制が解けることで、性腺の成熟が始まる。また、このような性腺の成熟に対し、副腎皮質の成熟が2年程先行する副腎皮質徴候発現も思春期発来の引き金になる。副腎皮質は、コルチゾールやアルドステロンを分泌する内分泌腺であるが、性腺以外の末梢では唯一、男性ホルモン（DHEA、DHEA-Sなど）を分泌する。副腎皮質徴候発現の際には、DHEA、DHEA-Sが多量に分泌される。この生理学的意義は未だ不明な部分も多いが、副腎皮質徴候発現は、視床下部―下垂体―副腎皮質（HPA）軸の発達に相互に関連することから、脳の発達との関連性を切り離すことはできない。さらに、女子の場合を例とするが、女子の第二次性徴の特徴は、初潮を迎え、月経周期が始まることが代表的であるが、このうち、最も重要なのは排卵である。排卵

II　発達科学からのまなざし

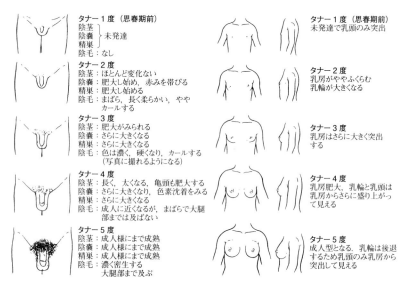

図6-1　男子の外性器（左）・女子の乳房（右）のタナー段階（田中，2008）

は、女子の場合の性腺である卵巣が成熟すればそこで単独で生じるものではなく、卵巣から分泌される女性ホルモンが視床下部に作用し、それを受けた視床下部が排卵の直接の引き金となるホルモンを大量に分泌することがあって初めて生じる。このように、いずれの場合をとっても、第二次性徴、すなわち、生殖機能の獲得に至る身体的な変化は、脳の発達との相互制御下において性腺ステロイドホルモン（以下、性ホルモン）を介して生じているのである。ここで述べた例は、ヒトに限らず、哺乳類を初め、多くの種にも普遍的な現象（副腎皮質徴候発現は一部の霊長類のみ）で、種の保存を賭した、まさに動物的な本能が成し得るものである。

　ところが、最近では、人類が独自の進化を遂げた大脳皮質や他の皮質下領域についても、思春期の性成熟に伴う性ホルモン分泌の急激な増加の影響から、その構造・機能に対する再編が生じていることが明かされつつある。例えば、8～15歳の思春期男女を対象に、タナー段階（図6-1）の分類後、その段階別の脳容積についてMRIによる比較が行われている（Neufang et al., 2009）。男子ではタナー段階に従い、情動を司る扁桃体の容積増加が見られ、特に4～5度に

顕著に見られる。4〜5度は、性成熟がほぼ成人並に達する時期で、実際に男性ホルモン分泌濃度が高いほど、この扁桃体容積の増加量が大きいことも示された。一方、女子では男子と異なり、性成熟に伴い脳容積の変化が顕著に生じる部位が異なるようである。女子では、タナー段階が高くなるにつれ、記憶形成を担う海馬の容積低下が認められるほか、内側側頭葉にある記憶の符号化や検索を担う海馬傍回の容積は女性ホルモン分泌濃度が高いほど、増加量が大きいことが示された。女性ホルモンは、これまでの数多くの研究から、神経細胞における細胞死プログラムの進行を抑制する効果があり、記憶機能への保護作用を持つことから、この関連性は興味深い結果である。また同様に、扁桃体および海馬などの容積変化には性差があり、性成熟および性ホルモン分泌濃度に従うという結果も示されている（Bramen et al., 2013）。これらが対象者数も限られた横断研究であったことに対し、最近、英国では同様の研究が、大規模に、しかも対象者自身の発達的変化をとらえる追跡研究（コホート）によって進められた。この研究の成果もあり、思春期の性成熟に伴い、脳の構造・機能に再編が生じるという説が確かなのは、もはや決定的なものとなったであろう（Goddings et al., 2013）。ただし、この大規模研究の89.5％はコーカソイドが対象であり、アジア人は2.5％に過ぎない。今後、日本でも同様な試みが行われ、国際的な比較も可能になることが期待される。

　性ホルモンの中枢作用については、臨界期と呼ぶある特定の期間にわたる曝露が、胎生期における脳の性分化に代表されるように、脳の構造・機能を不可逆的に変える性質のものを古典的な概念として"形成作用"という。脳の性分化とは、男児ではY染色体による精巣形成の後、胎生期のある時期（臨界期）に精巣から性ホルモンが大量に分泌され、それが受容体を介し、脳に作用することで、その後、脳が男性化していく運命を決定することである。この作用は不可逆的であり、この時期以降の性ホルモン変化では、脳が男性化していく運命を変えることはできない。したがって、ホルモンの形成作用は、一過性の現象をもたらす"活性作用"とは対比される。しかし、思春期における性ホルモンの中枢作用は、必ずしも二者択一とも考えられておらず、両者が混在した作用ではないかとする議論もある（Sisk et al., 2004）。それゆえ、本章で後述する性ホルモンの中枢作用としては、このどちらの作用とも限定しないものとする。

以降では、思春期に情動・対人制御、自我、報酬系・学習システムの発達を遂げるにあたり、無視できない、仲間との交流や親子関係における性成熟や性ホルモンの影響について詳述したい。

2　思春期の孤独感と衝動性に影響を与える性ホルモン

　思春期に最も特徴的な行動特性の一つとして、重要な他者との対人関係の価値バランスの変容が挙げられる。乳幼児期から小児期にかけては、母親を初めとする養育者との排他的な愛着関係を育み、対人関係の礎を築かんとするが（詳細は、第2章参照）、思春期は、まさにこの準備期間に培われた対人関係能力を実践する場ともなる。思春期は、同年代の仲間とともに過ごす機会が増え、親密化した他者である仲間からの受容、助言や意見、関係性を維持することに強力な価値を見出す。このように対人関係の価値バランスを一変させ、親からの自立を果たすのである。したがって、思春期では仲間関係（peer relationship）こそがかけがえのない関心事となるが、裏を返せば、仲間からの拒絶への過剰な恐れや孤独感が高まる危うい面も持つ。同年代の仲間は、たとえ親密であっても他者でもあるため、親と比べれば、自身が受容されないリスクも高く、孤独感を感じやすいのである。

　一方、思春期の行動特性をもう一つ挙げるとすれば、高い衝動性がある。思春期は、薬物依存、無分別な性行動などに代表される、無謀あるいは衝動的な行動に、良くも悪くも陥りやすい。また、逸脱してしまうほどの高い衝動性は、反社会的、攻撃的、また反抗的な行動様式を特徴とする行為障害や、摂食障害や依存症など、思春期に好発する精神疾患の中核症状であるとも考えられている。ただし、逸脱まで深刻でなくとも、思春期の衝動性が小児期や成人と比べて高いという事実は、これまでの多くの研究や Go/No-go 課題を初めとした実験心理学での検証からも明らかであると言える。

　思春期に高まる孤独感や衝動性は、対人関係の変容やそもそもの親子関係などの環境の影響を受けると思われるが、自身の性成熟や性ホルモンの影響にも左右されないだろうか。また、孤独感と衝動性だけに限らないが、このような行動特性はそれぞれが独立に高まるのであろうか。筆者らは、15〜17歳を対象に、孤独感と衝動性の評価をそれぞれ行うとともに、唾液検体からの性ホル

モンの測定を行い、これら二つの行動特性の強さに対する性ホルモンの影響を調べた（Fujisawa et al., 2011; Fujisawa et al., 2012）。その結果、孤独感は、女子でのみ、代表的な女性ホルモンである 17β-エストラジオール分泌濃度に従い、強まっていることが明らかとなった（図6-2a）。一方、代表的な男性ホルモンであるテストステロン分泌濃度との関連性は男女ともに否定された。この結果から、ホルモンの分泌濃度だけでなく、その作用の鍵となる受容体に目を向けると、17β-エストラジオールは、エストロジェン受容体（ER）を介して現れることから、孤独感には ER が集積する脳部位である扁桃体の働きが影響している可能性が考えられる。扁桃体は、社会的なストレスへの感受性を制御する役割を持つ（Ostlund et al., 2003）、これまでの多くの動物実験から、扁桃体における ER 発現量には性差があり、雌の方が雄を上回ることがわかっている。そのため、17β-エストラジオールに対する扁桃体の感受性が高く、社会的なストレスを感じやすいという性差が考えられる。この違いが男子ではなく、女子の孤独感との関連性に現れているのかもしれない。また、衝動性については、こちらも女子でのみ、テストステロン分泌濃度に従い、強いことが明らかとなった（図6-2b）。17β-エスト

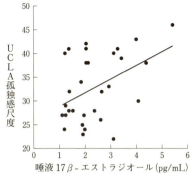

a) 女性ホルモン分泌濃度と孤独感の相関関係（女子）

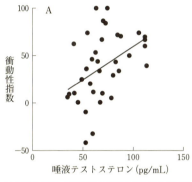

b) 男性ホルモン分泌濃度と衝動性の相関関係（女子）

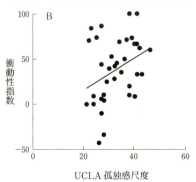

c) 孤独感と衝動性の相関関係（女子）

図6-2 性ホルモンと孤独感・衝動性の相関関係（Fujisawa et al., 2011, 2012 を一部改変）

ラジオールの場合と同様に、テストステロンの作用は、アンドロジェン受容体（AR）を介して現れることから、衝動性にはARが集積する脳部位の動きが影響していることが考えられる。このうち、テストステロンに依存的な扁桃体の活動は、報酬系の機能を担う線条体領域に過活動をもたらすとも言われ、それゆえ、この場合も扁桃体が関与している可能性が考えられる。思春期では、テストステロンの扁桃体への作用により、報酬を期待する神経活動が亢進する一方、実際の報酬価との乖離が生じる傾向にあるようである（Galvan, 2010）。こうしたことが、衝動的な行動を導いているのではないかと考えられる。

ここで、孤独感と衝動性の強さに影響を与える性ホルモンはそれぞれ異なっているが、孤独感が高いほど、衝動性が高いという相互の関連性も明らかにされたことで（図6-2c）、両者は互いに異なる性ホルモンの影響を受け、間接的ではありながらも影響を及ぼし合っている可能性がある。深刻なほどに孤独感が強い場合では、抑うつ状態に陥ることもあるので、抑うつ状態が衝動性を強めているというのがもっともらしいこととも考えられる。最近、サイバーボール課題（仮想的なキャッチボールゲーム）という、仲間からの社会的な疎外感を擬似的に受ける心理課題を受けた際の脳画像研究から、社会的な疎外感を感じた際、衝動性の制御にも決定的な、腹外側前頭前野と外側前部帯状回の活動の変化が見られたことが報告されている（Eisenberger et al., 2003）。こうしたことから、おそらく、孤独感のようなネガティブな気分も、これら神経ネットワークの活動に変化をもたらし、衝動性を強める要因となっていると考えられる。

3 思春期発達に伴う母親との愛着関係にかかわる脳基盤の変化

乳幼児期に形成される母親との愛着関係は、成長後（成人になってからも）の仲間関係における対人関係に重大な影響を与える（愛着については、第2章参照）。ただ、この母親との愛着関係には思春期に変容が見られる。思春期では、前述の通り、性腺の成熟に伴う身体的な変化が生じるとともに、性自認や自我同一性を確立させ、家族や他者との関係性も変えていく。くりかえしになるが、思春期は、同年代の仲間とともに過ごす機会が増え、仲間との関係性に強力な価値を見出す一方、親からは自立を果たすのである。とは言え、母親が重要な存在ではなくなるわけでもない。実際、乳幼児期ではなく、この時期の母親との

6 思春期のホルモン変化

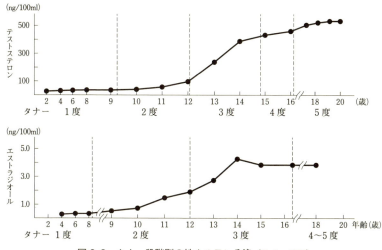

図6-3 タナー段階別の性ホルモン分泌 (Kulin, 1977)

関係性の荒廃が、その後の成長過程における問題行動や精神疾患への罹患リスクを増加させるという報告もあるからである。つまり、このような思春期の親離れは、価値を置く関係性の対象が母親から仲間に置き換わっただけととらえるよりも、元々の母親との愛着関係に、この時期に質的な変化が生じたためととらえるべきだと考えられている。

そこで、筆者らは、思春期における母親との愛着関係にかかわる脳基盤を調べ、それが思春期の性成熟変化に伴い、いかに変容するかを調べた（Takamura et al., revised）。これまでに乳幼児や成人に対しては、前頭前野がこうした脳基盤に関連の深い候補部位として注目されてきた背景もあり、筆者らは近赤外分光法（Near InfraRed Spectroscopy: NIRS）を用いて、9歳（思春期前）、14歳（思春期中期）、20歳（思春期後）の各発達段階にある男子を対象とした思春期横断的な研究を行った。女子の場合、この間に初潮を迎え、思春期の発達的な変化（年齢・性成熟による変化のこと）の他、月経周期の変動による影響を排除することが困難であったため、まずは対象を男子とした。図6-3によれば、9歳の男子は、タナー段階1度に属しており、テストステロン分泌濃度も乳幼児期と同等である。つまり、思春期が始まる直前の時期であると言える。また、14歳の男子は、タナー段階3度に属し、テストステロン分泌が加速度的に増える、

Ⅱ　発達科学からのまなざし

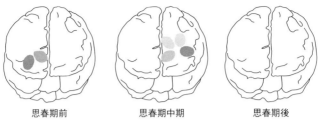

図 6-4　母親の笑顔映像提示中の脳活動（Takamura et al., revised を改変）

まさに思春期真っ直中の時期と言える。20歳の男子は、もはや世間一般に言うところの、いわゆる思春期からはかけ離れているようであるが、タナー段階で言えば、5度という思春期の最終段階に属している。この段階では、性腺は既に成人と同等に成熟し、テストステロン分泌濃度も頭打ちである。また、20歳という年齢が社会的にも小児と成人の境目であることからも、この段階は、ほぼ思春期を終えたところと位置づけられる。ただし、ここではある年齢があるタナー段階に属することを述べてきたが、それは必ずしも正しい評価とは言えない。本来、タナー段階は、年齢という絶対的な時間に対応するものではなく、各対象者の外性器や乳房（女子の場合）の個別の成熟度合いから評価・分類されるべき指標である（図 6-1）。筆者らは、この詳細な評価まで行うことを省略し、簡便性を優先したために、図 6-3 を参考に、年齢による分類を行ったのだということを予め断っておきたい。

　こうした各発達群における母親との愛着関係にかかわる脳基盤を調べるに当たり、実験は、予め撮影・編集した母親の笑顔映像提示中の NIRS 計測を参加者別に行うものとした。また、母親と同年代の女性（他の対象者の母親）の映像を比較対象とし、自身の母親の笑顔映像提示に特異的に見られる脳活動を解析の対象とした。その結果、思春期前では右腹内側部での活動が見られた一方、思春期中期では右腹内側部での活動は見られず、左腹内側部と左上部での活動が見られた（図 6-4）。ところが、思春期後では、どの部位にも活動は見られなかった。まず、思春期前で見られた右腹内側部の脳活動であるが、これは母親の笑顔映像が快情動をもたらした結果ではないかと考えられる。快情動は、報酬系ネットワークの賦活によって生じるが、前頭前野も報酬系の一部であるた

め、脳活動が観察された腹内側部はその投射先領域であった可能性が考えられる。また、この領域の活動は、乳幼児期を対象とした先行研究での報告と一致していることから、少なくとも思春期前の9歳まではその頃と同様な脳機能なのかもしれない。一方、思春期中期では、腹内側部の活動が反対側に見られたことや上部の活動にも及んでいたことから、思春期前と思春期中期の間、つまり、思春期が始まり、テストステロン分泌が急激に増す時期に、母親との愛着関係に関連する脳の構造や機能に変容が生じた可能性が考えられる。また、脳の半球優位性に関して言えば、一般的に左半球は右半球に比べ、発達が遅い。加えて、脳の半球優位性の性差構築に関連することだが、男性では脳がテストステロンに曝露されていくことで、女性に比べ、大脳皮質の構造や機能が非対称化する（Geschwind & Galaburda, 1985）。脳機能の非対称性の性差について代表的なのは、言語、音韻、視覚処理機能などであり、男性では女性に比べ、これらを担う優位脳半球が左半側にあることは有名であろう。また、思春期前に見られなかった上部の活動は、注意機能や作業記憶に関連する活動であったと考えられるが、これもまた左半球に見られたものであった。思春期中期の男子では、性成熟に伴うテストステロン分泌の増加や、その脳への曝露から、他の脳機能と同様、母親との愛着関係にかかわる脳基盤についても左側性化が進んだ可能性が考えられる。このような思春期前との反応性の違いは、思春期における母親との関係性の質的な変化にかかわっているのかもしれない。一方、思春期後では、脳活動自体が見られなくなっていた。思春期前から思春期中期にかけて、前述の変化が生じた可能性も踏まえ、思春期中期から思春期後にかけてもまた、母親との関係性の質的な変化があるのかもしれない。とりわけ、この時期は、自身の性自認を確立させることに続き、異性に心惹かれ始める時期でもある。性成熟をほぼ成し遂げたこの時期ならば、異性への関心の高まりは生命の本能である生殖戦略につながる重要な要素であり、次なる段階へ進むためにも、実際、母親との愛着関係が、ある種の終焉を迎えるのは理に叶ったことなのかもしれない。

4　唾液検体からのホルモン測定の有効性

従来、思春期を初め、ヒト精神機能の内分泌学的視点からの研究の主流は、

血液検体からのホルモン測定であった。しかし、採血は若干の侵襲性を伴うことや、留置採血まで行わない限り、頻回の採取が限られる点に加え、有資格者が必要とされる点からも、基礎研究を進めていく上での制限が多いことが課題であった。そこで、近年では、いくつかのホルモンに限っては、血中濃度と唾液中濃度との間の高い相関性を実証した上で、血液に代わる代替的な測定法として、唾液検体からのホルモン濃度測定が確立された。ここでは、唾液検体からのホルモン測定を行う類の研究は、思春期学研究を行う上で、いかに有効性があるかを考察していきたい。ただし、測定法に関する部分ではなく、試料を集める段階に焦点を当てたものとする。

　第一に、前述の通り、唾液採取は採血とは異なり、非侵襲性で安全性が高いため、特に子どもを対象に基礎研究を行う場合、非常に有効である。成人であれば、採血がそれほど極端なストレスになるとは考えがたいが、子どもの場合、幼ければ幼いほど、採血への恐怖やストレスを感じやすいのは明白である。自身の生命やQOLにかかわる医療行為や、その過程で行われる臨床研究での実施ならばともかく、基礎研究のためだけの採血は困難であると言えるだろう。第二は、有資格者が必要でなく、研究者指導の下、本人が唾液採取専用の市販用具や簡単なチューブ等を用いて実施するという簡便さから、くりかえしの採取も可能な点である。最近では、こうした簡便さから、経時的な採取によるホルモン変化を追った研究も増えている。第三は、簡便さゆえでもあるが、必ずしも研究室等に来所せずとも、場所を選ばない採取が可能な点である。極端な例ではあるが、セネガルの奥地に住むある部族（一夫多妻制の婚姻文化を持つ部族）を対象にホルモン測定を行うことを目的とした研究でも唾液が用いられている（Alvergne, 2009）。また、フィリピン都市部で行われた、男性が父親になることの変化と男性ホルモンとの関連性を調べることを目的とした二千人規模のコホート研究では、対象者自身が朝・夕自宅にて唾液採取を行う方法で進められ、大量の試料を効率よく得たことで研究は成功を収めている（Gettler *et al.*, 2011）。対象者自身の協力に依存した形での試料の採取は、その信頼性への賛否や疑問が生じなくはないが、このような大規模研究においては、一つの適した方法と言えるのではないだろうか。また、ホルモンの種類によっては、適切な保管を行えば、研究室等での最適な条件で保管を行うまでに、配送サービス

の利用などによっていくらかの日数が生じたとしても、安定とされるものもある（Dabbs, 1991）。

現在、世界各国で大規模コホート研究が盛んに行われている中で、唾液からのホルモン測定は、他の調査指標とも組み合わせやすい性質を持った指標になり得る。実際に、米国で行われた思春期大規模コホートでも、唾液からのホルモン測定が行われ、その成果も報告され始めている（Walker *et al.*, 2004）。繰り返しになるが、思春期を対象とする研究では、とりわけ、対象者個人の副腎皮質や性腺の成熟の評価まで行うことが、研究の質を担保する上で大変重要であり、それゆえ、タナー段階の評価やホルモン測定が欠かせないと言って良いだろう。今後、国内でも思春期大規模コホートが行われるにあたり、こうした方法論が有効に活用されていくことが強く望まれる。

引用文献

Alvergne, A., Faurie, C., & Raymond, M. (2009). Variation in testosterone levels and male reproductive effort: insight from a polygynous human population. *Hormones & Behavior*, **56**, 491-497.

Bramen, J. E. et al. (2013). Puberty influences medial temporal lobe and cortical gray matter maturation differently in boys than girls matched for sexual maturity. *Cerebral Cortex*, **21**: 636-646.

Dabbs, J. M. Jr. (1991). Salivary testosterone measurements: Collecting, storing, and mailing saliva samples. *Physiology & Behavior*, **49**, 815-817.

Eisenberger, N. I., Lieberman, M. D., & Williams, K. D. (2003). Does rejection hurt? An FMRI study of social exclusion. *Science*, **302**, 290-292.

Fujisawa, T. X., Nishitani, S., Ishii, S., & Shinohara, K. (2011). Differential modulation of impulsive behavior by loneliness and testosterone in adolescent females. *Neuroendocrinology Letters*, **32**, 836-840.

Fujisawa, T. X., Nishitani, S., Obara, T., & Shinohara, K. (2012). Loneliness depends on salivary estradiol levels in adolescent females. *Neuroendocrinology Letters*, **33**, 525-529.

Galvan, A. (2010). Adolescent development of the reward system. *Frontiers in Human Neuroscience*, **4**, 6.

Geschwind, N., & Galaburda, A. M. (1985). Cerebral lateralization. Biological mechanisms, associations, and pathology: I. A hypothesis and a program for research. *Archives of Neurology*, **42**, 428-459.

Gettler, L. T., McDade, T. W., Feranil, A. B., & Kuzawa, C. W. (2011). Longitudinal evidence that fatherhood decreases testosterone in human males. *Proceeding of the National Academy of Sciences*, **108**, 16194-16199.

Goddings, A. L. et al. (2013). The influence of puberty on subcortical brain development. *Neuroimage*, **88**, 242-251.

Kulin, H. E. (1997). *Pediatrics (16th Ed.)*. New York: Appleton-Century-Crofts. pp. 1715-1716.

Neufang, S. et al. (2009). Sex differences and the impact of steroid hormones on the developing human brain. *Cerebral Cortex*, **19**: 464-473.

Ostlund, H., Keller, E., & Hurd, Y. L. (2003). Estrogen receptor gene expression in relation to neuropsychiatric disorders. *Annals of the New York Academy of Science*, **1007**, 54-63.

Sisk, C. L., & Foster, D. L. (2004). The neural basis of puberty and adolescence. *Nature. Neuroscience*, **7**, 1040-1047.

Takamura, T. et al. (revised). Developmental changes in the neural responses associated with the positive affect related to attachment relationship with mother throughout puberty. *Frontiers in Neuroscience*.

田中敏章（2008）．思春期の性成熟と成長．大関武彦・近藤直美（総編集），小児科学（第3版）　医学書院　p. 17.

Walker, E. F., Sabuwalla, Z., & Huot, R. (2004). Pubertal neuromaturation, stress sensitivity, and psychopathology. *Development and Psychopathology*, **16**, 807-824.

第7章　思春期の心と体の発達

平岩幹男

1　思春期

　思春期という表現は一般的に用いられているが、その定義は様々である。英語ではpubertyとadolescenceの二つの表現があり、pubertyはpubic hair（陰毛）を語源としており、年齢としては10歳から15歳頃の陰毛が生え始める時期を、adolescenceはギリシア神話の美少年Adonisを語源としているので、20歳頃までを含んでいる。前者は身体的な問題が中心であり、後者はこころの発達の部分も含まれる。日本ではいずれも思春期と訳されてきたが、最近では国際的にも思春期をより広く解する傾向があり、日本においてもadolescenceの意味で10～20歳を思春期として扱うことが多くなっている（平岩, 2008）。本章においてもそのように扱う。従前は体の状況から定義されていることが多く、日本産科婦人科学会の定義では、女子では「性機能の発現開始、すなわち、乳房発育ならびに陰毛発生などの第二次性徴の出現にはじまり、初経を経て、第二次性徴が完成し、月経周期がほぼ順調になるまでの期間」とされており、おおむね8～9歳頃から17～18歳頃までとされていた。これを男子にあてはめると、「性機能の発言開始、すなわち陰茎増大や陰毛発生などの第二次性徴の出現にはじまり、精通を経て第二次性徴が完成するまでの期間」、すなわち10～11歳頃から17～18歳頃までとなっていた。身体的な問題だけを中心として考えれば、女子の方が約2年思春期を早く迎えることになる。WHO（World Health Organization：世界保健機関）の定義では「第二次性徴の出現（乳房発育・声変わりなど）から性成熟（性機能が成熟する18～20歳頃）までの段階、子どもから大人に向かって発達する心理的なプロセス、自己認識パターンの段階確立、社会経済上の相対的な依存状態から完全自立までの過渡期」とされてお

り、体とこころの両方を含んでいるので、前述の10〜20歳に相当すると考えられる。

2　思春期の年齢はなぜ遅くなってきたか

　思春期になれば体の大きさは成人と遜色ないことが多く、男子であればひげも生えてきているし声変りもしている。女子であれば第二次性徴としての乳房の発育や月経の発来を見ている。すなわち身体的にはほぼ大人に近いわけであるが、実際にはコミュニケーション能力、特に自分の思考を言語化する能力はまだまだ低いことが多いために、そして自我の形成も早くはないために、体つきと異なる「小児性」が感じられる。

　江戸時代では、10歳を過ぎれば男女とも立派な労働力、すなわち社会の構成員であったし、10代前半での結婚や出産もまれなことではなかった。そして第二次世界大戦前までは、12歳で小学校を卒業すれば、一部の高等教育に進む子どもたちを別とすれば就職することもめずらしくはなかったし、10代前半はともかく後半での結婚や出産は「よくある事態」であった。第二次世界大戦後は、中学校までの教育が義務化されたので、農村部などを中心として中学校を卒業すれば時には集団での就職もめずらしいことではなかった。すなわちこの時期までは、身体的・精神的に20歳頃まで自立できないということではなかった。

　しかし最近では、18歳であっても20歳であっても成人として自立しておらず、まさに思春期としか呼べないような男女が増加している。中学校卒業後の集団就職がめずらしくなかった昭和30年代からの約50年間に、それではどのようなパラダイム・シフトが起きたのであろうか。

　これについては社会学の面からも多くの考察がなされているし、本書においても触れられていると考えられるので、ここでは要点のみ簡単に述べる。

　① 　自立を妨げるような家族や社会のケアが増えた。
　② 　コミュニケーションスキル全般の発達が遅れている。

　筆者は上記の2点が大きいと考えている。自立をさたまげるようなケアということは、自立しようという行動や意思に対して、それをサポートするのではなく、その時点では不十分な結果が予測される場合には、その行動や意思を抑

えてでも周囲の大人の意思に従わせようとする。すなわち、自立しようという行動に、支持的ではなく批判的に対応することがあげられる。たとえば高校入試に際して、子どもがもっと勉強すればより偏差値の高い学校に入学可能であると考えれば、それまでの努力を評価するよりも、それ以上の努力を要求する。さらに幼少期から、保護者が将来も安心なエスカレーター式の一貫校への入学を希望すれば、子どもの意思にかかわらず、その流れに乗ることを強要しようとさえする。この流れの中では、周囲に指示された「自己決定」にもとづく自立は確立しにくい。

　もう一つはコミュニケーション能力の低下である。コミュニケーションには「話す」「聞く」「読む」「書く」に代表される言語的コミュニケーションと、表情や声の調子を読み取る、場の状況を考えて会話する、身振り手振りを理解する、相手の眼を見ながら話すなどの非言語的コミュニケーションがある。実際に日々子どもたちと接していると、言語的、非言語的コミュニケーション両方の能力が低下している印象がある。30年前には外来にひとりで受診し、自分の症状についてきちんと説明できる中学生はまれではなかったが、最近ではこのようなことは少なく、ほとんどの場合には保護者が話している。コミュニケーション能力は基本的に技術と経験に基づいて向上する。最近ではゲーム機や個人情報ツール（携帯電話を含む）の普及によって、子どもたちは小さいときからこれらに接し、これらの画面を操作することなどに習熟していく。そうした操作をしているときにリアルな対人関係を持ったり、会話をしていたりすることは少ない。これは単方向メディアであるテレビやビデオの視聴も同様である。機械を友達としてあたかもコミュニケーションを取っているように見えるが、こうしたコミュニケーションでは、「読む」「書く」はあっても「話す」「聞く」は少ないので、その両者における能力的なギャップが生じ、「話す」「聞く」が欠かせない実際の会話においての能力的欠損を来しており、それが結果としてコミュニケーション能力全般にまでいたる遅れをもたらしている可能性が高いと考えている。これについては、現在、高校生を対象とした調査を計画しているのでいずれ報告したいと考えている。

　そういう状況と考えられるので、外来診療において思春期の子どものこころや行動の問題について相談に訪れた保護者に対して、筆者は「思春期とは3分

の 2 は大人かもしれないが 3 分の 1 はまだ子どもである」ことを話している。ただし、思春期の子どもたちは「子ども扱い」されることに対してきわめて敏感であり、また拒否反応を示しやすい。これは自尊感情が十分に形成されていない場合により強くなると考えられるが、単に子ども扱いするだけでは子どもとのよい関係性ができにくいので注意が必要である。小児性の背景には、思春期が、一連の発達段階の中に位置づけられてはいるものの、心理的には、幼児期あるいはそれ以前に逆行するといった紆余曲折を経て成長するという事情がある。小児的な心性そのものが、思春期にしばしば見られる問題行動である不登校や摂食障害、リストカットなどにつながってくる場合もあると思われる。また、少年犯罪にしばしば見られる周到な計画の割に幼稚な実行手段、いじめに見られる異常なまでの執拗さなどは、それらの行為が許容できないことは当然としても、それらを精神障害としてとらえるよりは、思春期の心理的な特性の一つとしてとらえた方が理解しやすいのではないだろうか。

3 思春期の体の変化

思春期における身体的変化の代表は、女子では初潮、乳房の生育、陰毛の発生であり、男子では精通、陰茎の増大、陰毛の発生、声変りなどであり、これらは第二次性徴として扱われる。第二次性徴の段階の判定にはタナー段階が最もよく用いられており、男女とも 2 度になった時期を思春期発来としている（第 6 章参照）。

男子では精巣の増大と成熟が思春期の指標の一つであり、卵円型の精巣模型と肉眼的に大きさを比較して精巣容量を推定するオーキドメーターや超音波で測定を行う。男性ホルモン（テストステロン）は一般的に精巣容量が 4 ml を超えると測定可能とされており、日本人成人の容量は 15〜25 ml である。日本では大規模な調査はないが、精通は 12〜15 歳の間に見られることが多いとされている。15 歳では 96％ がタナー段階の 2 度以上になり、この面からも思春期と判定される。

女子では初潮（月経発来）は平均 12.4 歳であり、小学校 6 年生の 2 学期始めには 50％ を超え、小学校卒業時までには約 70％ が初潮を経験する。初潮はそのまま性周期の確立を意味するものではなく、基礎体温（Basal Body Temperature: BBT）が安定し、安定した月経周期に至るまでに一般的に 1～3 年程度を要する。乳房はタナー段階 2～3 度の時期にしばしば乳房痛（多くは片側性）が見られる。女子では 13 歳で 99% が思春期に入っているとされている。

　身長の急速な伸び（成長スパートと呼ばれる）も思春期の特徴であり、これは性ホルモン（エストロゲン）による影響によると考えられている。女子では成長スパートは初潮に先立って起き、平均 9.5 歳から始まる。初潮開始前の 1 年間に最も身長が伸びるとの報告があり、スパート後に獲得する身長は約 25 cm である。身長のスパートには男子同様、エストロゲンの作用が大きいとされている。急速に伸びる時期は男子では女子よりも遅く、スパートの開始は 11 歳頃であり、この時期に獲得する身長は平均 30 cm 程度である。なお思春期には、女性化乳房（gynecomastia）がしばしば見られる。これは女性ホルモンの影響によるものであり、タナー段階の 3 度程度の大きさになる場合もあるが、多くは観察のみで自然に軽快するが、まれに睾丸奇形腫にともなう女性化乳房があるので注意を要する（平岩, 2011b）。

4　思春期発来の異常

　性早熟症とは、思春期が早期に出現する場合であり、男子では 9 歳以下で陰茎、陰嚢の増大、発育が、10 歳以下で陰毛の発生が見られるなどの場合に疑われる。女子では 7 歳未満での乳房のタナー段階 3～4 度以上の発育、8 歳未満での陰毛の発生、9 歳未満での初潮発来などの場合に疑われる。これらは、腫瘍や内分泌疾患、染色体異常など様々な疾患に伴って見られることがあるが、前述の身長のスパートが通常よりも早期に（まだ身長が低いうちに）来るために、一時的には同年齢に比べて高身長を呈するが、最終獲得身長は小さくなる。思春期早発では原因疾患の検索や治療が基本ではあるが、女子では原因不明の場合が多く、対症的に月経発来を防ぐために黄体ホルモン放出ホルモン類似物質による治療なども行われる。男子の場合には内分泌疾患や睾丸などの腫瘍による場合が多いので、それらに対する治療を行う。思春期遅発症は、男子では 14 歳、女子では 12 歳で第二次性徴が見られない場合に疑う。思春期遅発症を来たす基礎疾患としても、早発症同様、女子では原因不明が多いが、そのほかにも脳腫瘍や内分泌疾患、染色体異常など多くの疾患がある。したがって男女

II 発達科学からのまなざし

図 7-1 男子（左）・女子（右）の SDS 点数の分布（平岩，2008）

とも原因疾患の検索や治療は欠かせないし、それらの治療によって思春期発来を見る場合もある。特に女子では原因がわからない場合に、将来の妊孕性（妊娠しやすさ）を確保する意味もあって、対症的に性ホルモンの投与を行う場合もある。

5 抑うつをめぐる問題

思春期には成人に比べて抑うつ状態がより高頻度に見られることが国際的にも知られている。成人の場合には抑うつ状態はうつ病との関連が最も大きいとされているが、米国の調査ではうつ病の有病率は学童から思春期では1000人当たり20～50人と考えられている。日本ではアンケート留置式の調査はいくつかあるが、母集団の大きな面接調査はない。留置式の調査では「抑うつ状態」を疑うことはできるが、対面して診断基準に当てはめているわけではない（対面式の面接は国際的には半構造化面接が用いられている）ので、必然的に有病率は計算できない。しかし、調査全体から抑うつ状態の頻度の調査やその他の生活状況との比較は可能である。

最近では摂食障害、不登校、リストカット、過敏性腸症候群などの問題を抱えた子どもたちが増加してきていると考えられているが、これらの子どもたちには抑うつ状態を示している場合が多いことも明らかになっており、不眠や理由のない疲労感、自分の存在に対する否定感などが強くなっていることも、こころのコンディションが良くないことをうかがわせる。筆者は以前に小中学生約4000人を対象として保健行動調査の一環として抑うつ状態についての調査

を行ったので、その結果の一部と背景因子について触れる。なお調査票はうつ状態自己評価尺度 (Self-rating Depression Scale: SDS) を一部変更して行った。SDS 20問を15問 (75%) にして小学校5年生から中学校3年生までに行った調査での、SDS の点数分布

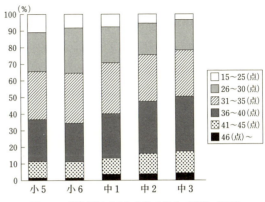

図7-2 学年別の SDS 点数の分布（平岩，2008）

を図7-1 に示した。この調査では点数が41点以上を抑うつ傾向があると考え、46点以上は強い抑うつと判定したが、抑うつ傾向は全体として女子の方が有意に強く、抑うつ傾向は男子全体では11.4%、女子全体では16.1% に認め、強い抑うつは男子2.1%、女子4.0% に見られた。

また図7-2 に示したように、学年別の SDS 点数の分布を見ると、年齢とともに抑うつ状態を示す子どもの割合は増加した。抑うつ傾向が高くなることは、アンケートのその他の項目である自分の健康状態の評価や幸福感の評価の低下、朝の疲労感の増強、頭痛、腹痛、不眠などの自覚症状の頻度の増加などと有意に関連した。中学生では抑うつ状態が強くなると就寝時刻が有意に遅くなる傾向があった（平岩，2008）。

6　メディア、ICT の問題

携帯電話やメディアへの接触の問題も思春期にはしばしば問題となる。たとえば携帯電話についてみると、中学生では約90% が、高校生ではほぼ全員が保有している。その利用方法の中心はメールであったが、最近ではスマートフォンの普及に伴って LINE へと変わりつつある。メールの場合には主に1対1のやりとりであり、それでもメールにすぐに返信しないと仲間はずれにされるとの思いから、入浴中でさえ手放せないという子どもたちも増加していた。また携帯電話のソフトから容易に作成できるプロフ（プロフィール）も了解のな

II 発達科学からのまなざし

い書き込みなどもあって、社会問題化した時期もある。以前には、現在では規制があるとはいえ、インターネットの出会い系サイトの問題もあった。しばらく以前の調査では携帯電話を保有している中学校3年生女子の約30％が「実際に会ったことのない人」とのメールを経験していた（平岩，2008）。出会い系に限らずインターネットでは様々な情報が真偽取り混ぜて流れており、それらに振り回されるばかりでなく、オンラインゲームによる不登校（オンラインゲームは深夜に盛んになるので、朝起きられなくなる）のケース（不登校になってからオンラインゲームにはまることもある）も見かけている。

LINEはグループで行われ、メッセージを読んだかどうかが発信者にすぐにわかる。ビジネスで使う、家族で情報を共有するなどの場合には優れたソフトウェアであるが、友人同士でこれを使い始めると多くはエスカレートし、以前の携帯電話のメールへの返答の5分ルールに近い状態が生まれつつあり、そのために仲間から疎外される、不利な情報が流されるなどが実際にも起きている。またリベンジポルノ（男女の関係が壊れた後に、付き合っていたときに撮影した性的な画像などをインターネット上に流す、いったん流れてしまえば回収は不可能である）による事件も発生しており、海外ではそのための自殺者も出ている。

情報通信技術：ICTはきわめて便利であり、筆者もそれなしには生活が成り立たないといってもよい。多くのデータはクラウド化しており、それによっていつでもどこでも必要な情報にアクセスできるので、すでにUSBを持ち歩く必要すらほぼなくなっている。

考えてみればこれらの進歩はそのほとんどが最近10年以内に利用可能になったものであり、思春期の子どもたちがその利用についての教育（メディアリテラシー：media leteracy）を受けているとは言えない。教育をすればそれでよい、無理ならば利用に制限をするという考え方がしばしばなされるが、ICTはもはや欠かせないものであり、言ってみれば自動車のようなものだと考えることもできる。もちろん実際に自動車を運転するには免許証が必要であり、技術や法規についての教育を受ける。これと同じように、少なくとも中学生の間に、ICTに関する技術と法律についての教育を行う必要がある。

7 思春期の性の問題

　思春期の性の問題は体の問題としてとらえられがちであるが、実際には妊娠などに関連し心の問題が関連する。日本性教育協会の 2011 年の調査結果では、中学生の性交経験率は男子で 3.8％、女子で 4.8％、高校生では男子 15.0％、女子 23.6％ となっている。高校生までは女子の性体験率の方が高い。

　中高生の性の悩みとしては、男子では包茎、陰茎の大きさ、自慰についての相談が見られる。包茎は、手で冠状溝まで包皮をむくことができる場合には、清潔にしてよく洗うことで十分であり、真性包茎はとても少ない。女子では月経不順、月経関連症状、帯下、遅発月経など月経関連の症状が訴えとして見られる。激しい運動や精神的な影響によって月経不順や一時的な無月経が見られることがあるが、無月経の場合には妊娠と神経性食欲不振症を除外する必要がある（平岩, 2011b）。月経不順の訴えがあり、初潮後 2 年を経過している場合には BBT を測定する。月経は初潮から約 40 年続く女子特有の現象であり、女子の体やこころのバロメーターとなりうる。BBT が一定しない場合には、生活リズムが不規則であることが多く、生活リズムを直すことで BBT も一定になる場合がある。月経関連症状としては月経前症候群（premenstrual syndrome: PMS）が挙げられ、排卵から月経の開始前までの間のいらいら、体のだるさ、気持ちの落ち込みなどの症状が見られる。生活リズムの改善などカウンセリングが中心であるが、ミニピルなどの薬物投与により症状が軽快する場合もある。月経随伴睡眠障害は、月経開始数日前から不眠を訴え、月経開始後に軽快する。対応は PMS に準ずる。

　一般論であるが、性衝動は男子において強く、後述の行為障害（Conduct Disorder: CD）においても性非行として認められることがある。女子においてはひとりになりたくない、嫌われたくないという心理からの迎合的な性的行動が中心であるが、妊娠を経験した場合には多くが中絶となり、その後の精神・心理面に大きな影響を及ぼす。しばしば自閉スペクトラム症を抱える子どもの性的行動がマスコミなどで取り上げられるが、事件性を帯びた時に報道されるのであって、実際には情緒的思春期（実際の行動を起こすことができない）が青年期まで持続することが多いので、一般人口における性的行動によるトラブルよ

りは頻度は少ないと考えられる（平岩，2011a）。

8　発達障害をめぐる問題

　発達障害を抱える人は全人口の1%とも5%とも10%とも言われる。これは診断を症状に基づく社会生活上の困難によって行うのか、臨床的に見られる症状のみによって行うのかによっても異なる。

　思春期の子どもたちの中には、ADHD（Attention-Deficit / Hyperactivity Disorder：注意欠如・多動症）、自閉スペクトラム症などの発達障害の子どもたちが少なからず存在する。筆者がある学校を対象として調査したところでは、治療や対応が必要と考えられる子どもは2〜3%であった。ADHDは行動上の問題、すなわち落ち着きがない、注意散漫である、衝動的な行動をとるなどから比較的発見されやすいが、思春期には反抗挑発症（Oppositional Defiant Disorder: ODD）やCDへの移行が見られやすく、注意を要する。ODDでは家庭内暴力など自分の周辺の人への反抗行動が中心であるが、CDとなれば第三者など知らない人への犯罪行為も含まれるようになり、いわゆる非行や反社会的行動となる。これらの子どもたちの多くは行動やコミュニケーションの問題について叱られたり注意されたりすることが多いために、自尊感情が低いという特徴があり、受容的に対応する（いけないことはいけないが、ほめられるべき行動に導いてほめる）ことにより、自尊感情を上昇させることが必要である。これにはスポーツなどでの成功体験も有用である（平岩，2014）。

　自閉スペクトラム症では、知的レベルが正常、あるいは通常よりも高い場合もあり、生活上の困難さを知的能力でカバーすることがあるために、生活上の問題が思春期では必ずしも表に出ているとは限らない。思春期に精神心理的問題を抱える可能性は、顕在化しているかどうかは別として、非常に高いことに留意すべきである。それは二次障害としての不登校、うつ病、パニック障害などにおいてもしばしば見られる（平岩，2012）。

＊

　思春期は、子どもから大人への単なる過渡期ではなく、そこには独特のこころや体の特性が存在する。医療、教育、社会的対応の面では、思春期の子ども

たちを誰が一義的に担うかが明確にされていないことが課題であり、そのために問題を抱えながら困り果てている子どもたちやその保護者が多く見られる。

筆者は、思春期に様々な問題を抱えている子どもたちとこれまでにも多く接してきたが、なんとかそれらの困難さを彼らが乗り越えて、「そんな日もあった」と思いだしてくれる日々になるよう努力していきたい。

引用文献

平岩幹男（2008）．いまどきの思春期問題　大修館

平岩幹男（編著）（2011a）．思春期の性の問題をめぐって　診断と治療社

平岩幹男（2011b）．親子保健　24のエッセンス　医学書院

平岩幹男（2012）．自閉症スペクトラム障害　岩波書店

平岩幹男（編著）（2014）．発達障害の理解と対応：改訂版　中山書店

日本性教育協会（編）（2011）．青少年の性行動

コラム4　双生児研究と思春期

安藤寿康

双生児研究からわかること

　あらゆる生物のあらゆる営みは、その生物を取り巻く環境に対するその生物を作るもととなる遺伝情報の適応過程である。したがって、そこにはその生物個体の持つ遺伝の影響が、環境の影響とともに常に反映されている。これはヒトの行動でも変わらない。この地球上でヒトの行動だけは遺伝子から自由であると信じているとすれば、それは幻想に過ぎない。その証拠に、ヒトのほぼあらゆる行動の指標において、遺伝子がすべて等しい一卵性双生児の方が、同じ家庭環境に育ちながら遺伝子を半分しか共有しない二卵性双生児よりも類似する（図A）。図Aの縦軸は類似性の指標であり、知能や学業成績のように量で表現できる形質については相関係数が、また統合失調症のような疾患の診断の有無で把握される形質については一致率が用いられている。

　図Aの見どころは、単に一卵性の類似性が二卵性のそれを上回っていることだけにあるのではない。知能や学業成績などは、いわゆる知能検査や学校でのテストによって測られている。このようなテストは、体調ややる気、どのぐらいトレーニングしたかなどの要因によって、かなり得点が左右されると思われるものである。このような変動要因は測定誤差と見なされ、このようなテストの場合、少なくとも10％にこうした要因が入り込むもので、同じテストを少し時間を空けて同一人物が行った時の相関係数は、おおむね0.9程度になる。このことを考えた時、一卵性双生児きょうだいの類似性がおよそ0.8程度という値を取ることがいかに高い値かがわかる。

　またこのような双生児の類似性を見る時に注意しなければならないのは、一卵性双生児の類似性の高さだけが問題になるのではなく、二卵性双生児との差と比が問題になるということである。いくら一卵性双生児の類似性が高くとも、二卵性もそれと同じように高かったとすれば、それは遺伝によるものというより、同じ環境に育ったことによると考えられるだろう（図Aで言えば、投票行動には他と比べてこの影響が読み取れる）。だから重要なのは一卵性と二卵性の類似性の差がどのくらいかということである。その見方をすると、外向性は一卵性の類似性こそ0.5程度と、一般知能よりも小さいものの、二卵性との差は知能に匹敵するか、むしろそれより大きい。このことから外向性のようなパーソナリティにも一般知能と同程度か、時期によってはそれ以上の遺伝の影響があ

コラム4 双生児研究と思春期

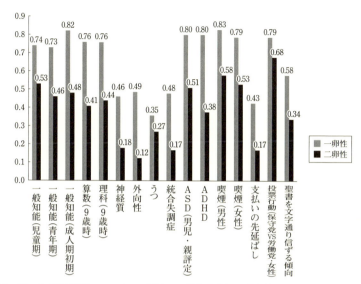

図A 様々な行動指標についての一卵性・二卵性双生児の類似性 (Haworth *et al.*, 2010; Kovas et al., 2007; Shikishima *et al.*, 2006; Ono *et al.*, 2002; Sullivan *et al.*, 2003; Ronald *et al.*, 2008; Thaper *et al.*, 2000; Maes *et al.*, 2006; Cesarini *et al.*, 2012; Hatemi *et al.*, 2007; Bradshaw & Ellison, 2008)

ることが推察される。

　図Aはヒトの行動の様々な側面に遺伝の影響が無視できないことを物語っているが、それと同時に、遺伝だけですべてが決まるわけではないこともまた物語っている。なぜなら遺伝子が全く等しい一卵性双生児でも、きょうだいの間の完全な一致を表す「1」には満たないからだ。彼らが家庭環境すら共有していながら、それでも完全に一致しないのは、同じ家庭で育ってもなおかつひとりひとりに独自な環境の影響を受けているからと考えられる。これを「非共有環境」と呼び、同環境で育った一卵性双生児の相関係数が1に満たない分によって、その相対的効果量を推定することができる。一般知能や学業の場合、およそ25〜30%が非共有環境の影響であることになり、外向性や神経質などではそれが約50%程度になることがわかる。

　双生児の類似性から読み取ることのできる環境に関する情報がもう一つある。先に述べたように、いかに一卵性の類似性が高くとも、二卵性もまた同じように高い類似性を示していたら、それは遺伝の影響というよりも一緒に育ったこと、経験を共有したことによると考えられるだろう。これを「共有環境」の影響という。その影響力を見積もる

コラム4　双生児研究と思春期

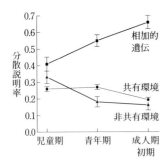

図B　児童期から成人期初期にかけての一般知能に及ぼす遺伝の影響の増大 (Haworth et al., 2010)

基準となるのが、一卵性と二卵性の類似性の「比」である。一卵性双生児は遺伝子を100%共有するが、二卵性双生児は親のそれぞれがもつ2個一対の遺伝子のどちらか一方をランダムに受け継ぐことから、特定の遺伝子を共有する確率は50%であり、遺伝子全体の共有度の期待値も50%となる。つまり一卵性は二卵性の2倍、遺伝子を共有している。ここでこれらの遺伝子が表現型に及ぼす効果量が互いに足し算的に効いているとしたら、その全体の類似性に及ぼす影響も一卵性と二卵性とでは2:1の比になることがわかっている。とすると、もし二卵性の類似性が一卵性の半分より大きいとしたら、それは遺伝要因以外にきょうだいを類似させる影響があることを意味する。それが共有環境の影響と見なせるわけである。目分量による推定だと、一卵性と二卵性の類似性の差を2倍した値が遺伝の影響、それでも一卵性の類似性を説明しつくせない分が共有環境の影響ということになる。統計的により妥当な推定は、構造方程式モデリングを用いる。図Aのデータを解析すると、これらいずれの行動指標も遺伝と非共有環境の影響を多分に受けているが、共有環境の影響は行動の種類により異なる。このような方法で人間行動への遺伝と環境の影響を明らかにする研究領域を「行動遺伝学」という。

思春期の行動遺伝学的特徴

双生児による行動遺伝学研究から見た時、思春期の最も興味深い特質は、「心理的に遺伝的なその人物に到達する時期」だということだろう。それは特に一般知能への遺伝の影響の発達的変化に顕著である。図Aにも示している一般知能の遺伝と環境の影響力の発達的変化を取り出して図示した図Bが物語るように、ヒトは児童期から青年期を経て成人期初期（ここまでを思春期とすれば）に至る過程で、一般知能への遺伝の説明率が40%から65%まで増加し、おおむね安定する。

認知能力を司る主要な機能と見なされる実行機能について、抑制、情報の上書き、注意の切り替えの、16歳の時の遺伝構造を調べた研究では、これらの機能の潜在変数への遺伝的寄与はほとんど100%で、しかも特に抑制への遺伝的影響は、2歳時に測定された抑制への遺伝要因（これ自体は2歳当時は0.20程度の寄与率しかないが）とほぼ0.50の有意な相関が見出された（Friedman et al., 2011）。つまり、認知能力の遺伝的影

響は、幼児期から連続的であるとともに、思春期に向かって徐々に新たな遺伝的素質を開花させながら、遺伝的にその人らしくなっていくという姿が読み取れる。

　ちなみにパーソナリティにはこのような遺伝率の増加傾向は見られず、生涯を通じて遺伝要因がほぼ50%程度を説明する。ただし、それはヒトのパーソナリティが遺伝的に固定的だという意味ではなく、ある程度変化することはあっても、その変化の仕方に新しい環境への新たな遺伝的適応が見られるためである（Hopwood *et al.*, 2011）。

　生活史的に見ると、思春期は心身ともに大人の仲間入りができる時期に到達する。この時期に認知能力への遺伝の影響が顕著になるような発達プロセスを描く理由として、平石（2011）は、成人期初期がヒトの繁殖年令に相当することから、知能を配偶者選択する時の手がかりとして用いている可能性を指摘している。とはいえ、この時期は、少なくとも現代の産業化・情報化した社会においては、まだ社会的には一人前とは言えず、多くの人はようやく社会の中での自分の位置を模索し始める時期である。実際、男性の収入については、この時期はまだ共有環境、つまり家庭的な背景の説明率の方が遺伝要因より大きく、最も働き盛りと言える40代前半に向かって、この共有環境の影響は減少し、代わって遺伝の説明率が増加するという報告がある（Yamagata *et al.*, 2013）。

　このように見てみた時、思春期は遺伝的な意味でのその人らしさがひとまず実現されるが、社会的・経済的には、それをもとにしながらさらに自分を作っていく、その入り口にようやく到達した時期と言えるのではないだろうか。これは環境要因の点から見れば、自分が生まれ育った家庭環境からの離陸の時期とも言い換えることができる。子ども時代の家庭環境によい思い出があろうと悪い思い出があろうと、思春期以降は遺伝的にも環境的にも、その人自身が自ら担うその時々の条件に適応しながら、自分自身を形成し始める時期なのである。

引用文献

Bradshaw, M., & Ellison, C. (2008). Do genetic factors influence religious life? Findings from a behavior genetic analysis of twin siblings. *Journal for the Scientific Study of Religion*, **47**, 529–544.

Cesarini, D., Johannesson, M., Magnusson, P. K. E., & Wallace, B. (2012). The behavioral genetics of behavioral anomalies. *Management Science*, **58**, 21–34.

Friedman, N. P., Miyake, A., Robinson, J. L., & Hewitt, J. K. (2011). Developmental trajectories in toddlers' self-restraint predict individual differences in executive functions 14 years later. *Developmental Psychology*, **47**, 1410–1430.

Haworth, C. M. A. *et al.* (2010). The heritability of general cognitive ability increases linearly from childhood to young adulthood. *Molecular Psychiatry*, **15**, 1112–1120.

Hatemi, P. K., Medland, S. E., Morley, K. I. Heath, A. C., & Martin, N. G. (2007). The genetics of voting: An Australian Twin Study. *Behavioral Genetics*, **37**, 435–448.

平石界 (2011). 認知の個人差の進化心理学的意味. 箱田裕司（編），現代の認知心理学 7 認知の個人差 北大路書房 p. 97.

Hopwood, C. J. *et al.* (2011). Genetic and environmental influences on personality trait stability and growth during the transition to adulthood: A three-wave longitudinal study. *Journal of Personality and Social Psychology*, **100**, 545–556.

Kovas, Y., Haworth, C. M. A., Dale, P. S., & Plomin, R. (2007). The genetic and environmental origins of learning abilities and disabilities in the early school years: III. Nature and nurture. *Monographs of the Society for Research in Child Development*, **72**, 49–59.

Maes, H. H. *et al.* (2006). Genetic and cultural transmission of smoking initiation: An extended twin kinship model. *Behavior Genetics*, **36**, 795–808.

Ono, Y. *et al.* (2002). Dimensions of temperament as vulnerability factors in depression. *Molecular Psychiatry*, **7**, 948–953.

Ronald, A., Happé, F., & Plomin, R. (2008). A twin study investigating the genetic and environmental aetiologies of parent, teacher and child ratings of autistic-like traits and their overlap. *European Child & Adolescent Psychiatry*, **17**, 473–483.

Shikishima, C., Ando, J., Ono, Y., Toda, T., & Yoshimura, K. (2006). Registry of adolescent and young adult twins in the Tokyo area. *Twin Research and Human Genetics*, **9**, 811–816.

Sullivan, P. F., Kendler, K. S., & Neale, M. C. (2003). Schizophrenia as a complex trait: Evidence from a meta-analysis of twin studies. *Archives of General Psychiatry*, **60**, 1187–1190.

Thapar, A., Harrington, R., Ross, K., & McGuffin, P. (2000). Does the definition of ADHD affect heritability? *Journal of the American Academy of Child & Adolescent Psychiatry*, **39**, 1528–1536.

Yamagata, S., Nakamuro, M., & Inui, T. (2013). Inequality of opportunity in Japan: A behavioral genetic approach. *RIETI Discussion Paper Series*, 13-R-097.

III

・

脳科学からのまなざし

第8章　脳の思春期発達

小池進介

1　思春期の脳発達と自己制御

　人間は、現実を客観視し（meta cognition）、未来の自分を想像しながら、その目標にそぐわない行動を抑制（inhibitory control）し、現時点で取りうる最良の選択（と思われるもの）を実行していく（valued choice）。もちろん、振り返れば最適な行動とは言えなかったり、欲求（報酬刺激：reward）や不安に負けて、目標から見れば不適切な行動を取ることも多いが、そのたびに過去の自分の情動、意思決定、行動を分析し、最適な行動とは何か、実行可能な選択肢は何かを絶えず修正しながら最適化していく。こうした一連の流れを（長期的な）自己制御（self-regulation）といい、思春期前後から発達し始め、生涯かけてより長期の抽象的な目標に向けられるように発展していく。自己制御の発展は、性成熟（第6章）、言語・コミュニケーション（第9章）、自我（第10章）、社会性（第11章）、報酬系（第12章）の思春期発達とも密接に関連する。自己制御をうまく利用し、成功体験を重ねることで、自尊感情（self-esteem）や有能感（competence / self-efficacy）を得ることができる。

　自己制御は、認知機能の面から見ると実行機能（executive function）とも言え、内的思考過程から見ると内発的動機づけ（intrinsic motivation）とも言える。自己制御は前頭葉機能と密接な関連があり、前頭前野の成熟は、実行機能の発達と同じく思春期前後から明らかとなり、成年早期に完成する。ここでは、自己制御の発達を行動面から説明し、思春期の脳発達との関連を概説する。

2　実行機能と自己制御

　実行機能（executive function）とは、複雑な課題を遂行する際に必要な認知

III 脳科学からのまなざし

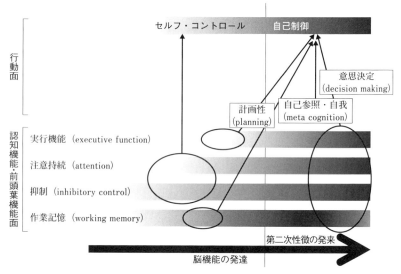

図 8-1 自己制御に関連する用語

セルフ・コントロールは、行動面から見た自己制御で、外的な報酬を得たり罰を回避するために、抑制機構や注意持続といった脳機能を用いて、行動を抑制する。一方、自己制御は、より長期的で、自ら目標を設定し、修正しながら実行していく行動を示し、様々な前頭葉機能を用い、連携させて成立しているとされる。説明の都合上、セルフ・コントロールと自己制御を分けたが、これらの機能は認知機能の発達とともに連続的に発達すると考えられる。そして、第二次性徴は、認知機能、行動双方に急激な変化をもたらす要因の一つであると考えられ、その大きな要因の一つに、自己参照や自我の発達が挙げられる。

機能のことで、現在複数の定義づけがされ、いくつかのモデルが提唱されている。その中で、本章で定義した自己制御を実行機能と定義づけし、自己制御を抑制の発展であると位置づけているものもある（Diamond, 2013）。どちらが正しいというものではないが、本章では実行機能を、抑制、注意持続（attention）、作業記憶（working memory）などを適切に同時的に用いて、意思決定（decision making）ができる前頭葉機能、という認知機能から見た位置づけで定義した。語流暢性課題、ストループ課題が、実行機能の計測としてよく用いられるからである。自己制御、特に長期的な自己制御は、行動から見た位置づけで定義し、評価方法として行動実験（例：マシュマロテスト、3-1 項参照）や、親や学校教師などからの行動評価などを想定した。

これに従い、自己制御に関連した用語を図 8-1 に整理した。ここでの定義にもとづくと、実際に用いられている評価尺度にずれが生じる場合もある。新た

な研究を行う場合、自らの用語の定義と、用いようとしている評価尺度の内容に、ずれがないかよく確認する必要がある。

3 小児期の自己制御

自己制御は、思春期に突然あらわれるものではなく、幼児期から徐々に形成されていく。しかし、小児期の自己制御（セルフ・コントロール）は短期的、具体的であり、外的な報酬や罰（例：ほめられたり、しかられたりする）によって制御されている。

3-1 マシュマロテスト

マシュマロテストは、スタンフォード大学にて1960年後半から行われた行動実験である。マシュマロ（クッキーやキャンディなどでもよい）がある部屋に子どもを連れて行き、今は食べるのを我慢し、我慢できたらもう一つマシュマロをあげる、と教示する。15分経過した後、マシュマロが残っている個数を記録する（Mischel et al., 1988）。

マシュマロテストは、マシュマロを今すぐ食べたいという欲求（＝短期的な報酬）に抗して、約束を守ることでより大きな（物的および社会的）報酬を得られる（delayed gratification）という制御ができるかを見ている。認知機能から見ると報酬刺激に対して、抑制がどれだけ機能するか、注意がどれだけ保てるかを検討しており、行動面から見るとセルフ・コントロールを検討していると言える。マシュマロテストの成績は、その後の学業成績、最終学歴などの認知機能に即した転帰だけでなく、肥満や健康状態など、身体的な転帰も予測する（Casey et al., 2011）。

3-2 小児期の自己制御とその後の転帰

マシュマロテストだけではなく、親や学校担任から得られた行動評価でも、同様の結果が得られている。小児期の衝動性、攻撃性、多動、忍耐力、注意の持続といった質問項目から得られたセルフ・コントロール指標は、その後の認知機能や身体機能だけではなく、アルコール・タバコ・薬物依存、収入、社会経済状態（socioeconomic status）、犯罪率などを予測する（Moffitt et al., 2011）。

3-3 セルフ・コントロールの成立要因

マシュマロテストや行動評価どちらにおいても、様々な要因がセルフ・コントロールの成立に関与していると考えられる。まず、テストにおける報酬や行動評価における欲求刺激が本人の持つ報酬系をどの程度刺激されるかは、個体差が存在する。まず、刺激の強度だけでなく、どの刺激（例：マシュマロとおもちゃの違いなど）に強く刺激されるかは、被験者間で異なる。また、セルフ・コントロールも、後に与えられる報酬期待と損害回避傾向について個体差が存在する。例えば、他者からほめられたり（ご褒美を与えられたり）、しかられたり（罰を与えられたり）することに、どういう内容で、どれだけ反応するかは、欲求刺激と同様に被験者によって異なる。

これらには、遺伝学的差異のほか、心理社会的要因も大きい。例えば、社会経済状態の恵まれていない子どものマシュマロテスト成績は悪いという報告があるが、普段からお菓子などを与えられていないため、マシュマロという刺激により強く反応した可能性と、行動について両親からほめられたりしかられたりする経験が少ない、もしくはその内容が一貫していないため、社会環境からの影響をより小さく見積もった、もしくはうまく予測できなかった可能性がある。

4 思春期の自己制御

幼児期より形成されてきたセルフ・コントロールは、短期的で、具体的な報酬に限られ、主に外的要因（extrinsic motivation）により制御されているが、思春期に近づくにつれて、より長期的で、抽象的な目標を目指すことができるようになる（自己制御）。また、自ら目標を設定し、自発的に実行していくという内発的な動機づけ（intrinsic motivation）によって行えるようになる。そのためには、言語・コミュニケーション機能、自我、社会性が必要で、第二次性徴も強く関係する。そして、自己制御は、セルフ・コントロールと同様、身体・心理社会的転帰を予測する（Nishida *et al.*, 2014; Xu *et al.*, 2013）。

4-1 日光東照宮の三猿

日光東照宮の三猿の彫刻は、幼少期における戒めである「見ざる言わざる聞かざる」（悪いことを見たり聞いたりせず、言ってはいけない）が有名であるが、こ

れは8面の彫刻のうちの1面であり、他の7面と合わせて一生を表している。三猿の前の1面は母子の信頼感を表しており、思春期は三猿の後4面を用いている。4面はそれぞれ、親の庇護から離れた不安と孤独、仲間とともに大志を抱く、人生に対する挫折と仲間からの慰め、恋の悩みが表されている。過去の人々も思春期の重要性を認識しており、表されたエピソードは、自己制御を含めた思春期発達と深く関係していることがわかる。

4-2 第二次性徴が起こす心身の変化

　第二次性徴は、性ホルモンの急激な分泌によって起こり、心身ともに大きく変化していく（Archibald et al., 2006）。性ホルモンは、視床下部―下垂体―副腎系（Hypothalamic-Pituitary-Adrenal axis：HPA系）の働きによって分泌され、性別によって、分泌される性ホルモンの種類や量のみならず、性ホルモンに対する身体反応に差が出る。性ホルモンはそれぞれ特定の作用があり、例えば、副腎アンドロゲンは筋肉量の増大、男性器の発達、変声といった身体的な変化を促すだけでなく、攻撃性、衝動性を亢進させると考えられている。

　第二次性徴の始まりは、発情期の始まりに相当し、異性に注目し、同性と競争したり協働したりする。自分の外見や行動評価が気になり、また自分が注目されるように行動しようとする。親の庇護から離れようとし、友人との結びつきが強くなる。新奇探索行動や衝動的で攻撃的な行動が目立つようになり、友人との競争によりさらに危険な行動に結びつきやすくなる。この時期の死因は事故が非常に高く、アルコール、たばこ、違法薬物の使用が問題となる。いじめ、暴力などの問題行動も、同時期に急激に増加し、成人期になると減少する。行動変化はホルモンによる影響も大きい。当然性差が存在し、ギャンブル課題では、単独で行う条件に比べ、友人や異性が見ている条件では、思春期男性がリスクのある行動を最も取りやすい。

　精神疾患の多くはHPA系の異常と密接に関係しており、第二次性徴によるHPA系の変化は精神症状に関係する。自覚的な抑うつ症状、精神病症状は、10〜12歳を境に急激に増加し、後の精神疾患の発症と関連する（Kaymaz et al., 2012）。いじめや暴力体験は、精神疾患の発症率を有意に上げる。

4-3　第二次性徴開始の早期化と自己制御

　第二次性徴の発来は、遺伝学的要因（人種差、LIN28B 遺伝子多型など）や心理社会的要因（低い社会経済的状況、両親の離婚、虐待など）によって、早くなることが知られている。近年、第二次性徴の発来が全体的に早まっていることが知られており、肥満の増加、食物中の環境ホルモンの影響が示唆されている。

　第二次性徴の発来は、早くても遅くても様々な悪影響をもたらす。特に早い発来は、低身長、乳がん発症、性的逸脱行動、行為障害、アルコール・薬物乱用、うつ病、自殺企図などのリスクが高まる。一方で、第二次性徴そのもののみならず、早い第二次性徴の原因と影響どちらとも、自己制御との関連がある。第二次性徴と自己制御との関係を軸にした、長期的な縦断研究が必要である。

4-4　実行機能の思春期発達

　思春期は、前頭葉の発達とともに、認知機能も大きく発達する時期である。注意、抑制、作業記憶が向上し、それらを統合する実行機能も発達していく。しかし、前頭葉機能は、第二次性徴に起こるホルモン変化ほど急激には発達しないので、結果として行動が制御できないことも多い（Casey *et al.*, 2010）。しかし、実行機能は、刺激のない状態で行われる認知機能検査によって計測されるため、思春期に発達している様子が計測できる（Walhovd *et al.*, 2014）。報酬刺激の有無によって実行機能の変化をとらえる研究を、自己制御の計測として実施することも行われている。

4-5　言語機能と自己制御

　言語はコミュニケーションの道具であり、社会性を発展させる上で必須の要素である。それとは別に、言語機能の発達は、外言（自分の考えを言葉で発すること）と内言（言葉を発せず自分の考えをまとめること）双方を発達させ、より抽象的な概念を取り扱えるようになる。特に内言の発達は、認知機能に関係して内的思考を拡大させ、より長期的で抽象的な自己制御を行えるようになる。それだけでなく、言語機能は、行動を言語化することによって、意味づけや評価をしやすくする。これら一連の流れが理解できることによって、成功体験が増したり、自尊感情や自我の確立につながると考えられる。

言語機能の遅れと統合失調症の発症や症状に関係があることが近年の研究で注目されている。統合失調症は、発症前の小児期より発達の遅れがある割合が高いことがわかっているが、言語機能の発達の遅れを小児期・思春期に認めることがわかった（Reichenberg et al., 2010）。これは、幻覚や妄想体験をもつ一般の研究参加者でも同様の傾向である（Khandaker et al., 2014）。言語機能を司る左下前頭回の脳体積（Iwashiro et al., 2012）や、実行機能課題を実施中の脳血流変化（Koike et al., 2011）は、発症前より統合失調症患者と同等に低下しているが、発症後は年齢相応にしか変化しないことが示唆されている（Chou et al., 2015）。

4-6 メタ認知と自己制御

メタ認知とは、自己を客観視できる能力であり、ほかの機能と同様、思春期に大きく発達、変化する能力である。小児期では、他者の行動を参照し、他者からの評価を受け入れるまでにとどまっているが、思春期前後で、他者評価を客観的に理解した上で自己の行動を顧み（自己参照）、自己参照に基づいて行動を修正することができるようになる。ここで、行動による結果（未来の自己）を予測し、自己参照しながら自らの行動を修正していく能力が発達していくと考えられる。思春期で急激に発達・拡大する言語・コミュニケーション能力と社会性は、より客観的で長期的な未来の自己イメージを予測することができるようになり、最終的に、有能感、自我の確立につながると考えられる。

性ホルモンによる他者への意識は、メタ認知能力の発達と大きく関係するが、因果関係は明らかではない。自己を見つめることが質量ともに多くなったために、メタ認知能力が急激に発達するのか、メタ認知能力が発達したところに第二次性徴が起こり自己を見つめることが多くなったので、メタ認知能力が急激に発達したように見えるのかは明らかではない。また、この因果関係とは独立して、言語機能の発達によってこれらの関係が明らかにできる（言語化）ようになっただけかもしれない。

4-7 内発的動機づけと自己制御

自己決定理論（self-determination theory）は、1985年にデシとライアンが提唱した心理理論で、意欲を内発的動機づけの観点から整理している（Brown &

Ryan, 2004)。自己決定理論では、ヒトが外的制御によらず、内発的に意欲を高める（例：楽しいから、興味が湧くからなど）ためには、自律性（autonomy）、有能感（competence）、関係性（relatedness）の三つが十分に与えられる必要があるとした。有能感とは、周辺環境に対して、自分の行為が影響を与えられるかどうかを検討する能力であり、自己効力感（self-efficacy）と言われているものに近い。ある目標が十分具体化でき、かつ実行可能と考え、実行することによって周辺環境を変え、自身により良い影響が与えられる、という内的な（自覚された）思考過程は、自己制御という行動につながる。

自己制御の完成された形（＝理想的な形）を考えるとすれば、内発的動機づけを念頭におくこともできる。しかし、人間は、内的な心理活動から説明をつけながら自発的に行動している部分は意外なほど少ない。この原稿も、自己制御について生物学的・心理社会的にまとめたい、という内発的動機づけもあるものの、締切超過という外因によって制御されつつある。また、行動の結果をふと振り返り、初めて言語的な意味づけが可能となる、自覚できる、ことも多い。つまり、内発的動機づけの思考過程を理解していなくても、自己制御は成立しうるし、実際多くの行動は無意識的に行われている。幼少期に行われたセルフ・コントロールによる成功体験の積み重ねが、思春期における様々な発達とともに自己制御を生むと考えられる。

4-8 まとめ

本節では自己制御を様々な方面から検証し、思春期発達との関連を説明した（図8-2）。自己制御は、成熟した人間活動には不可欠で、自我形成と密接に関係するが、これまで体系的に検討されてこなかった（できなかった）部分でもある。自己制御を、行動から見た人間の前頭葉機能の統合とした時、実行機能は認知機能面から、内発的動機づけは内的思考過程から、同様のものを見ていると考えられる。自己制御の発達に第二次性徴は不可欠であり、性ホルモンの急激な変化は、報酬刺激反応、気分変動など、多くの心理活動に影響を及ぼす。また、言語・コミュニケーションの発達、社会性の拡大も、自己制御に大きく関係する。これらの要素は、一つ一つが個別に働いているわけではなく、それぞれが密接に絡み合い、あたかもらせん階段を登るように積みあがっていく。

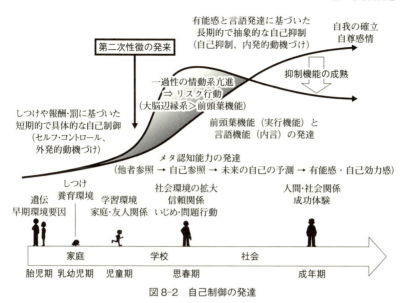

図8-2　自己制御の発達

個々の要素の因果関係を解く縦断研究は世界的にも途上で、今後の課題となる。

5　自己制御に関連する脳部位

5-1　脳局在論から見た自己制御にかかわる脳部位

自己制御にかかわる脳部位については、単純化すると大脳辺縁系（limbic system）から起こった刺激に対して、前頭前野（prefrontal cortex）が判断し、選択抑制するという関係がある（図8-3）。大脳辺縁系では、中脳の腹側被蓋野（Ventral Tegmental Area: VTA）が報酬系に関与し、扁桃体（amygdala: Amy）が不安・恐怖に関与する。視床下部（hypothalamus: HT）は、ホルモンの産生と放出を行う部位であり、様々な刺激に応答している。前部帯状回（Anterior Cingulate Cortex: ACC）は、これらの部位と前頭前野を介在する場所に存在し、どちらからの信号を増強したり抑制したりしていると考えられている。

前頭前野は、その内部でも階層的な処理が行われているとされており、より吻側の前頭極前頭前野（frontopolar prefrontal cortex: FP）で高度な認知処理（実行機能）が行われ、より尾側、距離的にほかの脳領域（例：運動野や前部帯状回）と近い部分で実際の行動に関する処理を行っている（Badre & D'Esposito, 2009）。

III 脳科学からのまなざし

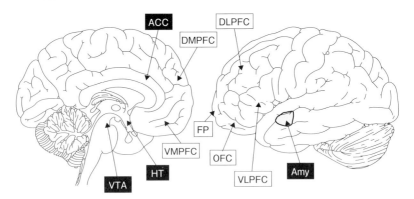

図8-3 自己制御にかかわる脳部位（左：正中矢状断面（内側部）、右：脳表面）
大脳辺縁系を黒地、前頭前野を白地で囲む。扁桃体（Amy）は、海馬頭部の吻側、側頭葉下角の前端に位置し、見えないため、推定の位置を灰色で示した。三次元構造の理解のために、アナトモグラフィー（http://lifesciencedb.jp/bp3d/）が公開されているので、参考にするとよい。

部位別には、背外側前頭前野（dorsolateral prefrontal cortex: DLPFC）が非言語的、空間的な処理、（特に言語有意半球の）腹外側前頭前野（ventrolateral prefrontal cortex: VLPFC）が言語的な処理、眼窩前頭前野（orbitofrontal cortex: OFC）が意思決定と抑制、内側前頭前野（medial prefrontal cortex: MPFC）が感情処理を担うとされている。そして、これらの脳区分の中でもさらに階層化が起こっていると考えられている一方、これら前頭前野同士の構造の違いや機能の差ははっきりと分けられるものではなく、境界は明確ではない。

5-2 思春期に起こる脳発達

思春期では性ホルモンの分泌が急激に起こり、大脳辺縁系の活動が急激に活発となる。その一方で、前頭前野は徐々にしか発達しないため、大脳辺縁系―前頭前野のバランスが崩れる（Casey *et al.*, 2010）。結果として、新奇探索行動、衝動性、情動行動が亢進する。

5-3 成年早期に遅れて完成する前頭前野の成熟

大脳辺縁系の急激な活動は思春期が終わるとともに落ち着き安定する。それに代わり、前頭前野の成熟は続き、脳形態・機能面から見ると、成人早期に完

成すると考えられている。結果として、短期的な報酬刺激や損害回避行動は抑えられ、より長期的で抽象的な行動（self-regulation）を取れるようになる。

5-4　自己制御にかかわる特定の脳部位は存在するか

大脳辺縁系と前頭前野、これらを仲介する前部帯状回とのネットワークは、自己制御と関係する脳部位である。特に、前頭前野の中でも、前頭極前頭前野、眼窩前頭前野、内側前頭前野が自己制御と関係し、大脳辺縁系からのシグナルを制御していると考えられる。しかし、これらの結果の多くが、年齢、性別等の参加者特徴や実験条件を統制した心理課題を用いた研究結果によるものであり、発達や学習は考慮に入れられていない。料理をすることや問題を解くことを例に取ると、最初は実行機能を動員して一つ一つなんとか行っていたものが、学習するにつれて難なく行えるようになり、最終的には無意識のうちに作業を進めながら、より難しく、複雑な部分を同時に行うようになる。同様に、同じ心理課題を繰り返し実施するfMRI実験において、賦活部位が前頭前野内の吻側から尾側へと移動することも報告されている（Badre & D'Esposito, 2009）。本章でも、セルフ・コントロール（もしくは外発的動機づけ）と自己制御（内発的動機づけ）を実行機能の有無とともに分けて説明しているが、これは成熟した脳機能からの視点にすぎない。例えば、小児のマシュマロテストを脳機能画像で見ることができれば、大脳辺縁系—前部帯状回—前頭前野のネットワーク活動が、前頭前野をあまり用いないものなのか、大人と同様の活動なのか、わかってくる。今後、自己制御の発達を見る際も、脳局在のみを見るのではなく、個々の研究参加者の発達段階と脳階層構造を考慮に入れた研究が必要となる。

6　今後の研究課題

思春期の発達に注目した生物学的、心理社会的研究はこれまで多くなく、思春期に起こる多くの変化の因果関係や、思春期における心理行動変化とその後の転帰は、今後の縦断研究で示す必要があることをここまで述べた。ここでは、自己制御に注目した研究課題について述べる。

6-1 一過性の衝動亢進による問題は予後を予測するか

これまで、小児期および思春期の問題行動として、外在化問題行動（非行、攻撃的等）と内在化問題行動（引きこもり、不安・抑うつなど）の2群について検討することが多く、どちらも心理社会的予後の悪さを予測していた。しかし、ここに自己制御行動を因子に入れ、3群について検討する試みがなされている（Nishida et al., 2014; Xu et al., 2013）。その結果、自己制御行動が最も強く、様々な身体・心理社会的転帰を予測することがわかった。弱いセルフ・コントロールは外在化問題行動に、強いセルフ・コントロールは内在化問題行動につながると考えられるが、自己制御はこれら個々人の性格特徴を考慮した上で、より社会に適応するための能力である。そのため、小児期から見られる外在化問題行動と、思春期のみに見られるものとは、異なる脳基盤が働いている可能性も指摘されている（Passamonti et al., 2010）。今後、自己制御行動に焦点を当てた上で、ほかの行動評定がどのような予後を予測するかの検討が必要となるだろう。

6-2 自己制御能力を促進する因子と認知トレーニング

自己制御能力を阻害する因子として、遺伝要因のほか、家庭環境やストレスなどの環境要因が考えられる。一方、促進する因子はあまり検討されてこなかった。小児期の自由時間の長さと実行機能が相関するという報告もあり（Barker et al., 2014）、今後、自己制御を促進させる因子の検討は重要となってくる。

コンピュータゲームなどを用いた認知トレーニングでは、持続的な認知機能の向上は得られないという批判はあるが（Owen et al., 2010）、小児期や思春期に行うトレーニングによって実行機能が高められるのではないか、と研究が進められている（Diamond & Lee, 2011）。これらは、コンピュータゲームを用いたものから、エアロビクス、ヨガなどの身体運動、絵画などの芸術活動まで検討している。本章で述べた自己制御の発達過程を見ると、自己制御能力は特定のトレーニングによって向上するものではなく、様々な要素を認識し、うまくまとめあげる能力を求めることが必要ではないかと思われる。こうした研究はまだ実験段階で、実生活での変化（例：学校や家庭での問題行動減少や心身の健康向上）をアウトカムにした検討はほとんどない。今後の重要な研究課題であろう。

*

　ここでは、自己制御の発展と関連する脳の思春期発達について、心理行動面と脳科学からの検討を概説した。自己制御は、人間らしい行動を行うための根幹となる能力であり、思春期に大きく発展する。自己制御の発達には、様々な思春期での成長要因がからみ、らせん階段を登るように発達させていく。最終的に、自己制御をうまく利用し、成功体験を経験することで、自尊感情や有能感（自己効力感）を得ることができる。自己制御に関与する脳機能は、大まかに大脳辺縁系―前部帯状回―前頭前野のネットワークであるが、特に前頭前野では複雑な階層化により自己制御機能が細かく分化していると考えられている。しかし、個々人の発達過程が異なるため、今後は脳局在論だけではなく、個々人の発達段階を考慮に入れた縦断研究が必要となるだろう。思春期に注目した縦断研究は世界的にもほとんど行われてこなかったため、今後、生物学的、心理社会的側面の双方から自己制御成立の因果関係を解く研究が、成人期の様々な差異を紐解いていくだろう。

引用文献

Archibald, A. B. *et al.* (2006). Pubertal processes and physiological growth in adolescence. In. G. R. Adams & M. D. Berzonsky (Eds.), *Blackwell handbook of adolescence*. MA: Blackwell Publishing. pp. 24–47.

Badre, D., & D'Esposito, M. (2009). Is the rostro-caudal axis of the frontal lobe hierarchical? *Nature Reviews Neuroscience*, **10**, 659–669.

Barker, J. E. *et al.* (2014). Less-structured time in children's daily lives predicts self-directed executive functioning. *Frontiers in Psychology*, **5**, 593.

Brown, K. W., & Ryan, R. M. (2004). Fostering healthy self-regulation from within and without. P. A. Linley & S. Joseph (Eds.), *Positive psychology in practice*. New Jersey: John Wiley & Sons. pp. 105–124.

Casey, B. J. *et al.* (2010). Adolescence: What do transmission, transition, and translation have to do with it? *Neuron*, **67**, 749–760.

Casey, B. J. *et al.* (2011). Behavioral and neural correlates of delay of gratification 40 years later. *Proceedings of the Natlional Acadamy of Sciences of the United States of*

America (*PNAS*), **108**, 14998-15003.

Chou, P. H. *et al.* (2015). Similar age-related decline in cortical activity over frontotemporal regions in schizophrenia. *Schizophrania Bulletin*, **41**, 268-279.

Diamond, A. (2013). Executive functions. *Annual Review of Psychology*, **64**, 135-168.

Diamond, A., & Lee, K. (2011). Interventions shown to aid executive function development in children 4 to 12 years old. *Science*, **333**, 959-964.

Iwashiro, N. *et al.* (2012). Localized gray matter volume reductions in the pars triangularis of the inferior frontal gyrus in individuals at clinical high-risk for psychosis and first episode for schizophrenia. *Schizophrenia Research*, **137**, 124-131.

Kaymaz, N. *et al.* (2012). Do subthreshold psychotic experiences predict clinical outcomes in unselected non-help-seeking population-based samples?. *Psychological Medicine*, **42**, 2239-2253.

Khandaker, G. M. *et al.* (2014). A population-based longitudinal study of childhood neurodevelopmental disorders, IQ and subsequent risk of psychotic experiences in adolescence. *Psychological Medicine*, **44**, 3229-3238.

Koike, S. *et al.* (2011). Different hemodynamic response patterns in the prefrontal cortical sub-regions according to the clinical stages of psychosis. *Schizophrenia Research*, **132**, 54-61.

Mischel, W. *et al.* (1988). The nature of adolescent competencies predicted by preschool delay of gratification. *Journal of Personality and Social Psychology*, **54**, 687-696.

Moffitt, T. E. *et al.* (2011). A gradient of childhood self-control predicts health, wealth, and public safety. *PNAS*, **108**, 2693-2698.

Nishida, A. *et al.* (2014). Adolescent self-control predicts midlife hallucinatory experiences. *Schizophrenia Bulletin*, **40**, 1543-1551.

Owen, A. M. *et al.* (2010). Putting brain training to the test. *Nature*, **465**, 775-778.

Passamonti, L. *et al.* (2010). Neural abnormalities in early-onset and adolescence-onset conduct disorder. *Archives of General Psychiatry*, **67**, 729-738.

Reichenberg, A. *et al.* (2010). Static and dynamic cognitive deficits in childhood preceding adult schizophrenia. *The American Journal of Psychiatry*, **167**, 160-169.

Walhovd, K. B. *et al.* (2014). Brain structural maturation and the foundations of cognitive behavioral development. *Current Opinion in Neurology*, **27**, 176-184.

Xu, M. K. *et al.* (2013). Adolescent self-organization predicts midlife memory in a prospective birth cohort study. *Psychology and Aging*, **28**, 958-968.

第9章 言語・コミュニケーションの思春期発達

橋本龍一郎・酒井　弘・萩原裕子

　言語・コミュニケーションの発達に関する研究は、乳幼児期から幼少期にかけての時期が重視されている。特に、言語発達の研究は、ほとんどが幼少期に関するものであり、思春期の言語機能を調べた研究は非常に少ない。これは、母語の音声知覚や発話産出の出現など、言語発達の重要なイベントはほとんど幼少期までに起きることを考えると当然と言える。また、言語に依存しないコミュニケーションの発達に関しても、アイコンタクトや共同注視など非言語的な社会行動は乳児においてすでに観察され、その異常は自閉スペクトラム症などの発達障害の診断に重要な手掛かりになることから、やはり発達初期の研究が盛んである。しかし近年、幼少期以降の言語学習、および脳の発達に関する知見が増加するにつれ、思春期、あるいはそれ以降の言語機能の発達、および脳の可塑的変化が注目され始めている。思春期は、幼児期における父母きょうだいを中心とした家庭環境から、学校を初めとしたより複雑な社会環境へと生活の比重が変化する時期であり、同輩との関係や年齢・地位などの社会的要因が複雑に絡み合う人間関係に適応しなくてはならない。そのためには、共同注視など幼少期の比較的単純な対人コミュニケーション機能だけでなく、言語や他の高次認知機能を含めた複合的なコミュニケーション能力を発達させる必要がある。本章では、これらの思春期における言語およびコミュニケーション機能の発達に関する最近の認知科学・神経科学的知見を紹介する。

1　古典的な言語獲得の「臨界期」仮説における思春期の位置

　臨界期（critical period）とは、生体がある機能を獲得するために感覚入力や経験を必要とする発達段階における特定の期間を指し、その期間を過ぎると、同じ入力や経験を与えても機能の獲得に障害が生じる。感受性期（sensitive period) とも呼ばれ、若干意味的な違いが含まれることもあるが、本章では統一して臨界期と呼ぶことにする。言語習得に臨界期の概念が学術的に提唱されたのは、1960年代のレネバーグ (Lenneberg, E. H.) の著書『言語の生物学的基盤』(*"Biological Foundations of Language"*) が最初と言われており、幼児から思春期にかけての時期が言語の臨界期に相当するとされた (Lenneberg, 1967)。このレネバーグの仮説（臨界期仮説 : critical period hypothesis）は、主に脳損傷による失語症の観察で、小児の症例では大幅な機能の回復が見込まれるのに対し、成人では同程度の損傷でも回復の程度が小さいことを主な論拠としていた。言語発達の研究でも、特に言語音知覚では、乳幼児期の言語経験がその後の音声知覚に極めて強い影響を与えることが明らかにされた。さらに言語音知覚以外でも、生後18ヵ月頃における語彙爆発や、5～6歳での複合文の理解など、母語の言語獲得にかかわる重要なイベントは児童期までに集中している。また1970年代、言語・社会環境から隔離されて生育された少女ジーニー (Genie) の言語獲得の研究が注目された。ジーニーは思春期を迎えて初めて言語に触れる機会が与えられたため、言語の臨界期仮説を検証する事例と考えられたが、彼女は単純な語順の規則は学習できたものの、二語文以上の発話を獲得できなかった。このことからも、年齢が言語獲得に与える制約の強さが示唆された。

2　臨界期仮説の見直し──思春期の第二言語習得から

　言語習得の臨界期仮説とおおよそ合致する観察が注目される一方で、「言語の臨界期」という概念の曖昧性も認識された。特に、思春期あるいはそれ以前の特定時期に臨界期の明確な終点が存在するのか、あるいは思春期を通じて緩やかに終了するのか、言語の中でも獲得時期の影響を受けやすい要素は何かなど、未解決の問題が多く残った。これらの疑問に対して、ニューポート (Newport, E. L.) らは1990年代初頭に米国移民の第二言語習得の研究を行った (Johnson & Newport, 1989)。この研究では、中国・韓国系の成人の移民を対象に、語順や冠詞の用法などに関する英語の文法性判断課題を施行し、渡米した年齢と課題の正答率の関係を調べた。その結果、渡米時の年齢が5～6歳の移民は、ほぼ母国語話者と同レベルの成績であったが、7歳を過ぎる頃から渡米年齢が上がるにつれて正答率はなだらかに低下し、15歳を超える頃からほぼ一定と

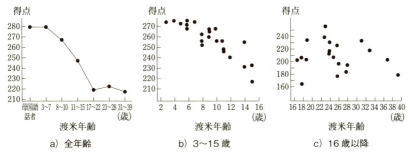

図 9-1　中国・韓国系移民の渡米年齢と文法判断課題の成績の関係（Johnson & Newport, 1989 を改変）

なった（図 9-1a）。15 歳を思春期の境界として、前後で年齢と正答率の関係を調べたところ、3〜15 歳までの解析では年齢と正答率の間に明らかな負の相関を認めたが（図 9-1b）、16 歳以降では、年齢との相関はなかった（図 9-1c）。この結果は、第二言語習得には明確な「臨界期の終点」が存在するのではなく、幼少期から思春期にかけて徐々に進行する成熟性（maturation）が言語学習を緩やかに制約し、思春期以降は成熟が完成しているため、年齢の効果が消失すると解釈されている。この後、同じく韓国系の米国移民を対象とした研究では、英語の発音課題において、渡米の年齢が高いほど母国語の訛りが大きく、5 歳以降から年齢の効果が観察された（Flege et al., 1999）。したがって、文法判断や発話など、言語機能を構成する要素の間でも、それぞれ成熟性の制約が異なるようである。また、第二言語の習得は、学習者の母語との類似性が大きく影響するため、東アジア言語ではなく、英語と言語学的に近いヨーロッパ諸語を母語とする学習者では、年齢の効果が異なる可能性がある。

3　思春期以降の第二言語習得にかかわる神経可塑的変化

これまで見てきたように、思春期以降の言語習得は、脳神経系の発達・成熟に伴う制約を受けるため、外部からの明示的な教示や意識的な努力を伴わない母語の獲得とは大きく異なる生物学的機構が関与すると考えられる。第二言語は多くの場合、習得開始時期が 7 歳を境界として前後に二分され、思春期以降の第二言語習得は、「遅い」第二言語学習者（"late" L2 learner）に分類される。

III 脳科学からのまなざし

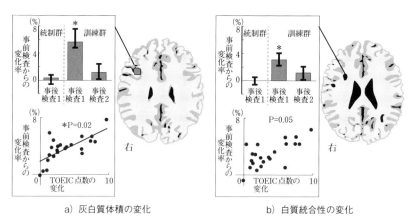

a) 灰白質体積の変化 b) 白質統合性の変化

図9-2 日本人大学生の英語の語彙学習に関与する神経可塑的変化（Hosoda et al., 2013）

　第二言語学習の基盤となる神経機構は、MRI（Magnetic Resonance Imaging：核磁気共鳴画像法）を中心とする非侵襲的脳画像法を使用した研究が蓄積されているが、ほぼ例外なく左半球が優位に活動する母国語の処理とは異なり、左半球言語野であるブローカ野やウェルニッケ野の右半球における相同部位の関与を認める報告も散見される。

　最近、構造MRIと拡散テンソル画像法（Diffusion Tensor Imaging: DTI）の両方を用いたマルチモダリティMRI画像法を使って、日本人の大学生を対象として英語の語彙学習に関与する神経可塑的変化が調べられた（Hosoda et al., 2013）。研究参加者は、英語を外国語として思春期の初期（平均11歳）から学習を開始し、7歳以前に学習した者はいなかった。訓練群は16週間にわたり、単語・イディオムを毎週60ずつ学習するトレーニングに参加し、前後で構造MRI・DTIの撮像とTOEICテストを行った。その結果、トレーニングを受けない統制群に比べ、訓練群ではトレーニング終了直後（事後検査1）では右半球の下前頭回弁蓋部の灰白質体積が増大しており、また大きく成績が向上した者ほど、右下前頭回の一部と尾状核の結合強度が上昇するなど、右半球における灰白質・白質の有意な変化が観察された（図9-2）。特に右半球の前頭前野周辺における神経可塑的変化が顕著であった。さらに、トレーニング終了1年後の追跡調査（事後検査2）では、全体として可塑的変化が訓練前に戻る傾向が見ら

れたが、終了直後と比較して、成績を向上させた学習者は右下前頭回弁蓋部の灰白質体積、および直下の白質統合性が上昇し、逆に成績が低下した学習者は、二つの指標が連動して低下していた。4ヵ月間のトレーニングで言語劣位半球の言語野相同部位がトレーニング・課題成績に対応した可塑的変化を示したという観察は、思春期以降の「遅い」第二言語習得の神経機構が、母語の場合とは大きく異なることを示した神経科学的証拠と言える。

また、この研究で右下前頭回の一部との結合強度で変化を示した尾状核は、報酬にもとづく強化学習に関与する大脳基底核の一部である。言語習得の研究は、研究者の立場によっては全般的に生得的な要因が強調されることがあるが、もしこの右下前頭回と尾状核の結合が強化学習と関連しているとすれば、母語の語彙学習を初め、言語の要素ごとに強化学習の役割を経験的に検討していく必要があるだろう。

4 思春期における第一言語獲得

ジーニーなど隔離児の例を除き、第一言語獲得の開始が思春期まで遅延する事例は非常に稀であるが、先天的聾者で生後自然言語を使用する環境がないまま、10代で初めてアメリカ手話（American Sign Language: ASL）を学習した事例が二つ報告されている（Morford, 2003）。隔離児の研究は、社会機能の障害や発達障害の可能性など、言語以外の要因がデータ解釈上の大きな問題であった。しかしこの事例ではASLに触れる前はホームサインとよばれる独自のジェスチャーを使用して家庭で社会生活を送っており、自然言語に触れる時期の遅れの影響を科学的に検討するためには望ましい条件を満たしている。彼らはそれぞれ12歳、13歳でASLの学習を開始した。学習後30ヵ月の自発発話に関して、ASLに特徴的な文法規則（類別述語と動詞の屈折）に着目して解析したところ、これらの文法規則が部分的に正しく使用されていることが認められた。しかし、処理負荷が高い複雑な文の理解では、ASLの学習が7年経過した後でも大きな障害が認められた。ただし、同じ文を何度も繰り返し聞くことが許される条件では大きく正答率が上昇し、また処理負荷が低い文の理解は良好であった。この結果を説明する一つの可能性としては、思春期から言語獲得を開始した場合、文法の知識自体は習得できるが、実時間での迅速な処理が必要な実

際の言語運用に対応できる処理システムが十分に発達しないことが考えられる。またその後の研究では、上記の例と同じく ASL の学習を通して思春期（14歳）で初めて自然言語環境に触れた2人の先天的聾者について、ASL の単語の意味判断課題を行っている時の脳活動が脳磁計（magnetoencephalography）を用いて計測された。その結果、ASL を幼児期に学習していた聾者は左半球の前頭・側頭葉の言語関連領域が優位に活動したのに対し、思春期で初めて自然言語を学習した聾者は右半球の上頭頂領域や前頭前野背外側部が強く活動し、左半球の活動は弱かった（Ramirez et al., 2014）。先述の行動研究の結果もあわせて考察すると、思春期以降に獲得される第一言語は、通常の言語処理とは脳内メカニズムが相当異なる可能性が考えられる。

5 思春期以降に獲得される第一言語の諸要素

　第一言語によるコミュニケーション能力には、音声、文法、意味など言語表現を直接的に構成する諸要素を処理する能力に加えて、皮肉や冗談など発話に込められた他者の発話意図や、敬語のように他者と自己の関係を踏まえて使用される要素を処理する語用論的能力も含まれている。小学校1〜6年の児童に対して音声に込められた他者の意図理解を調査した研究（Imaizumi, 2008）では、8歳以下の児童は、皮肉・冗談など発話意図が言語的意味と一致しない場合、意図理解が困難であることを報告している。大学生を対象に、fMRI を使用して敬語の文法的適切性判断課題を遂行する際の脳活動を計測した研究（Momo et al., 2008）では、正答率の高いグループと低いグループの比較において、正答率の低いグループの左下前頭回の賦活が大きいことが観察された。このような相違は、思春期以降にも言語使用に関連した脳機能の変化が生じる可能性を示唆している。これらの報告から、第一言語によるコミュニケーション能力の一部は、思春期以降の社会性の発達と連動して継続的に獲得されていくと考えられる。

6 思春期における聴覚処理の変化

　すでに見たように、言語機能の中でも要素ごとに臨界期が異なる可能性が考えられるが、中でも言語音の知覚は、生後6ヵ月から1年の間で、母語で使用

される音声に対する感受性が高まり、逆に使用されない音声に対しては弁別能力が減衰するなど、非常に早い発達期において可塑性のピークを迎えると考えられる。その一方で、一般的な聴覚機能の可塑性は思春期においても残存しており、言語処理に重要な役割を与えることが知られている。

　思春期における聴覚学習機構の発達を調べるため、ある実験では、提示される二つの純音の間隔を弁別する課題の成績が、14歳、17歳、成人の3群で比較された。その結果、成人の研究参加者で最も明確な学習効果が見られたのに対し、17歳では一部にのみ効果が見られ、14歳では全く効果が見られなかった（Huyck & Wright, 2011）。この結果は、音の間隔弁別課題のような（言語音とは関係のない）聴覚学習の神経機構は成人期において最終的な成熟を迎えること、さらに思春期は、その成熟過程が進行する過度期であることを示唆している。この実験を行った研究グループは、さらに失読症など言語学習障害者を対象として、幼児期から思春期、成人期までの聴覚機能を横断的に調査している（Wright & Zecker, 2004）。背景の雑音の中から純音を検知する課題を様々な条件で施行したところ、健常者では、一部の条件において、思春期から成人期にかけて、徐々に成績が向上していく傾向が観察された。この観察は、先の研究と同様に、一部の聴覚機能は思春期にかけて発達することを示している。一方、言語学習障害群は、これらの条件において、幼少期では年齢に伴い成績が向上したが、思春期以降の発達は見られなかった。また多くの条件において、言語学習障害群の成績変化の軌跡は、健常対照群と比較して遅れていた。これらの結果をまとめると、失読症を含む言語学習障害では聴覚機能の発達が遅延しており、また一部の機能は思春期を契機にその発達が停止すると考えられる。この観察から、非定型的な遅い脳の発達と思春期との相互作用が言語学習の問題と関連していることが示唆される。

7　思春期における言語システムの構造的発達

　思春期の言語発達の背景には、どのような神経機構の変化があるのだろうか。構造MRIを使って4歳から21歳までの灰白質の発達を調査した研究では、上側頭回後部周辺の領域（図9-3）は、他の連合野と比較しても発達が遅いことが報告された（Gogtay et al., 2004）。同様に、176人の健常者を対象に灰白質を

III 脳科学からのまなざし

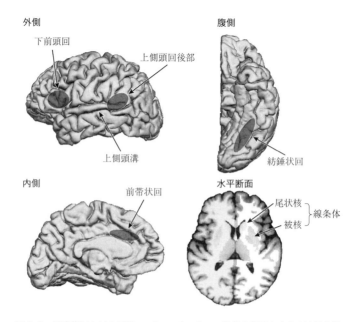

図9-3　思春期における言語・コミュニケーション機能の発達を支える神経基盤

調べた研究においても、左後部上側頭回の灰白質密度は、30歳程度まで上昇し続け、全脳領域の中でも最も発達が遅い領域の一つであることが示された（Sowell *et al.*, 2003）。上側頭回後部は、左半球では古典的言語野の一つであるウェルニッケ野が位置し、さらに周辺にはヒトの視線方向等、社会的信号の知覚に関わる上側頭溝（図9-3）が存在している。これらの機能を司る上側頭回後部の周辺領域の思春期を通じた明瞭な構造的変化は、思春期における言語・コミュニケーション機能の発達を支えていると考えられる。

　言語野を連絡する主要な白質経路も、それぞれ異なる発達曲線をたどることが明らかにされている。ピータース（Peters, B. D.）らは思春期児童78人に対してDTIを用いた大規模調査を行った。その結果、左半球の上縦束（superior longitudinal fasciculus）において、調査した白質経路の中で最も明確に思春期における白質統合性の値が上昇していることが見出された（Peters *et al.*, 2012）。上縦束は、古典的言語野であるブローカ野とウェルニッケ野を連絡する弓状束

を含む白質経路である。さらに、両半球の上縦束の白質統合性の値と言語性作業記憶のパフォーマンスは正の相関を示し、年齢が上がるにつれ言語流暢性と相関が増加することが示された。このことからも、言語システムにかかわる脳領域・白質経路ともに思春期におけるダイナミックな変化が大きいことが示唆される。

8 思春期における言語を使った技能とコミュニケーションの発達

8-1 認知的再評価

　言語は、コミュニケーションの手段だけでなく、自己像やメタ認知を明晰化する道具（内言）としての働きがある。このような言語の内面的な機能を発達させ、複雑な対人・社会関係への対応に有効的に活用するスキルは、思春期、あるいはそれ以降における自己実現・ウェルビーイングを規定する大きな要因の一つと思われる。情動・気分、身体的自己像、社会認知に対して付与される否定的意味を内言により意識的に操作することにより、肯定的意味に変容させることを認知的再評価と呼ぶ。この過程は、作業記憶や注意、反応選択など様々な高次認知機能を複合した感情統制（emotional regulation）のストラテジーの一つであり、成人を対象とした認知的再評価の脳機能画像研究では、古典的言語野であるブローカ野に相当する左下前頭回（図9-3）の活動が最も高い再現性で報告されていることから、特に言語の関与が大きいと考えられている。

　fMRIを使って思春期における認知的再評価の神経機構の発達を調べた報告がある（McRae *et al.*, 2012）。10～13歳、14～17歳、18～22歳の3群の研究参加者について、否定的な情動を喚起する写真を見ながら、その情動を抑える努力をしている時の脳活動を比較したところ、左下前頭回の脳活動は、年齢に比例して活動が上昇していた。行動的にも再評価の能力は年齢に応じて向上したことから、左下前頭回の機能的発達が思春期における認知的再評価の神経的基盤となっている可能性が考えられる。

8-2 顔表情・視線：社会的信号の知覚

　コミュニケーションの際、対面する相手の視線や表情などの社会的信号（social signal）から、心の動きや感情を読み取るスキルは、思春期、あるいはそれ

以降において人間関係を構築する上で重要である。単純な社会的信号の知覚はすでに児童期において、ある程度発達していると考えられるが、思春期における複雑な対人関係に対応するためには、さらにその能力を発達させる必要がある。脳機能イメージング研究により、視線方向などの目が持つ社会的信号の知覚には上側頭溝後部が重要な役割を担っていることが知られている。

「目から心を読む課題」はバロン－コーエン（Baron-Cohen, S.）らが自閉スペクトラム症の簡易な弁別に開発した心理課題であり、目の部分だけの人物の写真を提示して、研究参加者はその人物の心的状況を正しく描写する言語表現を4択で選択する。10〜12歳、14〜16歳、19〜23歳の思春期から成人期初期にかけて、この課題を行っている時の脳活動をfMRIで測定した研究では、どの群においても一貫して上側頭溝の活動が観察された（Moor et al., 2012）。下前頭回など、社会的信号の知覚にかかわる他の領域の活動は、10〜12歳の児童で最も高く、年齢が上がるほど活動が減少する傾向が観察された。最も年齢が低い10〜12歳でもこれらの活動が見られることから、社会的信号知覚にかかわる領域は非常に早い時期に発達を開始し、思春期を通して機能局在やチューニングなどを通して発達を持続させると考えられた。

8-3 同輩によるコミュニケーションの受け入れ・拒絶

思春期では、社会的な自己像、社会的階層性の意識、自尊心など、他者との関係構築に多大な影響を与える概念が急速に発達する。これらの概念の発達には、実生活において、自ら仲間・同輩にコミュニケーションを求める行動（接近）に対する相手の反応（受諾／拒絶）が大きな影響を与える。同輩の反応に対して喚起される情動は、通常は実世界でのみ観察され得るものであるが、近年では仮想世界を構築することで実験室環境でも研究が可能である。ある実験では、2人の他の仮想プレーヤーとボールトス・ゲームを行う実験状況を作り、ゲームで社会的阻害感を経験している時の脳活動をfMRIで測定した（Eisenberger et al., 2003）。その結果、成人の研究参加者では帯状回前部（図9-3）や右腹側前頭前野の活動が観察された。帯状回前部は身体的な痛みに対して活動する領域であり、また右腹側前頭前野は痛みの制御にかかわることが知られていることから、社会的阻害に伴う心理的な「痛み」と身体的な痛覚は、単に言葉

の比喩に留まらず、脳内表現が類似していることが示唆された。同様の仮想的なボールトス・ゲームで、思春期の研究参加者では、成人と同様に右腹側前頭前野の活動が見られ、社会的阻害によって感じるストレスが大きい参加者ほど、その活動も大きかった（Masten *et al.*, 2012）。同輩の受容に感受性が強い思春期の児童は、拒絶の経験により敏感なことを反映している可能性がある。

　また、近年はインターネット上におけるコミュニケーションも思春期の児童の自我形成に大きな影響があると思われる。9〜17歳の児童を対象に、同年代の児童（同輩）とインターネット上でチャットを行うバーチャルな実験状況（「チャットルーム課題」）を作り、同輩からのフィードバックに対する脳活動を検討した研究がある（Guyer *et al.*, 2012）。ここでは、研究参加者はあらかじめ同輩の写真を見て、チャットを強く希望するかどうかを評価した。その上で、今度は逆に相手が自分とのチャットを受諾するか拒否するかのフィードバックが提示され、その時の脳活動が検討された。その結果、相手に対する関心の高さにかかわらず、右上側頭回や紡錘状回（図9-3）など社会認知にかかわる領域や線条体は、チャットを拒否された時より受諾された時に有意に強く活動した。線条体の脳活動は、相手の受諾に対する社会的報酬を反映していると考えられる。また受諾に対する脳活動は、年齢と性別に依存した変化を示した。上側頭回などの社会認知に関連する領域において、受諾に対する脳活動が年齢につれて上昇する傾向は、男性よりも女性で顕著であった。

　また別の研究では、同様の仮想的な実験状況で、チャットを受諾された時と拒絶された時の瞳孔径が測定された（Silk *et al.*, 2012）。瞳孔径は、心理的ストレスや心理的負荷を反映する生理的指標として活用されている。拒否された時の瞳孔は、受諾された時と比較して有意に拡大しており、さらに拡大の程度と年齢は正の相関を示した。この観察は、思春期の年代が上がるにつれ、同輩からの拒絶をより強くストレスに感じる傾向を示している。また、実世界で孤独感を強く感じている児童ほど、大きく瞳孔が拡大していた。このことは、思春期に対人関係を築くことが困難な者ほど、コミュニケーションの拒絶に伴うストレスが強いことを示唆している。

*

本章の最初に述べた通り、母語の音声知覚から語彙・文法規則の習得まで、言語獲得のマイルストーンは幼少期までに集中しており、古典的な言語の「臨界期」仮説の影響も手伝って、思春期以降の言語習得はほとんど等閑視されてきた。しかし思春期における第二言語習得や、稀ではあるが第一言語習得、また皮肉の理解や敬語を含む語用論などの研究が蓄積されるにつれ、思春期においても重要な言語習得過程が作動している可能性が注目されつつある。この可能性は、脳内言語システムの構造・機能が思春期においてもダイナミックに変化するという最近のニューロイメージング研究の成果からも支持されると思われる。また言語・非言語にかかわらず、対人コミュニケーション機能は思春期において目覚ましく発達することは日常的にも観察されることであり、ニューロイメージング法と日常環境を模した巧妙な心理学的実験デザインを組み合わせることで、その神経基盤の発達を解明する研究が始まっている。「思春期学」にとって、言語とコミュニケーションの発達は多くの新しい研究テーマを抱えており、今後の進展が期待される。

引用文献

Eisenberger, N. I., Lieberman, M. D., & Williams, K. D. (2003). Does rejection hurt? An FMRI study of social exclusion. *Science*, **302**, 290–292.

Flege, J. E., Yeni-Komshian, G. H., & Liu, S. (1999). Age constraints on second-language acquisition. *Journal of Memory and Language*, **41**, 78–104.

Gogtay, N. *et al.* (2004). Dynamic mapping of human cortical development during childhood through early adulthood. *Proceedings of the National Academy of Sciences of the United States of America*, **101**, 8174–8179.

Guyer, A. E., Choate, V. R., Pine, D. S., & Nelson, E. E. (2012). Neural circuitry underlying affective response to peer feedback in adolescence. *Social Cognitive and Affective Neuroscience*, **7**, 81–92.

Hosoda, C., Tanaka, K., Nariai, T., Honda, M., & Hanakawa, T. (2013). Dynamic neural network reorganization associated with second language vocabulary acquisition: A multimodal imaging study. *The Journal of Neuroscience: The Official Journal of the Society for Neuroscience*, **33**, 13663–13672.

Huyck, J. J., & Wright, B. A. (2011). Late maturation of auditory perceptual learning. *Developmental Science*, **14**, 614–621.

Imaizumi, S. (2008). Neural mechanism for understanding speakers' intentions: Developmental analyses of children with and without communication disorders. *The Journal of the Acoustical Society of America*, **123**, 3076.

Johnson, J. S., & Newport, E. L. (1989). Critical period effects in second language learning: The influence of maturational state on the acquisition of English as a second language. *Cognitive Psychology*, **21**, 60–99.

Lenneberg, E. H. (1967). *Biological foundations of language*. Oxford: Wiley.

Masten, C. L., Telzer, E. H., Fuligni, A. J., Lieberman, M. D., & Eisenberger, N. I. (2012). Time spent with friends in adolescence relates to less neural sensitivity to later peer rejection. *Social Cognitive and Affective Neuroscience*, **7**, 106–114.

McRae, K., Gross, J. J., Weber, J., Robertson, E. R., Sokol-Hessner, P., Ray, R. D., Gabrieli, J. D., & Ochsner, K. N. (2012). The development of emotion regulation: An fMRI study of cognitive reappraisal in children, adolescents and young adults. *Social Cognitive and Affective Neuroscience*, **7**, 11–22.

Momo, K., Sakai, H., & Sakai, K. L., (2008). Syntax in a native language still continues to develop in adults: Honorification judgment in Japanese. *Brain and Language*, **107**, 81–89.

Moor, B. G., Macks, Z. A., Guroglu, B., Rombouts, S. A., Molen, M. W., & Crone, E. A. (2012). Neurodevelopmental changes of reading the mind in the eyes. *Social Cognitive and Affective Neuroscience*, **7**, 44–52.

Morford, J. P. (2003). Grammatical development in adolescent first-language learners. *Linguistics*, **41**, 41.

Peters, B. D. et al. (2012). White matter development in adolescence: Diffusion tensor imaging and meta-analytic results. *Schizophrenia Bulletin*, **38**, 1308–1317.

Ramirez, N. F., Leonard, M. K., Torres, C., Hatrak, M., Halgren, E., & Mayberry, R. I. (2014). Neural language processing in adolescent first-language learners. *Cerebral Cortex*, **24**, 2772–2783.

Silk, J. S., Stroud, L. R., Siegle, G. J., Dahl, R. E., Lee, K. H., & Nelson, E. E. (2012). Peer acceptance and rejection through the eyes of youth: Pupillary, eyetracking and ecological data from the chatroom interact task. *Social Cognitive and Affective Neuroscience*, **7**, 93–105.

Sowell, E. R., Peterson, B. S., Thompson, P. M., Welcome, S. E., Henkenius, A. L., & Toga, A. W. (2003). Mapping cortical change across the human life span. *Nature Neuroscience*, **6**, 309–315.

Wright, B. A., & Zecker, S. G. (2004). Learning problems, delayed development, and puberty. *Proceedings of the National Academy of Sciences of the United States of America,* **101**, 9942-9946.

第10章 思春期における自我の確立とその脳基盤

福田正人

1 思春期に始まる自我の目覚めと自己の確立

　思春期は、心身に生じる大きな変化を基盤として、自我の目覚めと自己の確立が始まる時期である。その変化は臨床心理学の視点から、身体像の変化・人間関係の変容・自己像の確立の3点にまとめられる（滝沢, 1994）。いずれも、幼児期から発達してきた身体像・人間関係・自己像の変化であるが、量的な成長だけでなく「再構成」という質的な変化の側面が大きいことが重要である。以下の説明に、自分や他人、内面や評価などの語が多いことは、思春期という時期の特徴を反映している。

1-1 身体像の変化

　急激な身体的変化、特に第二次性徴の出現により、自己の身体像が大きく変化する。それが心理的な混乱へと結びつく場合もある。身体的発達について、仲間と自分を比較し、友人や異性からの評価に関心をもち、他人から魅力的に見られることを望むようになる。こうした自分の身体への強い関心が、自分の内面に関心を向ける機会となり、人格の自我同一性の確立にとって重要な要因になる。

1-2 人間関係の変容

　親・友人・異性それぞれとの人間関係に変容が生じる。
　親との関係において、それは心理的離乳や反抗という形をとる。保護―依存という親子関係を脱して、ひとりの人間として親から独立したいという要求の反映である。そのためには物事の判断と行動の選択を自らの基準にもとづいて

行うことが必要だが、自分だけに頼れない不安を背景とした親への反抗と甘えが表裏一体となっており、それは依存と自立の葛藤になる。

友人との関係は、精神的な結びつきを求めるものへと変化する。共感し理解しあえる相手と、励まし支え尊敬しあえる関係を持ち、親友関係を求めるようになる。それと並行して異性との関係も変化し、年長の異性への漠然とした憧憬感から始まり、同年齢の異性との現実の具体的な恋愛や交際へと発展していく。

1-3 自己像の確立

思春期になると自分を見つめることができるようになり、自分が他の誰とも取り替えのきかない、この世にひとりきりの存在であることに気づく。それは自己の発見へと結びつく。そうした内省を裏づけ促すのは、身体的な変化・知的能力の発達・周囲の対応の変化である。しかし、そうして気づいた自己像は、他人からの評価に敏感で影響を受けやすく、不安定となり揺れ動きやすい。そのため、孤独感・劣等感・自己嫌悪感・将来への不安感を抱きやすい。そうした自我同一性の危機を繰り返し経験する中で、次第に自己が形成されていく。この自己形成の過程は、能動的で自覚的に行われるところに特徴があり、人生観の確立へと結びついていく。

2　心理学的概念としての自我と自己

思春期に目覚め、確立される自我や自己は、成人になると完成した姿をとる。そのあり方を整理し、様々な視点からまとめると、自我や自己という心理学的概念がより明らかになる。そうした理解を通じて、自我と自己が展開する時期としての思春期の意味が明らかになる。

2-1　精神医学の症状学における自我と自己

精神医学においては、意識する作用の主体を自我（I）と呼び、意識される客体である自己（me）と区別する。「自分で自分を意識する」時の、「自分で」が自我で「自分を」が自己である。このように自我と自己を区別するのは、それぞれが精神疾患の異なる症状として現れるからである（大熊, 2013）。

その上で、自我が自己を意識する時の側面を、能動性・単一性・同一性・隔絶性の4点に分けて理解する。能動性の意識は、知覚・表象・思考・行為を自分が行っているという「実行意識」や、知覚・表象・追想・思考・感情・身体感覚が自分のものであるという「存在意識」（自己所属感）をさす。単一性の意識は、同一の瞬間において自己がひとりであるという意識であり、同一性の意識は、時間経過の中で自己は以前から同一人であるという意識である。隔絶性とは、自己と環界の境界、自己と他人との区別を意識して、自己が外界や他人と対立し異なるものと感じることである。

 思春期の気づきに即して言えば、自分を、他の誰とも取り替えのきかない（隔絶性）、ひとりの人間として親から独立した（同一性）、物事の判断と行動の選択を自らの基準にもとづいて行う（能動性）、この世にひとりきりの存在（単一性）として見つめることである（自我による自己の意識）。

2-2　精神分析理論の人格構造論における自我と自己

 こうした自我の機能を、自我による自己の意識と関連づけて領域としてまとめたものが、精神分析理論における人格構造論である。

 そこでは、人格（2-1で言う自我）を超自我・自我・エスという三つの領域から構成されると考える。エス（id）は、人格のうちで現実原則を無視して快感原則にだけ従う機能を指す。自我（ego）は、人格のうち現実原則に従って現実世界に適応していこうとする機能で、本能的欲動であるエスと内的規範である超自我の葛藤を調節する役割があるとする。超自我（super-ego）は、人格のうち自我に対する道徳的な内的規範の機能を指し、外界から取り込まれて形成されたものである（大熊，2013）。

 その上で、「自我による自己の意識」は3領域に区別できるとする。普段から自覚できている意識（conscious）、通常は意識していないが自分の意志で意識化できる前意識（pre-conscious）、自分の意志では意識化できない無意識（unconscious）である。エスはこの無意識の領域にあるとする。このように、自己には意識できない部分、意識しにくい部分があることを強調したところに特徴がある。その背景には、人間の精神機能の大部分が無意識に行われており、意識できるのはその一部に過ぎないという考え方がある。

2-3　自己概念を評価する自我

2-1項と2-2項で述べた自己概念は、認知・情動・行動の側面を包括した構成概念だが、そうした「自己概念を評価する自我」、つまり自己についてのメタ認知を表す概念がある。

自己評価（self-evaluation）は、現在の自己についてのおもに認知的な判断である。その判断について、情動や価値にもとづく評価を強調する場合は自尊感情（自尊心：self-esteem）と呼ぶ。その評価にあたって、自己の能力に焦点を当てる場合が自己効力感（自信：self-efficacy）である。そのため、自己効力感には過去の経験を踏まえた上での未来についての信念であるという特徴がある。

2-4　自我の心理学の困難

ここまで述べてきた自我と自己の概念は、臨床的に認められ心理学的にとらえられた自我と自己である。概念の整理としては明解に見えるが、一歩踏み込んでその実体を考えると、その困難が明らかになる。それは、「自我は自己（を意識するという過程）を通じてしか知りえない」という困難である。

主体としての実感として、自我は確実な概念である。しかし一方で、「意識する作用の主体を自我と呼び、意識される客体である自己と区別する」という定義から、そもそも自我は検討の対象とはなりえない。その矛盾は精神病理学の立場からは、高次意識としての「言語・主体意識」「内言意識」（ここで述べている自我）についての、「自己という虚焦点」「意識は二重に構造化されている」という特徴として指摘されている（大東，2011）。この虚焦点という用語は、乳幼児が自分の鏡像を見てそれが自分だと気づくだけでなく、「鏡像を見ている自分がいるはずだ」という認識に達することになぞらえた表現である。その「いるはずの自分」が、自我ということになる。

心理学についての新しい中事典における「自己」の解説が、「心理学における自己の研究の困難と可能性」というセクションから始まっていることは、この困難をよく示している（藤永，2013）。自我についてのこの矛盾の由来は、その起源を心理学的に考えることで明らかになる。

3 自我機能の発達心理学的な起源

自我についての矛盾、それによる自我の心理学の困難は、自我機能の起源を発達的に遡ることによって明らかになることが期待できる。ここで試みるのは、自我機能の起源を発達心理学的に明らかにすることである。

3-1 自我機能の起源

乳幼児の発達を見るとわかるように、自己についての認識（自己認知）は他者についての認識（社会認知）にもとづいて発展する。自己認知が初めにあって、それが社会認知に発展するわけではない。たとえば、人間は2歳になると他者の表情を理解できるようになるが、自己を客観視して僕や私という言葉が使えるようになるのは4歳になってからである。他者についての認識を自分自身に反映させることによって、自己認識は成立する。

社会認知が自己認知へと発展する上では、言葉（言語）が必要である。他人について気づいたことを内省へと結びつけることは、自分自身について他人から言葉で指摘されること、その言葉を自分の中に取り込んで自分で用いることで初めて可能となる。他人から与えられた言葉が、本人の中に内在化される過程と言うことができる（高次な行動形式の社会発生）。

そうした自己認知の過程を経て初めて、認識と行動の主体としての自我が自覚できるようになる。自分について指摘する言葉を内在化することで対象としての自己を成立させるだけでなく、指摘をする他人という存在を内在化することで主体としての自我の機能が成立する。「行為する『自我』［ここで言う自己］と反省する『自我』［ここで言う自我］の区別は、個人内部への社会的関係の投影にほかならない……自己意識とは、内部へ転移された社会的意識なのです」（ヴィゴツキー, 1930：[ ] 内は引用者）。

3-2 自我機能と言語

このように、自己認知と自我機能の成立には、他人の言葉の内在化という過程が不可欠である。言葉（言語）は、個体間のコミュニケーションの手段としての機能と、個体内の思考と行動の道具としての機能を合わせ持っている。そ

のことはあまりにも当然であるために注目されることが少なく、その意味が見逃されやすい。

　この言葉の機能の二重性は、他人とのコミュニケーションの手段として出発した言葉が、内在化されることで思考と行動の道具へと発展していくことを意味している。思考の道具としての言葉が初めにあって、それを用いてコミュニケーションを行っているわけではない。この内在化された言葉を用いることで、人間は自分の精神活動を意識し自覚すること、すなわち行動の随意性と調節可能性を獲得する。ほとんどの精神活動は無意識（無自覚）に行われるが、言語が関与する一部の精神活動が意識できるようになる（言語による心理操作の意識化と支配——ルリヤ，1973）。

　「この法則は、もはや高次な行動形式の社会発生の法則と呼ぶことができるでしょう。最初は結合の手段、コミュニケーションの手段、集団的行動を組織する手段であることばが、後には、思考やあらゆる高次精神機能の基本的手段、人格形成の基本的手段になるのです。社会的行動の手段としてのことばと個人的思考の手段としてのことばとの一致は、偶然ではありえません。この一致は、上で説明したように、高次精神機能の構成の基本的で根本的な法則を指し示しているのです」（ヴィゴツキー，1930）。

3-3　自我機能と対人関係

　精神疾患である統合失調症は、対人関係の病であるとされる一方で、その病態において自我障害という症状が重要である。それは、自我機能が対人関係における言葉を内在化することで成立するので、対人関係の障害と自我障害はそうしたメカニズムの裏表だからである。自我機能についての臨床症状である自我障害を、完成したものとしてではなくその発生過程にもとづいて理解すること、特に対人関係の中で生じる現象としてとらえることが、自我についての矛盾の起源も明らかにすることになる。さらにより一般に、人間の高次精神機能についての認識を深めることになる。

　「高次精神機能の構造は、人々の間の集団的・社会的関係の再現なのです。この構造は社会的秩序が個人に映された内的関係にほかならず、この内的関係が人間の人格の社会的構造の基礎となっているのです。人格の本性は社会的で

す。……人間の心理的本性は、内部に移され、人格の機能、人格の構造の動的部分となった社会的諸関係の総体であるということができるでしょう。人々の間の外的な社会的諸関係の内部への移行は、昔から研究者たちに指摘されていたように、人格形成の基本なのです」（ヴィゴツキー，1930）。

4 認知科学と脳科学から見る自我と自己

ここまで見てきたように、自我や自己を心理学的な視点のみからとらえることには大きな限界がある。そのことを踏まえて、認知科学や脳科学という新しい視点から自我や自己をとらえ直そうとする試みが始まっている。

4-1 概念の整理

自我や自己を認知科学の視点からとらえようとする場合に、最初に必要となることは概念の整理である。

最近の論文では、統合失調症の自我障害を手がかりにして、自分（self）を二つの概念に分けることが多い（Nelson *et al.*, 2014a）。基本的で中核的で最小で前内省な自己概念である自己意識（ipseity）と、言葉にすることができ（ナラティブ）、社会的でしばしば内省的でメタ認知力をもつ意識の対象となる機能である。前者は自我に、後者は自己に相当し、その意味では従来の精神病理学の所見に対応する内容である。それを認知機能の障害という視点から見直そうとしているところに特徴があり、ソース・モニタリングの障害（Nelson *et al.*, 2014b；行為の能動性の障害）と顕現性の障害（Nelson et al., 2014c；注意機能や記憶機能の障害）という自己意識についての神経心理学的な機能障害が、統合失調症において重要であるとしている。

こうした視点からの検討が進んできていることの背景には、認知科学において自我や自己が研究対象として取りあげられるようになり、そのために概念の内容やその構成要素を明確に定義しようとする動きが 2010 年頃からはっきりしてきたことがある（Klein & Gangi, 2010; Tagini & Raffone, 2010; Christoff *et al.*, 2011）。

4-2　自己認識の脳科学

そうした動きに先立って2000年代前半に解明が進んだのが、自己参照（self-referential）についての脳画像研究であり、自己認識の脳科学と考えることができる。これは、例えば「正直」のような属性が当てはまるかどうかを、自分自身についてと他人について判断する課題を行い、その活動に差が認められる脳部位をfMRIやPETで検討するものである。早くも2006年にはそのメタ分析の結果が報告され、大脳半球の内側面など正中皮質構造が重要であることが明らかとなった（Northoff et al., 2006）。したがって、自己認識は大脳内側面により担われていることが示唆される。

この点をもう少し掘り下げたのが、持続的（narrative）な自己と現在形（experiential）の自己を比較した脳画像研究である（Farb et al., 2007）。持続的な自己はメタ分析の結果のように大脳内側面の活動と関連するが、現在形の自己はむしろ大脳内側面の活動低下と外側前頭皮質の活動の上昇と関連していたという。こうした違いが、現在への集中を強調するマインドフルネス療法の効果と関連する可能性が考察されている。

こうして、自己認識について大脳内側面の重要性が指摘されるとともに、自己認識という概念についてより詳細な評価が必要であることが示されている。

4-3　実行意識の脳科学

自我機能のうちで最も研究対象としやすいのは、運動の実行意識についてである。指や手の運動を自ら動かした場合と他動的に動かされた場合についての検討が、自己認識の研究に少し遅れて2000年代後半に行われ、そのメタ分析の結果が2011年に発表された（Sperduti et al., 2011）。

それによると、他動に関連するのは上側頭回や下頭頂葉などの側頭頭頂接合部（temporo-parietal junction：TPJ）、前補足運動野、楔前部、背内側前頭前野であったのに対して、自動と関連するのは両側の島、一次体性感覚野や左の前運動野であったという。これらの結果から、実行意識において重要な脳部位として島が示唆されている。

さらに、自己認識と実行意識の両者にかかわるのが、自己身体の認識（身体的自己意識）についての検討である。自己身体の認識については、自分の身体

を自分が所有しているという感覚（body ownership）、自分の身体がここにあるという感覚（self-location）、その二つと密接に関連する自分が自分の身体の中にあるという感覚（perspective）の3側面が区別でき、body-ownership は運動前野と、self-location は TPJ と関連するとされている（Serino *et al.*, 2013）。体外離脱体験（out-of-body experience）は、この perspective の機能と関連すると考えられている（乾ほか, 2011）。

　これらの結果は自己認識と実行意識にかかわる脳部位が大きく異なり、脳科学として自我と自己が異なる脳部位の機能として担われることを示していると言える。第3節で述べた社会的な過程が、このような脳機能へと結びつく仕組みの解明は、今後の課題である。

4-4　脳機能の中での自我

　このように自己認識や実行意識の脳基盤の解明が進んできている。こうした自我機能は、脳機能全体の中でどう位置づけられるだろうか。

　脳による情報処理の分類は、注意・記憶のようにその機能の内容ごとに行うことが多い。しかし日常経験にもとづくと、その対象に応じた情報処理の分類ということも考えられる。物（事物）を対象とする認知、人（他者）を対象とする認知、自分（自己）を対象とする認知、という3通りである（福田, 2012）。人間にとって、外界の中で人間が特別な存在であること、人間のうちでも自分自身が特別な存在であることを考えると、これは当然な発想である。前述したように自己認識は前頭葉内側面が担っており、社会認知は側頭葉皮質と関連しているので、こうした分類は現象を表面的にとらえたことにもとづく恣意的なものではなく、脳機能の背景をもっている。

　乳児は母親の顔を見つめて、泣いたり微笑んだりすることから、この世界での生活を出発させる。子どもは、身の回りのものを擬人化してとらえる。外見が人間に似ていないものまでも、人間になぞらえて感情移入する。このことから考えると、事物としての処理よりも他者という人間としての処理のほうが、早期に発達する優勢な脳機能であるらしい。

　こうした身近な体験にもとづくと、脳における処理は、他者→事物→自己という順に発達していくと考えられる。対人関係は事物の処理よりも複雑な分、

後から発達する機能であり、自分自身を知ることができるようになって初めて他人がわかるというように、自己→事物→他者という順を考えたくなるが、子どもの発達や系統発生はその逆の他者→事物→自己という順序を示唆している。この順序は、生後の脳の成長としての髄鞘化が側頭連合野→頭頂連合野→前頭連合野と進むことに対応している可能性がある。思春期における自己認識の開花は、前頭連合野の成熟にもとづくものかもしれない。

5　精神疾患における自我と自己

自我と自己についての症状は、統合失調症を初めとする精神疾患で認められ、精神医学における重要な概念である。そこで、精神疾患における自我と自己についての最近の動きを紹介する。

5-1　自我障害症状の意義

ドイツ精神医学において、自我障害は統合失調症の中核的な症状であり病態であると考えられてきた。自我機能のうち、自己の行為の自己能動感・自己所属感が障害されて疎隔化され、それが他の人や力に帰せられるという被動感を伴うことに特徴があるとされた。この自我障害について、DSM-IV-TRまでは幻覚・妄想の中で特別な扱いをされていたが（A項目の注）、その疾患特異性が低いという理由でDSM-5の診断基準の部分ではそのような扱いがなくなった。ただし、用語説明の部分では「奇異な妄想」として特別な記載がある。

一方、研究においては、精神病理・診断・リスク表現型の点から自我障害の重要性に注目が集まるとともに、その脳機構についての解明が進んできている（Brent et al., 2014）。こうした状況は、自我障害症状を診断のための一つの項目として簡便に利用する場合には疾患特異性は低いが、研究のために詳細な評価を行った場合には中核症状としての意義がありうることを示している。自我と自己については、詳細な臨床観察が必要である。

5-2　精神疾患における自我と自己の脳科学

前述した健常者についての自己認識や実行意識の脳科学が進んできていることに対応して、精神疾患における自我や自己についても、精神症状としてでは

なく認知科学や脳科学の視点から検討する取り組みが 2000 年代後半から明確になってきた (Fisher et al., 2008)。

検討の中心は、統合失調症の自我障害を実行意識の障害と結びつけるもので、その歴史や概念や特異性を検討し (Sass, 2014; Mishara et al., 2014)、神経心理学的な視点から見直すとともに (Philippi & Koenigs, 2014)、脳画像研究の成果と結びつけようとしている。その中で示唆的なのは、動作における自我の脳機能を統合失調症について検討した報告である (Ebisch et al., 2014)。注目されるのは、得られた結果をまとめた図式として、運動自我（行動を起こす前運動皮質）、感覚自我（外界知覚を処理する中心後回、内部感覚を担う島後部、外界と内界のバランスを調整する後部帯状回）、身体自我（身体感覚を担う島）という 3 通りの自我の脳機構を想定し、それらの相互関係の障害を挙げていることである。つまり、自我は脳機能としては単一のものではなく、複数のシステムの機能が全体として自我として感じられていることを示唆している。

うつ病については、自責的な反芻思考が大脳内側面の過剰な賦活と関連しており、過剰で歪んだ自己認識として理解が可能であることが指摘されている (Nejad et al., 2013)。

6　人が生きることと自我・自己

自我や自己は、科学としての学問のテーマであると同時に、生きることと結びついた体験としてのテーマでもある。自我や自己は生活や人生とどう結びつくだろうか。そのことを最後に考えたい。

6-1　脳と生活・人生

学問の分野として、脳と生活・人生の隔たりは大きい。用語も方法論も人材も全く異なるので、その交流は容易ではない。しかしよく考えると、生活や人生における人間の行動の中で、脳によらず行っていることはわずかで、脳と生活・人生は表裏一体のものである。そもそも脳は個体保存と種保存のため、つまり生活や人生を上手に送ることができるように最適化されて進化してきた器官である。したがって、脳にとって生活や人生で果たす役割は、その本質的な機能であり目的である。

III 脳科学からのまなざし

　脳についての研究、自我や自己についての研究は、その実際的な制約により、研究室という日常を離れた空間で、ひとりだけという孤立した状況で、与えられた刺激を処理するという目的を設定された受動的な条件で、せいぜい数時間の横断的な時間経過についての検討に留まらざるをえないことが多い。しかし実際の生活や人生は、雑多な日常空間で、多くの人々と交流しながら、自らの動機づけにもとづいて選択した目的に向けて、自発的に行動を起こすということを、日・月・年の単位で送るものである。生活や人生のそうした側面と脳機能の関連についての解明は立ち遅れている。それを一歩進めようとするのが、実世界脳画像という考え方である（Kasai *et al.*, 2015）。

6-2　自我・自己と生活・人生

　自我や自己を脳機能としてとらえた場合に、解明が十分でない特に重要な課題は、次の3点である。

　第一は、自発的に行動や思考を起こす自我の能動性についての課題である。健常者において自主性と評され、統合失調症では精神運動貧困とされ、うつ病では思考行動制止とされる自発性の困難について、脳科学における検討は十分ではない。そのような能動性は、脳機能としてどのように保証されているのだろうか。

　第二は、その自発的な行動を引き起こす際に自我に影響を与える、動機づけあるいは意欲についての課題である。短期的には、快不快刺激への反応という脳機能の特徴が直接反映しやすい、自動的な側面が動機づけになるだろう。中期的には、目的選択という理性的で意識的な側面が大きくなっていくだろう。長期的には、生得的あるいは社会的に形成された価値意識に裏づけられた無意識な側面の役割が大きいと推定される。時間スケールが長くなるほど解明は進んでおらず、さらにこの3側面の相互関係は明らかではない。

　第三は、人生という長い時間単位の生活を送る自我機能を脳がどのように実現しているかという課題である。知能という理性の特徴、性格という情意の特徴、価値という象徴機能の特徴についての脳機能が、どのように組み合わされて人生を支えているかについては、問題設定さえあまりされていない現状がある。

自我機能の解明は、「人は人生をどう生きているのか？」という、誰にも与えられているという意味で身近で、人生にかかわるという点で大切で、脳機能に担われているという理由で科学としての問題である。思春期は、その自我機能を確立させる時期である。

引用文献

Brent, B. K., Seidman, L. J., Thermenos, H. W., Holt, D. J., & Keshavan, M. S. (2014). Self-disturbances as a possible premorbid indicator of schizophrenia risk: A neurodevelopmental perspective. *Schizophrenia Research*, **152**, 73-80.

Christoff, K., Cosmelli, D., Legrand, D., & Thompson, E. (2011). Specifying the self for cognitive neuroscience. *Trends in Cognitive Sciences*, **15**, 104-112.

Ebisch, S. J. H. *et al.* (2014). Altered brain long-range functional interactions underlying the link between aberrant self-experience and self-other relationship in first-episode schizophrenia. *Schizophrenia Bulletin*, **40**, 1072-1082.

Farb, N. A. S. *et al.* (2007). Attending to the present: Mindfulness meditation reveals distinct neural modes of self-reference. *Social Cognitive & Affective Neuroscience*, **2**, 313-322.

Fisher, M., McCoy, K., Poole, J. H., & Vinogradov, S. (2008). Self and other in schizophrenia: A cognitive neuroscience perspective. *The American Journal of Psychiatry*, **165**, 1465-1472.

藤永保（2013）．最新心理学事典　平凡社

福田正人（2012）．もう少し知りたい統合失調症の薬と脳（第2版）日本評論社

乾敏郎・柴田寛・小川健二（2011）．身体的自己意識の認知神経科学——Blanke先生特別講演概括　神経心理学, **27**, 19-25.

Kasai, K., Fukuda, M., Yahata, N., Morita, K., & Fujii, N. (2015). The future of real-world neuroscience: Imaging techniques to assess active brains in social environments. *Neuroscience Research*, **90**, 65-71.

Klein, S. B., & Gangi, C. E. (2010). The multiplicity of self: Neuropsychological evidence and its implications for the self as a construct in psychological research. *Annals of the New York Academy of Sciences*, **1191**, 1-15.

ルリヤ，A. P.／鹿島晴雄（訳）（1999）．神経心理学の基礎——脳のはたらき（原著1973）創造出版

Mishara, A. L., Lysaker, P. H., & Schwartz, M. A. (2014). Self-disturbances in schizophrenia: History, phenomenology, and relevant findings from research on metacognition. *Schizophrenia Bulletin*, **40**, 5–12.

Nejad, A. B., Fossati, P., & Lemogne, C. (2013). Self-referential processing, rumination, and cortical midline structures in major depression. *Frontiers in Human Neuroscience*, **7**, 666.

Nelson, B., Parnas, J., & Sass, L. A. (2014a). Disturbance of minimal self (ipseity) in schizophrenia: Clarification and current status. *Schizophrenia Bulletin*, **40**, 482–497.

Nelson, B., Whitford, T. J., Lavoie, S., & Sass, L. A. (2014b). What are the neurocognitive correlates of basic self-disturbance in schizophrenia?: Integrating phenomenology and neurocognition. Part 1 (source monitoring deficits). *Schizophrenia Research*, **152**, 12–19.

Nelson, B., Whitford, T. J., Lavoie, S., & Sass, L. A. (2014c). What are the neurocognitive correlates of basic self-disturbance in schizophrenia?: Integrating phenomenology and neurocognition. Part 2 (aberrant salience). *Schizophrenia Research*, **152**, 20–27.

Northoff, G. et al. (2006). Self-referential processing in our brain: A meta-analysis of imaging studies on the self. *NeuroImage*, **31**, 440–457.

大東祥孝（2011）．精神医学再考――神経心理学の立場から　医学書院

大熊輝雄（2013）．現代臨床精神医学　金原出版

Phillippi, C. L., & Koenigs, M. (2014). The neuropsychology of self-reflection in psychiatric illness. *Journal of Psychiatric Research*, **54**, 55–63.

Sass, L. A. (2014). Self-disturbance and schizophrenia: Structure, specificity, pathogenesis (Current issues, New directions). *Schizophrenia Research*, **152**, 5–11.

Serino, A. et al. (2013). Bodily ownership and self-location: Components of bodily self-consciousness. *Consciousness and Cognition*, **22**, 1239–1252.

Sperduti, M., Delaveau, P., Fossati, P., & Nadel, J. (2011). Different brain structures related to self- and external-agency attribution: A brief review and meta-analysis. *Brain Structure and Function*, **216**, 151–157.

Tagini, A., & Raffone, A. (2010). The 'I' and the 'Me' in self-referential awareness: A neurocognitive hypothesis. *Cognitive Processing*, **11**, 9–20.

滝沢三千代（1994）．思春期・青年期の発達心理．伊藤隆二・橋口英俊・春日喬（編），人間の発達と臨床心理学4　思春期・青年期の臨床心理学　駿河台出版　pp. 1-38.

ヴィゴツキー，L．／柴田義松・森岡修一・中村和夫（訳）（2004）．思春期の心理学（原著1930）新読書社

第11章 社会性の神経基盤

藤井直敬

　あらゆる生物は、自己と他者を含む環境の間で様々な情報をやりとりし、自分自身の行動を最適化する。ここで重要なのは、最適化を行うドメインによって選択可能な行動レパートリーが異なること、そして自分自身も常に環境の一部として再帰的役割を果たしているということである。
　社会集団は個体が集まることで構成され、集団間と集団内での相互作用によって集団間の関係性は常に変化している。この社会集団の構成員のひとりとして各個体が期待される社会行動の最適化のしくみを社会性と呼ぶ。
　アリのように、発達過程で各個体の身体構造を最適化することで社会性を獲得する生物がいる一方で、ヒトを含む霊長類のように、各個体の行動様式を社会文脈によって切り替えることで社会性を実現している動物もいる。
　霊長類が行動を最適化する時に参照する社会文脈とは、個体間の過去の履歴、各個体の意志と行動、環境内の様々な条件が組み合わさったものであり、非常に複雑な内容を含んでいる。
　一般に社会的な適応機能を議論する際に扱われる情報は、この社会文脈の一部を取り出して議論されることが多い。例えば、他者の目の動きは他者の内面に関与する多くの情報を含んでいる。その他者の目の動きを認知する脳機能についての研究であるとか、相手の情動表出を弁別する顔認知に関する脳機能など、それぞれ個別に研究が行われてきた。
　本章では、まずこれらの社会文脈を構成する個別機能に関する研究を概観したのち、再び社会性の神経基盤について俯瞰し、社会性の神経基盤を理解するための今後の課題を議論する。

III 脳科学からのまなざし

1 顔、情動認知

　顔が持つ情報は、私たちの社会活動において、非常に重要な役割を果たしている。なぜなら、自分が相対している相手が誰かということがわからなければ自分自身の社会的な行動選択にリスクが生まれるからだ。
　顔認知にかかわる脳部位は側頭葉にあると考えられており、顔認知以外の認知機能に障害がないのにもかかわらず、側頭葉に受けた障害によって、顔に関連する認知のみに障害をきたす相貌失認が発生することが知られている。
　相貌失認が発生した場合、どのような主観的経験が生まれるのかは、ケースによって異なるが、目や鼻、口などの個別パーツの認知に関しては問題がないことが多いにもかかわらず、ちょうど顔の部分にあたる空間がぽっかり抜けているように感じられると言われる。つまり、顔認知というものが、それらの個別パーツ認知にかかわる機能を「統合」した結果として成立していると理解されている。であるならば、相貌失認は、それらの情報統合プロセスのどの段階に問題が生じても発生しうるということが示唆される。
　それでは、顔認知機能はどのような脳部位で実現されているのだろうか。fMRIが実用化される以前には、顔認知に関してはサルを用いた研究が中心的に行われていた。例えば、下側頭葉の神経細胞の中には、顔に選択的に反応する細胞があることが知られており、神経細胞活動が顔の要素を含んでいる画像に対して反応する。
　顔認知に関しては、顔をそれ以外のオブジェクトから単純にカテゴリー弁別するだけではなく、おばあさん細胞というように、さらに顔の詳細情報を弁別することで、ある特定の個人の顔（例えばジェニファー・アニストンのような有名な俳優の顔）のみに反応する細胞も報告されており、その情報をコードしている神経細胞が特定の長期記憶情報も担っているという議論もある。
　そのような顔を認知する性質を持つ神経細胞は脳内の1ヵ所だけに存在するわけではなく、脳内でクラスターを複数形成しており、それらはフェイスパッチ（face patch）と呼ばれている（Freiwald & Tsao, 2010）。フェイスパッチは、サルでもヒトでも同じように発見されており、側頭葉には六つのパッチが、前頭葉に三つのパッチがあるとされている。これらのパッチは、相互に連絡を持

ち、顔認知を並行かつ階層的に処理していると考えられているが、それぞれの個別のパッチが持つ顔弁別に関する特徴と機能については不明なことが多く、これからの解明が待たれるところである。

一方、顔が持つ情報は静的なものではなく、表情の変化による情動表出の動的インターフェイスとして機能している。他者の情動は、きわめて内的な情報であるが、それを外部に伝えるための窓口として表情の制御とその認知は社会的インタラクションにおいて重要である。

一般に、情動認知に最も重要な役割を果たしていると考えられているのは、扁桃体である。扁桃体は、古典的には条件づけ恐怖反応にかかわる部位だと考えられていた。しかし、扁桃体の機能については近年様々な知見が蓄積し、社会環境の情報を統合的に扱っている部位であることが知られてきた。つまり、恐怖刺激だけでなく、報酬系刺激や注意にも扁桃体が反応することなどから、社会環境情報に関する無意識下の情報処理のハブとして機能していることが明らかになってきた (Kennedy & Adolphs, 2012)。顔認知に関しても、扁桃体は顔が表している情動表現を区別すると言われており、フェイスパッチと合わせて社会認知機能の神経メカニズムの一部を構成していることになる。

例えば、両側の扁桃体に障害を持つ患者の場合、他者に対する距離が通常のヒトと比べて近く、関係性を作りやすい。これは、他者に対する恐怖を感じることが少ないのが原因だと考えられ、社会性という点で言うなら、過剰な社会性が発現していると言える。

2　眼球注視の認知

他者との社会的なインタラクションにおいて、眼球運動はおそらく最も重要な役割を果たしている (Nummenmaa & Calder, 2009)。目は口ほどに物を言うというが、眼球運動には様々な無意識、意識下を問わない内的情報が表現されている。眼球位置情報は、顔情報の一部をなしているが、それとは独立した形で研究されることが多い。

その理由の一つに、共同注視と呼ばれる情報伝達経路があるからである。共同注視は、個体間の情報伝達手法の一つで、自閉スペクトラム症などの社会性精神疾患で機能不全があると言われている。特に自閉スペクトラム症の人々は、

III 脳科学からのまなざし

他者の視線の移動が表現している情報を読み取ることができないために、円滑なコミュニケーションに支障をきたすことが多いと言われる。

健常者で同様の症状が起きるのは、上側頭溝（STS）と呼ばれる脳部位が選択的に両側障害をきたした時だと言われている。この場合は、障害以前は特に問題なく他者とコミュニケーションが取れていた人が、障害後にコミュニケーションに問題を持つようになる。

興味深いのは、その場合、障害を受けた患者自身はその異常を自覚することができないらしいということである。患者の周りの人々は、患者との間でうまく意思疎通が図れないという感覚を持つのに対して、患者本人はそれを感じることがない。つまり、単純に相手の目の動きから意図を理解する、もしくは共有するという機能が失われるのではなく、初めからそのような機能が存在することが理解できない、失認という表現で記述されることになる。

3　自他認知

われわれ大人にとって、他者というのは自分とは全く異なった自律的な存在であることは自明である。しかし、自己と他者を区別する能力は生得的なものではなく、発達の過程で獲得すると考えられている。

例えば、乳幼児が鏡に映る自己像を自分自身だと判断できるようになるのは、ヒトの場合3歳以降だと言われている。鏡に映っている自分の顔が自分ではなく他人であるかもしれないという感覚は、大人になってからでは理解することが難しいが、実は鏡の中の自己を自分自身であると認知できる生物は実はあまり多くない。ヒト以外では、チンパンジーのような高次霊長類や象のような高い知性を持つと考えられている生物、鳥の中ではカケス、変わったところではイカも鏡の中に映った自己像を自分自身であると理解しているらしい。この鏡を使った自己認識テストをマークテストというが、ヒトにおいても前述の通り3歳前後から可能になり、全員がそのテストをパスするには6歳ぐらいまで待つ必要があると言われている。

このような、自己と外部に映っている自分の映像が同一であると考えるために重要な条件は、自分自身の実際の行動と、映像の中の行動が同期していることである。同期しているとは、自分が手を持ち上げた時に、鏡の中の映像も全

く同じように同時に動くということである。

　鏡の中に映っている自分自身の映像が、自分の動きに比べて遅れるということが現実環境で起きることはあり得ない。しかし、もし、鏡の中の映像の動きと現実の動きの間に時間的遅れがある場合、われわれはそれを自己と認識することが困難になる。

　普通の鏡ではそのような時差の存在はありえないが、時差を作ることは鏡の代わりにビデオカメラ映像をモニタースクリーンに映してやることで簡単に実現できる。同期を外すにはビデオカメラのイメージに遅延を入れるだけでよい。この遅延が2秒以上になると、乳幼児は映像の中の自己を自己と認識することができなくなる（Miyazaki & Hiraki, 2006）。つまり、映像情報としては等価でも、自分自身の動きと連動していない場合には、そのイメージを自己と結びつけることが難しいということになる。

　これは大人でも同様で、カメラ越しに自分自身の運動を見る視覚フィードバックに遅れがあると、映像を自分の動きと同じだとは思えなくなり、自分の腕の操作が難しくなる。

　それと同様のことはサルを使った実験でも確かめられている。サルの頭頂葉から神経活動を記録し、サルの手の動きに反応する神経細胞を見つけて記録する。当然ながら、時差がない状態での視覚フィードバックに対して神経細胞は活動を見せる。そして、視覚フィードバックに時差を与え、その時差を少しずつ増やしていく。すると、200ミリ秒以内の時差では神経活動は時差ゼロの時と同じように活動を見せるのだが、時差が200ミリ秒を超えると、もう一度反応を見せるようになる。つまり、同じ運動を行っているのにもかかわらず2回反応が観察される。

　もし、自分が何かの行動を起こした時、その行動の視覚フィードバックがある一定の範囲であれば、それを自分自身の行動だと認知し、もし時差があれば誰か別の人の行動であると認知することは、きわめて合理的な仕組みだと言える。他人の運動も、自分自身の運動も、例えば腕の運動に限って言えば、視覚的にあまり違いはない。となると、自他を区別する仕組みを時差の有無を用いるやり方は理にかなっている。

　同様の心理実験として有名なのがラバーハンド・イリュージョン実験である。

そこでは、研究参加者の片手を衝立の向こう側に置き、目の前には自分自身の腕と同じ方向にマネキンの人形の腕を置いてやる。自分自身の腕は衝立の向こうに隠されているとしても、視覚的には衝立の手前に置かれたマネキンの腕が自分自身の腕ではないことは明らかである。

その状態で、参加者の腕とマネキンの腕に対して、刷毛を動かして触れてやる。その場合、両方の腕に触れる場所も、触れるタイミングも同じにすることが必要である。マネキンから得られる擬似的な視覚的フィードバック情報と、衝立の向こう側の本当の自分の腕に与えられる触覚情報が同期していると、参加者は徐々にマネキンの腕を自分自身の腕のように感じ始める。一種の身体イメージの憑依とでも言えるその感覚は独特で、刷毛の刺激を中止した後にもしばらくの間その感覚は残存する。その期間に、もし誰かがマネキンの腕にハンマーを振り下ろそうとすると、参加者はまるで自分自身の腕がハンマーで殴られるような気になって、衝立の向こう側の自分の腕を動かして避けようとしてしまう。

これは、非常に不合理な行動で、論理的に見て明らかに自分自身の腕ではない作りものの腕に対して自己身体像を重ねてしまう現象である。つまり、自己身体像というものは、明らかに無意識下に作られており、それは比較的簡単に更新されてしまうということを示している。

例えば、私たちは道具を使う時にはそれがまるで自分の体の一部であるかのように感じることが多い。使い慣れた道具であればあるほどその感覚は強い。その場合、私たちのボディイメージが道具にあわせて拡張していると考えられている（Maravita & Iriki, 2004）。それはサルを用いた神経細胞活動レベルでも確かめられている。頭頂葉の神経細胞は、道具を使って離れた場所にあるエサを取ろうとする時に、自分自身の身体の一部に対するように道具に対する視覚刺激に反応するという。しかし、ボディイメージの拡張は単に道具を持っているだけでは発生せず、道具を使うという意思があるときに限って起きる。つまり、私たちのボディイメージは、無意識に拡張されるだけでなく、自分自身の意思によって、意識的にいつでも自由に拡張更新することが可能なシステムなのである。

このことは、逆に言うなら、他者とは自分の意思を反映することができない

生物学的な動き（バイオロジカルモーション）を見せるオブジェクトであると言えるかもしれない。それでは、他者の意思を理解する仕組みはあるのだろうか。

4　ミラーニューロン

私たちが社会的に適切な行動を取る際に、最も重要な要素は、他者との間に生じる社会的コンフリクトをどのように避けるかである。他者との社会的なコンフリクトを避けるには、他者の意図を理解し、自分自身の意思と比較し、調整する必要がある。そのような他者の意図理解に関係する神経活動として、高次霊長類の脳にはミラーニューロンという神経細胞集団が存在すると言われている（Rizzolatti & Fabbri-Destro, 2008）。

ミラーニューロンは、マカクザルの腹側運動前野と呼ばれる部位から初めて記録された。元々腹側運動前野は手の運動に関連して活動を変化させる運動関連領野だと考えられていた。この部位の神経活動記録中に、リゾラッティ（Rizzolatti, G.）らのグループがサル自身の運動だけでなく、研究者の運動にも反応する細胞があることを発見した。この神経細胞の特徴は、自分自身の運動であっても、他者の運動であっても、運動の目的が同じであれば同じように反応するというものであった。つまり、ミラーニューロンは自他の区別をしないが、運動の目的そのものを区別する。その活動の様子が、意図をミラーリングしているように見えることからミラーニューロンと呼ばれるようになった。

ミラーニューロンは腹側運動前野で記録された後、腹側運動前野と解剖学的つながりを持つ頭頂葉の外側部でも見つかった。頭頂葉、運動前野いずれのミラーニューロンも、自他の動きを区別することがなく、行動の意図のみを区別する。例えば右手で目の前のオブジェクトをつかんだとしても、そのオブジェクトを食べるために口に運ぶ運動と、口の近くのカップに入れる運動とでは、運動の大まかな制御は両者でほぼ共通であるにもかかわらず、神経活動の変化は前者のみで観察され、後者では全く変化が観測されない。つまり、ミラーニューロンは行動の意図を理解し弁別するための神経活動だと考えられるようになった。

また、単なる意図の弁別だけではなく、自分と相手との相対的な距離に応じても活動パターンを変化させる。相手との距離というのは、相手とのコンフリ

クトの有無を反映する。例えば、相手との距離が十分近い時、相手が自分よりも強い相手だと目の前のエサに手を伸ばすことは難しい。逆に相手と自分との距離が十分に離れていれば、相手が誰かにかかわらず、自分自身の行動を相手に邪魔されることはなくなる。すなわち、他者との間に存在する社会的条件にも影響を受けることがわかる。それはすなわち、ミラーニューロンが社会的適応行動に必要な情報を持っていることを示している。

それでは、ミラーニューロンはヒトにもあるのだろうか。それを確認するためにイアコボーニ（Iacoboni, M.）らは同様の実験をヒトで行った（Iacoboni *et al.*, 2005）。ヒトの場合には、神経細胞活動記録ではなく fMRI が用いられ、異なる意図を持った手の運動を示す静止画を視覚刺激として与え、刺激中に示される意図の違いを反映する脳部位を明らかにした。

fMRI では、サルのミラーニューロンと同じく、腹側前運動野と頭頂葉でミラーニューロンの条件を満たす部位が見つかったと報告された。この報告を元に様々にミラーニューロンの機能が拡張されてきた。

例えば、一般に他者の意図を理解することに困難がある自閉スペクトラム症では、言語の発達にも問題があることが多い。ミラーニューロンが存在する腹側運動前野はヒト言語野であるブローカ野と近接していることから、もし自閉スペクトラム症の異常の原因をミラーニューロンの異常で説明しようとすると非常に都合がよい。つまり、ミラーニューロンの機能異常によって、他者の意図推定が不可能になること、そして、ブローカ野近傍が障害を持つことから言語発達が遅れるという形で、一元的に自閉スペクトラム症を理解することが可能である。

しかし、自閉スペクトラム症はケースごとに病態に多くのバリエーションがあることが知られており、一元的な原因に収束させることは困難だと考えられている。そのような立場からするならば、ミラーニューロンを自閉スペクトラム症の社会的機能異常の原因とすることは難しいのではないかという意見も多い。

fMRI を用いた研究の他にもヒトミラーニューロン研究は行われており、サルと同じような単一神経細胞活動記録手法を用いてミラーニューロン機能を検証された（Mukamel *et al.*, 2010）。その場合、サルと同じように、異なる意図を

持つ運動には自他を問わずに反応するミラーニューロンの性質を満たす神経細胞グループが確認されている。しかし、そのようなミラーニューロンはサルのそれとは異なり、腹側運動前野や頭頂葉ではなく、むしろ正中部の運動前野である補足運動野と呼ばれる部位で多く見つかった。

このことは、これまで言われてきたようにミラーニューロンの性質を持つ神経細胞は、腹側運動前野や外側頭頂葉のような特定の部位だけに存在するのではなく、脳内の広範囲に普遍的に存在している可能性を示していると考えてもよいかもしれない。

むしろ、社会的な認知機能が、環境内の自他を含む莫大な情報を統合処理することで実現されていると考えると、広い範囲で情報が共有されていると考える方が自然なことに思える。

5 モジュール仮説と社会性

社会的脳機能は、これまで説明してきた、たくさんの認知機能が統合されて実現されているものだと考えられる。社会的な認知機能はそれぞれの機能ごとに個別に研究が行われてきたため、それらの機能がどのように統合されるのかはまだ明らかではない。

その原因は、そのような神経回路全体を対象とした統合的認知機能の記述方法がなかったことによる。従来の脳活動記録方法は、比較的狭い範囲、通常は一つの機能モジュール内での記録だけを狙うことが多かった。fMRIなどの脳全体の脳活動を記録できる方法でも、比較的狭い領域に限ったスキャンを行って詳細な機能を明らかにするアプローチを取ることが多いし、侵襲的な神経活動記録でも、技術的制限から脳内の1～数ヵ所から記録する程度がせいぜいで、全体からの同時記録を行うことは技術的に困難だった。

一方、脳全体からの神経活動記録が可能になったとしても、今度はその活動データに対してどのような解析を行えば回路機能を明らかにできるのかが全くわからなかった。

そのような問題を解決するため、昨今よく使われるようになってきた記録手法がECoG（Electro CorticoGram：皮質脳波）電極という電極を用いた脳活動記録方法である（Nagasaka et al., 2011）。この電極は、硬膜下に侵襲的にインプラ

III 脳科学からのまなざし

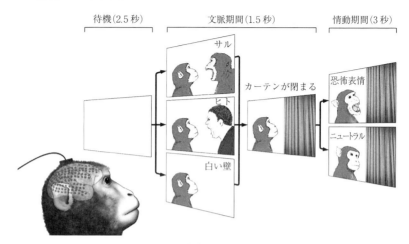

図 11-1　社会的文脈認知課題

ントされ、脳表面の電位の変化を記録することができる。

　ECoG 電極のメリットは、脳の広範囲からの同時記録が行えること、記録の時間分解能が高いこと、信号の局所性が高いことなどがあげられ、時間分解能の低い fMRI や空間分解能の低い脳波と比べて明らかに優位性を持っている。

　また、大規模な神経活動が ECoG で記録できた時の解析手法として、電極間の全ての組み合わせにおける因果関係を計算した上で、その関係の中に隠れた構造を見つけるデータマイニング手法を用いることが提唱されている。データマイニングは、データの中に存在する構造を主観的バイアス抜きに抽出することを可能にする技術である。

　われわれの研究室では、この大規模神経活動記録とデータマイニング手法を用いたサルの社会的認知機能に関係するネットワーク構造解析を行った。

　実験課題は単純である。図 11-1 に示したように、サルにはまずスクリーン上に表示した文脈映像を見せる。この文脈映像は 3 種類ある。スクリーン左側には常に同じサルが座っている。スクリーン右側にはヒト、サル、白い壁の 3 種類が表示される。右側に表示されているヒトかサルは、左側のサルに対して威嚇を行っている。この文脈映像は 1 秒間提示され、その後右半分がカーテンによって隠される（文脈期間）。その後、左側のサルが 2 種類の反応、一つは恐怖表情、もう一つはニュートラルな表情を示す（情動期間）。つまり、三つの文

脈と二つの情動映像が組み合わされた6種類の視覚刺激が提示される。

　このような視覚映像を受動的に見ている時の大脳皮質表面からもれなく記録し、記録点間の因果関係を計算し、隠れた因果構造を明らかにした。すると、この課題遂行中の脳内には、五つの異なる隠れたネットワーク構造（メタモジュール）があることがわかった。それぞれのネットワーク構造は、特有の課題条件弁別を行っていた。ネットワークのノードとなっている脳部位は一部重なっている様子も見られ、それはすなわち一つの脳領野が、異なる領野との関係性を構築することで、異なる機能を状況に応じて切り替えながら同時に実現していることを示していた。さらに、それらのメタモジュール間には行動を含めた相互依存関係があることも示された。

　これらの解析は全く主観的なバイアス抜きに行われたもので、しかも異なる個体間でも同じような結果を得ることができた。つまり、個体間を超えた共通するネットワーク構造を抽出することができるということである。この方法を用いると、逆に個体間の違いを抽出することも可能で、各個体が持つユニークなネットワーク・プロパティ、例えば正常と異なる社会行動を、神経活動ネットワーク・レベルで特色づけることができる可能性を持っている。

＊

　社会性を獲得し、社会的に正しい行動を適応的に発現させるためには、瞬間の社会的文脈を正しく読み取り、その文脈に応じた行動を選択する必要がある。これまでの社会的脳機能に関する研究は、社会的文脈認知という観点から行われることが多かった。

　本章で解説した内容もそのほとんどが文脈認知にかかわる個別脳機能である。しかし、実際に社会的適応行動を取る場合には、正しい意思決定が必要であり、そのためには過去の履歴や瞬間の文脈に応じた統合的な自己制御を適切に行う必要がある。自己制御とは、自分自身の行動を抑制し、適切な行動のみを選択的に実行するための仕組みである。

　今後は、文脈認知だけでなく、その後につながる自己制御機能に関しての統合的神経回路メカニズムの解明が進むと考えられる。

引用文献

Freiwald, W. A., & Tsao, D. Y. (2010). Functional compartmentalization and viewpoint generalization within the macaque face-processing system. *Science*, **330**, 845–851.

Iacoboni, M. *et al.* (2005). Grasping the intentions of others with one's own mirror neuron system. *PLOS Biology*, **3**, e79.

Kennedy, D. P., & Adolphs, R. (2012). The social brain in psychiatric and neurological disorders. *Trends in Cognitive Science*, **16**, 559–572.

Maravita, A., & Iriki, A. (2004). Tools for the body (schema). *Trends in Cognitive Science*, **8**, 79–86.

Miyazaki, M., & Hiraki, K. (2006). Delayed intermodal contingency affects young children's recognition of their current self. *Child Development*, **77**, 736–750.

Mukamel, R., Ekstrom, A. D., Kaplan, J., Iacoboni, M., & Fried, I. (2010). Single-neuron responses in humans during execution and observation of actions. *Current Biology*, **20**, 750–756.

Nagasaka *et al.* (2011). Multidimensional recording (MDR) and data sharing: An ecological open research and educational platform for neuroscience. *PLoS One*, **6**, e22561.

Nummenmaa, L., & Calder, A. J. (2009). Neural mechanisms of social attention. *Trends in Cognitive Science*, **13**, 135–143.

Rizzolatti, G., & Fabbri-Destro, M. (2008). The mirror system and its role in social cognition. *Current Opinion in Neurobiology*, **18**, 179–184.

第12章 報酬系の神経基盤

村尾託朗・村井俊哉・高橋泰城

1 報酬系の発見

報酬系（reward system）の発見については、1954年に行われた米国の心理学者オールズ（Olds, J.）とミルナー（Milner, P.）によるラットの脳内自己刺激（intracranial self-stimulation: ICSS）の実験が有名である（Olds & Milner, 1954）。彼らは、ラットの脳のある部位に電極を埋め込み、ラットがレバーを押すと短時間の電気刺激が自分の脳に届くようにした。すると、ラットは自分の脳を刺激するために、摂食することも忘れて1時間で何千回ものペースでレバーを押し続けたのである。この実験により、脳内のどこかに、快感にかかわる報酬回路（reward circuit）があると考えられるようになった（Linden, 2012）。

彼らがラットに電極を埋め込んだ脳のある部位とは、内側前脳束（medial forebrain bundle: MFB）と呼ばれる軸索線維の束であった。この部位を刺激することにより、中脳の腹側被蓋野（ventral tegmental area: VTA）のドパミンニューロンが発火し、投射先である腹側線条体（ventral striatum: VS）の側坐核（NAcc）などにドパミンが放出される。

中脳の腹側被蓋野のドパミンニューロン（A10細胞群）は、腹側線条体の側坐核の他に、前頭前皮質（PFC）、扁桃体（amygdala）、背側線条体（dorsal striatum: DS）などの様々な脳部位に、軸索を伸ばしている。投射元・投射先となるこれらの領域が「報酬系」と呼ばれ、またA10神経系と呼ばれることもある。

2 ヒトの報酬系にかかわる脳部位

本節は、ハーバー（Haber, S. N.）らの論文（Haber et al., 2010）を大幅に参照した。

III 脳科学からのまなざし

2-1 線条体

大脳基底核（basal ganglia）の線条体（striatum）は、大脳皮質から大脳基底核への入力部に当たる部位で、報酬系において重要な部位である。特に、価値の生成に重要な役割を果たす領域と考えられている。線条体の構造は、下部（腹側）に存在する側坐核（nucreus accumbens）、上部（背側）に存在する内側の尾状核（caudate nucleus）、外側に存在する被殻（putamen）で構成される。側坐核は、発生学的に古い部位である辺縁系（limbic system）と結合し、快報酬の処理に関与している。一方、尾状核、被殻は、発生学的に比較的新しい部位の大脳皮質領域から入力を受けており、大脳皮質から送られる環境情報と報酬情報を処理して、その場に合った適切な行動パターンを学習し選択する部位と考えられている。線条体は、中脳の黒質緻密部と腹側被蓋野のドパミンニューロンから投射を受けており、この中に含まれる報酬予測誤差（prediction error）情報が、大脳皮質から送られる運動情報や感覚情報と結びつき、価値が生成されると考えられている。

2-2 前頭前皮質

背外側前頭前皮質（dorsolateral prefrontal cortex: DLPFC）は、将来の報酬の獲得のため、環境状況の認知や意欲の持続に関与し、報酬の獲得や目標の達成に重要な役割を担っている。

眼窩前頭皮質（orbitofrontal cortex: OFC）は、前頭葉の腹側部分を構成しており、扁桃体を中心とした辺縁系と密接な神経結合を有する。OFC は、報酬系の中枢制御を担っていると考えられている。習慣的な学習は大脳基底核を中心とした報酬系回路でなされるのに対し、より柔軟性を要する目標指向的な報酬情報処理は OFC を中心としてなされている。この領域では、報酬の価値を評価し記憶するだけでなく、状況に応じて報酬価値を柔軟に修正する機能も担っている。そのため、OFC の機能低下や損傷に伴って、将来の報酬よりも目先の報酬を選択する傾向、衝動性の亢進、反転学習の障害が認められる。

前部帯状皮質（anterior cingulate cortex: ACC）は、前頭前皮質の中でもドパミンニューロンからの報酬情報を受け取る中心的な脳部位であり、競合する複数の行動レパートリーの間での行動選択に関与していると考えられている。

2-3 扁桃体

大脳辺縁系の一部である扁桃体は、恐怖条件づけに関与し、ネガティブな情動の処理に強くかかわると考えられてきたが、最近では、快、不快の両方の報酬予測にかかわることが明らかになってきている。機能的核磁気共鳴画像法 (functional magnetic resonance imaging: fMRI) 研究では、報酬価値の引き下げ (devaluation) と関連し、扁桃体の活動の低下が見られることが知られている。

2-4 腹側淡蒼球

大脳基底核の一部である腹側淡蒼球 (ventral pallidum) は、腹側線条体からの GABA 作動性の抑制性入力を受け、視床 (thalamus) の背内側 (MD) 核に投射する。腹側淡蒼球は、報酬を駆り立てる行動を学習、実行する間に特に反応することが知られている。

2-5 視床

視床の MD 核は、前頭前皮質へ一方向性または双方向性に投射する。fMRI と陽電子放出断層撮影 (positron emission tomography: PET) の研究で、報酬への期待と罰への予感の際にこの領域の賦活が示されている。

2-6 外側手綱核

外側手綱核 (lateral habenula) は、報酬系において、間接的にドパミンニューロンの活動を調整している。同部位は、報酬予測刺激により活動が低下し、非報酬的な刺激により活動が高まる。また、同部位への直接刺激により、ドパミンニューロンの活動が低下することが知られている。

3 報酬系のドパミンと依存性物質

腹側被蓋野から側坐核、前頭前野にかけての中脳辺縁系の報酬回路におけるドパミンニューロンは、メタンフェタミン (覚せい剤) や、コカイン、アルコールといった依存性物質の作用にも大きくかかわる。

コカインは、ドパミントランスポーターに結合することで、ドパミン再取り込み阻害作用を示し、シナプス間隙のドパミン濃度を増加させ、ドパミン神経

伝達を増強する。

　メタンフェタミンは、ドパミントランスポーターからドパミン神経終末内に取り込まれた後、ドパミントランスポーターを介してドパミンを細胞内から細胞外へ逆輸送させることで、シナプス間隙のドパミン濃度を増加させる。

　アルコールは、エンドルフィンとエンドカンナビノイドの両方の内因性オピオイドの放出を促進させる。内因性オピオイドは、腹側被蓋野での抑制系の介在ニューロンであるGABA神経に作用し、GABA神経を抑制することで、腹側被蓋野でのドパミンニューロンの抑制を解除する。

　ニコチンは、ニコチン性アセチルコリン受容体（nAChR）に結合することで、興奮性の神経伝達物質であるグルタミン酸の放出を増やす。このグルタミン酸が腹側被蓋野のドパミンニューロンに作用することで、間接的にドパミンの放出を増加させる。

　大麻は、その成分の一つである、テトラヒドロカンナビノール（THC）が、カンナビノイド（CB1）受容体と結合することで、抑制性の伝達物質であるGABAの放出を抑制する。すると、腹側被蓋野のドパミンニューロンの抑制が解除されて、ドパミンの放出が増加する。

　近年、日本国内で問題視されている、一部の「危険ドラッグ」と呼ばれる薬物にも、大麻におけるテトラヒドロカンナビノールと類似の作用を示す合成カンナビノールが検出されており、これがCB1受容体と結合することで報酬系のドパミンニューロンが活性化すると考えられている。

　このように、依存性を持つ様々な物質が、腹側被蓋野のドパミンニューロンを活性化させ、その投射先でのドパミンの放出を促進させる作用を持つ。このために、多くの依存性物質を摂取した時には、強い快の感覚を得るのである。

4　報酬を分類する

　報酬とは、それを求める行動を生物に促す強化子であり、報酬を得た生物は快の感覚を得る。報酬には、食べ物、飲み物、性行動、お金、その他様々な種類があるが、報酬を心理学的な構成要素に分けることで、報酬にかかわる脳機能の構成要素を解明するのに役立つ。

　報酬の分け方としては、生理的報酬、学習獲得的報酬、内発的報酬の三つに

分ける方法が挙げられる（渡邊, 2014）。生理的報酬とは、餌、水や性刺激など、生命の維持に必要な報酬を指し、側坐核を中心とした報酬中枢は、生理的報酬に関係して活動することがヒトの fMRI 研究で知られている。学習獲得的報酬とは、ヒトでのお金、チンパンジーでのトークンのように、それ自体は生命の維持に必要でないが、過去の学習によってそれが生理的報酬に結びついていることがわかっているような報酬を指す。学習獲得的報酬が与えられると、生理的報酬が与えられた時と同様に線条体の活動が見られるが、中でも尾状核が活動することが多いことが報告されている。内発的報酬とは、美しい絵画や心地よい音楽など、それ自体は生命の維持に必要でなく、生理的報酬に結びついていないが、それを与えられることによって快の感覚がもたらされるような報酬を指す。内発的報酬が与えられた時にも、生理的報酬が与えられた時と類似した報酬中枢が活動するが、特に前頭前野が活動することが多いことが知られている。

一方で、ベリッジ（Berridge, K. C.）らは、報酬を、'wanting' 'liking' 'learning' の三つの要素に分け、それぞれにかかわる神経基盤が異なることを指摘している（Berridge et al., 2003）。'wanting' は、誘因特徴（incentive salience）と呼ばれる、情動というよりも行動の動機的な要素であり、主としてドパミンの神経伝達により影響される。'liking' は、好き、喜ぶといった快楽を生成する、より情動的な要素であり、主として GABA やオピオイドペプチドがかかわっている。

5　報酬予測とドパミン

報酬系のドパミンニューロンは、報酬が与えられたときだけではなく、報酬の期待が高まった時にも賦活することが明らかになっている。

1997 年、シュルツ（Schultz, W.）らは、中脳のドパミンニューロンが、報酬予測誤差をコードするということを発見した（Schultz et al., 1997）。ここで、報酬予測誤差とは、予測された報酬と実際に与えられた報酬の差のことをさす。

シュルツは、サルの腹側被蓋野のドパミンニューロンに電極を挿入し、単一ニューロン活動の記録を行った。まず、ドパミンニューロンは、サルに報酬（ジュース）を与えた時に反応を示した。次に、光刺激の提示の後にレバーを押

すとジュースがもらえることをサルに学習（条件づけ）させたところ、学習後のサルのドパミンニューロンは、もはやジュースそのものには応答しなくなり、ジュースに先立つ光刺激の提示に応答するようになった。さらにこの時、時々サルの期待を裏切って、光刺激の後にジュースを与えないようにすると、ジュースがもらえるはずの時間帯にドパミンニューロンの応答の一時的な低下が見られたのである。つまり、学習前は、ジュースを期待していないところにジュースがもらえたので、正の報酬予測誤差（positive prediction error）が生じてドパミンニューロンの活動上昇が見られ、学習後は、ジュースがもらえると期待しているところにジュースが与えられても、報酬予測誤差は0なので、ドパミンニューロンの活動に変化は生じない。さらに、ジュースがもらえると期待したところにジュースが与えられないと、負の報酬予測誤差（negative prediction error）が生じてドパミンニューロンの活動が減少する。この実験により、単一ニューロンレベルで、ドパミンは報酬予測誤差を反映していることが判明した。

　このドパミンの報酬予測誤差信号は、大脳基底核や前頭葉に送られて、刺激や行為の価値が生成されると考えられている。このようなドパミンが反映している報酬予測誤差に基づき価値の学習が行われるといった一連の流れは、強化学習（reinforcement learning）アルゴリズムという計算モデルでよく説明でき、大脳基底核の強化学習仮説と呼ばれる。大脳基底核と強化学習アルゴリズムの関係は、意思決定の神経科学や神経経済学（neuroeconomics）の重要な基盤の一つとなっている。例えば、この強化学習アルゴリズムに基づき、ドパミンが報酬予測誤差を表すのに対し、セロトニン神経系が報酬の時間割引（temporal discountingまたはdelay discountingとも呼ばれる）、つまり現在の報酬の価値より将来の報酬の価値を割り引いて考える傾向に関与しているという知見が得られている。

6　時間割引における自己制御と報酬系の神経基盤

　神経経済学において、自己制御を研究する際に最もよく用いられるパラダイムが、時間割引である。時間割引とは、遠い将来生じる報酬や損失と、より現在に近い時点で生じる報酬や損失との間の選択（異時点間選択：intertemporal choice）において、報酬や損失が将来へ先延ばしされると、それらの価値が減少するという行動・心理傾向のことである。「時間見通し理論」（tempospect theory）（Takahashi, 2005; Takahashi & Han, 2012）において、その傾向は、以下のように定式化された。

$$V(x, t + \Delta D) = V(x,t) \lambda_e(\tau(\Delta D)) \qquad (1)$$

$$\text{where} \begin{cases} \tau(\Delta D) = \alpha \ln(1 + \beta \Delta D) &, \text{if } \Delta D > 0 \\ \tau(\Delta D) = \alpha \ln(1 + \beta[-\Delta D]) &, \text{if } \Delta D < 0 \end{cases}$$

ただし、$V(x,t)$ は遅延 t 日後に生じる報酬や損失の主観的価値（うれしさや嫌さ）、ΔD は異なる時点で生じる（得られる）報酬や損失における、その時点間の主観的長さ（心理時間）、また $\lambda_e(\tau(\Delta D))$ は（通常は）0以上1以下の値を取る時間割引関数（time-discount function）であり、

$$\lambda_e(\tau(\Delta D)) = \exp(-k\tau(\Delta D)) \qquad (2)$$

と表される、心理時間を用いた指数的時間割引関数（exponential time-discount function with psychological time）である。

また、心理時間 $\tau(\Delta D)$ は、ウェーバー＝フェヒナー則に従って、物理的な客観時間間隔を対数変換したものになっている。この「時間見通し理論」により、あらかじめ立てた自己制御的な予定（「遠視眼（hyperopic）的計画」）が、実行の段になると衝動的選択（「近視眼的（myopic）衝動」）に変更されてしまうこと（選好の逆転、行動経済学においては双曲割引、hyperbolic discounting とも呼ばれる）や、損失よりも報酬のほうが時間とともに速く時間割引されること（符号効果：sign effect）、報酬の量（や金額）によって時間割引の速さが異なる（小さな報酬ほど速く時間割引される、magnitude effect と呼ばれる）こと、などが統一的に説明でき、この理論はある程度実験的な確証も得られている（Han & Takahashi, 2012）。また、喫煙によるニコチン摂取量（Ohmura et al., 2005）や、うつ病（Takahashi et al., 2008b）、またストレスホルモン（Takahashi, 2004; Takahashi et al., 2010）、アドレナリン系の活動（Takahashi et al., 2007, 2008a）により、時間割引が変容してしまうことも知られている。さらに、ドパミン受容体のあるタイプの D2 受容体の遺伝的多型（Kawamura et al., 2013a）や、ストレスホルモン

受容体関連タンパクであるFKBP5の遺伝的多型が、時間割引の個人差と関連する (Kawamura et al., 2013b)。また、心理時間が物理時間に対してどの程度非線形であるかということが、時間割引における自己制御を決定するということも、理論的に示唆されている (Takahashi, 2011) ため、時間割引における心理時間を担う神経機構の解明が、時間割引における自己制御問題と関連の深い、依存症などの解明には重要であると考えられる。

7 心理時間を支える報酬系

それでは、心理時間を担う神経機構とはどのようなものであろうか。ここでは、クール (Coull, J. T.) らの論文 (Coull et al., 2010) にもとづいて解説する。脳の領野のうち、大脳基底核、補足運動野 (supplementary motor area)、小脳 (cerebellum) さらに前頭皮質 (prefrontal cortex) が、時間の知覚に関連する領野である。これらの領野のうち、大脳基底核や前頭皮質 (の一部) が、報酬系としてもよく知られている。したがって、報酬に関連するドパミンが時間の知覚によって表象される心理時間においても、役割を担っていると考えられる。ドパミン合成酵素と、ドパミン受容体のうち、後者のほうがより強く心理時間と関連していると考えられ (Coull et al., 2010)、ドパミン受容体の中でも、特にD2受容体が、時間の知覚との関連が深い (MacDonald & Meck, 2006)。このことは、時間割引と、D2受容体の遺伝的多型とが関連するということ (Kawamura et al., 2013a) と整合的である。さらに、モデル動物にドパミンアゴニストを投与する研究において、ドパミン・レベルが、動物の内部時計 (ヒトの心理時間のタイマーに相当するもの：Meck, 1983) を調整していることが見出されている (Meck, 1986, 1996; Williamson et al., 2008)。

また、ベンゾジアゼピン (Rammsayer, 1999) も秒単位の時間情報処理を遅くさせることが知られている。セロトニン系に関しては、5-HT2A受容体が、時間知覚をコントロールしている (Wittmann et al., 2007; Wackermann et al., 2008)。また、線条体は、大脳皮質からグルタミン酸による神経伝達を受けているが、グルタミン酸受容体の一つであるNMDA型受容体が、時間知覚と関連している (Rammsayer, 2006)。

8 思春期の自己制御問題と報酬系

　思春期における代表的な自己制御問題である薬物乱用と報酬系の関連についての研究も行われつつある。例えば、スタンガー（Stanger, C.）らは、15歳前後の青少年を対象に、時間割引と脳活動との関連を調べた（Stanger et al., 2013）。その結果、線条体、眼窩前頭皮質、海馬、扁桃体などの活動が、時間割引と関連していた。このことは、成人を対象として行われた時間割引の脳機能画像研究（例えば Kable & Glimcher, 2007 など）と整合的である。また、アメリカの18歳前後の黒人を対象にした研究により、時間の見通しと時間割引との間に関連が見出された（Cheong et al., 2014）。このことは、成人のみならず、青少年においても、時間の見通しと時間割引とが関連することを意味する。さらに、脳機能画像解析を用いた研究により、将来のことについて考えた際の腹側線条体などの活動の個人差が、時間割引の個人差を予測する（Cooper et al., 2013）ことも、報酬系と時間割引、時間知覚の関連があることを示唆している。

＊

　脳の報酬系の異常は、統合失調症、うつ病、依存症、摂食障害、強迫症など、思春期に生じ得る様々な精神疾患で指摘されている。報酬系の神経基盤を明らかにしていくことは、このような精神疾患の治療の解明に役立つと考えられる。その際に、自己制御の問題を行動科学的に分析することができる時間割引課題と、将来というものの心的表象をなしている心理時間を測定する時間知覚課題とを併用し、思春期において、どのように自己制御が発達していくか、「将来の見通し」を支える神経機構を解明することが重要であろう。

引用文献

Berridge, K. C. *et al.* (2003). Parsing reward. *Trends in Neurosciences,* **26**, 507-513.
Cheong, J., Tucker, J. A., Simpson, C. A., & Chandler, S. D. (2014). Time horizons and substance use among African American youths living in disadvantaged urban areas. *Addict Behavior,* **39**, 818-823.
Cooper, N., Kable, J. W., Kim, B. K., & Zauberman, G. J. (2013). Brain activity in valua-

tion regions while thinking about the future predicts individual discount rates. *Neuroscience*, **33**, 13150-13156.

Coull, J. T., Cheng, R.-K., & Meck, W. H. (2010). Neuroanatomical and neurochemical substrates of timing. *Neuropsychopharmacology*, **36**, 3-25.

Haber, S. N. et al. (2010). The reward circuit. *Neuropsychopharmacology*, **35**, 4-26.

Han, R., & Takahashi, T. (2012). Psychophysics of time perception and valuation in temporal discounting of gain and loss. *Physica A: Statistical Mechanics and Its Applications*, **391**, 6568-6576.

Kable, J. W., & Glimcher, P. W. (2007). The neural correlates of subjective value during intertemporal choice. *Nature Neuroscience*, **10**, 1625-1633.

Kawamura, Y. et al. (2013a). DNA polymorphism in the FKBP5 gene affects impulsivity in intertemporal choice. *Asia-Pacific Psychiatry*, **5**, 31-38.

Kawamura, Y. et al. (2013b). Variation in the DRD2 gene affects impulsivity in intertemporal choice. *Open Journal of Psychiatry*, **3**, 26.

Linden, D. J. (2012). *The compass of pleasure*. (岩坂彰（訳）(2012). 快感回路　河出書房新社)

MacDonald, C. J., & Meck, W. H. (2006). Interaction of raclopride and preparatory-interval effects on simple reaction-time performance. *Behavioral Brain Research*, **175**, 62-74.

Meck, W. H. (1983). Selective adjustment of the speed of internal clock and memory processes. *Journal of Experimental Psychology: Animal Behavior Processes*, **9**, 171-201.

Meck, W. H. (1986). Affinity for the dopamine D2 receptor predicts neuroleptic potency in decreasing the speed of an internal clock. *Pharmacology Biochemistry & Behavior*, **25**, 1185-1189.

Meck, W. H. (1996). Neuropharmacology of timing and time perception. *Cognitive Brain Research*, **3**, 227-242.

Ohmura, Y., Takahashi, T., & Kitamura, N. (2005). Discounting delayed and probabilistic monetary gains and losses by smokers of cigarettes. *Psychopharmacology*, **182**, 508-515.

Olds, J., & Milner, P. (1954). Positive reinforcement produced by electrical stimulation of septal area and other regions of rat brain. *Journal of Comparative and Physiological Psychology*, **47**, 419-427.

Rammsayer, T. H. (1999). Neuropharmacological evidence for different timing mechanisms in humans. *Quarterly Journal of Experimental Psychology B*, **52**, 273-286.

Rammsayer, T. H. (2006). Effects of pharmacologically induced changes in NMDA receptor activity on human timing and sensorimotor performance. *Brain Research*, **1073-1074**, 407-416.

Schultz, W. et al. (1997). A neural substrate of prediction and reward. *Science*, **275**, 1593-1599.

Stanger, C. et al. (2013). Neuroeconomics and adolescent substance abuse : Individual differences in neural networks and delay discounting. *Journal of the American Academy of Child & Adolescent Psychiatry*, **52**, 747-755.

Takahashi, T. (2004). Cortisol levels and time-discounting of monetary gain in humans. *Neuroreport*, **15**, 2145-2147.

Takahashi, T. (2005). Loss of self-control in intertemporal choice may be attributable to logarithmic time-perception. *Medical Hypotheses*, **65**, 691-693.

Takahashi, T. (2011). A neuroeconomic theory of rational addiction and nonlinear time-perception. *Neuroendocrinology Letters*, **32**, 221-225.

Takahashi, T., & Han, R. (2012). Tempospect theory of intertemporal choice. *Psychology*, **3**, 555.

Takahashi, T., Ikeda, K., Fukushima, H., & Hasegawa, T. (2007). Salivary alpha-amylase levels and hyperbolic discounting in male humans. *Neuroendocrinology Letters*, **28**, 17-20.

Takahashi, T., Ikeda, K., & Hasegawa, T. (2008a). Salivary alpha-amylase levels and temporal discounting for primary reward under a simulated life-threatening condition. *Neuroendocrinology Letters*, **29**, 451-453.

Takahashi, T. et al. (2008b). Depressive patients are more impulsive and inconsistent in intertemporal choice behavior for monetary gain and loss than healthy subjects: An analysis based on Tsallis' statistics. *Neuroendocrinology Letters*, **29**, 351-358.

Takahashi, T. et al. (2010). Stress hormones predict hyperbolic time-discount rates six months later in adults. *Neuroendocrinology Letters*, **31**, 616-621.

Wackermann, J., Wittmann, M., Hasler, F., & Vollenweider, F. X. (2008). Effects of varied doses of psilocybin on time interval reproduction in human subjects. *Neuroendocrinology Letters*, **435**, 51-55.

渡邊正孝（2014）．報酬と快――生理的報酬と内発の報酬．苧阪直行（編），社会脳シリーズ5　報酬を期待する脳　新曜社　pp. 59-84.

Williamson, L. L., Cheng, R. K., Etchegaray, M., & Meck, W. H. (2008). 'Speed' warps time: Methamphetamine's interactive roles in drug abuse, habit formation, and the biological clocks of circadian and interval timing. *Current Drug Abuse Reviews*, **1**, 203-212.

Wittmann, M. *et al.* (2007). Effects of psilocybin on time perception and temporal control of behaviour in humans. *Journal of Psychopharmacology*, **21**, 50-64.

第13章 思春期と発声学習
——鳥とヒトに見る脳機能の類似点

岡ノ谷一夫

1 鳥の歌とヒトの言葉

　哺乳類と鳥類は1億5千万年前に分岐したと言われる。人間が言葉を話すようになったのも、鳥が歌をさえずるようになったのも、その時からさらにずっと後のことであり、進化の歴史から言えばどちらもごく最近の出来事である。それなのになぜ、鳥のさえずりが人間言語の理解に貢献すると筆者は考えるのであろうか。それは、行動として比較すると、鳥の歌と人間の言語には大切な共通点があるからだ。そして行動としての共通点が、脳機能での共通点として一部反映されているからだ。さらに、鳥が歌を学ぶ時期は、ヒトで言うと思春期に当たり、性ホルモンの分泌が活発になる時期に当たるのである。本章では鳥の歌学習を説明しながらヒトの学習を理解するのに役立つ生物学的なアナロジーを作ってみたい。

1-1 発声学習

　ある種の鳥の歌と人間の言葉は、親から学ぶ必要のある行動である。最も学習効率が高い時期である敏感期を外してしまうと、本来のものとはかけはなれたものになり、その機能を失う。どちらも、大脳のいくつかの専門化したネットワークにより学習可能になる行動である。コミュニケーションに用いる発声信号を学習によって獲得すること、すなわち発声学習は、動物全体の中ではめずらしい形質である。鳥類では約1万種のうち5千種がこのような性質を持つが、哺乳類ではクジラなどごく少数であり、霊長類ではわれわれ人間しかいない。人間に最も近いとされるチンパンジーにもこの形質はない（Bolhuis et al., 2010）。

III 脳科学からのまなざし

　鳥の中でも歌を学ぶのは、スズメ目、アマツバメ目、オウム目に属する小鳥たちである。これらの小鳥たちにとって、歌はオスのみが発信する求愛と縄張り防衛のための信号である。ここは人間の言語と大きく異なる。人間の言語は伝達する意味の多様性に特徴があるが、鳥の歌ではむしろ意味の欠如に特徴があるのだ。ところが、鳥の歌の構造をよく分析してみると、理論言語学で言われる有限状態文法というレベルに対応することがわかる。この文法では、いくつかの音が単語のような組をなし、それらがいろいろな順番で再生される。鳥の歌は意味は欠如しているが、形式だけ考えれば言語を単純化したモデルとなりうるのである (Berwick *et al.*, 2011)。

　このように、鳥の歌の学習過程と文法規則を研究することで、人間の言語の対応する現象について生物学的な示唆が得られるであろうと私たちは期待している。さてそれでは、この期待はどのくらいかなえられているのか。歌の学習と系列生成を可能にする至近要因、すなわち神経メカニズムについては、かなりの理解が進んでいる。鳥の歌を対象に得られた知見は、言語学習の脳機構とも矛盾せず、むしろずっと詳細までが解明されている。一方これらの知見をいかに言語の起源に結びつけていくかについては、まだまだ萌芽的な段階であると言わなければならない (岡ノ谷, 2010)。

1-2 発声学習の過程

　鳥の発声の学習は二つの段階から成り立つ (Catchpole & Slater, 2003)。一つは感覚学習期と呼ばれ、種特有な音声刺激を環境より抽出して聴覚的な記憶を形成する過程である。通常の発育環境では、父親が発する音声を記憶する過程となる。もう一つは感覚運動学習期と呼ばれる。発達に応じて分泌される性ホルモンの作用により、自発的な発声行動が始まる。この音声が聴覚的に自己にフィードバックされ、感覚学習期に形成された聴覚的な記憶（聴覚鋳型と呼ばれる）を手本として照合を取る。手本とのずれが甚だしい場合には、異なる音声を発する努力をし、手本に近い発声が得られた場合にはその運動パターンを保持するようにする。これが十分進展すると、手本と非常に類似した音声を自発することができるようになる（図13-1）。鳥の歌の感覚運動学習は人間で言えば思春期に起こるのである。以上が歌学習の行動学的な記述である。

感覚学習期と感覚運動学習期は発達の過程でこの順番で現れるが、種によってはこれらが完全に独立して現れるものと、重なりを持って現れるものとがある。育雛場所と繁殖場所が分離している鳥では、育雛場所で感覚学習期が、繁殖場所で感覚運動学習期が起こるため、これらは時間的に分離することになる。定住性の鳥では二つの時期は重なりを見せる。

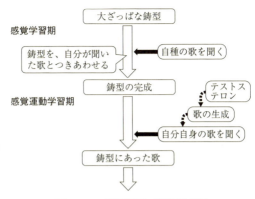

図13-1 感覚学習と感覚運動学習
大ざっぱな生得的鋳型に合う外界刺激を聴覚的に記憶し、鋳型を完成させる。鋳型をもとに自己の発声を鍛錬し、歌を完成させる。

　人間の言語獲得も、感覚学習期と感覚運動学習期に大ざっぱに分離することは可能であろう。いわゆる言語学習の敏感期は、感覚学習が可能な時期のことになろう。第二言語としての英米語学習を指標とした大規模な研究では、米国移住時期が7歳までであれば、母語話者と同等の言語能力を発揮できるという (Johnson & Newport, 1989)。しかし、音韻の正確さはさておき、構文構成能力については、15歳程度までは母語話者と同等の獲得水準に至るようである (Patkowski, 1980)。このことから考えると、構文構成能力の錬成は思春期までは可能であり、まさにこれは鳥の歌の感覚運動学習に対応すると考えられる。第二言語習得で重要なのは、音韻の正確さよりも構文構成能力である。

1-3 歌の神経機構

　次に、鳥の歌の神経メカニズムについて概説しよう (Zeigler & Marler, 2004)。歌の音源は、気管支にある一対の発声器官である鳴管を呼気が通り、ベルヌーイ流を作ることで形成される。呼気の流速と鳴管の筋肉は、延髄の擬核と後擬核および第十二神経核によって制御され、これらはすべて自律神経系による調整と、中脳水道灰白質からの情動性入力による調整を受ける。ここまでは発声器官一般の特徴であるが、鳥類ではさらに大脳皮質運動野から延髄への直接投

III 脳科学からのまなざし

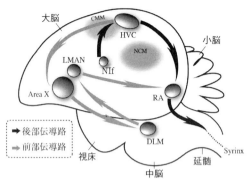

図 13-2　鳥の歌学習にかかわる脳機構
前部伝導路は HVC、X 野（Area X）、DLM、LMAN を接続し RA に至る。後部伝導路は NIf、HVC、RA を連結し、鳴管（Syrinx）に至る。

射を受け、意図的な制御が可能である（後部伝導路：図 13-2）。

　大脳皮質運動野が発声中枢を直接制御することは、発声信号に可塑性をもたらすが、発声学習を可能にするわけではない。発声学習が可能になるためには、自己の発声信号を聴覚系にフィードバックし、お手本となる発声の聴覚鋳型と比較し、ずれがあれば修正していくような学習が必要である。この過程は強化学習モデルとして定式化されたが、これを可能にするメカニズムとして、大脳皮質と大脳基底核が作る誤差修正ループと、大脳皮質高次運動野（HVC）に発見された聴覚・発声ミラーニューロンが提案されている（前部伝導路：図 13-2）。

　では系列生成のメカニズムはどうであろうか。鳥の歌を制御する大脳皮質高次運動野（HVC）では、歌の時系列に正確に同期して発火する神経細胞があることがわかっている（Hahnloser *et al.*, 2002）。この部位を冷やすと、歌全体の速度が遅くなることからも、時系列の制御はこの部位が司っていることがわかる。高次運動野（HVC）と運動野（RA）のつながり方が歌の系列を符号化していることはほぼ間違いなく、これを隠れマルコフモデル（確率モデルの一種）でシミュレートする研究も発表されている（Katahira *et al.*, 2007）。

2　学習とエピジェネティクス

　筆者らは過去 20 年にわたり、前節で説明してきたような研究プログラムを進めてきた。しかしここ数年、鳥の歌学習についての生得的な要因と学習による要因を単純に分離することが難しい事例に遭遇してきた。こうした経験から、歌の学習にはエピジェネティックな過程も含まれるのではないかと考えるようになった。

2-1　学習の制約

　ジュウシマツは、東南アジア全域に分布するコシジロキンパラという野鳥を原種として日本で選択交配された家禽種である（岡ノ谷, 2010）。コシジロキンパラは約 250 年前に中国から長崎に輸入され、大名たちによって飼育された。本来茶を基調とした羽色を持つが、約 160 年前、白を基調とした個体が発生し、これがジュウシマツとして人気を呼んだ。コシジロキンパラの歌は平均 8 種の歌要素からなり、歌要素の音響構造は、帯域幅が広く、耳にざわついて聞こえる。コシジロキンパラは、これらの歌要素を常に同じ順番で配列してうたう。音圧は 65 dB ほどで、静かな歌である。一方、ジュウシマツの歌も平均 8 種の歌要素からなるが、歌要素の音響構造は 2〜3 の倍音を持ち、比較的澄んだ音である。これらの歌要素は、様々な順番でうたわれ、その順番は有限状態文法で記述できる構造を持っている（Okanoya, 2012）。

　ジュウシマツはコシジロキンパラの家禽種であり、遺伝的には大きな違いはなく雑種第一世代どうしも繁殖可能であるから、同種である。しかし歌がこれほど異なるようになったのはなぜだろうか。歌の差異には遺伝的な制約もかかわっているのだろうか。

　これを知るため、ジュウシマツの卵をコシジロキンパラに育てさせ、コシジロキンパラの卵をジュウシマツに育てさせた。この里子実験により、遺伝の因子と環境の因子を分離することを目指したのである。結果、ジュウシマツはコシジロキンパラの歌要素の平均 9 割を学んだが、コシジロキンパラはジュウシマツの歌要素を平均 8 割しか学ばなかった（Takahasi & Okanoya, 2010）。実は、コシジロキンパラがコシジロキンパラに育てられると、歌要素を完璧に学ぶ。しかしジュウシマツがジュウシマツに育てられても、歌要素の 9 割しか学ばない。すなわち、コシジロキンパラはコシジロキンパラの歌であれば完璧に学ぶが、ジュウシマツの歌を学ぶのには制約があった。ジュウシマツは、ジュウシマツであれコシジロキンパラであれ、9 割程度のいい加減さで学ぶのである。この実験では、2 亜種の歌学習の差異は、ジュウシマツが持つ学習制約が弛緩した結果であると解釈した。

　しかし後述する実験によって、この結果にはエピジェネティクスを考慮した解釈も必要であることがわかってきたのである。エピジェネティクスとは、ゲ

ノムの変化なくして表現系の変化が生ずる現象である。多くの場合、エピジェネティクスには遺伝子の発現調整がかかわる。エピジェネティクスによって生ずる変化は、世代を超えた伝搬をする場合もある。ジュウシマツとコシジロキンパラの歌学習の差異の一部は、この現象による可能性がある。

2-2　性ホルモン受容体とエピジェネティクス

　私たちは、ジュウシマツとコシジロキンパラの学習様式の差異の神経科学的基盤を知ろうと考えた。このため、それぞれの亜種の歌にかかわる脳部位でどのような遺伝子が発現するのかを調べることにした（Wada et al., 2013）。パイロット実験の結果、両亜種の脳においてアンドロゲン受容体の発現に差があったため、これに集中して研究を進めた。

　ジュウシマツ、コシジロキンパラそれぞれ10羽ずつの脳を摘出し、アンドロゲン受容体の発現量を比較した。鳥の歌制御系の一部である大脳基底核のX野において、発現量に亜種間で差があり、さらに各個体のアンドロゲン受容体の発現量は、歌要素間時間の分散と相関していた。現実には、コシジロキンパラの分散は低かったので、これはほとんどがジュウシマツの結果にかかわるものである。歌要素間時間の分散の大きさは、歌の要素と系列の双方の複雑さを表現しているので、この結果は、複雑な歌をうたう個体ほど、X野でのアンドロゲン受容体の発現が多いことを示す。

　この差異が発達段階のどこで明確になるかを調べるため、本格的に歌をうたい始める前、すなわち運動学習が進む前の孵化後35〜45日のジュウシマツの幼鳥6羽においてもアンドロゲン受容体の発現量を比較した。結果、これらの幼鳥で得られた発現量は、成鳥10羽で得られた結果と同様の分散を示していた。このことは、アンドロゲン受容体の発現量の個体差とそれに伴う歌の複雑さは、歌をうたう以前に何らかの理由で決められていたと考え得る。

　そこで、アンドロゲン受容体を符号化する領域のゲノム配列を比較したが、受容体発現量と対応するような差異は見つからなかった。ところが、同領域のDNAのメチル化（発生や疾患におけるエピジェネティクスに関連する）の度合いを比較すると、亜種間の差異のみならず個体間のアンドロゲン受容体発現量に対応するような差異を得た。歌の複雑性とアンドロゲン受容体の発現量が多かっ

たジュウシマツにおいては、それ以外のグループよりもメチル化の度合いが低かったのである。このことは、歌学習の初期過程において感覚学習で記憶した歌の複雑性が高いと、メチル化の度合いが低くなり、アンドロゲン受容体の発現量が多くなり、さらには複雑な歌を獲得することができる可能性を示唆している。

2-3　ストレスと学習

　歌が学習を必要とする形質であるのは、発達初期のストレスを反映させやすく健康状態と遺伝的優良度のよい指標になるからだという仮説があり、発達ストレス仮説と呼ばれている（Nowicki *et al.*, 2002）。歌学習にかかわるストレスの要因のメカニズムを知るため、筆者らは、ストレスホルモンの受容体が歌学習システムと扁桃体でどう発現するのかを調べた。

　歌システムにおいては、鉱質コルチコイド受容体と糖質コルチコイド受容体がほぼ同程度発現する。一方、扁桃体においては、鉱質コルチコイド受容体のみが発現していた（Suzuki *et al.*, 2011）。鉱質コルチコイド受容体のほうが糖質コルチコイド受容体よりもコルチコステロンとの親和性が高いことが知られている。また、鉱質コルチコイド受容体へのストレスホルモンの結合は、神経細胞の成長に促進的に働くが、糖質コルチコイド受容体への結合は抑制的に働く。したがって、扁桃体ではコルチコステロンは常に促進的に働くが、歌制御神経系では適量で促進的に、過量で抑制的に働くことになる。さらに、ストレスホルモンのレベルはジュウシマツよりもコシジロキンパラで数倍高いことがわかっている（Suzuki *et al.*, 2012）。

　これらの事実を総合すると、ジュウシマツではどちらも適度のストレスホルモンが歌制御神経系の成長につながるが、コシジロキンパラでは高めのストレスホルモンが歌制御系の抑制につながるのではないか、ということが考えられる。実際、歌制御神経核の容量を比較すると、ジュウシマツのほうが優位に大きいことがわかっている。先に見られたアンドロゲン受容体の亜種間の差がエピジェネティクスによるのであれば、ストレスホルモンの基準値の差も、この過程に影響してくることが考えられる。

III 脳科学からのまなざし

2-4　報酬系とミラーニューロン

　そもそもなぜ鳥は歌をうたうのか。非常に至近の要因から言えば、歌をうたうことが快だからであろう。しかしこのことを直接示した研究はつい最近までなかった。筆者らは、大脳基底核 X 野の神経細胞の一部に、餌報酬時と歌をうたう時に同様に活動する神経細胞があることを発見した（Seki *et al.*, 2013）。

　まず、ジュウシマツの大脳基底核に電極を刺入し、歌をうたう行動と同期して活動する神経細胞を同定した。このジュウシマツにはあらかじめ条件づけ訓練を施してあり、二つのボタンのうち一方が点灯された際、これをつつくと餌が数粒もらえることを学ばせてある。もう一方のボタンが点灯された際は、これをつついても餌をもらえない。しかしこのボタンをつつかなければ、次のボタンが点灯される機会がないため、鳥は両方つつくことを学ぶ。このことで、つつく行動と餌をもらえる機会を分離したわけである。

　大脳基底核 X 野の神経細胞のうち、歌に同期した活動を見せる細胞の多くは、餌報酬と関連した活動も示した。ある細胞は歌をうたう時に抑制を受け、同様に餌をもらうボタンをつつく時にも抑制された。他の細胞はどちらでも活動が増加した。一方で増加し、他方で抑制された細胞もあった。このように、餌報酬と歌をうたう行動との対応は様々であったが、歌をうたう行動と餌をもらう行動のどちらにも関連する神経細胞があることが、この実験で判明した。このことから、歌をうたう行動には報酬価があることが示唆される。

　先に述べたように、鳥類の高次運動野（HVC）にはミラーニューロンがある。このミラーニューロンは、鳥がある歌をうたう時にも、その歌を聴いているときにも同様に活動する神経細胞である（Prather *et al.*, 2008）。HVC には 3 種の神経細胞があることがわかっている。ある種類は大脳基底核 X 野に投射する。他の種類は運動神経核 RA に投射する。もう 1 種はこれらの間をつなぐ介在神経細胞である。このうちミラーニューロンとしての特質を示したのは、X 野に投射するもののみであった。

　以上のことから重要な仮説が出てくる。鳥のミラーニューロンは、大脳基底核の報酬を司る神経細胞に接続しているのではないか、ということである。鳥が歌を自発的に学び、自発的にうたうのは、ミラーニューロンが報酬系と連結があるからではないだろうか。この仮説は未だ立証されていないが、鳥の歌学

習の自発性を理解するのに不可欠なデータである。ヒトの言語獲得が自発的であることも、同様なメカニズムによるのではないかと考えられる。さらに前項で説明した歌学習とエピジェネティクスとの関連を考えると、歌を学ぶ過程は報酬系により維持され、結果としてさらなるエピジェネティクスが起こり、さらに歌の学習過程を促進するという仕組みが検討できそうである。ここでも、鳥の歌がヒトの言語獲得の貴重なモデルとなろう。

2-5　学習の社会要因

　小鳥の歌学習がヒトの言語獲得に示唆を与えるもう一つの点は、その社会性にある。鳥の歌学習は、お手本の歌をテープレコーダーで聴かせれば成立するというものではない。ミヤマシトドという米国西部にいる鳥を使った興味深い実験がある（Baptista & Petrinovich, 1984）。隔離飼育しているミヤマシトドのヒナを3群に分け、異なる刺激を与える。ある群はミヤマシトドの歌を録音したものを再生して聴かせた。他の群はミヤマシトドの成鳥を金網で区切って隣のケージに入れ、成鳥の歌のみならず姿も見えるようにした。最後の群には何も聴かせなかった。このようにして幼鳥を育てると、これらが成鳥してからうたう歌に違いがあった。ミヤマシトドの生身の師匠を与えられた群は皆歌を上手に学んだが、テープレコーダーで歌を与えられた群、何も聴かなかった群はどちらも隔離飼育個体と同じように種としての特徴が欠如した歌をうたった。このことから、歌を学ぶには音声刺激のみでは不十分であることがわかった。

　上記は歌の感覚学習期に関する実験であるが、歌の感覚運動学習期についての実験もある。鳥の種によっては、歌をうたっている際のメスからの直接的なフィードバックが歌学習の方向性を定める場合もある。ある種の鳥では、オスがうたっている際、メスが翼をばたつかせる。メスは歌が自分にとって魅力的であった場合のみ翼をばたつかせる。これを経験したオスは、メスの反応を引き起こした歌を感覚運動学習により定着させ、そうでなかった歌は定着させない（West & King, 1988）。雌雄の相互作用を通して歌が形成されるのである。

　動物の社会性発現において大切な脳部位は扁桃体である。鳥類にも扁桃体と相同であると言われる部位がある。成鳥のキンカチョウのオスにおいてこの部位を損傷すると、歌の発現頻度が減る（Ikebuchi *et al.*, 2009）。通常、歌はオス

からメスへうたわれるが、扁桃体が損傷された鳥は、オスにもうたってしまう。さらに、発達初期に扁桃体を損傷されてしまうと、正常な歌を発達させることができなくなってしまう。これらの点から、扁桃体は幼鳥時には鳥の歌学習を正確に導き、成鳥時には歌をうたうべき対象を限定する働きを持つと考えられる。ミヤマシトドがテープレコーダーからの歌を学ばなかったのは、音のみでは扁桃体機能が開発されなかったのだと解釈できる。

2-6 社会性とエピジェネティクス

鳥の歌学習にまつわる社会的・発達的要因について検討してきた。得られた知見にもとづき推論すると、以下の過程が考えられる。鳥の歌学習は社会的な過程であり、聴覚・発声系のみならず扁桃体を中心とした社会的な動機づけが順調に発現することが大切である。まず、社会的な相互作用のある個体が発する音声を積極的に学ぶ段階がある。次に、高次発声中枢（HVC）に生ずるミラーニューロンと大脳基底核 X 野に生ずる報酬系の神経細胞とが正常に結合し、歌学習の動機づけが強められる。

ヒト（Casey *et al.*, 2008）と鳥（Ikebuchi *et al.*, 2013）の双方で、扁桃体の発達が新皮質の発達に先んずることがわかっている。社会的な学習の方向づけがこの時期に行われるのであろう。

さらにこの過程は非常にストレスの影響を受けやすい。発達過程での過度のストレスは、その後のエピジェネティクスに影響を及ぼし、歌学習の効率を調整することになる。鳥類では子育てのコストは雌雄均等であるから、この仕組みが備わっているのは、環境に応じて、個体の生き残りに当面のエネルギーを注ぎ繁殖については機会をうかがうか、それとも自身の生存はまず大丈夫という前提で成熟と同時に次世代の育成にエネルギーを注ぐかを調整する必要があるからかもしれない。この意味で、エピジェネティクスの機能の一つは個体の資源割り当てを最適化することにあると考えられる。

3　ヒトの言語獲得と鳥の歌学習

以上、鳥の歌学習を中心に、ヒトの言語獲得と比較可能な事項について検討してきた。以下ではより具体的に鳥で学んだ視点をヒトの言語獲得の理解に生

かせるかどうかを検討しよう。

3-1 ヒト言語に見られるエピジェネティックな過程

ジュウシマツとコシジロキンパラという同種でありながら異なる環境で250年間、約500世代を重ねてきた亜種どうしの比較から、歌の学習にエピジェネティックな過程が影響している可能性が示唆された。エピジェネティックな過程により個体の資源割り当てが決定され、自己保存にエネルギーを注ぐか、または繁殖にエネルギーを注ぐかを決める。繁殖にエネルギーを注ぐ場合には種に固有な歌を精緻に学習するようになる。ヒトにおける500世代を約1万年とし、言語の起源を10万年前と仮定すると (Chomsky, 2010)、これは無視できない長さになる。1万年は、ヒト祖語が個別言語になる過程の一部を含むと考えられる。言語学者の中でも、個別言語の獲得にはエピジェネティックな過程が介在していると考える研究者もいる (Reich & Richards, 2013)。さらには、音調性言語に適応した集団では、脳の発達にかかわる遺伝子頻度に変異が見られるという報告もある (Dediu & Ladd, 2007)。

生成文法理論の一つである「原理とパラメータ」では、習得初期の言語入力によって言語獲得装置のパラメータが決まるという (Chomsky & Lasnik, 1993)。例えば語順に関するものがこれである。日本語は主語・目的語・述語の順であるが、英語では主語・述語・目的語の順となる。このようなパラメータ設定がエピジェネティックな過程を励起させることは十分考えられるため、母語と同じ方法で複数の言語を身につけることは、それらの言語の距離が隔たっていればいるほど、生物学的なコストを伴うことになろう。

3-2 言語獲得と社会性

鳥の歌学習が感覚刺激のみならず社会環境に強く依存することは先に説明した (Baptista & Petrinovich, 1984)。これに触発され、ヒト幼児の音韻学習が社会的刺激に依存するかどうかを調べるため、鳥で用いられたパラダイムで研究が行われている (Kuhl, 2003)。生後9ヵ月の乳児に中国語の音韻を教える。生身の人間の教師が教えた場合には学習が見られたが、ビデオ刺激や音声刺激のみでは学習は見られなかった。同様に、オスの歌がメスからのフィードバックに

III 脳科学からのまなざし

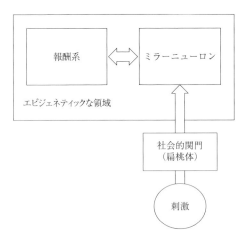

図 13-3 言語獲得と歌学習
ヒトの言語獲得と鳥の歌学習を共通して説明するモデル。社会的関門を通過する適刺激がエピジェネティックな領域を作りだし、ミラーニューロンと報酬系の結びつきを作る。これにより学習の自発性が導かれる。

より形成される例も説明した（West & King, 1988）。これに触発された研究も存在する。生後8ヵ月の幼児の発話のうち、一部を養育者から微笑みや声かけなどの社会的フィードバックによって強化すると、その発話のみ頻度が上がるのである（Goldstein, 2003）。

このように、鳥の歌もヒトの言語も社会の中で受ける適切な刺激によって扁桃体の関門が開いてエピジェネティックな過程が解発され、その領域の中でミラーニューロンと報酬系の相互作用の中で精緻化される行動であろうと考えられる（図13-3）。臨界期の存在や学習の自発性は、このような神経基盤が起こす現象であろう。この一連の作用が鳥における思春期に起こることは、性ホルモンと学習可塑性の関連を探る上できわめて興味深い。また、ヒトにおいて思春期終了とともに第二言語習得が難しくなることも、鳥における知見と比較すると示唆を得られそうである。さらに、ストレスと学習の関連を含めて考えると、鳥の歌と言語の獲得過程を通して学習の本質的な調整メカニズムが見えてくるかもしれないと期待できる。

引用文献

Baptista, L. F., & Petrinovich, L. (1984). Social interaction, sensitive phases and the song template hypothesis in the white-crowned sparrow. *Animal Behaviour*, **32**, 172–181.

Berwick, R. C., Okanoya, K., Beckers, G., & Bolhuis, J. J. (2011). Song to syntax: The lingusitics of birdsong. *Trends in Cognitive Sciences*, **15**, 113–121.

Bolhuis, J. J., Okanoya, K., & Scharff, C. (2010). Twitter evolution: Converging mechanisms in birdsong and human speech. *Nature Reviews: Neuroscience*, **11**, 747–759.

Casey, B., Jones, R. M., & Hare, T. A. (2008). The adolescent brain. *Annals of the New York Academy of Sciences*, **1124**, 111-126.

Catchpole, C., & Slater, P. (2003). *Bird song: Biological themes and variations*. Cambridge: Cambridge University Press.

Chomsky, N. (2010). Some simple evo devo theses: How true might they be for language. In R. K. Larson, V. Déprez, & H. Yamakido (Eds.), *The evolution of human language: Biolinguistic perspectives*. Cambridge: Cambridge University press. pp. 45-62.

Chomsky, N., & Lasnik, H. (1993). The theory of principles and parameters. *Syntax: An international handbook of contemporary research*, **1**, 506-569.

Dediu, D., & Ladd, D. R. (2007). Linguistic tone is related to the population frequency of the adaptive haplogroups of two brain size genes, ASPM and Microcephalin. *Proceedings of the National Academy of Sciences (PNAS)*, **104**, 10944-10949.

Goldstein, M. H. (2003). Social interaction shapes babbling: Testing parallels between birdsong and speech. *PNAS*, **100**, 8030-8035.

Hahnloser, R., Kozhevnikov, A., & Fee, M. (2002). An ultra-sparse code underliesthe generation of neural sequences in a songbird. *Nature*, **419**, 65-70.

Ikebuchi, M., Hasegawa, T., & Bischof, H.-J. (2009). Amygdala and socio-sexual behavior in male zebra finches. *Brain, Behavior and Evolution*, **74**, 250-257.

Ikebuchi, M., Nanbu, S., Okanoya, K., Suzuki, R., & Bischof, H. J. (2013). Very early development of nucleus taeniae of the amygdala. *Brain Behavior and Evolution*, **81**, 12-26.

Johnson, J. S., & Newport, E. L. (1989). Critical period effects in second language learning: The influence of maturational state on the acquisition of English as a second language. *Cognitive Psychology*, **21**, 60-99.

Katahira, K., Okanoya, K., & Okada, M. (2007). A neural network model for generating complex birdsong syntax. *Biological Cybernetics*, **97**, 441-448.

Kuhl, P. K. (2003). Foreign-language experience in infancy: Effects of short-term exposure and social interaction on phonetic learning. *PNAS*, **100**, 9096-9101.

Nowicki, S., Searcy, W. A., & Peters, S. (2002). Brain development, song learning and mate choice in birds: a review and experimental test of the "nutritional stress hypothesis". *Journal of Comparative Physiology A: Sensory, Neural, and Behavioral Physiology*, **188**, 1003-1014.

岡ノ谷一夫（2010）．さえずり言語起源論　新版──小鳥の歌からヒトの言葉へ　岩波

書店.

Okanoya, K. (2012). Behavioural factors governing song complexity in Bengalese finches. *International Journal of Comparative Psychology*, **25**, 44–59.

Patkowski, M. S. (1980). The sensitive period for the acquisition of syntax in a second language1. *Language Learning*, **30**, 449–468.

Prather, J. F., Peters, S., Nowicki, S., & Mooney, R. (2008). Precise auditory-vocal mirroring in neurons for learned vocal communication. *Nature*, **451**, 305–310.

Reich, P. A., & Richards, B. A. (2013). Epigenetics and language: The minimalist program, connectionism and biology. *Linguistica Atlantica*, **25**, 7–21.

Seki, Y., Hessler, N. A., Xie, K., & Okanoya, K. (2013). Food rewards modulate the activity of song neurons in Bengalese finches. *European Journal of Neuroscience*, **39**, 975–983.

Suzuki, K., Matsunaga, E., Kobayashi, T., & Okanoya, K. (2011). Expression patterns of mineralocorticoid and glucocorticoid receptors in Bengalese finch (Lonchura Striata Var. Domestica): Brain suggest a relationship between stress hormones and song-system development. *Neuroscience*, **194**, 72–83.

Suzuki, K., Yamada, H., Kobayashi, T., & Okanoya, K. (2012). Decreased fecal corticosterone levels due to domestication: A comparison between the white-backed munia (Lonchura striata) and its domesticated strain, the Bengalese finch (Lonchura striata var. domestica) with a suggestion for complex song evolution. *Journal of Experimental Zoology Part A: Ecological Genetics and Physiology*, **317**, 561–570.

Takahasi, M., & Okanoya, K. (2010). Song learning in wild and domesticated strains of white-rumped munia, Lonchura striata, compared by cross-fostering procedures: Domestication increases song variability by decreasing strain-specific bias. *Ethology*, **116**, 396–405.

Wada, K. *et al.* (2013). Differential androgen receptor expression and DNA methylation state in striatum song nucleus Area X between wild and domesticated songbird strains. *European Journal of Neuroscience*, **38**, 2600–2610.

West, M. J., & King, A. P. (1988). Female visual displays affect the development of male song in the cowbird. *Nature*, **334**, 244–246.

Zeigler, H., & Marler, P. E. (Ed.) (2004). *Behavioral neurobiology of birdsong*. New York: New York Academy of Sciences.

コラム5　エピゲノム研究

西岡将基・金田　渉・音羽健司・滝沢　龍・岩本和也

エピジェネティクスとは

　生物の大元となる遺伝情報は、アデニン（A）、チミン（T）、シトシン（C）、グアニン（G）の4種類の塩基からなるデオキシリボ核酸（DNA）という化学物質に刻まれている。DNAは化学物質であると同時に情報の媒体としても機能しており、DNAから情報が読み込まれることで様々な生命活動が生じる。DNAを情報として見ると、ATCGの4文字が並ぶテキスト情報としてとらえられ、ヒトでは一個体あたり30億文字の情報を持っていると考えられる。このDNA配列情報の総体をゲノムと呼ぶ。

　DNA配列は個人個人で異なるが、原則として同一個体内ではどの細胞も同一の配列を持つ。しかし、同一個体でも、例えば神経細胞と血液細胞は異なる働きをしており、DNA配列のみではこのような機能の違いを説明することができない。細胞ごとの働きの違いを生み出すには、DNAに刻まれた情報の読み出しの仕方（どの情報を読み出し、どの情報を読み出さないか）という制御機能の違いが必要である。

　エピジェネティクスとは、DNAの塩基やクロマチン構造（DNAがヒストンというタンパク質とともにコンパクトに収納されている構造）への化学的な修飾を通して遺伝子の働きを調節する機構を解析する分野である。DNA塩基の修飾は、シトシン塩基のメチル基付加（メチル化）が主であるが、その他の修飾も知られている。これらシトシンのメチル化やクロマチン構造変化の総体をエピゲノムと呼ぶ。DNAは、様々なタンパク質が物理的に結合することによって、特定の遺伝子が働いたり、逆に抑制されたりといった制御がなされるが、シトシン塩基がメチル化されることにより、同じDNA配列でも結合するタンパク質が変化し、周辺の遺伝子の働きが変化する。また、クロマチン構造というDNAの高次構造が変化することによって、タンパク質がDNAに結合できるかどうかが変化し、DNA情報の読み出され方が変化する。毛糸玉のようにきつく凝集したクロマチン構造では、タンパク質は内部のDNAに結合できないが、ほどけて直線上になった毛糸のように緩んだクロマチン構造では、タンパク質はDNAに結合できる。大ざっぱにまとめると、エピゲノムは、DNAへの修飾を通してDNA情報の読み出し方を制御する仕組みの一つとしてとらえられる（フランシス，2011）。

　エピゲノムは比較的安定とされているが、加齢やストレスなどの外部環境からの影響

コラム5　エピゲノム研究

で変化することもある。DNA 配列そのものは非常に安定的で、基本的に変化するものではないが、その制御機構の一つであるエピゲノムは、環境によるダイナミックな変動を見せることがある。特に、胎児〜思春期〜成年と大きな変化を見せるヒトの成長過程では、背景にダイナミックなエピゲノム変化があると考えられる。このダイナミックな変化は、ストレスや栄養状態によって左右されることも知られており、環境要因による精神機能などへの影響を説明するメカニズムの一つと考えられる。細胞ごとの個性を生み出すだけでなく、発達段階・時期での違いや、さらされた環境による違いを生み出すメカニズムの一つとしてとらえられるのである。

エピゲノム研究手法

一卵性双生児は同じ受精卵から発生しているため、原則として DNA 情報は同一であるが、性格や知能、疾患の有無など性質が一致しないことも多く、これら性質の違いが長期間保たれることも多々ある。同一であるはずの DNA 情報ではこの違いを説明できず、DNA の修飾状態の違いが差異を生み出している可能性が考えられる。ウォン（Wong, C. C.）らは双生児コホート参加者の協力を得て、ドパミン受容体やセロトニントランスポーターなど、精神機能に深くかかわる遺伝子のメチル化変化を縦断的に追って解析したところ、5〜10 歳という前思春期において一卵性双生児間でのメチル化差異が生じていることを見出した（Wong *et al.*, 2010）。性格傾向や行動の特徴などヒトの性質の違いをエピゲノムで説明するアプローチとして、一卵性双生児の人々と協力として行う研究手法は強力であると言える。

しかし、ここで誰しもが疑問に思うのは、神経細胞と血液細胞の働きの違いの背景としてエピゲノムによる DNA 情報の制御があったはずなのに、血液試料を使用して良いのかという点であろう。たしかに神経細胞での DNA メチル化と血液細胞での DNA メチル化は違うはずだが、個体レベルで見ると、ある個体間での神経細胞メチル化の違いと血液細胞メチル化の違いは相関しており、個体差をとらえるには有用であると報告されている（Davies *et al.*, 2012）。つまり、精神機能を担う神経細胞のメチル化を想定したとしても、「個体差」を見る手段として血液細胞メチル化は代替的な指標になりうるのである。非侵襲的な手法で DNA メチル化解析ができない限り、死後脳（亡くなった人の脳）以外での脳細胞メチル化解析は不可能である。特に縦断的な観察をする場合は、血液や唾液など末梢試料でのメチル化解析によって、脳細胞のメチル化差異を想定していくというのが現実的なアプローチと言える。

脳におけるエピゲノム

ヒト脳におけるエピゲノムを直接探索する場合は、死後脳を試料とした研究が行われる。非常に貴重な試料であるため報告は多くなく、他の研究分野に比べるとサンプル数も小さい。沼田らは、アメリカ国立衛生研究所に蓄積された100名以上の死後脳を網羅的に解析し、年齢によるDNAメチル化の推移について報告している（Numata et al., 2012）。特に胎児期から出生直後にかけてダイナミックなDNAメチル化の変化があり、児童〜思春期の変化がこれに続き、成人になると比較的変化が乏しく安定するという傾向が見られる。この傾向は、エピゲノムの変化が成長や発達の背景となっていることを示唆している。別のグループでは、幼少期の虐待によって脳のメチル化に差異が生じることを報告しており、環境の影響によるエピゲノムの変化の一例と言えるだろう（Labonte et al., 2012）。リスター（Lister, R.）らは、様々な年齢の死後脳サンプルを神経細胞と非神経細胞を分け、次世代シークエンサーを用いた一塩基レベルの網羅的メチル化解析を行ったが、胎児期から思春期にかけてエピゲノムがダイナミックに変化し、成人以降で安定するという変遷がここでも認められ、エピゲノム変化が成長・発達の背景にあることを支持している（Lister et al., 2013）。

モデル動物におけるエピゲノム変化

このようにヒト脳におけるエピゲノム探索は方法や試料が限られており、侵襲的な研究を行う場合は、倫理面に十分配慮した上で、モデル動物を用いたアプローチを取る。動物によってゲノムは異なり、エピゲノムも異なるのだが、重要なDNA配列は種間でも共通していることが多く、モデル動物の知見はある程度ヒトに適用できると考えられている。母マウスの養育レベルによって子マウスのDNAメチル化状態が変化するといった報告や、幼少期に受けたストレスによってDNAメチル化状態が変化し、それが成体になっても持続するというマウスでの報告などがある（Weaver et al., 2004）。丹羽らは、思春期での養育環境（ストレス）によってDNAメチル化が変化し、特にDISC1という神経機能に重要な遺伝子に異常があるマウスでその変化が著しいというマウスでの実験結果を報告している（Niwa et al., 2013）。この養育環境による変化は、ストレスに関連するホルモンのグルココルチコイドを介して起こっている可能性があり、特に思春期に相当する時期で顕著に起こっていると考察している。思春期に起こる現象をエピゲノムから説明するモデルとして注目を集めている実験結果である。

コラム5 エピゲノム研究

思春期学とエピゲノム

　胎児から小児、思春期の過程で、脳（神経細胞）においてダイナミックなメチル化変化が生じており、成長・発達過程で生じる様々な精神機能の一部の背景に、エピゲノム変化が存在している可能性が考えられる。まだ知見は不足しているが、特に思春期においては性ホルモンの亢進が特徴的であり、性ホルモンとエピゲノムの関係も今後探求されるべき領域であろう。

　しかし、脳におけるリアルタイムなエピゲノム変化を、非侵襲的にとらえることは現状不可能である。死後脳といった貴重な試料を丁寧に解析していくことが王道であるが、その他の手段として、末梢組織でのエピゲノム変化を代替としてとらえる方法と、モデル動物の脳組織を用いる方法も重要である。いずれも前述した通り一長一短であるが、これらの方法を組み合わせることによって様々な角度から思春期の成長・発達に伴うエピゲノム変化の知見が蓄積されていくだろう。ヒト死後脳の解析は一時点のみのエピゲノムしかとらえられず、発達段階に応じた変化をとらえづらいという弱点があり、これはヒト末梢組織のエピゲノム研究やモデル動物でのエピゲノム研究で補っていく必要がある。逆に、ヒト末梢組織を用いた研究の最大の長所は、成長・発達に伴うエピゲノム変化をとらえられる点にある。特に一卵性双生児のエピゲノムの違いは、性格傾向や嗜好といった精神機能の違いを説明するメカニズムとして説得力があり、思春期学のみならず精神医学研究一般にとっても重要なアプローチである（Mill & Heijmans, 2013）。一卵性双生児の人々の協力を得て行うコホート研究は、思春期学・エピゲノム研究の主要な柱の一つと言えるだろう（双生児コホートについてはコラム3参照）。

　思春期での成長・発達に伴うエピゲノム変化と精神機能の関係をより詳細に明らかにし、知見を蓄積していくことで、思春期の健康な成長を、学問・社会として支援することにつながると期待したい。

引用文献

Davies, M. N. *et al.* (2012). Functional annotation of the human brain methylome identifies tissue-specific epigenetic variation across brain and blood. *Genome Biology*, **13**, R43.

フランシス，R./野中香方子（訳）(2011)．エピジェネティクス　操られる遺伝子　ダイヤモンド社

Labonte, B. *et al.* (2012). Genome-wide epigenetic regulation by early-life trauma. *Archives of General Psychiatry*, **69**, 722-731.

Lister, R. *et al.* (2013). Global epigenomic reconfiguration during mammalian brain development. *Science*, **341**, 1237905.

Mill, J., & Heijmans, B. T. (2013). From promises to practical strategies in epigenetic epidemiology. *Nature Reviews Genetics*, **14**, 585-594.

Niwa, M. *et al.* (2013). Adolescent stress-induced epigenetic control of dopaminergic neurons via glucocorticoids. *Science*, **339**, 335-339.

Numata, S. *et al.* (2012). DNA methylation signatures in development and aging of the human prefrontal cortex. *The American Journal of Human Genetics*, **90**, 260-272.

Weaver, I. C. *et al.* (2004). Epigenetic programming by maternal behavior. *Nature Neuroscience*, **7**, 847-854.

Wong, C. C. *et al.* (2010). A longitudinal study of epigenetic variation in twins. *Epigenetics*, **5**, 516-526.

IV

・

精神病理学からのまなざし

第14章 統合失調症

笠井清登

1 統合失調症とは

　本章では、思春期学というフレームワークの中での統合失調症について述べたい。統合失調症についての包括的な理解をめざす読者は、併せて成書（福田ほか，2013; 中村ほか，2011）を参照してほしい。しかし、思春期と統合失調症の関係は本質的である。統合失調症が思春期に発症することへのまなざしがなければ、統合失調症の病態の理解と治療は完結しないといっても過言ではない。

　統合失調症の特徴的な症候は、陽性症状、陰性症状、認知機能障害という三つのある程度独立したドメインに分かれるとされる。陽性症状とは、人間本来の精神機能が過剰に発現あるいは歪曲された現象で、幻覚、妄想、自我障害などが含まれる。幻覚は、実際にはない感覚（視覚、聴覚など）をありありと体験するもので、統合失調症の場合には聴覚性（幻聴）が多く、人の声が聞こえ、しかも他者が自分に命令したり批判したりしてくる、あるいは第三者同士が自分のことを話し合っている、といった内容が特徴的である。妄想とは、実際には生じていない現象を現実と確信し、訂正不能なもので、統合失調症の場合は、他者が自分を見ている・笑っている、警察から狙われている、といった対人・社会関係上の被害的な内容のものが多い。自我障害は、自己（内界）と他者（外界）の境界が弱まり、自分の知覚、行為、思考の自己帰属・所有感が薄れることにより、自分の動作が他者から操られている（させられ体験）、自分の考えが相手に読み取られている（考想察知）、伝わっている（考想伝播）といった内的体験を生じるものである。

　陰性症状は、人間の本来持つ情意機能が減弱した状態であり、意欲の減退、喜怒哀楽の表出の減少などである。認知機能障害は、実行機能、作業記憶、記

IV 精神病理学からのまなざし

憶体制化機能などの低下である。陽性症状、陰性症状、認知機能障害の軽重は、人によっても、個人内での経過においても、多様である。

発症年齢は、男性では15～25歳くらい、女性では20～30歳くらいをピークとする。発症に至る経過も人によって多様ではあるが、明確な発症に数ヵ月から数年先行して、陽性症状や陰性症状が微弱に生じ始めることが多い（前駆期）。何となく周囲から見られている気がする、理由もなく元気が出ず引きこもる、などの兆候によって不登校となったりする。

架空症例1　統合失調症の発症過程

　16歳男性。中学3年から電車の中や授業中に他人に見られている、小さな物音がうるさく響く、といった感じが気になり（前駆状態）、集中できず成績が下降し始めた。第2希望の高校に入学したがなじめず、クラスでいじめにあった。その頃から学校に行きたくないと言い始めた。夏休みになると、部屋のカーテンを締め切り、外出しなくなった。2学期になり、学校へ行くのを渋ったが、親に促されて始業式に出て帰宅後、顕著な情動不安定、思考の混乱、幻聴が出現して、統合失調症の発症に至った（発症）。

　治療により幻聴はほぼ治まったものの、意欲の減退は続き、高校への復帰を断念。精神科デイケアでリハビリテーションをしながら、コンピュータグラフィックスの専門学校入学を目指している。

薬物療法は、陽性症状の軽減にはよく効くが、陰性症状や認知機能障害への効果は限定的である。統合失調症を持つ人の約3分の1は良好な経過で社会生活を送れるが、約3分の1は社会生活上のハンディを軽度に、残りの約3分の1は中～重度に受けながらの人生を送るといわれる。発症臨界期の早い段階からの本人、家族への心理社会的支援やリハビリテーションが重要である。

病因は十分に解明されていないが、複数の遺伝子のわずかな変異の組み合わせによる遺伝的素因と、複雑な環境因子の相互作用による脳の機能障害と関連していると考えられている。

前述のような説明が、「現代精神医学における統合失調症の基本的な知識」である。近代精神医学が約150年前にヨーロッパで始まる前は、魔女狩りの対象や狂気と見なされた暗い歴史があり、以後も原因不明で効果的な治療法がなかったため、日本でも戦前は私宅に作った座敷牢での監護が合法化されていた。戦後になっても1965年くらいまでは、「理解し難い言動や問題行動に走る人たちで最終的には廃人同様になり、且つ優生手術の対象となるべき」との記載が

中学・高校の保健体育の教科書になされていた（中根・三根, 2013）。そうした時代から比べると、精神医学や脳科学の進歩により、統合失調症の理解は格段に正しい方向に向かっている。しかし前述の「現代精神医学における統合失調症の基本的な知識」が正しい方向とは言っても、その理解にとどまることに、専門家も、そうでない人も、満足してはならない、というのが本章の主張である。

2　統合失調症と思春期発症

序章で述べたように、思春期は、児童期までの情意機能や対人機能の発達を土台として、メタ認知機能と思考の道具としての言語機能の成熟にもとづく自己像の形成、他者・社会からの評価の入力、そして自己の改変という回路を間断なく働かせ、自我（「自分とはどういう人間か」）を確立する時期である。報酬系の発達においては、児童期までは親の愛情による基本報酬を通じて辺縁系が発達する。しかし第二次性徴が訪れ、児童期後半から思春期前半に入ると、前頭前野の成熟にともない、仲間との関係にもとづく社会報酬、そして将来の希望に向かって自己を発展させる内的報酬が価値・価値意識（「自分はどうありたいか」）とそれを支える神経回路を再編する。こうした自我や価値の確立により、人は「自分らしく生きる」のである。統合失調症を持つ人には、思春期に脳の成熟に生物学的な変調が訪れるため、自我や価値が思春期に形成されるプロセスが障害を受けることになる。行動選択の動因である価値や価値意識の形成の途上での発症は、価値形成を未成熟なままとする可能性があり、統合失調症に特有とされる行動パターンの表現型（宮内, 1996; 井上, 2014）と関連がある可能性がある。対人・生活技能の学習等も途上となるため、症状が安定した後でも、就学・就労などの社会適応上の困難が増幅する。

本人の発症に、家族も混乱する。自分が親となり、子どもが思春期に統合失調症を発症し、困難を抱えている状態を想像してみよう。親は子どもに、将来こうなってほしいと、自分の希望（アスピレーション）、ときには自分が果たせなかった希望を、意識的に、あるいは無意識的に託す。場合によっては、数世代にわたり、「家」という単位で、価値の世代間伝達が行われている（井上, 2014）。その願いは思春期に至って反発を経ながら子どもに内在化し始め、本

人も将来こうありたい、という目標に向かって努力するだろう。統合失調症はこの思春期に好発し、長期にわたって本人や家族を苦悩させる疾患である。夢を託して順調に育ってきた子どもが思春期に統合失調症を発症する、症状によって少なくとも一時的にこれまでの親子の自然な交流が失われる、親は疾患名を聞かされただけでは一生治らない病気と思い、子どもに託した夢が壊されたと感じる、医療機関では短い診察時間でそうした混乱を受けとめてもらえない……。統合失調症を持つ人の親にとって、子どもの発症は、それまで築いてきた価値・価値意識が一気に揺らぎ、混乱する人生の危機なのである。相談機関や医療機関の支援者は、本人の発症にまつわるこうしたトラウマといってもよいストレス状況が慢性化し、負の連鎖とならないよう、家族を支えることが求められる。

まとめると、統合失調症が自我・価値を形成する思春期の発症であるということは、発症前後のいじめなど社会についての負の価値の内在化、社会学習の不足、親自身の子どもに対する価値意識の混乱などをもたらし、そのことが症状の内容や行動パターン、家族関係などに大きな影響を及ぼす。こうしたことへのアセスメントにもとづき、「遅ればせながらの」社会学習、自己制御性の成長の支援などを通して、本人・家族が主体的にリカバリーしようとする道のりを伴走するのが支援者の役割である。

架空症例2　思春期発症ということの意味

24歳女性。両親とも裕福で高学歴の家系。おとなしく友人は少ない。「手のかからない子」。有名進学校に入学したが中2からいじめにあい、人が怖いと言って引きこもりが始まる。

高校に入学、2学期になると部活で仲間外れにあい、不登校になる。父親は、「姉は〇〇大に入ると頑張っているのに、お前はなんだ、怠けるな」と本人を叱りつけた。その頃から奇異な行動、幻聴にて発症する。母親には退行、母親は本人に保護的対応をする。母親は医師の説明に納得せず薬を飲ませない。高校は中退。高卒認定試験を経て大学に入ったがすぐ休学。

デイケアを勧めたが、1回見学したものの、「雰囲気が合わない。ここは自分の行くところではないと思う」と家で数年間引きこもる。

姉の海外留学をきっかけに、人づき合いができないと自分も大学に戻れない、と動機付けができ、自らデイケアを再度見学、入所。次第にデイケアの行事で中心的な役割を果たすまでに成長し、大学に復学、卒業した。現在就労支援中である。

3 統合失調症の病態概念の歴史的変遷とリカバリー志向モデル

ここで、統合失調症の病態概念の歴史を振り返る。クレペリン（Kraepelin, E.）が統合失調症を「早発性痴呆」（dementia praecox：人生早期にはじまる認知症）と定義した19世紀末から、社会機能低下の緩徐な進行という臨床的観察に対応する進行性脳病態の存在が想定されていた。しかし、半世紀以上にわたる死後脳研究で、認知症のような神経変性所見（グリオーシス）が見つからず、「統合失調症の死後脳は神経病理学者にとって墓場である」との言葉が残され、統合失調症の発症後の進行性脳病態は否定されるに至った。

一方、疫学・遺伝子研究の進展により、周産期のリスク因子（産科合併症、インフルエンザ感染など）や、神経発達に関連するリスク遺伝子が報告された。こうして、遺伝的素因や出生前後の環境因の相互作用により神経発達に微細な変化が生じ、思春期に発症に至るとする神経発達障害仮説が1990年代までに確立した（Weinberger, 1987）。こうした病態仮説の確立は、逆に、抗精神病薬のほぼ生涯にわたる服薬で症状を緩和するという、統合失調症の決定論的理解や悲観的治療観の形成につながった。

しかしその後、神経画像工学の進歩と、精神病未治療期間（duration of untreated psychosis: DUP）と社会的予後不良の関係の疫学的解明により、統合失調症発症後の脳病態進行の有無を再検討する神経画像研究が盛んとなった。その結果、統合失調症初回エピソードを呈する人において、大脳新皮質を中心とした進行性脳体積減少が明らかとなった（Kasai, 2013）。また、一般出生児を長期間追跡したコホート研究により、思春期早期の児童における精神病様体験（psychotic-like experiences: PLE）の存在がその後の統合失調症圏発症のリスクを高めることがわかった。これらのエビデンスが、DUPを短縮し、早期支援を行うことの科学的根拠となったのである。早期に介入すれば、予後が良好になり、ひいては予防も目指せるのではないか、と当事者・家族が希望を抱けるような概念変化が着実に起きている。

身体疾患では、臨床病期（ステージ）と病理学的所見が対応しているが、精神疾患にはこれまで臨床病期概念が適用されてこなかった。2006年にマクゴリー（McGorry, P. D.）らが提唱した統合失調症の臨床病期概念（素因形成期、前

Ⅳ　精神病理学からのまなざし

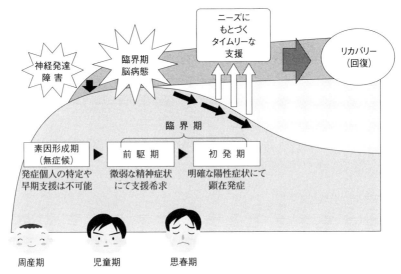

図14-1　統合失調症の臨床病期モデル（McGorry et al., 2006）

駆期、初発期、再発、難治化）（McGorry et al., 2006）は、精神医学の歴史上、画期的なことである（図14-1）。

　前述のように、統合失調症の治療論が悲観的なものから楽観的なものに変化してきている流れを受けて、統合失調症の治療ゴールについて、症状の「レミッション」（remission：寛解）を明示的に定義し、それを目指すことが主に支援者側から主張され始めた。他方、統合失調症のような慢性経過をたどる精神疾患の場合、病状が改善しても病気が完治・治癒（cure）したとは言い切れず、従来の医療モデルによるcureをゴールとすることはうまくあてはまらない。このような背景から、主に当事者の側から主張されてきた概念が「リカバリー」（recovery：回復）である。リカバリーとは、たとえ軽度の症状が残存しても、それに支配されることなく、病気を体験し主体的に治療に向き合うことを通じて新たな人生の意味・価値を獲得し、地域の中で生きがいを持って生活することである。病勢が弱まり、症状が一定程度以下になるレミッションを目指すことはもちろん重要であるが、それだけでなく、主観的リカバリーを目指すことが、当事者と支援者の共通のゴールとなってきているのである。精神疾患の診断と評価には、精緻な症候学やバイオマーカーの導入による客観的な診断

のみならず、当事者中心主義にもとづく、主観的リカバリー志向のモデルの確立が求められる。リカバリーモデルは、当事者のニーズであるウェルビーイング（well-being：幸福感）という主観的なアウトカムをゴールとするならば本来当たり前のことであるが、精神疾患を医学モデルに仲間入りさせようとする専門家側のニーズが優先される中では、科学的ではないと見なされてきたのではないだろうか（図14-2）。

早発性痴呆概念（クレペリン，1899年）
▼
神経発達障害仮説（Weinberger, 1987）
▼
臨床病期モデル（McGorry, 2006）
▼
リカバリーモデル
▼
価値精神医学（Values-based psychiatry）
脳・生活・人生のトライアングルモデル
発達科学と発達精神病理学の融合

図14-2　統合失調症概念のパラダイム・シフト

4　思春期の価値形成に寄り添った統合失調症の理解とリカバリー支援

　人は、身体と脳を持って生まれ、人生という時間軸を通じて、生活の中で自発的に行動する主体である。行動に無意識的な過程を含めて選択を与えている動因を「価値」（より正確にいえば、形成される価値のうち、意識（言語化）されるものを価値意識、ないし価値観と呼ぶ）、自分という存在を言語を通じて支持するものを「意味」と定義すると、児童期までは主に親子関係を通じて、思春期以降は仲間や社会との関係を通じて、人は価値と意味を形成する。社会から与えられた自分についての価値と意味は、思春期を経て、次第に個人の中に内在化、個別化されて再編され、自分自身の価値と意味となる（序章参照）。この、ひとりひとりに固有の価値と意味は、ウェルビーイングやリカバリーの源である。なお、前述したように、こうした主観に寄り添った診断や評価においても、統合失調症は、まさに価値と意味を形成しようとする思春期に発症し、その形成プロセス自体が変化を受ける疾患であるということを考慮に入れねばならない。

　統合失調症を持つ人に対する心理社会的アプローチとして日本で独自に発展した「生活臨床」は、生活（外界）と価値（内界）に対する働きかけ方・向き合い方のパターンの個人差を類型化した（宮内，1996；臺，2006）。生活類型では生活の枠組みを自ら拡大しようとする能動型と、そうしない受動型、また価値類型では、社会と共有される価値に調和して行動する依存型と、自分の価値

IV 精神病理学からのまなざし

図14-3 メビウスの輪

にもとづいて行動する啓発型がある。生活臨床は、行動の観察にもとづいて個々人の価値の診断・評価を行った上で、それらを支え、発展させるための介入を行い、その人らしいリカバリーに導いていくという、「価値にもとづくアプローチ」（values-based approach）と特徴づけられる。

　当事者自身の主観にとっては、統合失調症の発症やリカバリーのプロセスは連続したディメンジョナルなものである。一方、客観的に見れば、それは非連続なカテゴリーととらえられうる。このことを臺（うてな）（2012）は、メビウスの輪（帯状の長方形の片方の端を180度ひねり、他方の端に貼り合わせた輪状の図形）になぞらえた。メビウスの輪の上（＝人生）を連続的に進む人は、一周すると「ウラ」（＝外界から見ると、非連続の統合失調症という客観的カテゴリー診断：発症）にたどり着く。もう一周すると、「オモテ」に戻るが、それは、最初のオモテではなく、「一度ウラを通ったオモテ」（＝リカバリー）である（図14-3）。ひとりの人間の中で、本人の実感や行動といった主観的なものと、疾患診断といった抽象的なカテゴリー概念に結びつく客観的なものとが、言語という表象を通じてどのように折り合うのだろうか。身体や脳を持って生まれた主体として、メビウスの輪の上を歩くように人生を進みながら、生活の中で価値と意味を形成する思春期に発症し、その困難を乗り越えてリカバリーを志向する当事者。その「主観に寄り添った」アセスメントや支援が求められるのではないだろうか。

　統合失調症のいわゆる陰性症状についても、「主観的」観点から再考する必要があろう。たとえば統合失調症患者の情動体験や情動表出について、情動体験自体はそれほど減弱していないが表出が減弱していること、現在についての情動体験は保たれているが過去や未来についての情動体験（たとえば近い将来の状態を予想し、それについて喜ばしく感じたりすること）の減弱が見られるとの仮説が提出されている（Strauss, 2012）。

> **架空症例3　統合失調症と価値形成**
>
> 　19歳男性。どこにいても、家族の声でお前は無能だ、死ねと聞こえる、監視されていて怖い、と来院する。落ち着かず、おびえた様子で入室する。親には病気だと言われるが、本当のできごとで病気ではない、と言う。診察室を出て行きそうになるが、困りごと、つらさを聞きましょう、と医師が声をかけると、再び座って話し始めた。
>
> 　代々、学者の家系、父親も弟も教員。本人は大学に入れず、高卒で事務職に就いた頃から発症。発症により退職したが、大学に入り直したいとの希望を持っている。弟と比較され、肩身が狭い……。
>
> 　上記を傾聴するうちに信頼関係が形成され、治療導入が図れた。教育・福祉系大学への就学支援により安定化してきている。

5　統合失調症の生活支援

　脳や精神機能（こころ）は、それ単独で自立的に機能するものではない。社会（家族、友人、他者、コミュニティ、環境、文化）との相互交流の中で機能している。人間の脳と精神が機能する場、すなわち、脳と精神が社会からの評価を表象し、それにより自己像を改変し、社会へと行動を出力する、その場を「生活」(real-world) と呼ぶ（序章の図0-3）。

　系統発生上、ヒトは「生活」を成立させるため、進化の過程で霊長類に比べて格段に大きな前頭前野を含む大脳新皮質を持つに至った。個体発達上もヒトは「生活」を成立させる基盤としての神経回路ネットワークを成熟させるために、長い思春期というライフステージを持つに至った。系統発生上も個体発達上も、脳と精神機能は生活を成り立たせるために進化し、発達してきたのである。したがって、「生活」は、人間の自我や価値の形成・発展にとって本質的なものであるはずである。生活臨床を創始した臺（2006）は、「鳥は鳴けるように、人は暮らせるように」と述べた（引用者注：暮らし＝生活）。だからこそ、ひとりひとりのウェルビーイングの実現のためには、長期収容的入院ではなく、コミュニティ中心のケアが最適となり、就学、就労、結婚、育児等の生活支援がリカバリーの道程に本質的な役割を果たすのではないかと考えられる。

6　思春期の発達科学と統合失調症の発達精神病理学の双方向的発展

　統合失調症を持つ人へのリカバリー支援は、自我や価値の形成の揺らぎを支

IV 精神病理学からのまなざし

図14-4 発達科学と発達精神病理学の統合

え、自分という存在の意味や希望に気づき、自分らしく生きることを助ける営みではないだろうか。脳と生活と思春期発達（人生）の交点としての統合失調症の理解が定着・発展することで、コミュニティで生活することの人間にとっての意味、思春期が自我や価値を形成する重要なライフステージであることの発達心理学的理解、これらの脳科学的基盤、が明らかにされ、ひいては統合失調症を持つ人の支援の理念としての「価値精神医学」(values-based psychiatry)が確立されることが期待される。さらには、統合失調症の発達精神病理学と思春期の発達科学とが双方向的に発展して統合されることで、人間が身体と脳を持って生まれ、社会の中で生活し、自分らしい人生を主体的に歩むことの総合人間科学的意義が解明され、「人はどう生きるかの科学」「こころの健康社会の理念」が形成されると期待される（図14-4）。

引用文献

福田正人・糸川昌成・村井俊哉・笠井清登（2013）．統合失調症　医学書院
井上新平（2014）．解説　生活臨床．秋田巌（編），日本の心理療法　思想篇　新曜社　pp. 79-161.
Kasai, K. (2013). Toward an interdisciplinary science of adolescence: Insights from schizophrenia research. *Neuroscience Research*, 75, 89-93.
McGorry, P. D., Hickie, I. B., Yung, A. R., Pantelis, C., & Jackson, H. J. (2006). Clinical

staging of psychiatric disorders: A heuristic framework for choosing earlier, safer and more effective interventions. *Australian & New Zealand Journal of Psychiatry*, **40**, 616-622.

宮内勝 (1996). 分裂病の個人面接　金剛出版

中村ユキ・当事者のみなさん・福田正人 (2011). マンガでわかる！　統合失調症　日本評論社

中根允文・三根真理子 (2013). 精神障害に係る Anti-stigma の研究．教科書に見るメンタルヘルス教育──中学校・高等学校の教科書における記載を通して (1950〜2002年までの「保健体育」教科書調査から)　日本社会精神医学学会誌, **22**, 452-473.

Strauss, G. P., & Gold, J. M. (2012). A new perspective on anhedonia in schizophrenia. *The American Journal of Psychiatry*, **169**, 364-373.

臺弘 (2006). 精神医学の思想　創造出版

臺弘 (2012). 精神科医の仕事と私の人生．精神医学, **54**, 369-381.

Weinberger, D. R. (1987). Implications of normal development for the pathogenesis of schizophrenia. *Archives of General Psychiatry*, **44**, 660-669.

第15章 気分障害

髙垣耕企・岡本泰昌

　ヒトの精神機能は、自分自身を知り、自己制御するという他の動物にない特徴を持つ。この機能を支える前頭前野を成熟させるために、ライフステージ上、他の動物に比べて格段に長い思春期・青年期を持っている。現代社会では、この時期の自己制御の発達に歪みが生じ、精神疾患や自殺などの深刻なこころの問題が増加している。日本では若年層の自殺率がOECD（経済協力開発機構）加盟国中最悪で、若年層の死因の第1位が自殺であり、その背景には気分障害の罹患が指摘されている。さらに、思春期・青年期の気分障害がその後の精神疾患のリスク要因になるため、思春期・青年期の気分障害に対して自己制御の形成・修復という視点から対策を講じることは喫緊の課題と考えられる。

　そこで本章では、思春期・青年期の気分障害として、うつ病と双極性障害に関して、自己制御の破綻という視点を含めて、臨床特徴、有病率、リスク要因、治療、の順に述べる。

1　思春期・青年期のうつ病

1-1　臨床特徴

　DSM-5（American Psychiatric Association：APA, 2013）によれば、うつ病の特徴は、抑うつ気分または、興味または喜びの喪失のいずれかが少なくとも2週間存在し、また、食欲、睡眠、精神運動焦燥などの変化や気力の減退、無価値感や罪悪感、集中力の減退、自殺念慮・計画・企図などから少なくとも四つの症状を体験している状態と定義される。なお、子どもや青年においては、気分は悲しいというよりはむしろ易怒的である場合もある。

　思春期・青年期でのうつ病の症状は、成人期と同様の症状を示すが、成人期の症状よりも無価値感や罪の意識に関する報告が多く、体重や食欲の変化と死

や自殺に関して考える頻度は少ないと報告されている（Lewinsohn et al., 1998）。また、女性は男性と比べて体重や食欲の変化と無価値感を訴えることも明らかになっている（Lewinsohn et al., 1998）。さらに、思春期・青年期のうつ病と併存しやすい疾患として、不安障害、行為障害、物質使用障害が報告され、不安障害は女性に多く、行為障害と物質使用障害は男性に多いことも明らかになっている（Kessler et al., 2001）。

　思春期・青年期のうつ病は、成人期の精神疾患の発症を予測することが指摘されている（Thapar et al., 2012）。また、思春期・青年期における閾値下のうつ症状は、将来のうつ病のリスクファクターになることも指摘され（Bertha & Balazs, 2013）、閾値下のうつと同様の病態と考えられる小うつ病は、うつ病だけでなく、不安障害や摂食障害が発症する割合を高めることも明らかになっている（Johnson et al., 2009）。

1-2　有病率

　うつ病の有病率に関する研究では、思春期・青年期は生物学的な変化や社会的な変化が生じる時期のために、有病率が高くなることが指摘されている（Thapar et al., 2012）。2006年に発表されたメタ分析では、13～18歳の有病率は5.6％と報告されている（Costello et al., 2006）。男女別で、13～18歳の少年では4.6％、少女では5.9％である（Costello et al., 2006）。また、うつ病の性差については、思春期が終わり青年期に入ってくるとうつ病を発症する割合は増え、その割合は女性が男性の2倍になることも指摘されている（Thapar et al., 2012）。日本の有病率に関する調査において、中学1年ではうつ病の有病率は4.1％（傳田, 2008）、12～14歳の思春期ではうつ病の有病率は4.9％であることが報告されている（佐藤ほか, 2008）。

　近年、思春期・青年期の閾値下のうつ症状を伴う者に対する注目が集まっている。閾値下うつ病の有病率をまとめたレビューでは、13～16歳の時点有病率は2.2～4.9％であり、生涯有病率では、14～16歳が9～12％、16～18歳が16～20％、18～20歳が20～22％であることが示されている（Bertha & Balazs, 2013）。これらの閾値下うつ病の有病率の高さは、思春期・青年期におけるうつ症状の広がりと対策の重要性を示唆している。

IV 精神病理学からのまなざし

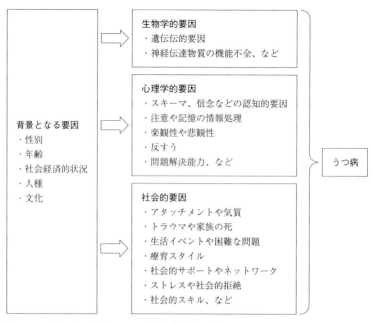

図15-1 うつ病に対するリスク要因の概念的な枠組み (Dobson & Dozois, 2008, p. 10)

1-3 リスク要因

　うつ病のリスクには、性別、年齢、社会経済的状況、人種、文化といった背景要因に加え、生物学的要因、心理学的要因、社会的要因がある。背景要因が生物学的要因、心理学的要因、社会的要因に影響を与え、これらの要因がうつ病の発症に影響を与えると考えられている (Dobson & Dozois, 2008：図15-1)。生物学的要因として、遺伝的要因、神経伝達物質などの機能不全がある。心理学的要因には、スキーマ、信念などの認知、注意や記憶の情報処理、楽観性や悲観性、思考の反芻、問題解決能力や目標志向性などの要因がある。社会的要因では、アタッチメントや気質、トラウマや家族の死、生活上の困難な問題、療育スタイル、社会的サポートやネットワーク、社会的拒絶、社会的スキルなどが考えられている (Dobson & Dozois, 2008)。一般にうつ病を発生させるリスクは、一つではなく、多くの要因が複合的に関与していると考えられるが、特に思春期・青年期のうつ病に関連する要因について詳述する。

　認知的要因に関しては、思春期・青年期においても成人期と同様に、抑うつ

スキーマは抑うつ症状と関連し（Braet *et al.*, 2013）、ネガティブな認知スタイルや絶望感は抑うつ症状と関連することが明らかになっている（Alloy *et al.*, 2012）。すなわち、抑うつの素因であると考えられている抑うつスキーマにストレスのようなネガティブなライフイベントの経験や推論の誤りが影響することで抑うつ的な自動思考が生じ、抑うつ症状が生じると考えられている（Beck, 1976）。

　行動的要因に関しては、思春期・青年期においても成人期と同様、不適応な行動によってネガティブなできごとが増加し、ポジティブなできごとを経験する頻度が減少すると指摘されている（Lewinsohn *et al.*, 1998）。また、回避的な行動パターンは抑うつ症状の悪化と関連することが明らかになっている（Seiffge-Krenke & Klessinger, 2000）。行動理論の立場からは、ファースター（Ferster, C. B.）が行動に対する正の強化がどのように出現するかによって抑うつ症状が生じると考え、強化されるまでに非常に多くの活動を必要とするときに抑うつ症状が生じる可能性が高くなると考えた（Ferster, 1973）。このファースターの理論を踏まえ、レウィンソン（Lewinsohn, P. M.）のうつ病に対する行動モデルでは、正の強化随伴性の減少は、抑うつ的な行動を引き起こし、うつ病が生じると指摘されている（Dimidjian *et al.*, 2011）。さらに、近年ではこの正の強化随伴性だけでなく、負の強化随伴性によって形成される回避や逃避行動が抑うつ症状に影響を与えることが明らかになっている（Manos *et al.*, 2010）。以上のように、抑うつ症状は認知的要因や行動的要因の自己制御が難しいことによって生じるとも考えることができ、これらの要因を自己制御できるように治療することが重要であると考えられる。

　抑うつ症状を引き起こす社会的要因では、アタッチメントや気質、トラウマや家族の死、生活イベントや困難な問題、生育スタイル、社会的サポートやネットワークなどが考えられている（Dobson & Dozois, 2008）。思春期・青年期の者にとって、例えば、身体的な障害や死別、両親の不仲、仲間からのいじめ、そして、身体的な病気のようなストレスフルで困難な問題は、抑うつ症状を引き起こす要因となることが明らかになっている（Thapar *et al.*, 2012）。また、両親がうつ病であった子どもは、健康な両親の子どもと比べて、うつ病になる確率が3～4倍高くなり、うつ病の遺伝的リスクが高い思春期の者は、ストレスフルなできごとや家庭内でのネガティブなできごとに対する感受性が高いこと

IV　精神病理学からのまなざし

も明らかになっている（Thapar *et al.*, 2012）。

　両親と子どもの関係で問題となるものとして児童虐待があり、児童虐待は抑うつ症状のリスク要因であると考えられている。児童虐待と抑うつ症状の関係を縦断的に検討した研究では、児童虐待とその後の抑うつ症状の間には感情制御が介在していることが明らかになった（Moretti & Craig, 2013）。つまり、児童虐待を受け、感情を自己制御することができないと、より抑うつ症状の程度が高くなると考えることができることから、感情の自己制御を目的とした治療は必要である。

　うつ病のリスク要因について説明をしてきたが、前述のようなリスクを伴う子どもたちすべてがうつ病になるわけではない。うつ病の発症予防と関係があり一貫した結果が示されているものとして質の良い対人関係があり、この点はうつ病の発症を予防する上では重要である（Thapar *et al.*, 2012）。例えば、両親との関係が受容的だとメンタルヘルスが良好になることや、友人関係のよさはうつ病に対するレジリエンスを高めることが指摘されている。

1-4　治　療

　思春期・青年期のうつ病に対する治療では、薬物療法と心理療法が有効であると考えられている。薬物療法では選択的セロトニン再取り込み阻害薬の一つであるフルオキセチン、心理療法では認知行動療法と対人関係療法の効果が示されており、さらにフルオキセチンと認知行動療法の併用効果も示されている（Thapar *et al.*, 2012）。また、うつ病の発症を予防することも重要なアプローチであるが、思春期・青年期に対するうつ病では、学校ベースで行われている認知行動療法の予防効果が示されている（Corrieri *et al.*, 2014）。また、予防においては、両親がうつ病を発症している者、閾値下のうつ症状を伴う者、過去にうつ病の既往がある者といった、うつ病のハイリスク・グループに対して予防を行うことの重要性が指摘されている（Thapar *et al.*, 2012）。また、BMI（Body Mass Index）得点が高い、母親がうつ病を発症したことがある、女性である、両親から感情的なネグレクトを受けたことがある、のうち三つ以上の項目が当てはまる者が思春期・青年期におけるうつ病のハイリスク者で予防対象となるという報告もある（Monshouwer *et al.*, 2012）。今後、思春期・青年期のうつ病に

対する治療を確立していくこととともに、ハイリスク者を同定し、うつ病の発症予防を行うことで、その後のうつ病の発症を少しでも少なくすることも重要な課題である。

2 思春期・青年期の双極性障害

2-1 臨床特徴

DSM-5（APA, 2013）によれば、躁病エピソードは、気分が異常かつ持続的に高揚し、開放的または易怒的となる。加えて、異常にかつ持続的に亢進した目標指向性の活動または活力がある。このような普段とは異なる期間が、少なくとも1週間、ほぼ毎日、1日の大半において持続し、①自尊心の肥大、または誇大、②睡眠欲求の減少、③普段よりも多弁であるか、しゃべり続けようとする切迫感、④観念奔逸、またはいくつもの考えがせめぎ合っているといった主観的な体験、⑤注意散漫が報告される、または観察される、⑥目標志向性の活動の増加、または、精神運動焦燥、⑦困った結果につながる可能性が高い活動に熱中すること、の①〜⑦の症状のうち三つ以上が有意の差をもつほどに示され、普段の行動とは明らかに異なった変化を象徴している状態であると定義されている。そして、これらの状態のために、社会的または職業的機能に著しい障害を引き起こしている、あるいは自分自身または他人に害を及ぼすことを防ぐため入院が必要であるほど重篤であると考えられている。

双極Ⅰ型障害は、少なくとも一つ以上の躁病エピソードに該当すること、躁病エピソードと抑うつエピソードの発症が、統合失調感情障害、統合失調症、統合失調症様障害、妄想性障害、または、他の特定されるまたは特定不能の統合失調症スペクトラム障害および他の精神病性ではうまく説明されないと特徴づけられている（APA, 2013）。

思春期・青年期での双極性障害では、一般的には成人と同様の症状を示すことが示されているが、その中でも、活動の増加、注意散漫、そして、しゃべり続けようとする切迫感の症状の頻度が多くなり（Kowatch *et al.*, 2005）、他の報告では、最も頻度の多い症状は、衝動的な行動、気分の急激的な変化、不快気分、活動性の増加に伴う幸福感であると報告されている（Gudiene *et al.*, 2008）。さらに、思春期・青年期の双極性障害に併存する疾患を調べた調査では、注意

欠如・多動症が最も多いこと（Kowatch et al., 2005）や、双極性障害にあてはまる者は 18.5％ が注意欠如・多動症、20％ が反抗挑発症、32％ が不安障害、20％ が物質乱用を合併していることを明らかにしている（Soutullo et al., 2005）。また、思春期の双極性障害は、うつ病で発症することが多く、気分と一致しない精神病症状や思考障害が成人よりも多いことも指摘されている（齊藤，2013）。

　また、思春期・青年期で双極性障害を伴う者は、健康な者よりも、日常生活または社会生活に著しい機能障害を示すことが報告されている（Rucklidge, 2006）。その一方で、双極性障害が部分寛解や回復した者は、症状が回復していない者よりも対人関係、余暇、そして、全体的な生活満足感が改善することから（Goldstein et al., 2009）、双極性障害を伴う思春期・青年期への適切な治療が必要である。

2-2　有病率

　児童期・青年期における双極性障害の有病率に関して多くの研究で結果が異なるが、最近の研究では、15～24 歳では 3.0％、15～18 歳では 2.1％、19～24 歳では 3.8％ であることが報告されている（Kozloff et al., 2010）。

2-3　リスク要因

　一般に、双極性障害の特徴として、ストレスフルな状況下で、反芻、破局的な思考、自己非難といった認知的方略を一般健常者よりも用いる傾向にあることが知られている（Green et al., 2011）。また、思春期・青年期の双極性障害では、健康な者と比較して、社会スキルに関する知識には差がないにもかかわらず、不適切な自己主張、衝動性、自信過剰、嫉妬深いといった不適切な社会スキルを示すことが指摘されている（Goldstein et al., 2006）。また、双極性障害発症のリスク要因として、家庭環境の悪さが挙げられており、家族の凝集性やあたたかさが低い傾向にあり、家族と対立することが多いことが明らかになっている（Miklowitz, 2011）。

2-4　治　療

　双極性障害のリスク要因で記載したように、思春期や青年期での双極性障害

に対する治療法は、薬物療法とともに、病気に対する心理教育、感情制御やスキル向上を目指した問題解決訓練、家族関係の改善が重要であると考えられる。薬物療法では、非定型抗精神薬や気分安定薬の単独使用が多くの治療アルゴリズムやガイドラインで推奨され、13〜17歳の思春期・青年期に当てはまる時期にはオランザピンが推奨されている（齊藤, 2013）。また、心理療法では、双極性障害を伴う思春期・青年期の者を対象に、心理教育、ネガティブな感情表現を減らし家族関係の向上を目指したコミュニケーショントレーニング、そして、問題解決訓練の三つから構成された治療法を実施することにより、症状や問題行動が改善することが明らかになっている（Miklowitz et al., 2004）。

＊

本章では、思春期・青年期における気分障害について概述した。思春期・青年期においてうつ病と双極性障害などの気分障害を伴うことで、著しい機能障害が生じ、成人期の精神疾患のリスクとなることが明らかになっている。前述したように、うつ病や双極性障害の発症や維持には、認知的要因、行動的要因、社会スキルなど自己制御の破綻が関連していると考えられ、今後は、より発症要因や維持要因に関する研究を進め、自己制御の回復という観点からより効果的な治療法を開発する必要があるだろう。

引用文献

Alloy, L. B. *et al.* (2012). Cognitive vulnerabilities and depression versus other psychopathology symptoms and diagnoses in early adolescence. *Journal of Clinical Child & Adolescent Psychology,* **41**, 539-560.

APA (2013). *Diagnostic and statistical manual of mental disorder, 5th ed.* (*DSM-5*). Washington D. C.: American Psychiatric Association.（高橋三郎・大野裕（監訳）(2014). DSM-5 精神疾患の診断・統計マニュアル　医学書院）

Beck, A. T. (1976). *Cognitive therapy and the emotional disorder.* International University Press.

Bertha, E. A., & Balazs, J. (2013). Subthreshold depression in adolescence: A systematic review. *European Child & Adolescent Psychiatry,* **22**, 589-603.

Braet, C. *et al.* (2013). Depression in early, middle and late adolescence: Differential evidence for the cognitive diathesis-stress model. *Clinical Psychology and Psychotherapy*, **20**, 369-383.

Corrieri, S. *et al.* (2014). School-based prevention programs for depression and anxiety in adolescence: A systematic review. *Health Promotion International*, **29**, 427-441.

Costello, E. J. *et al.* (2006). Is there an epidemic of child or adolescent depression? *Journal of Child Psychology and Psychiatry*, **47**, 1263-1271.

傳田健三（2008）．児童・青年期の気分障害の診断学――MINI-KID を用いた疫学調査から．児童青年精神医学とその近接領域, **49**, 286-292.

Dimidjian, S. *et al.* (2011). The origins and current status of behavioral activation treatment for depression. *Annual Review of Clinical Psychology*, **7**, 1-38.

Dobson, K. S., & Dozois, D. A. (2008). Introduction: Assessing risk and resilience factors in models of depression. In K. S. Dobson (Ed.), *Risk factors in depression*. Amsterdam: Academic Press. pp. 1-16.

Ferster, C. B. (1973). A functional analysis of depression. *American Psychologist*, **28**, 857-870.

Goldstein, T. R. *et al.* (2006). Social skill knowledge and performance among adolescents with bipolar disorder. *Bipolar Disorders*, **8**, 350-361.

Goldstein, T. R. *et al.* (2009). Psychosocial functioning among bipolar youth. *Journal of Affective Disorders*, **114**, 174-183.

Green, M. J. *et al.* (2011). Cognitive regulation of emotion in bipolar I disorder and unaffected biological relatives. *Acta Psychiatrica scandinavica*, **124**, 307-316.

Gudiene, D. *et al.* (2008). Distinctions of bipolar disorder symptoms in adolescence. *Medicina*, **44**, 548-552.

Johnson, J. G. *et al.* (2009). Minor depression during adolescence and mental health outcomes during adulthood. *The British Journal of Psychiatry*, **195**, 264-265.

Kessler, R. C. *et al.* (2001). Mood disorders in children and adolescents: An epidemiologic perspective. *Biological Psychiatry*, **49**, 1002-1014.

Kowatch, R. A. *et al.* (2005). Review and meta-analysis of the phenomenology and clinical characteristics of mania in children and adolescents. *Bipolar Disorders*, **7**, 483-496.

Kozloff, N. *et al.* (2010). Bipolar disorder among adolescents and young adults: Results from an epidemiological sample. *Journal of Affective Disorders*, **125**, 350-354.

Lewinsohn, P. M. *et al.* (1998). Major depressive disorder in older adolescents: Prevalence, risk factors, and clinical implications. *Clinical Psychology Review*, **18**, 765-794.

Manos, R. C. et al. (2010). A critical review of assessment strategies to measure the behavioral activation model of depression. *Clinical Psychology Review*, **30**, 547-561.

Miklowitz, D. J. (2011). Functional impairment, stress, and psychosocial intervention in bipolar disorder. *Current Psychiatry Reports*, **13**, 504-512.

Miklowitz, D. J. et al. (2004). Family-focused treatment for adolescents with bipolar disorder. *Journal of Affective Disorders*, **82**, 113-128.

Monshouwer, K. et al. (2012). Identifying target groups for the prevention of depression in early adolescence: The TRAILS study. *Journal of Affective Disorders*, **138**, 287-294.

Moretti, M. M., & Craig, S. G. (2013). Maternal versus paternal physical and emotional abuse, affect regulation and risk for depression from adolescence to early adulthood. *Child Abuse & Neglect*, **37**, 4-13.

Rucklidge, J. J. (2006). Psychosocial functioning of adolescents with and without pediatric bipolar disorder. *Journal of Affective Disorders*, **91**, 181-188.

齊藤卓弥（2013）．子どものうつ病と双極性障害の臨床における標準的な診断指針を目指して　児童青年精神医学とその近接領域, **54**, 132-147.

佐藤寛ほか（2008）．一般中学生におけるうつ病の有病率——半構造化面接法を用いた実態調査　精神医学, **50**, 439-448.

Seiffge-Krenke, I., & Klessinger, N. (2000). Long-term effects of avoidant coping on adolescents' depressive symptoms. *Journal of Youth and Adolescence*, **29**, 617-630.

Soutullo, C. A. et al. (2005). Bipolar disorder in children and adolescents: International perspective on epidemiology and phenomenology. *Bipolar Disorders*, **7**, 497-506.

Thapar, A. et al. (2012). Depression in adolescence. *Lancet*, **379**, 1056-1067.

第16章 発達障害

金生由紀子

　低年齢で運動や言語などに遅れや偏りを認めて発達の支援を要する子どもについて児童精神医学および関連領域で知見が積み重ねられて、長期的な経過の追跡、その間の治療や支援の検討などもされてきた。一方、近年になり、精神的不調を訴える成人についても同様の発達の問題が基盤にある場合が稀ではないと認識されるようになってきた。そして、これらの発達の問題に対して発達障害という言葉がしばしば用いられている。

　発達障害の検討は、乳幼児期さらに児童期へと経過を追うことに加えて、成人期から経過を遡ることが先行しており、思春期は両者の狭間として取り組むべき課題が多く残されていると思われる。本章では、発達障害の概要を説明した上で、発達障害にとっての思春期について検討してみたい。

1　発達障害とは

　法律上の用語としての発達障害は、1963年にアメリカで初めて現れた。当時は、精神遅滞（知的能力障害）とほぼ同義であったが、その後に範囲が順次拡大されていった。一方、日本では1960年に精神薄弱者福祉法が施行されて以来、2005年に発達障害者支援法（http://law.e-gov.go.jp/htmldata/H16/H16HO167.html）が施行されるまでは精神遅滞のみが支援の対象として規定されていた。日本では発達障害者支援法とともに発達障害という概念が広く知られるようになったため、発達障害というとむしろ知的な遅れとの関連が薄いという印象があるかもしれない。しかし、発達障害とは、脳機能の障害であってその症状が通常低年齢において発現するものであり、知的な遅れの有無は問わない（金生, 2009）。アメリカ精神医学会による診断基準であるDSM-5（APA, 2013）においては、神経発達症群（neurodevelopmental disorders）というクラスターに相当す

16 発達障害

```
●脳機能の障害
●症状が通常低年齢で発現
```

発達障害者支援法
・自閉症、アスペルガー症候群その他の広汎性発達障害
・学習障害
・注意欠陥多動性障害
・その他
　言語の障害
　協調運動の障害
　心理的発達の障害＜ICD-10のF8＞
　小児期及び青年期に通常発症する行動及び情緒の障害＜ICD-10のF9＞

神経発達症＜DSM-5＞
・知的能力障害（Intellectual Disabilities）
・コミュニケーション症群（Communication Disorders）
・自閉スペクトラム症（Autism Spectrum Disorder: ASD）
・注意欠如・多動症（Attention Deficit/Hyperactivity Disorder: ADHD）
・限局性学習症（Specific Learning Disorder）
・運動症群（Motor Disorders）
　・チック症群（Tic Disorders）

図16-1　発達障害とされる範囲

認知的症候群
認知の低さや不均衡を特徴とする
・知的能力障害←全般的な低さ
・学習障害（LD）←不均衡

行動的症候群
精神機能の障害が行動症状で表われる
・自閉スペクトラム症（ASD）
・ADHDなど

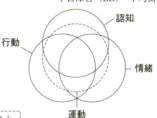

運動症状による症候群
・発達性協調運動症（DCD）
・トゥレット症候群

・多側面の問題を併せ持つことが少なくない
・同じ側面について複数の問題を有することもしばしばある

図16-2　発達障害の概要

る（図16-1）。

　代表的な発達障害には、認知、行動、運動の症状で定義された症候群がある。しかし、実際には、これらに情緒も含めた複数の側面の症状を併せ持つことが少なくない（図16-2）。このように発達障害では個々の疾患が併発することがむしろ一般的とも言えることから、ジルバーグ（Gillberg, C.）は、低年齢ではESSENCE（Early Symptomatic Syndromes Eliciting Neurodevelopmental Clinical Ex-

IV 精神病理学からのまなざし

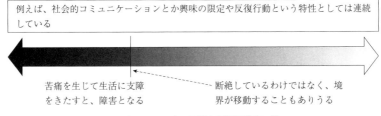

図16-3 発達障害と発達特性

aminations) と括ることを提案している（Gillberg, 2010）。ESSENCE に含まれる領域としては、(a) 全般的発達、(b) コミュニケーションおよび言語、(c) 対人相互関係、(d) 協調運動、(e) 注意、(f) 活動性、(g) 行動、(h) 気分、(i) 睡眠、が挙げられている。

発達障害の中で併発が多くて個々の疾患の間で線引きが難しいことに加えて、発達障害と定型発達との間も明確に線引きできるとは限らない（「精神科治療学」編集委員会, 2014）。現在は、一定の発達特性が発達障害から定型発達まで連続しており、そのスペクトラムの中で苦痛や生活の支障をきたした場合に発達障害となると考えられている（図16-3）。しかも発達特性が短所となって症状として認識されるとは限らず、むしろ長所として機能することもある。治療や支援にあたっては発達特性の長所の側面を活かすことが重要である。

2 主な発達障害

前述したように発達障害の中の個々の疾患の間での線引きが難しいことがあるが、発達の問題がどのような観点からとらえられているかをより具体的に伝えるべく、主な発達障害を紹介する。

発達障害者支援法にも明記されている代表的な発達障害は、自閉スペクトラム症（Autism Spectrum Disorder: ASD）と注意欠如・多動症（Attention-Deficit/Hyperactivity Disorder: ADHD）である。ASD は、自閉症を中心としてそれに連続する発達特性を有して生活の支障をきたしている場合であり、①社会的コミ

ュニケーションおよび対人的相互反応における持続的な欠陥と、②行動、興味、または活動の限定された反復的な様式という二つの症状で定義される。②には、いわゆるこだわりの他に感覚の偏りも含まれる。知的な遅れの有無は問わず言語の理解も表出も困難な者から、高い知能や突出した能力を持っている者まで含まれる。ADHD は、不注意、多動性、衝動性という三つの症状で定義される。DSM-5 では ASD と ADHD の併発が認められるようになった。

　DSM-5 の神経発達症群にはこれらの他に、知的能力障害群、コミュニケーション症群、限局的学習症、運動症群が含まれる。限局的学習症は、読字、文章読解、書字表出、綴字、算数の計算、数学的推理という、学業的技能を学習することの持続的な困難さで特徴づけられる。運動症群は、発達協調運動症、常同運動症、チック症からなる（金生, 2014）。発達協調運動症は、明確な神経疾患がないにもかかわらず運動の協調に困難があり、生活に支障をきたしている場合に診断される。発達協調運動症だけでは医療機関を受診するには至らないかもしれないが、ASD や ADHD などに併発すると、日常的な細かな作業が円滑にできずに生活しづらさを増大させるので、軽視できない。チック症は、突発的、急速、反復性、非律動性の運動あるいは発声であるチックによって定義づけられる症候群である。チックの持続が 1 年以上であると持続性（慢性）とされ、その中で多彩な運動チックと一つ以上の音声チックを有する場合には、トゥレット症候群とされる。トゥレット症候群は強迫症（Obsessive-Compulsive Disorder: OCD）や ADHD を初めとする併発症を高率に認めて、強迫性と衝動性で特徴づけられる（Berlin & Hollander, 2014）。OCD の中でチックを併発する場合はチック関連 OCD と呼ばれ、"まさにぴったり"という感覚を求めて強迫行為をせずにはいられない。不安を打ち消そうと強迫行為をする典型的な OCD とは異なり、発達障害に準じるものと考えてもよいかもしれない。

　ASD でも ADHD でもチック症でも、発達障害は男性で高率に認められる。しかし、女性は男性よりも社会性が高いために ASD の診断閾下になってしまうのではないかとか、女性は男性よりも活動量が少ないので多動性が目立たずに ADHD と診断されないのではないかという指摘もある。発達障害の思春期を検討するにあたって性差に留意する必要があろう。

3　発達障害と併発症

　発達障害を持つ人が治療や支援を求める場合には、発達障害の中核症状以外の問題により強い困難を感じていることが少なくない。それらの問題はしばしば発達障害の併発症と一括される。例えば、ASD について見ると、児童精神薬理プログラムを受診した者の中で、ASD を持つ若者はそうでない場合よりも有意に併発症の数が多かったと報告されている（Joshi et al., 2010）。ADHDについても、病院を受診する者の 80％ 以上が併発症を有するとされ、それらを「情緒障害群」「行動障害群」「発達障害群」「神経性習癖」に分けることが提案された（渡部，2006）。

　「情緒障害群」は内在化障害とほぼ同義であり、その中心は不安とうつである。体系的文献レビューから、ASD で最も一般的な併発症は不安とうつであると示唆されている（Skokauskas & Gallagher, 2010）。標準化した方法で ASD を評価した研究をメタ分析したところ、18 歳未満の 39.6％ が何らかの不安症を有しており、その中で最も高率であったのが、社交不安症（29.8％）であり、OCD（17.4％）が次いでいたという（van Steensel et al., 2011）。また、ASD の大規模双生児研究から、ASD または診断閾下の ASD 特性を持つ場合には、定型発達より不安が高く、不安は知能指数および自閉症状と相関すること、ASD または ASD 特性を持たない双生児の同胞でも定型発達より不安が高いことが示唆されている（Hallett et al., 2013）。不安になりやすさには素因が関与すると同時に、知能が高く自己の状況を把握できるとむしろ不安になりやすい可能性があると思われる。うつでも、素因の関与および知的水準の影響について同様の傾向があると考えられる。

　「行動障害群」は外在化障害とほぼ同義であり、攻撃性が特徴的で、反抗挑発症や素行症などが該当する。反抗挑発症は、怒りっぽく／易怒的な気分、口論好き／挑発的な行動、または執念深さなどの情緒・行動上の様式によって、素行症は、他者の基本的人権、または年齢相応の主要な社会的規範、または規則の侵害を反復し持続する行動様式によって、それぞれ特徴づけられる。

　外在化障害と内在化障害を並列に記載したが、1 人が両方を有することもしばしばあり、相互の関連についても検討されている。ADHD を持つ青年は将

来的に気分障害を発症しやすく、特に反抗挑発症または素行症を併発するとその危険性がいっそう高まるとの報告がある（Chen et al., 2013）。ADHD を持つ児童や青年では、不安を認めると素行症を起こしにくい一方で、素行症を併発すると不安になりやすいという報告もある（Bilgiç et al., 2013）。外在化障害を伴って生活に支障をきたすと自己評価が低下して内在化障害をきたしやすくなると思われる。

　発達障害の中で複数の疾患が併発すると、困難が増すことは想像に難くない。実際に、ASD と ADHD を併発すると、ASD のみの場合よりも自閉症状が重症であるとか（Sprenger et al., 2013）、内在化障害および外在化障害が重症である（Suzumura, 2014）との指摘がある。ADHD の併発症として「発達障害群」および「神経性習癖」も提案されていると先述したが、「神経性習癖」には、チック症や吃音のように発達障害とされるようになった疾患に加えて、抜毛症や皮膚むしり症をはじめとする身体集中反復行動症のようにチック関連 OCD に類似した疾患が含まれる。典型的な ASD や ADHD に、これらも含めた他の発達障害およびそれに準じた疾患が併発すると、より問題が複雑化すると思われる。

　発達障害の併発症を見ると、軸となる疾患とは別の発達障害およびそれに準じた疾患は病態としても関連が強く、より低年齢から生じてくる可能性が高いと思われる。それに伴って生活しづらさが増すうちに、周囲との相互関係の中で外在化障害や内在化障害が生じて、生活しづらさがさらに増大していくと思われる（近藤, 2011）。

4　発達の経過中の状態像の変化と思春期

　発達障害に含まれる個々の疾患の間の線引きが難しいと前述したが、それは横断的だけでなく縦断的にも言えることである。すなわち、発達の経過中に状態像が変化して、時には発達障害としての主診断が変わることもあり得る。例えば、幼児期早期には、呼んでも振り向かず目も合わず、言葉の発達に遅れがある、という知的な遅れのある典型的な自閉症であった子どもが、幼児期後期に著しい発達を示し、やや一方的であるものの会話をするようになって、知的な遅れのない（高機能の）ASD の像を呈し、さらに就学後には他児との交流が

かなりできるようになって、正義感が強くて理屈っぽい傾向がやや目立つくらいになり、ASD特性を有していても診断閾下とされるかもしれない。

　発達に沿った状態像の変化には、前述した併発症もかかわってくる。例えば、児童期に入ってASD特性が目立たなくなる一方で、不注意や衝動性に伴う困難の方が前景に立つようになり、自分ではがんばっているつもりでもうまくいかないので投げやりになって自己評価がどんどん低下して、ADHDと内在化障害の方が問題になるかもしれない。

　以上のように、発達障害は、低年齢から認められる脳機能の発達の障害であるという枠組みとしては一貫していても、精神・行動面での表れ方は発達の経過中でしばしば変化し、思春期はその変化がいっそう顕著になると思われる。時には発達障害として初めて認識される時期が思春期であることもある。例えば、知能が高かったり攻撃性がなかったりして周囲に受け入れられやすく、家族や学校などが発達特性を受容していると、他児が大きな変化を遂げる思春期にさしかかった時に初めて他児との相違が際立ってきて、問題とされるかもしれない。

　発達障害にとっての思春期を検討するにあたっては、それまでの発達の経過中に子どもがどのように周囲との関係を経験してきたかも重要である。発達特性に相応しくない対応をされてくるうちに、不適切な反応を身につけてしまい、思春期にその反応が尖鋭化することは少なくない。例えば、注意が散漫で持続しにくく視覚的に提示された方がわかりやすいのにもかかわらず、くどくどとした指示を言葉で伝えられては従えないことを叱責され続けると、刺激に対して過敏になって混乱しやすくいっそう落ち着きがなくなるかもしれない。そして、自己主張の意欲や衝動性が高まってくる思春期を迎えると、自分を圧迫するように感じられる者に対して攻撃行動を示して周囲との衝突が繰り返されるかもしれない。親から見ると、発達障害を持つ子どもは育てにくく、受け止めきれないことも少なからずあり、意図しなかったとしても虐待的な対応になることもあるだろう。そのために安心感を得られないままの子どもが思春期に到達すると、より困難が大きくなることは想像に難くない。

　思春期になり、発達障害を持つ子どもの示す行動が変化すると同時に、子どもの内面も変化してくる。それまでは他児にからかわれても、かかわってもら

っていると思ってむしろ喜んでいたのに、他者の視点から自身を振り返ることができるようになると、実は馬鹿にされていたとかいじめられていたという思いが突如として浮かんで、強い怒りを覚えるかもしれないし、情けなさがこみ上げてくるかもしれない。そうかと思うと、それまでは他児への関心が乏しくて孤立していても平気であったのが、他児とかかわりたいとの意欲がようやく生じて、自分の置かれた状況に気づいて愕然とするかもしれない。また、内面が変化する時期にはある程度の幅があり、発達障害では知的に遅れがなくてもやや遅くなることもある。他児とはやや異なる時期に急速に変化が生じると、子ども自身のみならず周囲も当惑するだろう。

5　思春期の発達障害と周囲との関係

　子どもの生活の重要な構成要素である家庭、学校、仲間の中で、思春期には仲間の比重が上がり、家庭の比重が下がる。10歳頃になると、他者の感情の理解が深まり始め、それまでは席が近いなどの形式的なことが優先していた子ども同士のつながりが内面を重視するものになっていく。このような子ども集団の変化に発達障害を持つ子どもがついていけずに、他児との齟齬を生じることが考えられる。例えば、規則や教師の指示を最優先して結果的に友人との信頼関係を踏みにじることや、自分の興味のあることだけを話題にしたり話題が転々としたりすることが、それまで以上に異質に受け止められ、よそよそしい対応をされるかもしれない。このような他児の対応に対して、発達障害を持つ子どもが拒否されたとの思いを抱くことが少なからずあり、状況認知の偏りや思い込みやすさから強い被害感を抱くこともあろう。時には発達的な変化や発達障害を十分に理解できない親や教師を巻き込んで、事態が紛糾するかもしれない。

　また、10歳頃には学業面においても抽象的な関係の解析や多側面からの情報の総合を求められるなどと難度が上がっていく。小集団での討論や発表などもより求められるようになり、そういう意味でも発達障害を持つ子どもの学校での負担が増してくる。

　一方、発達障害を持つ子どもの親は、子どもが仲間との関係を深めつつ親離れをして自己を確立するという発達課題に直面して、他児以上に困難を経験し

ていることに十分に気づいているとは限らない。子どもの発達特性に沿った対応を無自覚にしてきた親は、攻撃行動や不登校のような明確な行動上の問題が生じて初めて仲間や学校にまつわる困難に気づくかもしれない。子どもが発達障害を持つと認識している親も、様々な配慮を重ねてきて支援の必要性を感じるがゆえに、かえって思春期の課題はまだ先のことと感じて、困難に遭遇しつつあると気づきにくいことがある。子どもが知的な遅れを伴う場合には、保護し続けなくてはと親は思いがちで、思春期の変化と困難にいっそう気づきにくくなるだろう。しかし、どれほど重い知的な遅れを伴う発達障害であったとしても、親との距離を取って自分なりに活動しようとする時期が訪れ、それを理解できない親との間に軋轢を生じる。さらに、発達障害を持つ子どもの親が子どもと近似する発達特性を持っていて、余計に衝突しやすくなることもある。そうかと思うと、発達特性の長所を活かして活躍している親が、発達障害を持つ子どもも自分と同様の適応を得られると思って、子どもの困難を十分に理解できないこともある。

6　発達障害の思春期と治療や支援

　治療や支援にあたっては、発達障害を持つ子どもが思春期を乗り越えて発達していけるようにすることが基本である。実際の活動は、だれが、何を問題にして、だれに（どのような分野や専門家に）、支援を求めているかによっても異なる。支援を求める主体は親や教師という周囲の大人のことが多いが、思春期では子ども自身の場合もある。問題にする事柄は立場によってしばしば大きく異なり、それに伴って支援を求める対象も必ずしも一定しない。診断や薬物療法を受けることを求める場合には医療が対象になるだろうが、多くの場合は教育や福祉など多様な分野が対象となり、それらの連携も必要となる。いずれにしても、発達障害および併発症の診断のみならず、認知や情緒の特徴、困難を生じている状況、発達の経過とその間の周囲との関係などの情報を整理してよりよい理解を得ることが大切である。そして、思春期までに親との愛着関係を確立するとともに、自分の長所を誇りに思えるようになっているかを確認する。それらが達成されていれば、子どもが不全感を感じていても、自分の発達特性を理解してそれを踏まえて困難に対処するように促すことができる。診断の告

知にこだわりすぎずに、発達特性を伝えてより生活しやすくなるように具体的な助言をして見守っていく。しかし、思春期になって初めて医療機関を訪れる場合には、このような基盤ができていないことが多い。薬物療法を要することもあるが、それよりも発達障害の意味を子どもや周囲の人々が理解できるように促す心理教育や環境調整が重要である。

＊

　発達障害を持つ子どもは、思春期に子ども集団を初めとする周囲の変化や自分の変化を把握しきれず、他児よりも困難を強く感じると思われる。本章では触れなかったが、認知や感覚の偏りのために、思春期の身体的な変化に伴う困惑はより大きいかもしれない。また、それまでの発達の経過中に否定的な体験を繰り返して、しかもそれが自身の中で増幅してしまい、変化に対応する基盤となる安心感を得られていないかもしれない。そうであったとしても、発達障害を持つ子どもひとりひとりについて、包括的な理解にもとづき、周囲がそれぞれの立場を活かして対応することによって、思春期を乗り越えての発達につなげられると考える。そして、発達特性および発達の経過中のその展開を念頭に置くことは、思春期においていかなる子どもに対応する際にも参考になると思われる。

引用文献

APA (2013). *Diagnostic and Statistical Manual of Mental Disorders, 5th ed.* (DSM-5). Arlington: American Psychiatric Association.

Berlin, G. S., & Hollander, E. (2014). Compulsivity, impulsivity, and the DSM-5 process. *CNS Spectrums*, **19**, 62–68.

Bilgiç, A. et al. (2013). Relationship between anxiety, anxiety sensitivity and conduct disorder symptoms in children and adolescents with attention-deficit/hyperactivity disorder (ADHD). *European Child & Adolescent Psychiatry*, **22**, 523–532.

Chen, M. H. et al. (2013). Higher risk of developing mood disorders among adolescents with comorbidity of attention deficit hyperactivity disorder and disruptive behavior disorder: a nationwide prospective study. *Journal of Psychiatric Research*, **47**, 1019–1023.

Gillberg C. (2010). The ESSENCE in child psychiatry: Early Symptomatic Syndromes Eliciting Neurodevelopmental Clinical Examinations. *Research in Developmental Disabilities*, **31**, 1543-1551.

Hallett, V. *et al.* (2013). Exploring anxiety symptoms in a large-scale twin study of children with autism spectrum disorders, their co-twins and controls. *Journal of Child Psychology and Psychiatry*, **54**, 1176-1185.

Joshi, G. *et al.* (2010). The heavy burden of psychiatric comorbidity in youth with autism spectrum disorders: A large comparative study of a psychiatrically referred population. *Journal of Autism and Developmental Disorders*, **40**, 1361-1370.

金生由紀子(2009).発達障害 児童青年精神医学とその近接領域,50周年記念特集号,130-136.

金生由紀子(2014).運動症群／運動障害群.神尾陽子(編),DSM-5を読み解く1 中山書店 pp. 100-110.

近藤直司(研究代表)(2011).青年期・成人期の発達障害者へのネットワーク支援に関するガイドライン 厚生労働科学研究障害者対策総合研究事業(身体・知的等障害分野)「青年期・成人期の発達障害に対する支援の現状把握と効果的なネットワーク支援についてのガイドライン作成に関する研究」班

「精神科治療学」編集委員会(2014).発達障害ベストプラクティス――子どもから大人まで 精神科治療学, **29増刊号**.

Skokauskas, N., & Gallagher, L. (2010). Psychosis, affective disorders and anxiety in autistic spectrum disorder: Prevalence and nosological considerations. *Psychopathology*, **43**, 8-16.

Sprenger, L. *et al.* (2013). Impact of ADHD symptoms on autism spectrum disorder symptom severity. *Research in Developmental Disabilities*, **34**, 3545-3552.

Suzumura, S. (2014). Impact of attention deficit hyperactivity disorder-like symptoms on the clinical features of adolescents with pervasive developmental disorders. *Asia-Pacific Psychiatry*, **6**, 71-76.

van Steensel, F. J. *et al.* (2011). Anxiety disorders in children and adolescents with autistic spectrum disorders: A meta-analysis. *Clinical Child and Family Psychology Review*, **14**, 302-317.

渡部京太(2006).AD/HDの中長期的経過.齊藤万比古・渡部京太(編),注意欠陥／多動性障害の診断治療ガイドライン じほう pp. 191-200.

第17章 摂食障害

田中　聡

1　摂食障害とは

　日々の生活の中で適切な食事を摂ることは、ただ生命を維持するというのみならず、思春期のヒトにとっては、脳を含めた身体と心・社会性の発達にとって必須のものである。何らかの要因によりこれが滞れば、心身の健康は損なわれ、発達の遅れや停止が生じ、時にその個体は若年死に至る。食行動の異常をきたし心身を冒す「摂食障害」は、思春期のヒトの生命予後・社会予後を大きく損なう重大な精神障害の一つであり、国際疾病分類（International Classification of Disease: ICD-10）では表17-1の各型に分類される。本章では、摂食障害を代表する二つの亜型について主に述べ、総論として今後の研究に期待されることをまとめる。

2　神経性無食欲症について

2-1　仮想症例

　神経性無食欲症（Anorexia nervosa：AN）について、複数の自験例の情報を元に、仮想の典型的重症例として再編したものを以下に示す。
　2人同胞第一子女性、地方都市の郊外にて核家族で生育。周産期・乳幼児期・児童期に特記すべき健康上の問題なし。大柄でぽっちゃりとした体型であり、幼児期よりそのことを気にしていたという。中学生時に身長158 cm、体重60 kg前後（BMI約24 kg/m^2）となり、そのままの体格で高校に進学、バレーボール部の活動に熱中する。クラスメートの中でダイエットが流行したことをきっかけに、高校2年生時より食事を自己制限し始めた。
　自然食にこだわり、カロリー制限だけでなく炭水化物と脂質の摂取を極端に

IV 精神病理学からのまなざし

表17-1　ICD-10における摂食障害の分類（WHO, 1992/2005）

F50　摂食障害（Eating disorders）
　F50.0　神経性無食欲症（Anorexia nervosa）
　F50.1　非定型神経性無食欲症（Atypical anorexia nervosa）
　F50.2　神経性過食（大食）症（Bulimia nerovsa）
　F50.3　非定型神経性過食（大食）症（Atypical bulimia nervosa）
　F50.4　他の心理的障害と関連した過食（Overeating associated with other psychological disturbance）
　F50.5　他の心理的障害と関連した嘔吐（Vomitting associated with other psychological disturbances）
　F50.8　他の摂食障害（Other eating disorders）
　F50.9　摂食障害，特定不能のもの（Eating disorder, unspecified）

　避け、体重は半年間で40 kgを切るほどに激減した。月経が停止し、吐き気や下痢が慢性的に見られるようになり、産婦人科や内科を何度も受診したが、改善は得られなかった。低体重のまま大都市の四年制大学に進学、単身生活となり、体重はさらに減って30 kg（BMI約 $12\,\mathrm{kg/m^2}$）を切るようになる。身体不調が続き、心療内科クリニックに受診するが食行動を変えることはできず、通学もできなくなり、1年生で退学した。

　実家に戻ってからは、それまで同様に食事に強いこだわりを示し、母親が求め通りの食事を用意しない時は摂取せず、あるいはこっそり捨てたりしていた。家族は本人をなだめたり、叱ったり、手を変え品を変え本人が食事を摂るよう促すが、本人はある時は黙りこくり、部屋に閉じこもり、促しには応じず、逆に母親が何をどれだけ食べるのかに注目して多量の食べ物を食べることを強要するようになった。目が覚めている時間は終日スクワッティングなどのエクササイズを行い、制止されてもやめなかった。家族は地元で精神医療につなげようとしたが、極度の低栄養に対応できる精神医療機関は見つからず、地元の内科病院に入院を何度かさせたが、本人の治療拒否からの中断退院がくりかえされた。本人は友人との交流もせず、テレビや雑誌を時に眺める以外は自室でのエクササイズをただ続けていた。時にリストカットが見られたが、なぜ自傷を行うのか言葉にすることはできなかった。

　24歳時、両親が決心し、本人を自家用車で2時間ほどかかる都市部の総合病院に連れて行き、受診させた。本人は「体に悪いからオーガニックの食品し

か食べない」「自分は周りと比べてやせているわけではない」などと述べて治療を拒否するが、著しいやせに伴い、歩行はおぼつかず、極端な徐脈、低血圧、肝機能障害、電解質異常、低血糖など全身状態は危機的であり、緊急で集中治療室に入院、麻酔薬で鎮静されながらの身体治療に続いて、精神科病棟に医療保護入院となって低栄養を改善する治療を行うことになった。

精神科医による問診では、発語はまとまらず、くりかえしどのような食事を提供されるのかにこだわり、説明された後も人を変えて同じことを何度も聞いていた。心理査定では、やせることに対する強い願望、現在の体型への不満、成熟拒否、中等度の抑うつなどが指摘されたが、社会的孤立や孤独感についてはまったく自覚されておらず、何年も引きこもって社会的な関係性が途絶えている客観的な状況との間に大きな乖離が認められた。

2-2 疫学、予後

ANは10代女性の0.7%が罹患する頻度の高い疾患である。男女比は2:19と性差が大きい（Fairburn & Harrison, 2003）。標準的な診断基準が確立したのは1980年の米国（DSM-III）であり、米国の現在の診断基準（DSM-5）では、単純に食事摂取が著しく減少する「制限型」と、大食の後の排出行動（嘔吐・下痢の誘発、利尿剤濫用など）を伴う「過食・排出型」に分類される。疾病否認による治療拒否がしばしば見られることもあり、10年死亡率は5%、一般人口と比較した自殺率は56.9倍と高い。また、各種の治療介入によっても患者の50%が慢性化する（Nielsen et al., 1998; Kaye et al., 2009）。自閉スペクトラム症、気分障害（うつ病など）、強迫症、社交不安症など他の精神疾患がしばしば病前・病中に合併する。日本での現状（2010年代）は、疾患に対応できる医療機関が都市部に偏在しており、地域によっては適切な治療の維持が難しいこともあるようだ。

2-3 精神病理と生物学的基盤

ICD-10におけるANの診断基準の概要を示す。①体重が期待値を15%以上下回る／あるいはBMIが17.5以下である。②「太る食物」（太りやすいとされる食物）を避けること／自己誘発性の嘔吐／緩下薬の自発的使用／過度の運動

IV　精神病理学からのまなざし

図17-1　摂食障害患者におけるボディイメージの障害

／食欲抑制薬や利尿剤の使用、のうち少なくとも一つ。③肥満への恐怖やボディイメージの障害（自分のやせ具合を適切に認知できない：図17-1）が見られ、自分に許容できる体重を低く決めている。④無月経や性的能力の減退など内分泌学的異常が見られる。⑤前思春期の発症の場合は性的発達が遅れる／または停止する。①〜⑤のすべての項目が該当することで診断は確定する。特徴的な点として、摂取した食事の少なさや自己の体型がいかにやせているかということへの過剰な注目が見られ、患者は体重が100ｇ減った・増えたと不毛な一喜一憂をくりかえし、他の社会活動や趣味活動による自己評価という健康な視点が失われていく。

　成因としては、遺伝的因子を背景に持ち、病前に「強迫・完全主義・損害回避・やせ願望・低い体内感覚（空腹感・満腹感）」といった傾向を持つ者が、親子葛藤や社会的出立など思春期特有の発達課題に失敗することをきっかけに、あるいは単にマスコミを含めた周囲に影響されて、食事制限を行うことに始まり、低栄養が中枢神経系に影響を与え、強迫性やボディイメージの障害を増強し、不安・抑うつをきたし、結果としてさらに食事制限を進めていく、というサイクルが想定されている（図17-2）。具体的には、消化管からの体液性の信号を受け食欲などを制御する中枢性（脳幹・視床下部）の恒常性維持システム、食に対する衝動を制御する辺縁系皮質や線条体の機能、人生の目標や価値観（食事ややせ具合に限らない、本来もっと大切なこと）にもとづいて食行動を制御するより高次のシステムに機能失調をきたしているものと考えられている。その他、環境因子として、胎児期の母親への過度のストレス、周産期障害といった人生最初期の環境からの影響の他、成長期における社会からの影響（やせを礼賛し肥満を過度に否定する社会、美味な食品が簡単に手に入ってこっそり摂取できる環境）や、食事・体重に関係してからかわれるなどの悪い体験、被虐待体験とい

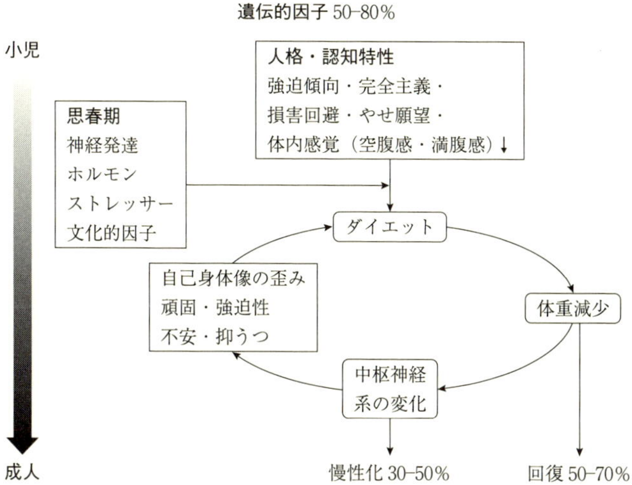

17 摂食障害

```
小児 ────────────────→
          遺伝的因子 50-80%
     思春期              人格・認知特性
     神経発達             強迫傾向・完全主義・
     ホルモン             損害回避・やせ願望・
     ストレッサー          体内感覚（空腹感・満腹感）↓
     文化的因子
                    ↓
                  ダイエット
    自己身体像の歪み              体重減少
    頑固・強迫性
    不安・抑うつ       中枢神経
                    系の変化
成人            慢性化 30-50%    回復 50-70%
```

図17-2　神経性無食欲症の成因と病的サイクル（Kaye *et al.*, 2009）

ったことが発病を促進するものと考えられている（Treasure *et al.*, 2010）。また、患者は、自己のボディイメージに関する認知だけが歪んでいるのではなく、頭頂葉などの機能失調の結果として、空間・立体の認知そのものが障害されているという知見が近年になって集まってきている（Guardia *et al.*, 2012）。

3　神経性過食（大食）症について

3-1　仮想症例

　神経性過食（大食）症（Bulimia nervosa: BN）について、複数の自験例の情報を元に、仮想の典型例として再編したものを示す。

　2人同胞の第一子女性、地方都市の高級住宅街にて父方祖母・両親・弟と生育した。周産期・乳幼児期に特記すべき健康上の問題なし。小学校4年生より不登校として事例化し、児童精神科を受診するが、数ヵ月おきに登校できる時期とできない時期をくりかえした。中学校・高校はおおむね通学が成立し、それとともに通院は中断した。

　実家から通学できる大学に進学後、食欲が急に増え、体重が一気に5kg増えた。次いで、週に数回深夜、コンビニエンスストアで買い込んだ菓子類を食事とは別に大量に食べ、直後肥満を恐れて喉に指や歯ブラシを突っ込み嘔吐す

ることをくりかえすようになった。体重は標準体重より少し多め、BMI 25 前後で細かく変動し続けた。朝の強い倦怠感とともに、自分の体型が人目に触れることを恐れ、登校することへの強い不安が生じ、自宅に引きこもりがちとなった。常に不機嫌で、不意に強いイライラが生じるとリストカット、また、母親とのささいな行き違いから暴れて食器を何枚も投げつけて割ることなどが見られた。

　両親は腫れ物にさわるように本人に接し、求めに応じて過食のための現金を渡し、本人の求めるような食事を本人の希望する時間に用意するようになった。弟が遠隔地に就職して家を出ると、本人は昼夜逆転してネットゲームに没頭、不機嫌はますます強くなり、暴れるたびに「死にたい」と漏らすようになった。

　大学の指導教官の勧めもあり、かつて通院していた精神医療機関に再診、選択的セロトニン取り込み阻害薬（Selective Serotonin Re-uptake Inhibitor：SSRI）の投薬が開始された。心理査定では、強い抑うつ・衝動性・成熟拒否・対人緊張の傾向などが見られた。薬物療法は一定の効果を示し、医師による生活指導もあって昼夜の生活リズムは半ば整い、過食する量や回数は若干減少した。臨床心理士による心理面接が開始されたが、ある回では涙ながらに自分の外見に自信が持てないことが語られたかと思うと、直後にはキャンセルが相次ぎ、治療を進めるには時間がかかることが予想された。

3-2　疫学、予後

　BN は 16～35 歳の女性のうち 1～2% が罹患する、AN 同様に頻度の高い疾患である。男女比は 1：29 と、AN よりもさらに性による差が大きい（Treasure et al., 2010）。食事や自己の体型に過剰に注目する点は AN と同様であるが、低体重は見られない。コントロールのきかない大食と排出行動が認められる。予後については十分な知見は得られていないが、アルコール依存など他の精神疾患の合併により予後不良となるという報告は見られる。多くの患者は食欲の自己制御を失っていることを苦痛に感じており、治療導入は AN に比べて行いやすいが、必ずしも継続的な治療につながるわけではない。抑うつや不安障害の症状、物質乱用（アルコール、違法薬物、処方薬など）、くりかえしの自傷行為がしばしば認められる。

3-3　精神病理と生物学的基盤

BNは、発作的にくりかえされる過食と体重のコントロールへの没頭が特徴で、患者は食べた物の「太る」効果を減じるために極端な方法を用いる。ICD-10におけるBNの診断基準の概要を示す。①持続的な摂食への没頭／食物への抗しがたい渇望、過食のエピソード。②太ることへの抵抗（自己誘発性嘔吐、緩下剤乱用、絶食、食欲抑制薬・甲状腺末・利尿薬の濫用など）。③肥満への病的な恐れから体重制限を行い、神経性無食欲症の病歴がしばしば認められる。食事や体重に過度に注目して、社会生活も心理的柔軟性も失われていくのは、ANと同様である。

BNの病因についてはAN以上に不明な点が多いが、食事摂取をめぐる中枢神経系の機能にANと類似した失調をきたしており、これもAN同様に環境からも影響を受けるものと考えられている。

4　診断移行の問題と背景について

摂食障害には、以上の二つの他、これらの診断基準の一部のみ満たすもの、ただ大食のみを中心的な特徴とするもの、やせ願望やボディイメージの障害を伴わないが高度のやせと食事摂取への恐怖を示すものなど、多彩な表現型が存在する。さらに言えば、例えば当初はただ食事摂取を恐れることが中心であったANの事例が治療経過の中で下剤の乱用を行うようになり、さらには、体重が増加してやせが消失した後はBNの病型を取る、といったこともしばしば認められる。こういった現象からは、摂食障害の持つ多様な表現型の背景基盤には、各診断に共通する一定の病態生理が存在している可能性が考えられる。

米国ミネソタ大学において、第二次世界大戦末期である1944年11月から約1年間をかけて、ある実験が行われた。軍の要請により、飢餓に伴う心理学的・生理学的変化を観察し、再栄養戦略を検討することを目的として、100人以上のすべて男性の志願者に集団生活を送らせ、全員に25%のやせが負荷された。その結果は驚くべきものであった。本来頑健で従順な男性ばかりの集団に、聴覚過敏、被刺激性（イライラ感）の亢進、倦怠感、規範意識の低下、過剰な運動、生理的欲求の低下、興味の幅が狭くなること、抑うつなどが観察された（ミネソタ飢餓実験：Minnesota Starvation Experiment; Franklin *et al.*, 1948）。

ここから、摂食障害においては、疾患特異的に存在する病態に重なる形で、低栄養自体が何らかの機序により表現型に大きな影響を与えているということが導かれる。脳は摂取カロリーの約20％を利用して活動しており、特にその成長過程においては飢餓により頑固さ、情緒不安定、社会機能の低下などの悪影響を受けやすい。

　1950年代の死亡症例の研究に始まり、CT（Computed Tomography）やMRIによる脳構造画像研究は、いずれも、摂食障害の低栄養期には脳容積、特に灰白質が健常者に比べ縮小していることを示している。近年、低栄養期と栄養状態が回復した後の構造画像を比較する研究が各国で行われるようになっており、栄養状態が改善することで灰白質容積がおおむね回復するということはコンセンサスが得られているが、細部までの回復が得られているのかということについては十分に意見の一致を見ていない。また、発病前（低栄養が始まる前）に脳構造上の異常が存在するのかどうかについても知見は得られていない。

　しかし、少なくともこのように、低栄養が脳に与える影響はきわめて大きいことが明らかであり、生命予後の問題と合わせて、細かな診断の違いを問わず最優先で治療介入を行うべきポイントとなる。

5　思春期摂食障害の治療

　前述したように摂食障害は、様々な身体症状や精神症状、摂食に限らない行動異常が生じる重大な障害であるが、必ずしも患者は治療を望むわけではなく、病院に連れてこられてからも治療の必要性を否定し、時には体を張っての抵抗が見られる。どんな治療でも本来は患者本人の同意と協力があることが望ましいが、生命の危機が目の前まで迫っていても、本人は頑として治療を受け入れないことがある。著しい低栄養状態では、思考や認知の歪みはきわめて強固なものとなり、自らの病的状態を認められなくなる（疾病否認）。こうした状況では、心理面に言語的に介入して修正を図るアプローチ（病態説明、説得など）は無効であることも多い。このような緊急事態において、日本では、やむを得ず医療保護入院などの非自発的入院の手続きにもとづき、強制的な入院治療が行われることもある。

　標準体重比55％以下のような強い低栄養状態や、排出行為により大きく血

表 17-2 NICE ガイドラインによる治療選択とエビデンスレベル（日本摂食障害学会，2012 より抜粋）

神経性無食欲症（AN）	エビデンスレベル
児童思春期の患者には、摂食障害に直接治療の焦点を当てた家族介入が行われるべきである	B
神経性大食症（BN）	
治療の第一段階として、エビデンスに基づくセルフプログラムを行うことを勧めるべきである	B
医療関係者は、上記のセルフヘルププログラムを当事者が実施するのをサポートするべきである　これだけで治療は十分という患者もいる	B
成人患者には、過食症向けの CBT（CBT-BN）を 4〜5 ヵ月にわたり、16〜20 回提供すべきである	A
CBT に反応しなければ、他の心理的治療を提供することを考えるべきである	B
対人関係療法を CBT の代わりに用いてもよいが、8〜12 ヵ月かかることを知らせる必要がある	B
セルフヘルププログラムの代わり、あるいはこれに追加する治療として、抗うつ薬を試してもよい	B
抗うつ薬は、過食嘔吐の頻度を下げる効果があるが、長期の効果は不明であることを伝える　効果がある場合は、すぐ現れる	B
過食症の治療に、抗うつ薬以外の薬剤による薬物治療法は勧められない	B

＊エビデンスレベル
A：そのテーマについて、多くの質のよい研究があり、その中に少なくとも一つは無作為割付比較試験が含まれている。エビデンスは、この治療選択に明確に焦点を当てた研究であり、関連テーマの研究結果からの推定ではない。
B：そのテーマについて、質の高い臨床研究（ケースコントロール研究など）が実施されているが、無作為割付比較試験は行われていない。あるいは関連テーマの無作為割付比較試験の結果からの推定を含む。

液電解質バランスが崩れた状態などでは、心理面への配慮以前に、救命のためのすみやかな身体医学的介入が最優先される。栄養療法を行う際には、それに伴う危険な合併症を避けるため、栄養組成への配慮とともに、量についてもごく少量から身体指標を見ながらゆっくりと漸増していくのであるが、詳細は治療ガイドラインなど成書を参照されたい。

　患者の心理社会的側面への介入は、ある程度脳機能が改善し、差し迫った生命の危機がない状態から始めることが望ましい。英国の治療ガイドライン（表 17-2）では、小児期の AN においては、家族介入（Family Based Therapy）の有効性が示されており、これは本人がどんな身体状況にあろうとも行っていくことができる。成人期の AN の低栄養状態において、身体治療以外に十分な治療効果が立証された治療介入は現時点で存在せず、日本においては、患者と家

族の個々の特性・希望により、支持的精神療法、認知行動療法（Cognitive Behavioral Therapy：CBT）、心理教育、家族介入、力動的精神療法、（社会リズム）対人関係療法、集団精神療法、デイケア、栄養指導などが適用されているが、日本の健康保険にもとづく診療体制のもとでは、これらの治療資源や治療スキルをいつでもどこでも提供できるわけではないのが現状である。治療導入にあたっては、疾病教育や認知療法的介入を通し、できるだけ支持的で穏やかな対応で本人の治療動機を作っていくことを推奨する意見がある（日本摂食障害学会, 2012）。世界的には、診断横断的（AN や BN といった診断にこだわらない）介入として、CBT-E（摂食障害に対する認知行動療法改良版）と呼ばれる治療実践（Fairburn, 2008）が注目されている。

BN については、AN とは異なり、各種の介入の有効性が指摘されている。治療の第 1 段階では、ワークブックやインターネットを介したセルフヘルププログラムを医療者の支援のもと行うことが推奨されている。心理療法としては、BN に特化された認知行動療法や対人関係療法が行われる。薬物療法として抗うつ剤が効果を示すことがあり、時にこれも併用される。

6 思春期摂食障害の発達心理社会的支援と今後への期待

ここまで述べてきたように、摂食障害は、その結果としての、低栄養からのポジティブフィードバックを受ける自己制御機能の破綻サイクルととらえることができる。とすると、思春期の摂食障害の治療とは、この病的サイクルを何らかの手段により停止させ、自己制御機能を回復させ、さらに個々の患者の心理発達段階に応じた発達（心身の成長）を支援していくことであると言える。

低栄養が改善したり、嗜癖的な過食嘔吐が制限されたりすると、患者の前には、疾病によってマスクされてきた心理社会的問題が立ちはだかってくることが多い。認知行動療法や対人関係療法などの心理療法は、それぞれの患者固有の心理社会的問題を見定め、それを適切な方法で乗り越えていくことをサポートする機能が大きい。このような構造化された心理療法の枠の中だけでなく、現実的・個別的問題の解決を支援するためには、医師・看護師といった中核的な医療スタッフだけでなく、作業療法士、臨床心理士、栄養士、スクールカウンセラー、養護教諭、職業カウンセラー、医療ソーシャルワーカーといった多

職種による介入や、仲間同士の支え合い（ピアヘルプ）が行われることが望ましい。こうした介入がうまくいかない、あるいは為されない場合、仮に入院治療で低栄養や食行動が是正されたとしても、患者は退院後まもなく、入院前までの食行動パターンに戻っていってしまう。

患者には各種の認知バイアスが生じている。不安障害や自閉スペクトラム症などを合併する事例では、それぞれの合併症に伴う認知バイアスが生じやすく、それぞれの疾患に応じた心理社会的介入法が存在する。空腹感や満腹感がわからないという訴えや、少量の食事摂取でも生じる腹部の不快感に対しては、現在は摂取カロリーを記録・定量化するような指導や、疾病教育を通した病態説明による対症療法が行われているのみである。視空間認知の障害やボディイメージの障害、極端な身体エクササイズを続け疲労が感じられず安静を保つことができない現象、身体の危機的状況に対する極端な無自覚など、摂食障害にしばしば見られる認知バイアスに対しては、現時点では、再栄養療法がどこまで有効であるのかも一致した見解はなく、普遍的で有効な介入は見出されていない。今後、これらの認知特性を個別的に定量化した上で、個々の認知バイアスを本人と共有し、再構成させていくような治療を開発することが喫緊の課題である。そのためには、現在行われている遺伝子多型にかかる研究、脳構造画像の追跡研究、神経心理学的研究などをさらに統合的に進めるのみでなく、発病前からの前向きコホート研究を行うことで、患者の個別性を客観的指標にもとづき説明できるようになることや、より具体的な病態解明を進めていくことが求められている。

引用文献

Fairburn, C. G. (2008). *Cognitive behavior therapy and eating disorders* New York: Guilford Press（切池信夫（訳）(2009). 摂食障害の認知行動療法　医学書院）

Fairburn, C. G., & Harrison, P. J. (2003). Eating disorders. *Lancet*, **361**, 407-416.

Franklin, J. C. *et al.* (1948). Observations on human behavior in experimental semi-starvation and rehabilitation. *Journal of Clinical Psychology*, **4**, 28-45.

Guardia, D. *et al.* (2012). Spatial orientation constancy is impaired in anorexia nervosa. *Psychiatry Research*, **195**, 56-59.

Kaye, W. H. *et al.* (2009). New insights into symptoms and neurocircuit function of anorexia nervosa. *Nature reviews Neuroscience*, **10**, 573-584.

切池信夫（2009）．摂食障害　医学書院

National Collaborating Centre for Mental Health（2004）. Clinical practice guideline CG9 eating disorders: Core interventions in the treatment and management of Anorexia nervosa, Bulimia nervosa, and related eating disorders.（http://www.nice.org.uk）

Nielsen, S. *et al.*（1998）. Standardized mortality in eating disorders: A quantitative summary of previously published and new evidence. *Journal of Psychosomatic Research*, **44**, 413-434.

日本摂食障害学会（監修）（2012）．摂食障害治療ガイドライン　医学書院

Trace, S. E. *et al.*（2013）. The genetics of eating disorders. *Annual Review of Clinical Psychology*, **9**, 589-620.

Treasure, J. *et al.*（2010）. Eating disorders. *Lancet*, **375**, 583-593.

World Health Organization（1992）. *The ICD-10 classification of mental and behavioural disorders.*（融道男ほか（監訳）（2005）．ICD-10 精神および行動の障害――臨床記述と診断ガイドライン　医学書院）

第18章 依存症

鶴身孝介・村井俊哉

　依存症は日本において大きな問題である。最近の厚生労働省による調査によると、国内におけるアルコール依存症患者は109万人、ギャンブル障害（病的賭博、ギャンブル依存症）患者は536万人に上ると推定されている。依存症は本人が困難に陥るのみならず、家族などの周囲の人々をも巻き込むことが知られている。アルコール依存症であれば肝障害や神経障害を初めとする健康障害、飲酒に伴う暴力などのトラブル、飲酒が最優先となる生活から欠勤や失職に至ることもある。ギャンブル障害であれば、金策のための借金やそれを埋め合わせるための横領・窃盗などの犯罪、アルコール依存症の場合と同様に、ギャンブルが中心となる生活から欠勤や失職に至ることも少なくない。そして、このような病気を抱えた者が家族にいると、病気の治療という点で逆効果であるにもかかわらず家族は尻拭いに奔走することが多く、様々な悲惨な光景を目にした子どもたちにも多大な影響を及ぼし、何らかの精神疾患に罹患するケースも数知れない。このように社会的な影響も多大であるにもかかわらず十分な治療や研究が行われていないのが現状であり、依存症についての社会の理解が進むことが切望される。

　依存症にはアルコール依存症を初めとする物質を伴う物質依存症と、物質を伴わない行動アディクションがある。行動アディクションは、物質依存症との類似点が以前から指摘されていたが、物質依存症との類似点を示す知見が集積してきたギャンブル障害のみが、2013年に改訂されたDSM-5において物質依存症とともに「物質関連障害及び嗜癖性障害」として分類されるに至った。今後の研究の進展次第でインターネット依存症などの他の行動アディクションも物質依存症と同一の項目に分類される可能性がある。

　細かい点を無視するならば、物質依存症で見られる脳の変化から薬物による

IV 精神病理学からのまなざし

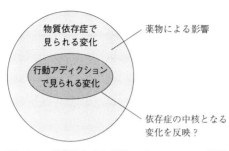

図 18-1 物質依存症と行動アディクションの関係

影響を差し引いたものが行動アディクションで見られる脳の変化であり、それが依存症の中核となる変化を反映しているのではないかと考えられる（図 18-1）。

依存症を語る上で代表的な脳構造に線条体（主に腹側）、前頭前皮質、扁桃体などが挙げられる。線条体は脳の深部に位置する構造体であり、報酬系の中心である。また前頭前皮質は前頭葉の前方大部分を占め、ヒトにおいて特に発達しており様々な役割を担っていて、大雑把に言ってしまうと理性を司る部位であるということもできるであろう。扁桃体は線条体の尾状核下端前方に接するアーモンド形の構造体であり、情動を司る部位として知られている。これらに加えて外側溝の中に位置する島皮質も依存症において近年注目を浴びている。

本章では、依存症患者の MRI 画像で見られる脳機能・構造変化について概説し、島皮質や発達とのかかわりについても述べる。

1 依存症患者の脳の活動──ギャンブル障害の研究から

1-1 衝動性

病的賭博・問題賭博患者を対象に衝動抑制時の脳活動を測定した研究は 2 報ある（研究が行われた際、DSM-5 はまだ刊行されていなかったため、旧来の病名を示している。以下においてもそのように記載する）。2 報とも病的賭博・問題賭博患者群は健常群と比較して衝動抑制時に前頭前皮質の活動が低下していた。これは前頭前皮質の抑制系の機能異常により衝動性が亢進していると解釈することができる。同様の知見が物質依存症患者でも見られており、依存症全体に共通する神経基盤であると考えられる。このため、依存症患者は嗜癖行動や嗜癖物質に手を出しやすいのではないかと推測される。

1-2 報酬と罰への感受性

病的賭博・問題賭博患者を対象に金銭報酬獲得・損失の際の脳活動を検討し

た研究は3報ある。3報からの知見を総合すると、病的賭博・問題賭博患者群は健常群と比較してギャンブルと直接関係のない報酬や罰（金銭報酬の獲得や損失）に対して線条体や前頭前皮質の反応が鈍感になっていた。これは物質依存症患者で見られる基底核におけるドパミン伝達の低下や、依存対象となっている薬物やそれを連想させる刺激以外に対して鈍感になっているという知見と一致しており、これも依存症全体に共通する神経基盤であると考えられる。このため、依存対象以外の報酬に鈍感であるためにより報酬の高い物事を求め、罰に鈍感であるために不利な結果を顧みないのではないかと推測される。

1-3　直接的な cue への反応

病的賭博・問題賭博患者を対象にギャンブルに関連する画像や動画を見た際の脳活動を検討した研究は3報ある。このうち1報は刺激が非常に複雑であり、結果の解釈は困難である。残りの2報からの知見を総合すると、病的賭博・問題賭博患者群は健常群と比較して、前頭前皮質や扁桃体が強く活動していた。物質依存症患者においても依存対象となっている薬物などの視覚刺激に対する反応はほぼ同様となっており、これも依存症全体に共通する神経基盤であると考えられる。

1-4　報酬予測

報酬を予測している際に線条体が強く活動することは、サルを用いた実験で示されている。報酬を予測している際に快情動を感じることは、幼少期の遠足や修学旅行の前日のことを想起すれば理解しやすいだろう。

病的賭博・問題賭博患者を対象に、線条体の活動を検討した研究はいくつかあるが、提示される視覚刺激により線条体の活動は異なっている。具体的には、病的賭博・問題賭博患者は健常群と比較して、ギャンブルを想起させるトランプを用いた凝った刺激の場合には線条体の活動は高く、ギャンブルを想起させるほどではないがやや強い刺激や、パチンコを主たるギャンブルとする病的賭博患者に対するギャンブルとは関係のないポイントの場合は線条体の活動は同等であり、味気ない金銭刺激や性的な画像に対する線条体の活動は低かった。これらの知見を総合して考えると、依存対象に向かう気持ちは強い一方、依存

Ⅳ　精神病理学からのまなざし

対象から遠いものほど興味がなくなるため、より一層依存対象から抜けられないという悪循環に陥っていることが推察される。

1-5　まとめ

病的賭博・問題賭博患者の脳活動を調べた研究結果を総合すると、まず衝動を抑制する際の脳活動が低下しているところに衝動性の亢進が表れていると考えられる。そして、依存対象に対する脳活動は高く依存対象から遠いものほど脳活動は目立たなくなるところに依存対象への関心がそれ以外のものと比較して突出していることが表れており、依存対象から抜け出しにくくなっていると考えられる。さらに、これらの知見は物質依存症患者とも共通しているため依存症に共通する基盤であると考えられる。

2　依存症患者の脳の構造

2-1　行動アディクション

インターネット依存症を対象とした脳構造研究は、灰白質・白質を対象としたものがともに数としては比較的多いが、灰白質体積や白質統合性増加・減少の結果が混在している。この原因としては、各国（場合によっては各グループ）がそれぞれ独自の診断基準を作成して用いていたり、よく使用されている診断基準を用いたものでも近年のネット環境を取り巻く変化を十分にキャッチアップできていなかったりするなど、対象が不均一である可能性が考えられる。

病的賭博を対象とした脳構造研究は、数がまだまだ少ないのが現状である。従来的な計測法を用いたものでは群間差はなかったが、最近の詳細な計測法を用いたものでは病的賭博群が健常群と比較して腹側線条体や前頭前皮質で体積が増加していたものが1報、海馬や扁桃体で体積が減少していたものが1報となっている。また白質統合性については病的賭博群が健常群と比較して減少していたという研究が2報出ているがサンプルサイズも小さいため、今後さらなるデータの蓄積が必要であると考えられる。

2-2　アルコール依存症

アルコール依存症を対象とした脳構造研究は、結果が比較的一貫しており、

灰白質・白質ともに広範にわたる萎縮が報告されている（Buhler & Mann, 2011）。死後脳を対象とした研究では、前頭葉における白質の萎縮が顕著であるという報告もあるが、加齢の影響を差し引くと側頭葉の萎縮が顕著であるという報告もある。また、年齢が上がるにつれアルコールによる、ダメージが大きくなるという報告も複数ある。性別による影響については議論となった時期もあるが、現在では体重あたりで補正したアルコール量で脳へのダメージに性差はないが、ダメージの進行は女性の方が速いということでコンセンサスが得られている。さらに、喫煙やコカイン依存などの他の物質依存もアルコールによるダメージを促進するという報告もある。

　一方で断酒によって部分的に脳萎縮が回復するという報告もある（Makris et al., 2008）。マクリス（Makris, N.）らは断酒平均期間5.9年の21人のアルコール依存症患者と21人の健常群を比較して報酬と関連する領域（前頭前皮質、線条体、島皮質、扁桃体、海馬など）での灰白質体積変化を精査した。アルコール依存症患者は健常群と比較して前頭前皮質、線条体の側坐核、島皮質、扁桃体などで萎縮を認めたが、断酒期間が長いほど側坐核や島皮質の体積は増加していた。このような報告はほかにもあり、断酒を動機づける一助となりうる。

2-3　中枢刺激薬

　中枢刺激薬は主にコカイン、アンフェタミン、メタンフェタミンなどを指す。中枢刺激薬依存症患者では前頭葉―線条体系の構造異常が指摘されているが、線条体体積に関しては増加・差なし・減少と結果が別れており一貫していない。このためエルシェ（Ersche, K, D.）らは16の研究を統合したメタ分析を行った（Ersche et al., 2013a）。合わせて中枢刺激薬依存症患者494人と健常群428人を比較したこの研究では、中枢刺激薬依存症患者が健常群と比較して体積が増加していた部位は見られなかった。一方で、前頭前皮質や島皮質などで体積低下を認め、前頭前皮質の特定の部位は罹病期間が長いほど萎縮していた。線条体での差は消えてしまったが、用いられた解析手法は皮質下構造の差を検知しにくいことなどが影響している可能性もあり、結果の解釈には注意が必要である。また、この研究では、中枢刺激薬依存症患者で見られる脳構造変化が、病前から存在したものか、物質使用の結果として生じたものかは区別が困難である。

IV　精神病理学からのまなざし

　そこを明らかにしようとした研究もある（Ersche et al., 2012）。中枢刺激薬依存症患者47人およびその同胞49人と、物質依存症家族歴のない健常群50人の脳構造を比較して、発症のリスク因子となりうる脳構造変化を特定しようとしたものである。中枢刺激薬依存症群やその同胞は健常群と比較して、扁桃体、海馬、線条体で体積増加、後部島皮質にて体積低下を認めた。これらの差異は依存症のリスク因子となっている可能性があると考えられる。

　逆に娯楽的に使用しているが依存症にまで発展していない群も調べて、発症阻止に寄与している可能性のある脳部位を調べた研究もある（Ersche et al., 2013b）。この研究では娯楽的コカイン使用者27人と中枢刺激薬依存症患者50人、およびその同胞50人、健常群52人の脳構造を比較したものである。娯楽的使用者は危険因子と関係がある部位（中枢刺激薬依存症群やその同胞が健常群と比較して差が見られた部位）は健常群と比較して変化はなかった。一方で前頭前皮質、前部島皮質の体積は健常群と比較して体積が増加していた。これらは発症抑制因子となっている可能性が考えられる。

　理性を司るとされる前頭前皮質は本能行動の中心となっている線条体に対し抑制的に働いているのではないかと考えられているが、前頭前皮質の体積増加が発症抑制的に働き、線条体体積増加が発症リスクとして働く可能性がある。これらについては他の依存症の報告と一致しない部分もあり、まだ知見の積み重ねが必要である。しかし、中枢刺激薬を使用すれば使用するほど前頭前皮質体積が減少することは一貫して示されており、理性の働きを弱めることにより再使用につながりやすくなり、依存症から抜け出しにくくなると考えられる。また、以前はそれほど重要視されてこなかったが近年注目を集めている島皮質において、体積減少が発症リスク、体積増加が発症抑制につながる可能性が示されたことは注目に値する。

2–4　まとめ

　脳構造の知見において、行動アディクション患者に関してはさらなるデータの積み重ねが必要であると考えられる。アルコール依存症患者においては前頭葉中心にダメージを受け、加齢・性別・他の乱用薬物による修飾を受けるが、断酒で部分的に回復することが示唆されている。また、中枢刺激薬依存症患者

でも前頭前皮質のダメージが顕著であった。そして線条体の体積増加や島皮質の体積減少はリスクとなり、逆に前頭前皮質や島皮質の体積増加は発症を抑制する可能性がある。

3 島皮質と依存症

島皮質は、損失や嫌悪などのネガティブな情動と関連すると主に考えられてきたためか、あるいは報酬系の重要性が印象的であったためか、依存症において近年まであまり顧みられることはなかった。

3-1 島皮質の働きが弱まると依存症は改善する？

しかし、島皮質を病巣とする脳損傷患者では、他の部位を病巣とする脳損傷患者と比較してはるかに高率にニコチン依存が消失したことが報告されると(Naqvi et al., 2007)、島皮質と依存症のかかわりがにわかに注目を浴びるようになった。このため、物質依存症患者において薬物渇望時に島皮質が活動し、その活動の大きさが渇望の強さと相関する場合もあるといった以前から報告されていた脳機能画像の知見も、島皮質の働きを弱めると渇望が減少するのではないかと考えられ、見直されることとなった。その後も島皮質損傷患者において、ギャンブル行動を促進する認知の歪み（ニアミス後にゲームを続けたくなるなど健常人でも見られるもの）が喪失することが報告されている。言い換えると、島皮質の損傷で賭博を継続する動機づけが低下することを示している。また、動物実験においても、島皮質を薬剤によって不活化すると、アンフェタミンによって学習した行動が弱まるとか、不確実な報酬よりも確実な報酬を選ぶようになる（リスクを取らなくなる）といった、島皮質の働きを弱めることで依存症から遠ざかる変化が報告されている。

3-2 島皮質の働きが弱いと依存症は悪化する？

ところが話はそれほど単純ではなく、逆に島皮質の働きが弱いほど依存症へと向かう報告も複数ある。島皮質損傷患者において、ギャンブル課題中に賭け行動をうまく調節できなくなることが報告されている。また、脳機能画像を用いた研究もいくつか報告されている。メタンフェタミン依存症患者において2

IV 精神病理学からのまなざし

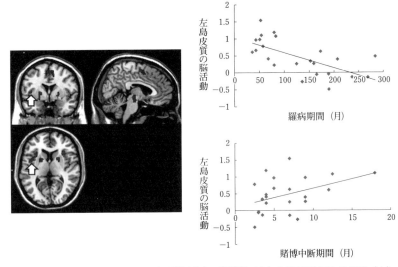

図 18-2 病的賭博患者における報酬予測時の脳活動(左)と臨床指標との相関(右)
(Tsurumi et al., 2014 より改変)
脳活動(左)の白い矢印が左島皮質。左島皮質の脳活動と、罹病期間との負の相関(右上)、賭博中断期間との弱い正の相関(右下)が見られる。

択課題実施時における島皮質を含む領域の活動が相対的に低下していた群は、そうでない群よりも有意に高率に再発していた。また、アルコール依存症患者において、認知課題実施時における島皮質を含む領域の活動低下は、90日にわたるフォローアップ期間中の再飲酒日数を予測していたという報告もある。さらにわれわれの研究(Tsurumi et al., 2014)において、病的賭博患者は報酬予測時の島皮質の脳活動が健常群と比較して低下しており、病的賭博患者の左島皮質における脳活動は罹病期間が長くなるほど有意に低下し、逆に賭博中断期間が長くなればなるほど上昇する傾向が見られた(図18-2)。また、2-3 で触れた中枢刺激薬依存症患者において、体積減少が発症リスク、体積増加が発症抑制につながる可能性を示唆する報告も、脳構造画像を用いた体積変化の観察という別の切り口にはなるが、これらの知見と矛盾しない。

3-3 まとめ

このように島皮質と依存症の関係を支持する知見は増えてきているが、結果が一貫しておらず単純な因果関係では語ることはできない。部分的には課題で用いた刺激の影響もあるだろうが、同一グループが発表している脳損傷研究でも、一見相反する結果が出ていることは興味深い。このため、島皮質を完全に不活化するのではなく部分的に不活化するような動物実験や、島皮質と他の領域との機能的・構造的結合を探索する研究など多角的な視点から検討していく必要があると考えられる。

4 発達と依存症

脳の発達は一様ではなく、深部にある線条体を含む報酬系などが先に発達し、理性を司る前頭前皮質は遅れて発達することが知られている。また、脳機能画像を用いた研究によっても、線条体における予測誤差シグナルが思春期にピークを迎えることが示されている（Cohen et al., 2010）。予測誤差シグナルは、予想外の結果が得られた際により学習が進む指標と言い換えることが可能であり、このシグナルがピークとなる思春期にリスクを冒しても報酬を求める傾向が最も強くなると考えられる。これらを総合すると、思春期には報酬への感受性は成熟し、もしくは高まっているにもかかわらず、理性による抑制が効きにくい状態にあると言える。思春期に嗜癖行動や嗜癖物質摂取を開始するリスクが高いことがこれらの知見からも推察され、長期間にわたる嗜癖行動は、嗜癖物質摂取が脳機能や構造に影響を与えて回復しにくい状態を形成することが前述した知見からも推察される。これらは、従来から提唱されている思春期における予防の大切さに、理論的バックグラウンドを与えるものとなるだろう。

*

依存症は有効なエビデンスのある薬物療法が乏しく、精神医療の対象となるよりも個々の意思の問題で片づけられることが多かった。しかし、近年における画像検査・解析技術の進歩により、本章で述べたような MRI で計測できる脳機能・構造異常を初めとした、様々な異常が報告されるようになってきた。これらの報告は、依存症という病は決して本人の意思だけの問題ではなく、治

療が必要な疾患であることを啓蒙することに寄与するであろう。ただし、このような知見は、残念ながら臨床家や当事者が実感してきたことを説明できるレベルにとどまっている。今後、機能的結合などの回路レベルでの解明を含む研究のさらなる進展により、研究により知見が臨床にフィードバックできるレベルにまで達することが期待される。

引用文献

Buhler, M., & Mann, K. (2011). Alcohol and the human brain: A systematic review of different neuroimaging methods. *Alcoholism Clinical & Experimental Research*, **35**, 1771–1793.

Cohen, J. R. et al. (2010). A unique adolescent response to reward prediction errors. *Nature Neuroscience*, **13**, 669–671.

Ersche, K. D. et al. (2012). Abnormal brain structure implicated in stimulant drug addiction. *Science*, **335**, 601–604.

Ersche, K. D. et al. (2013a). Meta-analysis of structural brain abnormalities associated with stimulant drug dependence and neuroimaging of addiction vulnerability and resilience. *Current Opinion in Neurobiology*, **23**, 615–624.

Ersche, K. D. et al. (2013b) Distinctive personality traits and neural correlates associated with stimulant drug use versus familial risk of stimulant dependence. *Biological Psychiatry*, **74**, 137–144.

Makris, N. et al. (2008). Decreased volume of the brain reward system in alcoholism. *Biological Psychiatry*, **64**, 192–202.

Naqvi N. H. et al. (2007). Damage to the insula disrupts addiction to cigarette smoking. *Science*, **315**, 531–534.

Tsurumi K. et al. (2014). Insular activation during reward anticipation reflects duration of illness in abstinent pathological gamblers. *Frontiers in Psychology*, **5**, 1013.

コラム6　思春期のメンタルヘルスリテラシー

小塩靖崇・佐々木司

メンタルヘルスリテラシーとは

　思春期の精神保健対策の課題の一つとして「メンタルヘルスリテラシー」(Mental Health Literacy: MHL）が注目されつつある。MHL は、ジョーム（Jorm, A. F.）によれば、"knowledge and beliefs about mental disorders which aid their recognition, management or prevention"（精神疾患の認知や管理、予防を助ける知識や考え）(Jorm, 1997) であり、これは、①背景因子や疾患の原因および予防に関する知識、②症状を認識する力、③効果的な援助要請や専門家の支援に関する知識、④自身での解決方法についての知識、⑤他者への援助のための知識、で構成される。つまり MHL とは、その向上により、自分自身や周囲の精神的不調や精神疾患罹患に気づき、精神疾患の対応や治療を誤解や偏見なく適切に行う力を高めるものであり、精神疾患の予防・早期発見・早期対応を促す可能性がある。

思春期に必要なメンタルヘルスリテラシーとは

　思春期は精神疾患の好発時期である。しかし、若者の多くは精神的健康について専門家の援助・支援を受けようとしない傾向にあるため、精神的不調や精神疾患の発見や対応が遅れたり、適切な支援や対応が得られないまま経過することも多い。思春期が心身の成長にとって、また社会人としての生活の準備に重要な時期であることを考えると、この時期に適切な対応が行われず見過ごされてしまうことは、その後の社会適応に大きな影響を及ぼし、個人にも社会にも大きな損失となる。

　MHL は、精神的不調時の援助要請に大きく影響する。援助要請に至るまでのステップは、①生じている問題を認識すること、②その問題が援助（あるいは治療）を要するものと認識すること、③精神的不調（あるいは精神疾患）は適切な対応により回復可能であると知っていること、④精神的不調に対し援助要請をする気持ちがあること、である（Gulliver et al., 2010）。また、思春期の若者に必要な MHL は、「今の自分たちが精神保健の観点でどのような時期にあたるのか」「この時期を精神的に健康に過ごすための工夫と注意」「精神的不調時の経験」「症状を適切に認識し対処できるようにしておくことの大切さ」と考えられる。

コラム6　思春期のメンタルヘルスリテラシー

子どもたちのメンタルヘルスリテラシーの実際

近年の思春期の子どもたちのMHLのレベルを把握する上で参考となる筆者らの調査結果（未公刊）を表Aに示す。対象は中学3年生と高校2年生だが、いずれも国立大学附属校の生徒であるため、一般的な結果よりもやや正解者割合が高い可能性がある。

病気に関する知識の質問項目の、正解者の割合は、「思春期から起こりやすくなるものが多い：69.1％」「約5人に1人がかかる病気である：61.7％」「うつ病、統合失調症、パニック障害は小学校高学年から起きやすくなる：36.1％」「大人で精神疾患をもつ人の多くでは10代前半に症状が現れている：28.2％」であった。このことは、思春期が精神疾患の発症リスクが高いことや精神疾患が一般人口の中で少なくないということはある程度知っているが、それ以上の詳細な情報は知る機会がないということが言えそうである。また、治療に関する質問項目については、「診断には血液検査が必要なことがある：24.7％」「症状の出始めは、治療をしても効果が出にくい：27.8％」「治療は主として外来通院で行われている：35.2％」「学校への復帰は治療を終えて十分時間が立ってから行う：24.3％」と、いずれも正解者の割合が低かった。精神的不調を生じた場合に、医療機関でどのような対処が行われるのかを正しく知っておくことは、専門家への援助要請行動の意思決定に関係すると考えられるが、子どもたちの中で、実際の医療機関で何が行われているのかについての知識を持つ者はきわめて少ないと言えそうである。また、「主に精神力や性格の弱い人がかかる」「こころの病気をもつ人は攻撃的な人が多い」についての正解者の割合は66.4％、63.3％であった。精神疾患を有する人への誤解や偏見は少なくなってきてはいるものの、十分な理解のない生徒も稀ではないことを示していると言えよう。

どのようにしてメンタルヘルスリテラシーを向上させるか

子どもたちのMHLが十分でないことは、MHLを獲得・向上する機会がないことに関係があると言われている。日本の学校では、心身の健康発達に関する教育が行われているものの、その中でMHLは扱われていない。ちなみに学校は子どもたちが生活のほとんどの時間を過ごす場所であり、思春期の若者にMHL向上を目的とした精神保健教育を行う場として絶好の環境であると考えられている。WHOは、精神保健の向上や精神疾患の早期発見・早期対応の促進のため、学校で全ての生徒を対象に精神疾患の知識啓発を実施することを提案しており（Hendren et al., 1994）、近年、複数の国で、全国規模で学校の授業内でMHL教育が進められている。これらの国で行われている学校でのMHL教育プログラムは、今後の日本の学校精神保健教育を検討する上で参考になる。代

コラム6　思春期のメンタルヘルスリテラシー

表A　子どもたちのメンタルヘルスリテラシー調査

	病気に関する知識を問う質問	正答	正解者割合
①	苦しくても、じっとしていることが大切である	×	97.9
	適切な治療によって回復しうる	○	95.7
	放っておくと自然に治ることが多い	×	92.6
	睡眠などの生活習慣を改善することが予防や改善に役立つ	○	86.2
	不眠、体のだるさ、下痢、吐き気といった体の症状が出ることがある	○	86.2
	思春期から起こりやすくなるものが多い	○	69.1
②	熱、吐き気といった体の症状が出ることがある	○	85.9
	睡眠習慣の変化が発症や回復に大きく関わる	○	77.0
	乗り物に乗れずに通学できなくなることがある	○	64.3
	約5人に1人がかかる病気である	○	61.7
	うつ病、統合失調症、パニック障害は小学校高学年から起きやすくなる	○	36.1
	大人で精神疾患をもつ人の多くは10代前半で症状が現れている	○	28.2
	治療に関する知識を問う質問		
①	治療中は、基本的に学校や仕事を休まなくてはいけない	×	89.4
	できるだけ早めに治療をすると改善しやすい	○	94.7
	多くの場合、入院して治療を行う	×	84.0
	入院期間は、最近では平均2〜3年である	×	79.8
	精神科の治療を受けるには、大きな病院に行く必要がある	×	72.3
	調子が良くなったら治療を中止してよい	×	72.3
	薬が有効な病気が多い	○	29.8
	血液などの検査が、診断に必要なことがある	○	28.7
②	治療は、主として外来通院で行われている	○	35.2
	症状の出始めは、治療をしても効果が出にくい	×	27.8
	症状が強いと薬が効きにくい	×	26.0
	診断には、血液検査などが必要なことがある	○	24.7
	学校への復帰は治療を終えて十分時間が経ってから行う	×	24.3
	偏見的態度に関する質問		
①	こころの病気と診断されると将来仕事につけなくなる	×	96.8
	精神力の弱い人や、性格の悪い人がかかりやすい	×	75.5
②	主に精神力や性格の弱い人がかかる	×	66.4
	こころの病気をもつ人が攻撃的な人が多い	×	63.3

① 2012年、中学3年生94名の回答（選択肢：○、×）
② 2013年、中学3年生と高校2年生227名の回答（選択肢：○、×、わからない）

コラム6　思春期のメンタルヘルスリテラシー

表的な例として、オーストラリアと英国で行われている取り組みを簡単に紹介する。オーストラリアでは、政府・保健省主導の学校精神保健増進のための取り組みとして、学校教育に MHL 教育プログラムが取り入れられている。代表的なプログラムである *MindMatters* は、オーストラリア国内の6割以上の学校で使用されている。その他の学校では、*beyondblue*（うつ病を中心に、幼児から高齢者までを対象とするプログラム）など、別のプログラムが使用されている。*MindMatters* は中学生（13〜18歳）を対象としており、自己と他者との関係性、いじめやいやがらせに取り組む方法、ストレスとその対処方法、精神疾患の症状や治療、喪失体験とその対処方法といった内容が含まれる。これらの内容は、必須科目の Health and Physical Education の授業内で扱われている。

英国では、日本の保健と公民を合わせた科目にあたる Personal, social, health and economic education（PSHE）の科目の中で、精神疾患についての具体的知識を含む精神保健教育が扱われている。精神保健教育は8歳から始まり、13歳では精神疾患に関する詳しい解説が教科書に記載されている。その具体的内容は、不安抑うつを伴う様々な精神疾患の症状と原因、不調時の適切な対処をするために必要な知識や考え方に及んでいる。オーストラリア、英国のいずれも、MHL 教育は学校授業内で行われ、その授業は学校外の専門家ではなく学校教員が行っている。

現在、筆者らは、日本の学校でも実施可能な MHL 教育プログラムの開発を目的としてプログラム授業の試行と効果検証を行っている。参考に、筆者らの試行プログラムを簡単に説明する。授業は学校の教員が通常授業時間内に実施する50分×2回の短時間で簡単な MHL プログラムで構成されている。学校外の専門家ではなく学校教員が実施し、かつ50分×2回という短時間にした理由は、プログラムの普及性や継続性を期待してのことである。なお現時点では、養護教諭が実施者となり、保健科目の授業内で実施している。養護教諭を当初の実施者としたのは、一般の教諭に比べて精神疾患・精神保健に関する知識が豊富であると考えられたからである。最初の1年は、中学3年生約120人（男女半々）を対象とした。授業内容は、1時間目に、精神疾患の罹患率、発症年齢、発症要因、精神疾患は回復可能であること、思春期によくある症状、精神疾患を持つ人に対する誤解を講義形式で行った。精神疾患の具体的な例として、うつ病と統合失調症について、アニメーションを用いて説明した。2時間目には、実際の医療機関で行っている検査や診察や治療について写真を用いて説明し、授業のまとめとして、精神的不調を抱えている場合にどのような対処が考えられるか、自身の精神的不調時にどうするか、また友達が精神的不調で困っている場合にどうするか、4人1組でグループワーク・ディスカッションを行った。

コラム 6　思春期のメンタルヘルスリテラシー

表B　学校教員のメンタルヘルスリテラシー調査

病気に関する知識を問う質問	正答	正解者割合
生涯で約5人に1人がかかる	○	51.4
大人で精神疾患をもつ人の50％が、14歳時点で既に症状が現れている	○	34.1
うつ病や躁うつ病は思春期以降に発症する病気である	×	54.3
精神疾患は脳機能の不調を反映して起こる	○	42.8
乗り物に乗れず通勤・通学が困難になることがある	○	88.4
運動習慣が症状の改善や回復に大きく影響する	○	73.9
睡眠習慣が発症や回復に大きく影響する	○	84.8
熱、吐き気といった体の症状が出ることがある	○	89.9
治療に関する知識を問う質問		
他（内科や外科）の病気と同様に、医療が必要な病気である	○	99.3
治療を受けるには、精神科のある大きな病院に行くのが望ましい	×	32.6
激しい症状が出ている間は、治療効果が出にくい	×	33.3
血液検査などが、診断に必要なことがある	○	46.4
精神病による幻聴と興奮状態には薬の使用が必須である	○	58.7
症状が改善したら、薬は速やかに減らしていくことが望ましい	×	39.9
学校や仕事への復帰は服薬治療を終えて十分時間が経ってから行う	×	33.3
入院治療が必要になった場合、入院期間の平均は1〜2年である	×	27.5
偏見的態度に関する質問		
主として精神力や性格の弱い人がかかる	×	81.9
精神疾患の患者は攻撃的な人が多い	×	74.6

一般教員137人（男性73人、女性64人）の回答（選択肢：○、×、わからない）

　授業の前後、授業終了から3ヵ月の時点で、生徒の精神疾患やその対応に関する知識や態度を評価し、プログラムの効果検証とした。具体的には、①病気・治療に関する知識、②精神疾患への見方の偏り、③事例を読んでうつ病、統合失調症と認識できるか、④もし自分に精神的不調がある場合にどのような行動を取るか、⑤友だちの精神的不調に遭遇した場合に自分はどのような行動を取るかといった項目を、自記式質問紙を用いて評価した。その結果、①〜⑤のいずれについても、その点数や正解率は授業前とくらべ授業後に高くなり、授業終了から3ヵ月時点でも、その効果は持続していた。すなわち養護教諭が実施した短時間のMHL教育プログラムは、中学生のMHL向上に効果があったと言えそうである。ただし今回の教育プログラム実施校は国立大学附属の研究校であったので、この結果を公立中学校など他の学校に一般化して考えるには注意が必要である。効果検証方法も比較対照群を設けていないなどの限界がある。またプログラム

コラム 6　思春期のメンタルヘルスリテラシー

内容についても、子どもたちや学校教員のニーズに合わせて改訂を続ける必要があるだろう。

　子どもたちの MHL 向上に向けて取り組むべき課題はほかにもある。学校教員の MHL 向上である。学校教員は、MHL 教育の実施者としてだけでなく、子どもたちの変化に気づきやすい立場にあるため、精神的不調の早期発見や対応促進のキーパーソンとしても期待される。ただし、このためには、具体的には、「思春期の子どもたちが精神保健の観点でどのような時期にあたるのか」「健康に過ごすためにどのような工夫と注意が大切か」「どのような経験をし、どのような経過をたどるのか」「病気の兆候として認識し適切な対処をできるようにしておくことがいかに大切であるか」といった MHL が必要である。しかし最近筆者らが、学校教員を対象に行った調査（表 B）では、一般教員の MHL は必ずしも十分とは言えなかった。生徒への MHL 教育プログラムと併行して、学校教員の MHL 向上のためのトレーニングプログラムの開発を進めることも必要と考えられる。これに加えて保護者の MHL 向上も大きな課題である。関係者が治療の必要性に気づいても、子どもを治療施設に連れて行くか否かは結局保護者が決めるからである。すなわち、子どもたちの精神保健向上、精神的不調（あるいは精神疾患）の早期発見対応を促すためには、子どもたちだけでなくその周囲の大人たちの MHL の向上も必要ということである。

引用文献

Jorm, A. F. *et al.* (1997). "Mental health literacy": A survey of the public's ability to recognize mental disorders and their beliefs about the effectiveness of treatment. *Medical Journal of Australia*, **166**, 182–186.

Gulliver, A., Griffiths, K. M., & Christensen, H. (2010). Perceived barriers and facilitators to mental health help-seeking in young people: A systematic review. *BMC Psychiatry*, **10**, 113.

Hendren, R., Weisen, R. B., & Orley, J. (1994). Mental health programs in schools. (http://whqlibdoc.who.int/hq/1993/WHO_MNH_PSF_93.3_Rev.1.pdf)

V

体験・現実を乗り越えて

第19章 回復とは何か
——40年かけて「収まりがついた」私が思うこと

夏苅郁子

1 本稿執筆の動機

この原稿の依頼を受けたのは2013年7月だったが、依頼がもう少し前であったなら、私は書くことができなかったと思う。

企画書の「思春期を、乳児期・幼児期・小児期を『もとに』発展する（組み換え、再編する）時期という視点で考える」という趣旨は、少し前の自分であったなら、あまりにも生々しく胸に迫り、深く考えることができなかったと思うからである。論文（夏苅, 2011）や著書（夏苅, 2012, 2014）では、思春期のことは無意識に表面的な記載で通過していた。

自分の母親が統合失調症であったことを公表するまでの40年以上の間、私は精神科医でありながら、母の発症の背景や自身の生物学的素因を否認して生きてきた。その中でも思春期は、それまでの「良い子」から反転して、蓄積した一家の怨念を逸脱行動という形で表現し始めた時期だった。

今思うと、私も周囲も痛々しいほどの傷を負ったが、あの思春期の行動化はやはり必要だったと考える。

私を支えてきたのは、子ども時代から蓄積された孤独感・屈辱感・自己嫌悪などのマイナスのエネルギーだった。結婚して安定した日常を手に入れても、過去の清算は手つかずのままだった。

診察室で自分と同じような生い立ちの子どもに会い、彼らの感情に触れてしまうと暗い穴に突き落とされそうな予感がして、表面的な対応しかできなかった。一方で、来院しなくなった子どもたちの「その後」を思い、仕事が終わっ

V　体験・現実を乗り越えて

た後でも罪悪感に苛まれていた。

　マイナスのエネルギーを担保に自身の素因から目をそらし、今思えば微調整を繰り返して、何とか均衡を保って生きてきた。社会的には「回復」に見えても、ウェルビーイングではなかったと思う。そしてその状態は、やはり真の「回復」とは言えなかったと思う。
　児童思春期精神医学を専門に精神科医として機能し、発達心理や発達精神病理についての知識があるはずの人間にして、40年間この状態である。
　むしろ精神科医だったから「向き合わない」という防衛が働いたのではないか、と後づけで考えることもある。
　漫画家の中村ユキさんが、初めて会った時の私の印象を「消えそうな人」と表現したのは、職業や地位ではごまかせない何かが潜在していることを、漫画家ならではの直感で見抜いたのだと思う。
　40年間、収まるはずのないものを無理やり「収まった」としていた私にとっては、思春期を突き詰めることは精神的破綻のリスクが非常に高い作業に思えた。

　そんな私がこの原稿を書く気になったのは、1冊の本を読んだことがきっかけだった。1997年に死刑になった連続射殺犯、永山則夫について書かれた本（堀川, 2013）で、拙書を読んでくださった永山の精神鑑定医、石川義博先生から寄贈されたものだった。
　この本から永山則夫のことを知り、その凄まじい生い立ちに圧倒されていた時に、本稿執筆の依頼を受けたのである。
　統合失調症者であった永山の姉・セツも、自分だけは不幸から這い上がろうと必死に生きようした永山のきょうだいたちの心情も、自分の人生と重なった。
　否応なく、私は自身の生い立ちの「振り返り」を始めた。

　また、石川先生の「君は、どうしてそう思ったの？」という問いかけが永山の治療になったことに、精神科医として感銘を受けた。
　私も自分に「どうして、そう思ったのか？」と問うていくうちに、一生見る

ことはないと思っていた母のカルテを取り寄せて読んでみる気になった。

また、母の死後7年間も手をつけずにいた遺品の段ボール箱を開ける気になった。母の手紙や手帳を一つ一つ丁寧に読んでいった。

そうした作業をする中で、母の発病の原因や自身の脆弱性にきちんと向き合う覚悟が少しずつでき、今まで触れることを避けてきた思春期のことも、振り返ってみようと思った。

これが、本稿の依頼を受けようと思った背景である。

公表せずこのまま一生を終えたかもしれないと思うと、世の中には、そういった家族も多いのではないかと考える。

表面的には社会適応しているように見えても、そういった家族関係の中で育った子どもが、無意識のうちにまた同じような感情に苦しみ、世代をつないで生きていくとしたら、それは結果的には「社会の幸せ」にはつながらない。

家族病理と向き合うことは、専門家が想像している以上に過酷であることを知っていただきたい。

私には永山の心情は計り知れないが、少なくとも彼の過酷な一生の中で、晩年は回復やウェルビーイングに近いものが得られたのではないかと考える。改めて、回復には締切はないのだと実感する。

振り返りにより私自身の回復観・家族への想いが大きく変わり、支援する側の人間としてもまた一歩前に進めたと思うので、本稿ではそうした過程を皆様へお伝えしたい。

2 母と私と、父の物語

母が統合失調症を発症したのは私が10歳頃だったと思われるが、それ以前は娘には優しい母だった。しかし、おとなしい性格で、小学校時代は6年間、場面緘黙だった。勤勉で強迫的な面があり、高等教育を受ける機会はなかったが自力で看護師と管理栄養士の資格を取った。

近所でも評判の美人で、ひとり娘だったが勤務先で出会った父に一方的に押し切られるようにして結婚した。

やがて私が産まれたが、母は元来病弱で産後は寝つくことも多く、私はいつ

V 体験・現実を乗り越えて

も母方か父方の祖母に抱かれており、母に抱かれた写真は1枚もない。私が2歳すぎには結核となり、隔離病棟に2年半入院してしまった。

その間、私は父方の伯母宅に預けられて育った。乳幼児期の私の愛着形成は、父方の祖母と伯母によって、もたらされたと考えている。

母が結核病棟から退院すると、5歳になっていた私は母のもとに返されたが、伯母から愛情深く育ててもらった数年間は、その後の私の安定の元手となった。

診療で、過酷な生育歴を持ち、成人後も人格的に成熟できず、不幸の上にさらに不幸を重ねるような生き方をする人に遭遇するが、「安定」の原資となる体験を全くしてこなかった人と、数年間でも経験してきた人との差は、やはり大きいと思う。

しかし、5歳から両親が離婚する19歳までは、私はほぼ母と2人きりのきわめて閉鎖的な環境下で生育した。

父は、母が結核療養中に愛人を作っていた。それを責めたり、他のことで憂さ晴らしをしたりすることができなかった母は、次第に精神的に不安定になっていった。窓もカーテンも閉め切った部屋で、天井まで積み上げた本に囲まれ、タバコを吸いながら一日中、小説を書く生活となった。外出は、文学愛好家の同人誌の集まりに限られた。

入浴もあまりしない母だったが、その集まりに出かける時だけは朝から入念に風呂に入り化粧をして出かけ、夜遅くまで帰ってこなかった。

母に何らかの男性関係があったのかはわからないが、帰ってこない夫を待つ母も寂しかったのだろうとは想像できる。

両親のきわめて常識的ではない関係の中で子ども時代を過ごした私は、青年期になり、自身の異性関係に大きな問題を抱えることになる。

さらに、攻撃的になった母から「お前は、バカだ。不細工だ」と罵られることも多かった。親戚づき合いも友人も少ないひとりっ子の私には、母の評価は絶対的なものに映り、私の自尊心は低下していった。

母に逆らわず良い子でいても、母は突然どこかへ旅に出てしまうこともあった。「自分は、この世でひとりぼっちなのではないか」と、よく感じていた。

それでも中学・高校は通い続けたが、唯一の取り柄だった「成績が良い」ことが、転校を機に他生徒の反感を買い、いじめられる原因になってしまった。

このいじめは私に追いうちをかけ、自分は親からも愛されないのだから、他人が好きになってくれるはずがない、と他者に対して過剰な警戒心を持って思春期を過ごした。

そんな時、通学していた高校が女子学生による放火で全焼するという事件が起きた。もしかしたら、火をつけたのは彼女ではなく自分だったかもしれないと、今でも思うことがある。焼け落ちた校舎の前で、彼女と「同じもの」を共有できた、自分はひとりではないという、奇妙な安堵感を覚えた。

この非常に不健康な気持ちのまま私は医学生となり、やがて精神的に破綻し、精神科を受診することになる。

3　私の発達精神病理

今、落ち着いて振り返ると、母と2人きりで過ごした時期は、たしかに母の奇妙な言動や自殺未遂、家出、浪費などに振り回されたものの、最も私を苦しめたのは、母が家を出て行った後の、「正常な」大人たちの母への偏見だったように思う。

父の親戚は、母が家を出ると、母を存在しなかった人間のように扱った。故郷を訪れた時も、すぐ近くに母が住む実家があったにもかかわらず、父も父の親戚も、母の話は一切しなかった。

そこには「母の話は、してはならぬ」という不文律があったように思う。

母と私を10年ぶりに再会させてくれた知人は、「親を見捨てる限り、あなたは幸せになれない」と私を説得して再会に同行してくれたが、一目母を見るなり、「あのお母さんの元では、あなたは結婚できない。どんな男も、逃げていく」と、母とは距離を取るよう私に忠告した。

しかし、そういった「あなたのため」と忠告をしてくれる人たちは、私がその病気の母と血のつながっている親子である、という事実にはきわめて鈍感だったように思う。

「あなたの忠告通り母と距離を取ったとしても、私と母が親子であることに変わりはない」という事実への葛藤に対しては、誰も助言をしてはくれなかっ

た。

　私が永山則夫の鑑定記録に強く惹かれたのは、永山も他のきょうだいも変えようのない血縁から必死で逃れようとして、誰ひとりその目的に成功していないことだった。成功しなかったことが、私には非常にリアリティーのあることに思え、この鑑定書の真実の重みを実感した。
　「逃げきれるはずがない」と思っていた私にとって、「やっぱりそうだったのか」と、ある意味腑に落ちたからである。

　私は、父が再婚した頃から、大量飲酒や喫煙、過食・拒食、そして既婚男性との恋愛を繰り返すようになった。こうした行為により、世代を超えて連綿と伝わる「何か」から逃げようとした。まともな恋愛は、できなかった。
　まともな恋愛は結婚に結びつき、結婚の先には母がいた。
　既婚男性たちは、私との関係が結婚というゴールではないため、私の家族には全く関心を示さず、私も言う必要がなかった。
　過去も未来もない今だけの恋愛は、孤独な私の逃避場所となった。
　そして、父への復讐のために、私は次々に恋愛相手を替えた。

　私は、親子の愛着、同世代との友情や仲間作り、道徳規範などを学ぶ前から、両親の愛憎を見てきた。人とのかかわりの基礎から学ぶところを、一足飛びに難問から解き始めたような感覚がある。
　その最たる難問が、父への初恋にも似た思いだった。
　母の病気について何の説明もされなかった私には、母は「怠け者の主婦」にしか見えなかった。父が、家に帰ってこないのは当然だと思っていた。
　やがて母が家を追い出され、父と2人きりの生活が始まった時、私は母がなくなった悲しさよりも、父が私の元には毎日帰ってくることへの優越感を感じていた。
　しかし、父は大人の女性を恋人にした。父がその人と再婚した時、私は「捨てられた」と思い込んだ。多くの女性が、失恋の傷をまた別の男性に走って埋めようとするのと同じく、私も父に近い年代の既婚男性との恋愛を繰り返した。

こうした恋愛を平気でする男性たちの「ずるさ」にも、私は復讐したかった。彼らの「ずるさ」に対抗するかのように、私は彼らにいきなり別れを突きつけた。狼狽して「なぜ？」を繰り返す男たちを置き去りにすることで、父への復讐を続けていたように思う。

周囲の、「あなたのため」という忠告の裏にある母への偏見、それから逃れようと繰り返す逸脱行動は、私の心をますます荒廃させていった。「復讐は、人の心を救えない」。この言葉を、私は医大に入った時と年頃の女性になった時の2回、思い知らされた。

こんな私を救い出してくれたのは、1人の在日韓国人の女性だった。
　彼女は、自殺企図を繰り返す私に、「何でもいいから、ともかく生きろ！」と、私の存在そのものを肯定してくれた初めての人だった。
　100回のカウンセリングより、彼女と一緒に食べた暖かい料理の方が生きた心地がした。
　彼女を通して、私は遅まきながら他者とのつき合い方やルール、仲間意識、そして倫理観では説明のつかない感情の存在も知った。その一方で、やはり道徳規範は守らねばならないことも、彼女の潔い生き方から教えられた。
　この時が、自分も真摯に生きてみようと思った瞬間だった。
　彼女がいなければ、私は転落の人生を送っていたと思う。
　彼女が癌で亡くなった時、私は34歳になっていた。ある意味、この時が私の「遅く来た思春期・青年期」からの卒業だったと思う。

4　私の回復と、ウェルビーイング——支援する側の人へ、伝えたいこと

東大精神科ホームページのコラム「精神科医に求められる素養」で、笠井清登先生が「精神医学とは、脳・生活・人生の統合的理解にもとづくウェルビーイング・リカバリー支援学である」と書かれている。
　この文を読んで私は、人と時間のつながりにより構成された人生・生活の中で、ウェルビーイングと回復が綾をなすようにして、今の私が成立していることに気づかされた。

V　体験・現実を乗り越えて

　幼児期に数年間ではあるが、伯母による愛情に満ちた養育を受けたこと、医師になるために父から教育の機会を与えられたこと、既存の精神医療に幻滅した時に柏木哲夫先生と出会い、医師としての本質を教えていただいたこと、母との再会を果たしたこと、在日韓国人の親友の存在、穏やかな家庭を持てたこと、中村ユキさんや石川義博先生、そして診察室以外で出会った多くの当事者さんやご家族、大学の先生方、どれもが回復へつながるための大切な出会いだったと思う。
　回復への経緯が良く見えるようになると、今までマイナスの感情でしか思い返すことができなかった父や大学の上司にも感謝したいと思うようになった。教育や生活の保障、自分を理解してくれる人の存在は、ウェルビーイングには欠くことのできないものである。

　永山則夫が、恨み続けた母へ最期には優しい手紙を書く気持ちになれたのは、皮肉にも逮捕されたことで衣食住が保障され、石川医師や獄中結婚したミミさんとの情愛のこもった関係を築けたからである。
　刑務所の中で、彼は自分のことを思ってくれる人と、やっと逃げずにまともに対面するようになり、石川医師から人生の意味を問い直すことを教えられた。私は彼の生涯を知り、人の回復はウェルビーイングと綾をなして成立することを改めて実感した。

　私は母のカルテを取り寄せるまでは、母の発病は父が原因（つまり、後天的なもの）だと、思い込もうとしていた。
　それは、そう考えないと自らの素因の脆弱性への恐怖につながるからである。
　年を取ると親に似ると言われる。容姿以外にも、読書や絵が好きなこと、食事にはほとんど関心がないことなど、母に似ている面がいくつもあったにもかかわらず、あるいはあったからなのか、「母は、父のせいで発病した」と頑強に思い込んできた。
　しかし、母に結婚前から精神科通院歴があったことを知り、衝撃ではあったが、逆に「もう、逃げも隠れもできない」と、母の素因を受け止める覚悟もで

きた。

　また、母のことを公表し、自身の生い立ちを「語る」ことが、自身の素因への恐怖を少しずつ緩和したと思う。

　この1年半、各地の家族会の方にお会いし、お話をさせていただいた。「聞いてくれる人がいてこそ、語れた」のであり、こうした講演活動自体が私の治療となった。

　「過去が整理されると、語れる。語ることは、治療になる。語ると、整理される」。この良い循環を通して、自分の手で一つ一つ回復のヒントをたぐり寄せるように、前に進んでいったと思う。

　自分の体を使って、自分で確かめながら見つけた「私の回復だ」と、胸を張って言えるようになった。

　私は40年かけて、やっと「収まりがついた」のだ。

　私にとって不幸でしかなかった母の話が、多くの方から「聞いてよかった」と言われたことも、私の回復への糸口となった。

　「語ること」は、私の生物学的なバックグラウンドを受容させ、その上で強く生きる道程を作ってくれた。

5　セレンデュピティ（serendipity）

　拙著の編集者から、「夏苅さんが精神科医になったのは、まさにセレンデュピティですね」と言われた。

　私は自分の回復について、「そうか、だから私は回復できたのか！」と後づけで理屈がわかったのだが、セレンデュピティとは、そういったものではないかと思う。

　宇宙の起源から細胞の再生にいたるまで、科学者が寝食を削って研究を続け、ある時思ってもみなかったところから大きな発見に出会うことがある。それは一見、単なる「幸運な偶然」に見えるが、努力に裏打ちされた「意味ある偶然」であり、決して宝くじ的な幸運ではない。

　私の回復は、私も周囲も苦しみながら必死で生きてきた過程で出会った、「幸運な、意味ある偶然」のおかげだと思う。

Ⅴ 体験・現実を乗り越えて

「人間を治す」ということには、こういった「幸運な、意味ある偶然」を信じる力が必要ではないだろうか。臨床に携わる人も、科学者のようなセレンデュピティを夢見て良いのではないか。

私が拙著で、「人が回復するのに、締め切りはない」と書いたのは、支援者にも当事者にも今は見えないその先に、セレンデュピティがあることを信じる気持ちが、回復には必要だと訴えたかったからである。

最近、拙著を読んだ医大時代の同級生から「あなたに、そんな事情があったとは知らなかった。つらそうな様子は見ていたけど、何かしてあげれば良かったと、申し訳なく思っている。自分は、人の痛みがわかる人間だと思っていたが、それは傲慢だとわかった」と書かれた手紙をもらった。

謝られて当惑したが、私自身は医大時代の同級生に対して何の感情も持っていない。むしろ、「人が人を助ける」というのは、現実にはなかなか難しいことだと思っている。

その難しいことを、私の身近なところでやっている人がいることに、最近になって気づいた。

当地静岡では、母子家庭や父子家庭で育った静岡大学や静岡県立大学の学生さんが、同じ家庭環境の子どもたちに無償で勉強を教えている。教育はウェルビーイングに欠かせない要素だと思う。

Light Ring. の石井綾華さんらの活動（第20章参照）も、若者を若者の手で支えようとする活動である。こうした若い方々の活動に、尊敬と希望を感じる。

実際に、親が重度の精神疾患であっても、祖父母や親戚の支えにより、健康に育っている子どもたちを外来で見かけることがある。環境は、素因以上に大きな影響を与えるが、それは希望にもなり得る。

子どもたちが、「自分の手と足」で自身の人生と幸せを得るための支援が必要であり、私もそうした活動をしていきたい。

人を支援するには時間と忍耐が必要であり、時にはその人が非常に危うい道を通ろうとしても、見守るだけで何もできないこともある。地雷地帯の向こう側で、その人が無事にこちらに渡り終わるのを待つような、そんな心細さや不

安を,支援者は抱え込むこともあるだろう。

そういった感情を抱え込む覚悟が,相手の「非日常」とも言える過酷な生い立ちを理解し,寄り添えることにつながると思う。

そして,支援とはバトン・リレーのようなものだと思う。たとえ,一生懸命支援してきた「あなた」の前では,その人の回復は見えなくても,あなたが渡したバトンは,時間を通して次の支援者へ受け継がれて,思春期・青年期を超え壮年期になったとしても(私のように),「回復に締め切りはない」ことを支援者こそが信じてほしい。

思春期は,まさに私の地雷地帯だったが,向こう側に誰かが待ってくれているような期待があったからこそ,生き続けられたと思う。

近づくのさえ躊躇するような生い立ちの人たちに出会った時,みなさんが行う支援に,本稿が何らかのヒントとなることを願う。

引用文献
堀川恵子 (2013). 永山則夫 封印された鑑定記録 講談社
夏苅郁子 (2011).「人が回復する」ということについて 精神神経学雑誌, 113, 845-852.
夏苅郁子 (2012). 心病む母が遺してくれたもの 日本評論社
夏苅郁子 (2014). もうひとつの「心病む母が遺してくれたもの」 日本評論社

第20章 病の受け入れに対する一般市民の潜在能力と可能性

石井綾華

　思春期に大きな影響を与えた幼少期に少しさかのぼり、現在の自分を振り返ってみたいと思う。

1　幼少時の家庭環境と父と母とのかかわり

　私は、福島県郡山市の田舎で共働きの両親のもとに、三姉妹の長女として生まれた。母親は仕事や家事に追われており、父親はある時期を境に子どもにあまりかかわらなくなってしまった。幼い妹が泣くと「なんとかしろ」と母親に子守りを委ね、母親が半ば怒り、半ば呆れていた覚えがある。お風呂に入れてくれたのも箸の使い方をしつけてくれたのも父方の祖父で、母親が仕事に行っている間は父方の祖母に面倒を見てもらっていた。幼少期からテレビや雑誌を見て育ち、メディアに感化されていた。メディアでは、ワイドショーなどでコメンテーターが人を批評する様子が目に映った。このように人が人を批評して生きるなら、悪いことは言われないように、うまく生きなくてはいけないと思うようになった。
　保育園に通うようになると、周囲と仲良く遊ぶことよりも、さかあがりや1冊の本を読みきることなど、自分で何かを達成することが好きで、隅っこでひとり遊びをするようになっていった。複数名の保育士に「あの子は普通と違う」とお昼寝の時間に聞こえるように言われたことがあった。自分の成長を見守ってくれるはずの保育士に陰口を叩かれ、班分けの時に自分だけ男の子のグループにひとり入れられたこともあった。ただひとり私を悪く言わなかった保育士からも、他の保育士たちが陰口をささやいていることを直接指摘され、どうしようもない気持ちになり、深く傷つく経験をした。そのため、自分が怖い思いをしなくてすむように、常に周囲を見て、自分の発言や振る舞いが評価や

正解にあたるものになっているか、確認しながら過ごすようになった。母親に「先生にいじめられている」と相談しても、「そんなはずはない」と取り合ってもらえなかった。全てが敵に見え、つらくなっても誰にも頼れない。人生とはひとりで生き伸びるしかないものなのだ、と感じたのを覚えている。

　小学校中学年になると、女性は細身であることが評価されることを小学生向けのファッション雑誌を通じて知った。その頃、父親からたまたま発せられた「体格がいい」という言葉にショックを受け、このままではいけない、ファッション雑誌で活躍するモデルさんは同世代で、細くてきれい、私もやせたい、と思うようになった。その頃から自分は社会から必要とされていないという漠然とした不安があった。そのような自分が生きのびるためには誰かに承認されなければならないという思い込みが起こり、両親から認められるために手のかからないよい子を演じていた。何もしなくても生きていてもよいと思える感覚はなく、生存条件を満たすことに力を費やした。いつか親から見放されてしまわないか心配だった。

　どんな大人になるべきかを意識すればするほど大人になることが怖いものだと思うようになっていった。両親や周囲の大人たちは、日々ため息や疲れた表情を見せており、決して楽しそうには生きていなかった。大人になることが地獄に行くことのように感じることさえあった。

2　摂食障害による葛藤

2-1　発症過程

　自分が摂食障害だと気づいたのは、入院してからだった。小学5年生の時には、カロリーが気になり始め、母親に何度も「これは何カロリー？」と聞くようになっていた。母親はそれに答えるのが大変になり、私にカロリー計算機を与えてくれた。カロリー計算機を操作すると、白米よりもお粥のほうがカロリーが低いことを知った。当たり前のように食べていたハンバーグやカレーが500 kcalを超すことに驚き、ほうれん草のおひたしのカロリーは低いということを知った。それから1日100 kcal未満で過ごすことをルール化し、秤で根菜とお粥の容量を測り、1日3食を過ごした。給食の時は、よく食べる友人にゆずり、先生にばれないタイミングを見計らい早食いをしてもらっていた。先

生にばれると、無理に食べさせられるのが怖かった。1日100 Kcal以内でやり過ごせると、決めた目標を達成できたことに喜びを感じ、今日もまだこの現世に生きていて大丈夫だと自分に言い聞かせることができた。みるみる体重計の数値が落ちて、停滞期に入ると、運動を始めた。毎朝5時に起きて自転車で1時間走り、学校に登校するとひとりで校内を走り、学校から帰ると自転車で1時間走り、就寝前に1時間のストレッチを欠かさず行った。自分ではない誰かに指示を受けて生かされているような感覚だった。

　つらいという感情よりも、結果を出すことが陰口をきかれずにうまく生きるために大事なんだと、泣きながら毎朝自転車を漕いでいた。やせることは評価されることなんだと勘違いして、1日200ｇでも体重が減ることだけを考えて毎日を必死に過ごしていた。母親からは、「あなたの身体は自分だけのものじゃない。お母さんの大事な長女なんだから」と叱られ、幼少期にかわいがってくれた近所の方々からは、目を合わせてもらえなくなったり、姿を見て驚かれ避けられるようになったり、キチガイになってしまったと言われるようになったりした。また陰口をきかれるその理由がわからなくて、やり場のないストレスで自分の頭をグーで殴ったり、爪で引っ掻いたり、髪を引っ張ったりして落ち着かせていた。

　小学校の養護教諭が心配して、母親に病院に行くことを勧めてくださった。私は病院に行く理由がわからなかったので否定していたが、「楽になれる方法がある」と言われて理由が腑に落ちて、総合病院の小児科に向かった。当時、身長156 cmで30 kgを切ろうとしていた。

2-2　治療方法

　恐る恐る病院に向かうと、主治医から「よく頑張ったね。あやかちゃんは頑張り屋さんだね」と言われた。これがずっと心の奥底からほしい言葉だった。涙があふれて止まらなかった。生きていてよかった、ようやく助かったと思った。生まれて初めて味方を見つけられた感覚がした。病気ではなく患者を診てくれた医師が届けてくれた「言葉」に、救いを得た。寄り添う人が自分を想ってくれる言葉には、死にたいほどの苦しい気持ちを和らげてくれるような、生きる意欲を引き上げる力が潜むこと知った。

それから、閉鎖病棟などがなかったため病棟の個室に入院し、監禁状態になった。病室内に簡易トイレが設置され、テレビも禁止された。入室できるのは両親に限定され、祖父母も姉妹も担任の先生も入室は禁じられた。隔離された無の空間にいられることに深く安堵した。「休みが必要だから、頑張らなくていいからね」「あやかちゃんの今の仕事は休むことです」と言われた。食べることができないので点滴でブドウ糖を摂取していた。糖が身体に入ってくることが許せなくて、怖くてびくびくしていた。毎朝の日課だった自転車が漕げなくなった。日常と切り離された空間にいられることに平穏な気持ちを取り戻すも、太るのが怖くて、ストレッチは欠かさず行った。病室を抜け出て階段の上り下りをすると、看護師に叱られた。外に出て走ろうと何度も抜け出すことを試みたが、見つかって連れ戻された。4階の病院の窓から飛び降りることも何度も考えたが、怖くて止めた。本当はやりたくないはずなのに、自分で決めた規則には従わなくてはいけないという強迫欲求があった。

　入院治療は4ヵ月におよび、2年間ほど繰り返し、中学入学と同時に段々と波が落ち着くようになっていった。食べることの恐怖は、主治医の言葉により段々と緩和されていった。ブドウ糖から食べ物に切り替える時、主治医に必要以上に太る処置をしないということを約束してもらいたいと思い、安心して納得できるまで質疑に応答してもらった。主治医は本当につらい時に自分の気持ちをわかってくれた味方だから、委ねても大丈夫だと思えた。太らせるのではなく、健康に生きられる状態に戻すことを次の目標に、主治医とともに健康な体重値を決めて、治療を進めた。

2-3　回復期の専門家や一般市民とのかかわりで考えた社会問題の存在

　それから、今まで「私の食べてよいもの一覧表」には書かれていなかった、お粥の上の梅干しやゼリーが食べられるようになった。少しずつ体重が増えていくことを許せるようになった。

　自宅に外泊できるようになり、近所の方々にたまたま出逢った。彼らは入院前と同じように白い目で見ては眉を潜め、走って逃げていった。同じ人間だというのに見てはいけない害悪物のように扱われることに心底悲しみを覚え、傷ついた。医師や専門家は、自分が病気であることを理解し、私が自分のルール

に沿った不思議な行動を取ることを受け入れようとしてくれるが、健康な一般市民は、私をまるで、汚い生きた排泄物のように見ては逃げていく。実社会に戻ってはいけない、本当は生まれてきてはいけなかった、自分は人間の形をした塵である、と感じるようになった。専門家が受け入れてくれた分、それまでの生活で出逢っていた近所の一般の人たちが受け入れてくれなかったことに大変な驚きを覚え、実社会で生きる権利を否定されたように感じた。いつまでも病棟内にいれば、受け入れられて過ごしていける。一番恐ろしいのは、心の病気を原因とした突飛な行動や発言を理解してくれない、一般市民の人たちなのだと痛感した。私にとっては、健康な人から受ける恥辱に対する痛みが、何よりも回復を妨げた。発言や行動など直接的なものばかりでなく、雰囲気ににじみ出る無理解から、たくさんの痛みを感じ取っては、「気にしない」という手法を用いて実社会の中で生きるという闘いを開始した。

　入院中は、病棟内のベッドで、「なぜ自分は病気になったのか」「本当に自分は"病気"を患っているのか」「悪いのは病気になった自分自身なのか」「治るってどういうことか」などを考えていた。

　発症の原因は何かを考えると、うまく生きるための方法として「やせる」という誤った選択をしたことである。選択をしたのは自分だが、"負け犬"などと「メディア」が人を評価づけ、落ちぶれては蔑まれるという恐怖感を植えつけ、うまく生きなければいけないという固定観念を芽生えさせるなど、社会の側にも選択を誤らせる大きな原因があったのではないかと考えた。負けたくない、生産力の高い人にならなくてはいけない、と感じるようになったのは、メディアの影響が大きかった。そのような恐れへの感受性の高い人間のためにも、メディアは受け取る側への悪影響を考えて情報発信をしてほしいと思うようになった。

　また日本の社会は、自分が高価値で生産性の高い人間にならないといけない、そのように居続けなければならない、と教えていることに気がついた。一方で、自分の心身を守るために休養を取ることが、許されない雰囲気がある。社会が成長する時、必ず副作用が生じる。大量生産大量消費が促された高度経済成長時には、水俣病などの環境の社会問題が発生した。バブル崩壊後になるとリストラなど大量解雇がされ、格差社会が顕著になり、労働者の中には心身をおざ

なりにして必死に働き、限界をきたして心の病を発症している人もいる。引きこもりやニートなど社会から切り離されてしまった人の中には孤独感や人とのかかわりへの抵抗感を持ち、心の病を発症している人もいる。心の病は、自分に合った休み方がわからない上に、わかっていてもそれが許されないという、一連の社会問題なのだと考える。

　摂食障害を患い、おおよそ寛解している自身の経験を振り返ると、その社会問題を解消できるのは、悩む本人の周囲にいる家族や友人、広く一般の人が、病気を理解し病状を許容し受け入れる力にあるのだと考えた。親や友人など身近な人が理解してくれることは、心の病気の発症や悪化を防ぐために、効果的な要素になるのだと思う。

　自分が病気で大変だった時、医師や両親や友人から受けた言葉に助けられた経験を、同じように悩む人に届けたい。すべての心に苦しみを持つ人々に対し、1人だけでも、専門家でなくてもいいから、受け入れてくれる人が身近に必ず存在する社会を創ることに、寄与したいと思うようになった。

　そのために，四つの大切なことがあると思っている。一つ目は、すべての一般市民が心の病になる可能性に気がつくこと。二つ目は、自分のためにセルフケアを行い健康を保持すること。三つ目は、身近な人のために、悩みを聴くなど心の健康を保持する手助けをすること。四つ目は、もし身近な人が心の健康を害した場合に、偏見なく受け入れる力を持つこと。これが心の不調を抱えた人間の寛解にきっと活きるはずだと思った。誰もがセーフティネットになって社会保障に寄与できるかもしれない。生きる喜びを感じられる人が増えるきっかけになるかもしれない。そんなことを考え始めたのは、入院時のベッドの上だった。

　現代社会の中で、そばにいる人の心の苦しみを理解できる人を増やす仕事を作る、社会起業家になりたいと思うようになっていった。

3　父の死から得た死生観と自分の人生の使い方

　父親がアルコール依存症になり、高校3年の時に目の前で亡くなった。センター試験の直後で、雪が降っていた。初めて人が死にゆく生き物であることを実感した。亡くなった父親から聞いた、最後の言葉は「居場所がない」という

V 体験・現実を乗り越えて

ものだった。

　洗面所で、何か緑色の液体を口から流しながら、すすり泣きをする姿が、今でも鮮明に目に浮かぶ。

　父親を好きになることができず、思春期特有の父親に抱く嫌悪感が芽生え、遠ざけては傷つけ、おそらく褒め言葉だった、父親の「体格がいい」という言葉に傷ついて、報復するようにダイエットを深めた。主治医には、「父親のせいでダイエットを始めた」と、それが原因ではなかったにもかかわらず言ってしまった。父親がいなくなれば家庭に平穏な空気が戻るのに、とずっと邪険に思っていた。父親は飲酒すると豹変し、暴れ出す。声を上げて笑ってはいけない家庭環境の中で、できる限り身を潜めて過ごし、母親に手を焼かせないように、優等生を演じた。自分がよい子でいれば、母親が望む笑顔の溢れる家庭作りに貢献できると思っていた。父親は教育にはあまり関心がない様子だったが、中高は毎日車で送り迎えをしてくれた。家から最寄り駅までの15分だけは父親に会っていた。車内は日々沈黙が流れていたが、2回だけ父親から言葉が発せられた瞬間がある。それは面と向かって放った叱りと、娘に望む生き方で、「送り迎えは当たり前ではない。親に言えないと周囲にも言えなくなる。ありがとうという言葉を大事にしなさい。何かしてもらったらありがとうと言葉にして必ず伝えなさい」というものと、「何も言うことはないから自分で決めた道を生きなさい」というものだった。25歳になって、振り返ると父親も母親も自分の選択を否定したことは一度もないことに気がつく。この両親のもとに生まれてきてよかったと思う。ひとりの人間として自ら考えて選択し、人生を進めることに理解のある両親であったことを感じ取り、あまりに大きな驚きを感じる。

　死に際に初めて父親の手を握り、「ありがとう」と生まれて初めて顔を見て伝えることができた。最後に見た父親像は、亡くなる寸前の涙を流した泣き顔だった。その涙が嬉しい涙なのか悲しい涙なのかは未だにわからない。

　今になると、本当は父親と対話がしたかったのだと思う。思考が備わっていない幼少時の自分は、父親にとって取り扱い方のわからない生命体だったのだろう。物心のついた私は、父親に父親らしくいてほしいと願っていたのだが、そうではない現実に、無視という行動で対処していたように思う。飲酒してい

ない時を見つけて、面と向かって何をしてほしいかを言えばよかった。

　まわりの人が死ぬという経験は、誰にでも訪れる。さっきまで温かい体温を持っていた身体は、時間をかけて次第に冷え硬直していく。すぐに生き返って動き出しそうな気もするのだが、目を閉じた身体はもう二度と動き出さない。一度死ぬと人生は終わる。生死の境目は、すぐそばに待ち受けているような気がするほど生々しくあっけらかんとしていて、いつ自分が死を迎えることになるのかわからないことを生肌で感じるものだ。生きることへの希求を急速に強め、父親の代わりに、充実した人生を生き遂げようと決意した。父親もうまく休みを取ることができずに、アルコール依存症という形で、やりきれないフラストレーションを解消していたのだ。母親は仕事や家事に忙しく、ゆっくり2人で話す時間も持てない。父親よりも子どもを優先することに不満を感じていたのかもしれない。溜まったストレスはアルコールに集中し、それ以外に頼る物や自分を楽にしてくれる何かを見つけられなかった。適切なセルフケア力を身につけることが、自分の心身を保つために大事だと確認した瞬間だった。そして、それを学校などでは教わることがないということに未熟な社会構造を確認した。未熟な社会構造が原因で亡くなる人が、全国にはおそらくたくさんいることを察知した。アルコール依存症の父親が亡くなったのは、一時休止や休むことが許されにくい社会問題が原因だと考えている。どうせいつか死ぬのなら、摂食障害で入院していた時からぼんやりと思っていた社会起業という方法で、問題を解消する解決策を社会に提示し、これ以上心の病の社会問題で悩み傷つく人を生み出さないように、1人でも多くの人が心の病にならなくてすむように、社会のために生き抜くということを覚悟した。

　おそらく成立するのは難しいかもしれないけれども、心の社会問題が解消するための未来作りを1ミリでも前に進めることに全人生を賭けようと、父の遺体が乗った霊柩車の中で、固く誓った。

4　社会活動を開始して見えた精神医療業界の本当の姿

　大学生になり、東京に移住した。学外の仲間と学生団体を作り、様々な病院や当事者グループを見学させていただいた。どれだけお叱りを受けても批判されても構わないと覚悟して始めたが、実際のところ、多くは若者が主体的に心

V 体験・現実を乗り越えて

の問題にかかわることに、仲間として自分たちを受け入れてくださって驚いた。2010年の「心の健康構想実現会議」では、学生スピーチをさせていただいた。若者が心の病にかかわれる居場所や機会を増やすということが自分にとっての役割だと思えた。自分の生きる理由が見えた気がして、精神医療業界の方に自分の存在を受け入れてもらえた気がした。それによって、自分の症状を管理する強さを獲得することができた。

しかし、摂食障害の症状は、ストレス過多の代表業務に影響を与えることも多く、今も常に過食が始まりそうな静かな葛藤の渦中にいる。加えて、社会課題を解決する事業を推進するため、自己犠牲を続けることに、限界を感じ始めるようになった。他の大学生と同じように、お昼休みに友人とカフェテリアでおしゃべりしたいと思うこともあったが、自分にはそのような心的・時間的な余裕がなかった。社会のために自分を捨てるのではなく、自らを満たしながら社会活動に取り組む姿勢を模索し始めた。表向きは寛解した意欲的な人間に見えるようにふるまっていても、内面的にはいつ崩れるかわからない不安定な状態が続いていた。

5 身近な支え手の可能性

病院見学など医療・心理・福祉業界を見させていただき、本質的に必要な支援とは何かを探した。結論として、「地域社会で暮らす健康な人々が、自分と他人の心の異変に気づき、自分に合う休養が得られるように学び、受け入れ合える仲間のいる、安らげる居場所を持つこと」に帰着した。

そこで、支える側のセルフケアや身近な支えを学べる実践教育である「ソーシャルサポート力養成講座」、および身近な支えに取り組む仲間に出逢える居場所「Light Ring Time」という名の講座を、設計し開発した。設計過程では、医学生の新井や臨床心理士を目指す大学生の田辺など、私と同様に、多感な思春期に傷ついた経験を、寄り添ってくれる人との出逢いによって克服してきた実体験を持つ、若者の仲間に助けられた。次の精神医療業界を担おうとする意欲ある若者の存在が推進力になった。

たくさんの同世代の仲間のおかげで、2010年からの4年間で、400人の若者に講座に参加していただいた。参加者に出逢うと、「Light Ring.に来るたび、

自分だけが大変なわけじゃないと思って楽になります」など、感謝の言葉をいただくことがある。支え手の言葉に救いを得たり、地方の若者の声を受け取ってもまだまだ自分や法人が届けられる限度もあり、力不足であることを感じてはもどかしい想いを感じたりしている。

多くの身近な人の異変に気付いた若者は、その後大きく二つに分かれる。心理的距離が遠いために何もできないと悩む場合と、心理的距離が近過ぎるために悩む相手にかまい過ぎてしまうあまり、悩み手のできることすら奪ってしまい、悩み手の依存を引き起こしてしまう場合である。支える側は、たしかに相手を助けたいという明白な気持ちを持っている。しかし、それを自分ひとりで支え切ろうとして孤立心や無力感、こんなにしても相手がよくならない自責感を抱えて、かかわりの困難さに疲弊している。

だからこそ、Light Ring.のソーシャルサポート力養成講座を受講すると、身近な人が行える「適切な支え方」や「距離感の調整方法」や「適切な専門機関の活用方法」などを学び、悩み手とのかかわり方が大きく変わる。さらに、Light Ring Timeを受講することで、同じ境遇の仲間が作られることにより疲弊感が解消される。その結果、支える側の負担が減って悩む相手との良好な関係が生まれ、悩む相手は自ら問題や悩みに向き合える自信や強さを獲得できるようになる。

このような変化例を何度も見ることで、身近な支え手の可能性を確信するようになった。

当初、不完全な社会保障を変えることを大きな目的にしていたが、支える側や悩む側の人の顔が見えるようになると、身近な人を支えたい彼らの成長を応援したいという、貢献の気持ちが活力の源に変わってきていることを感じる。社会よりも眼前の人を中心に据えるようになった。

支える若者は、たしかにどうしていいかわからずに悩んでいる。しかし、自分から社会に何も支援を求めない。求めていいとすら思っていない。この実態に大きな衝撃と問題意識を感じている。社会保障は声のあがった方角にしか目を向けることができない。しかし、この身近な支え手も、高い社会問題解決の可能性を有しながらも声をあげられない集団であることを知った。

Ⅴ 体験・現実を乗り越えて

6　今後目指す一次予防の仕組みと業界を越えた協力の可能性

　病者にとって、ただ受け入れてもらえること、ただ受け入れてくれる存在がいることは尊い。「悩む本人は自らの手でいつだってやり直すことができる」ことを信じ、寄り添い続けていける「身近な支え手」には、大きな可能性が潜んでいる。この支え手の若者を全国に増やす仕組みを整えたい。
　一次予防の具体的なセーフティネットとなり、社会保障など法制度の改善に寄与したいと考えている。行政や省庁、民間団体や教育機関などと連携し、次のしかるべき社会保障モデルに、心の健康促進を行う支え手の若者の声を反映していきたい。
　そのため、まずは自分が支え手であることを忘れずに、支え手の仲間を広げ、若者の力で一次予防の仕組み作りを協力して進めていきたい。
　日本の死にたいと思う若者が、1人でも多く救われる未来が生まれていくことを、心から深く願っている。

第21章 「困った時に人は助け合う」行動の科学
——私はケアラーだったのだ！

堀江紀一

> **ひとりひとりの人生が『思春期学』である（編者・福田正人）**
> この文章は筆者の人生の記録である。専門家でも研究者でもない一般の市民の人生の記録が、なぜ『思春期学』なのか。
> 　思春期を前にして読字障害に気づき、その困難とともに思春期を過ごし、将来の孤立へ恐怖を覚えたことから、筆者の人生は始まった。学校生活と別れ、オホーツク海に近い教護院の教育農場で少年とともに過ごしたことが、回復への道のりの始まりであった。社会福祉政策を勉強し、業界新聞の記者を経験し、社会保障の研究会議を創り、医療・福祉・教育の課題に根源的な将来提言を掲げ、その実現に奔走した活動は、社会という外部の世界に制度と仕組みを作ることに、困難からの回復の道筋を求める取り組みであった。
> 　そうした社会の中での活動の最中に思いがけず、思春期の家族がこころの病を発症することになった。その介護の経験から、国民の多くがケアラーであり、ケアラーには支援が必要であるが、ケアラー自身がそのことに気づいていないことに目覚めた。社会の制度と仕組みは、人のこころにもとづき、人のこころの回復と成長を支えるものとなっていかなければならない。その具体的な形として、専門支援を実現できる新たなコミュニティ・デザインと、人と人が支え合える新しい社会モデルを作り、それらをひとりひとりに生かすための「心身の安全運転ルール」をまとめ、社会の制度と仕組みを、自分という内部の世界の回復へと結びつけていこうとする取り組みを進めている。
> 　筆者の人生は、自らの思春期の困難と家族の思春期のこころの病を出発点にして、社会という外部の世界の制度と仕組みを変革することに取り組み、さらにそれを自分という内部の世界の回復を促すものへと発展させようとする試みであった。生物であることを基盤にし、お互いに助け合う社会的な存在であることから出発し、その中で個人としての自我を確立し、社会の中で価値を実現することを通じて回復していくという、人間存在の一つの具現化である。自らの思春期の課題を、そうした人間のあり方にそって数十年の歳月をかけてようやく乗り越えつつあるという一般市民の人生そのものが、思春期学である。
> 　思春期学は、思春期についての学問分野ではない。思春期という自我と自己を形作る時期を通じて人生を見つめ直すことで、人が生きることを「発展する過程」としてとらえ直す学問分野である。その意味で、ひとりひとりの人生が『思春期学』なのである。

Ⅴ 体験・現実を乗り越えて

1 自分で価値を創り、将来に跳躍する教育学

1-1 せりふがまったく出てこない衝撃——10歳で自覚した読字障害

　私の思春期は読字障害との二人三脚だった。小学5年生の学芸会練習中に覚えたつもりのせりふがまったく出てこない衝撃が始まりで、この時はヒロイン役の友が小さい声でせりふを伝えてくれて事なく終わった。私の発達障害特性が出始めていたが、自覚は遅かった。祖母が学習塾を開いていたために、学校に入る前から壁に向かって大きな声で教科書を音読していた。今振り返れば、読字障害への早期支援が始まっていたことになる。自分が叱られた時ばかりか他人が叱られるのを見ても苦痛で、大人が弱い子どもを叱るのを威圧と感じて恐怖に萎縮した。「紀一を叱ってはいけない、紀一の前で他の人を叱ってもいけない」と言う祖母の威令が小学校まで行き渡っていた。祖母は当時としてはめずらしく、有職経験者であった。曽祖父が40歳で他界し、家族が祖母の将来のためにと女子師範を卒業させたため、祖父と結婚して転勤族になってから仕事はやめたが、小学校の教師たちは、学童の成績や素行で心配があると、祖母の塾に送り込んだ。祖母は大人社会の威圧から私たちを守る防波堤だった。

1-2 生きる希望を持てる価値を自分で創ろう

　中高校生活に入ると、文字記憶されたものが時に思い出せず、頭の中が真っ白になってしまう（時には言語化する機能が消えてしまう）読字障害の弊害は顕著になる。試験でこの頭の空白状態が出るとお手上げで、席次は1桁から3桁に急落する。乱高下が続いて、その対策として事前にカンニングペーパーを作ったが、その準備に嫌悪感が伴い、次第に学校生活は暗いものになった。これから向かう知識社会に私が合わないのではないかという孤立への恐怖があったし、不正をしてまで試験の席次にこだわることへの不快感があった。後年、同じ障害を持つクエンティン・タランティーノが、ハイスクール時代、B級映画観賞に明け暮れていたという話に親近感を抱いたが、私も銀座裏や五反田でやくざ映画三昧であった。時は60年安保時代であったが、国会周辺にたむろする合間にやくざ映画という日々であった。私の周辺は一次産業にも職人さんにも縁がなく、わが家は学歴社会の人たちであったが、父の戦死で生活は苦しかった。

安保はあっけなく終わって、いよいよ進路に行き詰まってきた。自分の将来に希望を持って生きられる価値を、自分で創っていこうと覚悟を決めた。映画『網走番外地』の主人公のように、網走の近くから新しい行動を始めたかった。心配していた母は、北海道にいる伯母に相談することを唯一の条件に許してくれた。青函連絡船の中で、365日は家に帰らないと決めた。

オホーツク海に近い教育農場は、粉のような吹雪だった。440ヘクタールに85人の少年たちが生活する教護院（児童自立支援施設）で、午前は年少児の学業支援、午後は農・林作業の手伝いが役割であった。半年間はこの教育農場で最も落ち着いた寮に寄宿し、後半は無断外出の少年が過半数の寮だった。この寮に初めて荷物を持って移った日も、教護職員部屋の前の廊下には数人の無断外出帰りの少年たちが正座をさせられていた。この光景はその後も続いたが、ひとりひとりの周りをさわやかな空気が取り巻いているように見えて気になった。親に会いたかったとか、仲間にいじめられて悲しくてとか、理由は様々にあったであろうが、群れから離れてひとりで行動する力の清々しさが伝わってきた。

1-3　将来に跳躍するための教育学

自分が社会に無知であることに気づき、1年後、東京に戻って案内広告をする会社で中小企業の求人現場を経験したが、私の中で「このままで価値は創れるのか？」という声が聞こえた。教育農場の体験を、福祉と教育の視点から勉強し直したいと願った。突貫受験勉強をして、この時は読字障害の脳の空白も出ず、社会福祉政策の基礎知識を学ぶことになった。また教育農場の校長が北大教授経験者で、教育学事典の編集や雑誌『教育』に関与したので、参考すべき資料に事欠かなかった。私には無断外出から帰ってきた少年の空気が大切な謎であり、教育農場の校長に質問をした。返事には、「頭を雲の上に出すのは良いが、足はしっかり地につけ歴史に学びなさい」とあった。社会適応しにくかった少年たちや私は、これまでの価値に順応させられる教育では救われない。同質でなくても、人としてもっと尊重される社会に変えていきたい。過去に別れを告げ、将来に跳躍をするための教育学が知りたかったのだ。

福祉業界の担い手の顔を見たいと考え、業界新聞で記者を始めた。そこで二つの収穫があった。一つは就学猶予・免除の方々のリストであった。二つは国

V 体験・現実を乗り越えて

会各政党の社会保障政策の現場の取材ができたことだ。当時、与党は経済成長を、野党は社会保障を重点にしており、各種の政策勉強会に顔を出していた縁で、横断的な社会保障の研究会議を創ることになった。私は就学免除者の取材の合間に、新しい会議の事務局の活動を始めた。医療・福祉関係職員を含む、自治体行政出身の社会保障担当役員との意見交換には刺激があった。

2 ひとりひとりの生活が基点——地域と社会と政治を変える

2-1 高度成長がどうして社会保障に反映されないのか

この役員とは、高度成長が社会保障に反映されないのは、適切な社会問題化の提案がないからだという認識で一致し、住民の健康と福祉を守る提言作りを語り合った。半年後、この提言が動き出し、医療・福祉現場における夜間の違法状態に全国的なメスが入った。病棟の夜勤体制を複数にし、回数を1人月8日に制限することで、看護師は倍増した。福祉施設も宿直を正規労働時間にすることで、約3万名増の予算を大蔵省が認めた。また、救急タライ回し訴訟を提起し、後日厚生省の補佐が休日夜間診療所・二次地域中核病院・救命救急センターの三層システムと救急搬送の原案を持ってきた。この頃から、薬害問題、重症身体障害者福祉や障害者雇用、障害児を普通学校へ、など、医療・福祉・教育の課題が目白押しに現れた。

私は、医療・福祉がニーズごとにタテ割りに予算化されることに疑問を感じるようになった。人々の生活を重視することから地域が変わり、それが政策に反映されて政治を変えるべきと考えた。

> ひとりひとりの生活が基点⇒地域が変わる⇒自治総合研究⇒労働⇒政策⇒綱領⇒政治へ

そこで、社会福祉制度を包括的な地域自治型サービスに転換する提案をした。しかし、市民ひとりひとりの生活から改革を実行することは効率的でないし、時間的に間に合わないと、それぞれの組織のトップたちは考えた。それだけでなく、社会保障関係の現場も既に権益がはっきりしており、そこを市民ニーズで再構成されることに難色を示していた。私が環境保全・廃棄物処理法に奔走している間に⇒が逆転した。パイの取り合いが止まることはなかった。

2-2　乱暴で唐突だが根源的な将来提言

　この間、私は障害特性に悩んでいた。10歳時に単純なせりふを忘れたように、読字障害が出現した。紋切り型の挨拶言葉が出てこない。書類が時には数ヵ月も読めなくなる。頭に整理されて入らないのだ。緊張すると、音読がすらすらできなくなる。したがって、皆の前での挨拶や集団の中で輪読をするのが苦手になり、そうした機会は避けるようになる。形式論議を避けて、皆から出されると思われる問いだけでなく、自身に湧き上がる疑問への回答を徹底的に出しつくし、熟慮を重ねて5年、10年先に向けた提言案を作る。必然的に、私が考える方針は常識から見ると、乱暴であり唐突であり根源的であり過ぎる。しかし、それを助けてくれたのが学者やジャーナリスト、市民活動、地域現場の人たちであった。週に1回、夕方数時間の討論とその後の飲み会を通して、社会保障改革の「過去・現在・未来」のレジメが学者・研究者から出され、その数は20年にわたって300を超えた。唐突な方針は説得的な回路を通せたし、乱暴な提案は市民の目やジャーナリストの筆で誰にでもわかる行動指針になった。私は次第に、市民生活と自治体行政の現場に対して複眼的になっていった。

3　ケアラー支援が社会を変える──私はケアラーだったのだ！

3-1　助けを求める声をケアラーは封じられている──ケアの「両当事者」

　ちょうどその頃、私の家族は思春期で、こころの病を発症していた。当時はできなかった介護を私が始めることができたのは、やっと退職してからであった。私は地域生活を営む中で治療することを求めたが、適切な地域医療福祉サービスは皆無に近かった。しかも、相談し合うべき精神障害者の家族の多くは、1970年まで「廃人・優生保護」という言葉が生きていた時代の教科書で育てられた影響で、地域生活像が希薄だった。私は地域に話し合える人もなく、展望がつかめなかった。「思春期に精神病様体験者が14％いる」との情報を目にしたのは、そんな時だった。一瞬に思春期の私がよみがえった。読字障害に直面して、こころの不調をきたすより、非行少年の道を選ぼうとしていた苦しい時代だった。今、多数の思春期の子どもが同様の体験をしているとわかった。思い切って、精神疾患に限定せずに幅広く介護者全般の支援に取り組む準備をしていた、ケアラー問題の研究会に相談をした。

Ⅴ　体験・現実を乗り越えて

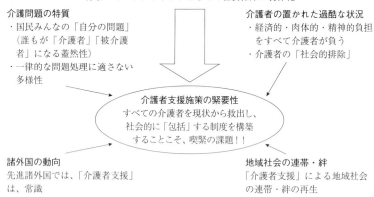

図 21-1　社会から家族など無償の介護者を見ると

　1年ほどの研究会で、介護者支援の必要性を整理した図21-1と法案の草案がまとまった。2010年から12年までの3年間、厚生労働省の補助金を活用してケアラー支援調査を実施した。1年目は5地域計2万世帯にアンケート用紙を配布し、ケアラーの存在率、ケアの状況とケアラーへの影響を明らかにし、5世帯に1世帯がケアラーであることがわかった。2年目は東日本大震災の被災地ケアラー、千葉県中核地域生活支援センター、英国ケアラーズセンターや自治体の調査で必要な支援策を分析し、3年目はケアラー支援のツール開発モデル事業を北海道栗山町、さいたま市、杉並区で行い、適切な支援に結びつけるためのアセスメント、手帳、カフェ、サポーター養成（市民、専門職）研修、地域委員会の設置に着手した。

　この取り組みでは、「ケアラー」を介護、看護、療育、世話、こころや身体に不調のある家族への気遣いなど、ケアの必要な家族や近親者・友人・知人を無償でケアする人と表現している。介護は家族がすべきという考え方に、本人もまわりも縛られている場合が多い。「家族介護者の自己犠牲と献身への賛美によってケアラーは助けを求める声を封じられてしまうが、万が一にも虐待や殺害という事態に至ってしまったら、今度は一転して『なぜ助けを求めなかったか』と、責められる。このように社会が使い分けるダブル・スタンダードによって、ケアラーはダブル・バインド状態に置かれている」と、重症重複障害

を持つ家族のケアラーである児玉真美さんも、著書『アシュリー事件　メディカル・コントロールと新・優生思想の時代』（生活書院）で書いている。客観的に支援が必要なのに助けを求めることを考えつかない人は、誰に何を相談していいか整理できない場合も多い。「アア、私はケアラーだったのだ」と、初めて苦しみの原因を表現する言葉に出会い、知人のヤングケアラーは涙が止まらなかった。

3-2　対人サービスは利用してよさがわかると需要が増える

　求められるケアラー支援策は、レスパイト、カウンセリング、交通費割引、介護技術訓練や情報提供、生活の維持・建て直し資金……など挙げられるが、実は日本では、支援制度がないから利用したことがない、したがって具体的なイメージがわいてこないケースが多い。対人サービスは、利用してそのよさがわかると需要が増大することはよく知られている。ケアラーの年齢や性、健康状態や家族関係、社会参加や経済状態でその組み合わせは多種多様になるし、必要なサービスや仕組みがない場合は、それを作るために地域の共通理解の喚起や、場の設定も重要になる。地域総合コーディネーターが必要なのだ。さらに大事なことは、ケアラーは「ケアラー自身への支援策」と「ケアをしている相手に対する日常的そして緊急時の支援策」との両方を強く望んでいることである。ケア問題は、両当事者（ケアを必要とする人とケアする人）の双方を取り上げて初めて、その全体像が把握できる問題であった。

4　「ここからカフェ」――こころとからだの安全運転に

4-1　新たなコミュニティをデザインする――専門支援

　いま新たなコミュニティ・デザインにチャレンジしている。ケアをしている相手に対する、日常的そして緊急時の支援策を作るためだ。まず専門支援のデザインである。精神疾患の場合、現在の精神科医療では、重症化してから入院治療という制度が中心になっている。治療環境は、他科に比べて看護体制が手薄（精神科特例）であり、緊急入院時に身体拘束することが多く、発症時のつらい体験の上に入院時のトラウマが重ねられる。退院してから本人の体調が悪くなり不安になると、これらの体験が一気に押し寄せて、恐れ、怒りの感情に

V 体験・現実を乗り越えて

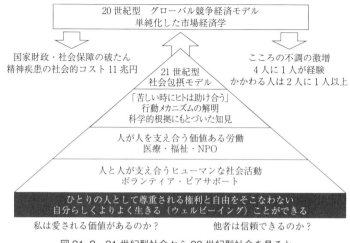

図21-2 21世紀型社会から20世紀型社会を見ると

脳を支配されてしまうのも当然だろう。この不安を何とか軽減させたいと考え、在宅訪問治療を受けられる体制 ACT（Assertive Community Treatment：包括型地域生活支援プログラム）を求めてきた。実際に利用を始めてみると、「困った時に電話をしてよい」と24時間対応の電話番号を渡される。緊急時にはどんな時刻でも医師が枕元まで来て話を聞き、受容的で適切な応答をしてくれる。薬よりも「人の力」で本人は安心が得られ、衝動的な行動は収められる。

4-2 困っている人を気遣い、支え合う社会――地域支援

次に地域支援である。こころの不調が激増し、4人に1人が生涯に一度は精神疾患を体験し、ケアラーを含めれば国民の半分が助けを求めている。すなわち、既にケアを必要とする人とケアラーが国民の多数者で、ともに希望を持って日常生活が送れる地域にすることが喫緊の課題である。図21-2に示したが、新しい社会モデルでは、人と人が支え合うヒューマンなソーシャルアクションこそが重要な鍵なのである。さらに、新旧の社会モデルが衝突する点⇧に注目していただきたい。私もそうだったが、20世紀型競争社会に対抗するために、自らの生きづらさを隠し、常にこころの刃を研ぎ、神経をすり減らしていたように思う。これは古い社会の行動パターンだと反省した。もっと柔軟な感

受性を深く掘り起こして、ケアの必要な人に提供する支援術を創造し、ヒューマンな活動を広げる場作りをする必要がある。

4-3 「心身の安全運転ルール」──区民会議

知人たちと私は、行政と協働して「こころの健康を考える世田谷区民会議」を創って、心身をほぐす取り組みを始めている。都立松沢病院隣の社会福祉協議会の集会所（持主の遺志で寄贈を受けた民家を改築）で、2013年から月1回「ここから（こころとからだ）カフェ」を始めた。2時間の前半は身体をほぐすプログラム、例えば笑いヨガ、二胡の調べ、布アート、野菜ソムリエ、こころに効く子育て、太極拳、食べ物から心身を作る、アロマ……が展開される。後半は参加者がグループに分かれて自己紹介や悩みごとを話し合う。自ら話すことでこころがほぐれていく体験が、参加者を驚かせている。世界が注目し始めたウェルビーイング（人とつながる、体を動かす、まわりを見てみる、学び続ける、人に与える）が「ここからカフェ」では既に実現し、アンテナショップは成功しつつある。

これから「心身の安全運転ルール」を作りたい。交通事故に対しては、交通安全ルールが自動車の機能や台数の増加に対応して進化している。しかし「人」を取り巻く環境が激変し、自然が癒してくれた時代を超えようとしており、こころと身体の不調がきわめて深刻になって国民の多数が助けを求めているのに、心身の安全運転ルールはできていない。運転者のみならず、かたわらを歩く人にも優しいルールを準備したい。人々が集って話し合い、心身ほぐしをして信頼感を増すことが、地域生活力再構成の要点になる。

コラム7　思春期についての精神分析的理解

笠井さつき

　思春期患者の心理療法を依頼された時、そこに治療者としてのやりがいを感じるか、あるいは大変だと負担に思うのか、治療者によってモチベーションが異なるだろう。たしかに、思春期の患者は難しい。しかし魅力的でもある。

　精神分析では、ジクムント・フロイトが思春期はエディプスコンプレックスの克服の時期であるとしたように、いったんは潜伏期に静まっていた幼児期の葛藤が再燃するのだと考えられてきた（Freud, 1905）。娘であり伝統的精神分析の継承者として児童分析を実践したアンナ・フロイトは、自我心理学的青年発達理論を展開した（Freud, 1936）。ブロスは、思春期を前思春期、初期思春期、思春期または中期思春期、後期思春期、後思春期に分け、マーラー（Mahler, M. S.）の幼児発達理論の概念を導入することで、幼児期までの親への依存と自立を再び経験する「第二の分離・個体化」の時期として考えたが、その後、青年期の治療における前エディプス的成分に関心を向け、特に息子の父親に対する愛着と服従の前エディプス的欲求とそこからの脱愛着が自我理想の構造化につながることを論じた（Blos, 1985/1990）。さらにマスターソン（Masterson, J. F.）が、青年期境界例の治療にこうしたブロスの第二分離・個体化の考えを取り入れた（Masterson, 1980）ことで、技法論が発展していった。また、精神分析に限らず広く発展したエリクソンのライフサイクル論は、青年期の発達課題として「同一性対役割の混乱」を想定し、「同一性の形成において、今、起こりつつある統合は、児童期の数多くの同一化の総計以上のものである」としている（Erikson, 1950）。

　他に思春期患者との治療関係のヒントとなる文献として、New Object論では、父母とは違った発達促進的な新しい対象として、具体的には年長のよい先輩（お兄さん、お姉さん的な存在）のイメージを治療者が引き受けるという、中立性を重視する伝統的精神分析よりも柔軟な考えも展開されている（乾, 2009）。最近では、細澤（2013）の思春期の精神療法についての著書が、初心者を対象と唱いつつも、あらゆる年代の治療者に参考となる内容となっている。

　ところで精神分析は、転移という現象を主軸においた心理療法である。転移とは、フロイトが発見した、患者の医師に対する特別な感情であるが、のちにメニンガー（Menninger, K.）によって、「患者が精神分析療法によって退行した際に、無意識的に治療者

に負わせる非現実的な役割、または同一性、および幼児期体験に由来するこの（治療者の）表象に対する患者の反応である」と定義付けられた（Menninger, 1959）。より実践的には、ストレイチィ（Strachey, J.）が、「精神分析治療において効果的な解釈は、転移解釈だけである」と主張し、患者がこころの中にできあがる両親の原初的イメージを、治療者に投影するという過程に、関係づけられることであると考えた（Strachey, 1934）。つまり、転移を扱うことは患者との関係性を扱うことであるのだが、そこで問題となるのが、思春期の患者の場合はまず関係性を築くことそのものが困難な場合が多いことである。

　さらに、精神分析的心理療法では、言語化により転移の解釈を行うことになる。その素材としては、言葉にならない段階での無意識や象徴、非言語的コミュニケーションなども当然含まれるものの、最終的にはそれらが治療者と患者の間で言語化されることが重要だとされている。しかし、思春期の患者との言語的交流はときに難しく、言語は彼らの気持ちのごく一部を表しているのに過ぎないことも多い。物語ることそのものが成立しにくい時期であると、この設定で扱うことが不可能な場合もある。

　言語化を困難にしているこの時期特有の要因としては、傷つきやすさと衝動性の高まりから、言葉で表現するよりも行動化しやすいことが挙げられる。言語化を促す治療者に対してもアンビバレントな感情を抱きやすいため、様々な形での試しが生じやすい。その裏にある気持ちとしては、頼りたいけど頼れない、近づきたいけれど近づかれたくない、わかられたいけれどわかられたくないといった、気持ちの両面が経験されている（笠井, 2000）。ひどく傷つきやすいという印象は、いったんセラピストとの信頼関係が築けた後も、むしろ築けてからこそ、それを裏切られることへの強い不安として経験されやすい。思春期のクライエントを深く傷つけたようにセラピストが感じる時、クライエントから向けられる非難は、セラピストの最も痛いところを容赦なく突いてくることも多い。

　それではここで、私自身が治療者として体験した思春期事例2例（笠井, 2000, 2009）を題材に用いながら、どのように精神分析的理解を用いるのかということについて、より具体的に説明していきたい。

事例A　母親転移の中で思春期のアンビバレンツを経験した事例

　初診時は10代の女子高校生で、「自分の目つきが悪い」「人をにらんでしまい、相手にもそれを気づかれる」と悩んでいた。小学校高学年からこのことが気になり始め、徐々に悪化していき、高校の頃にはつらくなって衝動的に包丁を握ったこともあったが、

コラム 7　思春期についての精神分析的理解

対人恐怖に関する本を読んだことから、自ら病院の精神科外来を受診した。私が予診をとったが、緊張でこわばったまま無理に笑顔を作る様子が印象的だった。診断は社交不安症で投薬はなく、心理検査と心理療法の導入という方針が立てられた。しかし検査予約日に本人からキャンセルをし、その2ヵ月後に再び検査の予約を申し込んでくるなど、すぐに治療を始めることへの迷いが感じられた。検査結果からも適応レベルが保たれており、受験などが落ち着いてから治療を始めるよう主治医が提案すると、受け入れたものの、また翌日には治療を開始したいと電話してきた。この時に私が担当者としていったん会い、「最初は警戒していたが、病院に来て話すと安心してしまい、来なくて大丈夫だと思うが、家に帰ると行かなくてはと思って連絡する」という迷いが彼女から語られた。彼女の二面性に私が触れると、人に心を打ち明けることの怖さや、裏切られたことがあるからなかなか人に飛び込めない、ここでも同じように感じているなどといった気持ちが話された。そこで私は、精神分析的心理療法では定期的に通える一定の期間が必要なので、その状況を整えてから始めることを勧め、保護者の同意を得た上で半年後の受験終了後に始めることを2人で決めた。すると半年後に予約があり、本人の希望で週1回の心理療法を開始することとなった。受験した大学にはすべて不合格となり、浪人が決まっていた。

生活歴の中から、彼女が恵まれた家庭環境の中で、社会的にも成功した両親を尊敬しつつも、どことなく居心地の悪さを感じてきたこと、特にしつけや勉強に厳しい母親に対して、表面的にはよい子を演じつつ、その裏で万引きや男子との性的いたずらをくりかえしていたことなどへの罪悪感が語られた。私には母親転移感情を向けつつも、自分の「汚い」内面を見せることへの不安を経験していった。現実の母親とは次第に葛藤的な関係になり、「だいぶ言いたいことが言えるようになった」と自ら感じてきたり、母親の気持ちを思いやったりもするようになった。私との間では、超自我的な厳しい母親という転移が和らいでいき、「先生をすごい尊敬しているわけでもない」と脱価値化してみせるだけの余裕も出てきた。さらに、明確な答えを求めたり、年齢や学歴についての質問をしてきたりなどの試しや、接近しようとする動きが見られた。その一方で、面接の外での人間関係も変化し充実していき、「人恋しくなってきた。先生だけが頼りでもなくなってきた」と語られる中、症状も軽快して志望校にも合格となった。受験後、休み明けの面接の中で迷いつつも治療の終結を彼女が決め、約1年間の面接を終結とした。数回のフォローアップの結果、学生生活を楽しみ、専門課程への進学を決め、充実した人生を過ごしているとのことだった。

本事例では、思春期ならではの親との分離個体化のプロセスに、いったんは母親転移

を引き受けた治療者がつき合うことが求められた。特に心理療法の導入に際してのかけひきでは、「近づきたいけれど、近づくのが怖い」「頼りたいけれど頼りたくない」という彼女のアンビバレントな気持ちが明確に表れた。この時の彼女の動きを心の中の表れであると見なして丁寧につきあったことが、その後面接開始後の展開にもつながっていったのだと考えられる。このように、思春期の患者はまず最初の入口が難しい場合も多い。そのとき治療者としては、そのような難しさに表れた患者の気持ちを一緒にモニターしつつ、つかず離れずの距離で、時期を待つことも必要かもしれない。そして面接の経過の中で、その距離の持つ意味が転移関係の文脈で理解される時が来れば、治療関係はすでに深まっているのである。

事例B　セラピストの妊娠出産という現実が変化の転機となった事例
　面接開始時20歳代前半の男性との約4年間の面接経過である。彼は「人間関係の悩み」を主訴として大学生の時に単独で精神科外来に来院し、初診時の主治医の勧めにより私が心理療法を開始したが、その数年後には母親情報や当時の状態像からも統合失調症の診断を受けることとなった。当初は精神病圏を否定されたものの、非常に言葉少なで、コミュニケーションを取ることが全体的に困難だった。幼少時からの母親の虐待めいたスパルタ教育や、小学校以来の陰惨ないじめ、高校生の時の父親の急死とその後間もない母親の再婚という外傷体験について、ぽつりぽつりと語り、時折涙を流すこともあった。そのような流れの中で、ふと気づくと彼が無表情にじっとこちらを睨んでいるような間が起きていたことが、私を戸惑わせた。のちに彼は、私に母親転移感情と考えられるような強い愛着と同時に、恐怖や憎しみを抱くという混乱した感情を語った。母親は年若い再婚相手との新婚生活のため彼を近所のアパートにひとりで住まわせ、ついに彼は、大学生活でも友人が1人もなく、家族からも孤立した状態となった。そこで唯一の意味のある人間関係となった私との関係に、彼はしがみつくこととなった。彼と私との関係は苦しみながらも変化していった。
　そうした中で私が妊娠したため、産休をどのように伝えるかということは、非常に慎重に考える必要があった。他のケースではいったん「家族の事情で休む」旨を伝え、そこで妊娠について聞かれたところでさらに説明を行ったが、彼の場合は妊娠に言及してこなかった。この時、私が休む理由を具体的に説明しなかったために、彼はお腹の大きい私に対して、大真面目に休む理由を尋ねたりしたのだが、こうして妊娠にまつわる彼の空想や不安に十分につき合うことこそが大切だったように私には思われた。今振り返ると、この時の私の役割は、私に対する彼の幻滅を受け入れつつ、何とかそこにふみと

コラム7　思春期についての精神分析的理解

どまって性的なことも含めていろいろ想像してもらうことだったのではないかと思われた。なぜなら、産休前の時期を現実と向き合うまでの時間をかけるよう配慮しつつ過ごしたことが、結果的には産休後に彼と面接を再開し、その時に彼が妊娠し出産した現実のセラピストとしての私を受け入れたことへとつながったと考えられたからである。つまり、私の妊娠出産は、治療の危機的状況となるどころか、彼を現実へと向かわせる方向へ働くこととなった。具体的には、彼は私との閉塞した関係から脱し、病院のケースワーカーや主治医と現実的な相談をすることができるようになり、近所のデイケアにも通うようになった。

　本事例においては、統合失調症の問題、家族の問題、いじめなど、彼の発症に至る背景には様々な要因が絡まっていた。しかし実際に発症した時期が思春期に重なっていたことには意味があり、彼の抱えていた問題の性質には幼児期以来の両親との葛藤的関係の再燃が認められた。彼は幼児期から母親が実父と愛情のない関係を続けていたと認識し、死の直前まで実父とは感情的に疎遠なままだった。「母親を不幸にした」父親が現実に死んだことは彼を不安に陥れ混乱させたが、その後、母親の再婚や年若い義父との新婚生活を目の当たりにしたことが、さらに外傷的体験を深刻化させることとなった。彼がこうした危機的状況の中で援助を求める対象となった私に、母親に求めていた幻想を抱くようになり、それがかなわないと感じる時には強い幻滅や憎しみ、怒りを向けたのは自然なプロセスであったと言える。そこで精神病的な強い憎しみを含む感情を向けられることは、たとえ専門家であってもつらい体験であった。その時、精神分析的理解が私にとって一つの大きな助けとなった。彼の内面の苦しみを専門家として理解し続ける努力をやめずに、対象として何とか持ちこたえることが、私の取るべき重要な役割となっていた。特に思春期の患者は、言葉がその意味をそのまま伝えるツールとして機能していない場合も多く、精神分析的理解を伝えることばかりが洞察につながることにはならない。転移にもとづく精神分析的理解を背景に持ちつつ、彼の私に向ける感情に対して、決して報復したり拒絶したりすることなく、嵐のような時間を一緒に過ごすことができるように努めること、そしてこの時期のこうした経験が彼ののちの人生に影響を及ぼすだろうという意味のある感覚を持てることが大切だったと思われる。

　以上2例は、思春期という発達段階で専門家の援助を求めてきたという共通点はあるものの、性別も病態や問題の性質もそれぞれ異なった事例である。
　しかし、いずれも発症に至るまでの背景を抱えつつ成長し、思春期という特有の時期を乗り越える段階で援助を必要としたということは、この時期の持つ困難さを表した事

例であるとも言えるだろう。

引用文献

Blos, P. (1985). *Son and father: Before and beyond the Oedipus complex.* Macmillan Publishing Company.（児玉憲典（訳）(1990). 息子と父親　エディプス・コンプレックスをこえて――青年期臨床の精神分析理論　誠信書房）

Erikson, E. H. (1950). *Childhood and society.* Norton & Company.（仁科弥生（訳）(1977). 幼児期と社会1　みすず書房）

Freud, A. (1936). *The ego and the mechanisms of defense.* International Universities Press.（黒丸正四郎・中野良平（訳）(1982). アンナ・フロイト著作集2　自我と防衛機制　岩崎学術出版社）

Freud, S. (1905). *Three essays on the theory of sexuality.* SE VII. The Hogarth press.（懸田克躬（訳）(1956). 性に関する三つの論文　フロイト選集5　性欲論　日本教文社）

細澤仁（2013）. 思春期の心理療法――こころの発達を促すために　岩崎学術出版社

乾吉佑（2009）. 思春期・青年期の精神分析的アプローチ――出会いと心理臨床　遠見書房

笠井さつき（2000）. 思春期とアイデンティティ――母親からの分離をめぐって. 中村留貴子・渋澤田鶴子・小倉清（編）, 思春期青年期ケース研究5　女性と思春期　岩崎学術出版社　pp. 39-60.

笠井さつき（2009）. 受け入れがたい現実としてのセラピストの妊娠――空想の対象から現実の対象へ. 精神分析研究, **53**, 22-31.

Masterson, J. F. (1980). *From borderline adolescent to functioning adult: the test of time.* Brunner/Mazel Publishers.（作田勉（訳）(1982). 青年期境界例の精神療法　星和書店）

Menninger, K. (1959). *Theory of psychoanalytic technique.* Basic Books.（小此木啓吾・岩崎徹也（訳）(1969). 精神分析技法論　岩崎学術出版社）

Strachey, J. (1934). The nature of therapeutic action of psychoanalysis. *International Journal of Psychoanalysis*, **15**, 127-159.（松木邦裕（監訳）(2003). 対象関係論の基礎　新曜社）

VI

・

学問分野の融合による思春期学の発展

第22章 青年心理学との融合

溝上慎一

　発達心理学の中で、思春期は発達段階として設定されることはほとんどない。あえて設定する場合は、青年期の前か、青年期の初期に位置づけることが多い（佐藤, 2014）。以下では、思春期を青年期（初期）に含めて、「青年期」（adolescence）と称し、青年心理学との融合を概説する。

1　児童期までの人格の見直し・再構築

1-1　青年期の発達的意義

　青年期はただ児童期の延長線上にあるわけではない。青年期は、親や教師などの重要な他者の影響を受けて構築してきた児童期までの人格を、自らの価値や理想、将来の生き方などをもとに見直し、再構築していく発達期である。それは、他者の価値基準によって発達してきた自己を、今度は自らの価値基準によって形を作り直す、言い換えれば、「自己発達」（self-development）から「自己形成」（self-formation）への移行期とも言える時期である（溝上, 2008）。
　青年期における自己形成は、身体や能力・言語の発達、社会環境の変化などと絡まって取り組まれるようになると考えられている。たとえば、ピアジェ（Piaget, 1952）が述べる形式的操作（formal operations：命題論理学および形式的思考にもとづく抽象的な概念の表象操作）の発達はその代表的なものの一つである。人は青年期に入ると形式的操作が発達し、自己を客観的に、そして抽象的に見たり理解したりすることができるようになる。また、身体や性の成熟によって青年は他者のまなざしに敏感になり、そのことが自己への関心を引き起こしたりもする。さらに、レヴィン（Lewin, 1939）が青年を「周辺人」（marginal man）であると特徴づけたように、周囲の大人が青年を「もはや子どもではない」者として扱うようになることも、青年期を理解する上で重要な力学である。

VI　学問分野の融合による思春期学の発展

　人は青年期に入ると、自立、職業選択、友人関係、異性といった青年期の発達課題に取り組みながら、身体や能力・言語の発達などにも支えられて、「自分は何者であるのか」「自分は何者になりたいのか」という問いに自分なりの解を見出そうとする。その解を見出すために人は、児童期まで構築してきた自己、ひいては大きく人格を見直す・再構築することとなる。ここに、青年期に独特の発達的意義が認められる。

1-2　第二次個体化プロセス

　青年期における人格の見直し・再構築の作業は、それまでの社会化の源泉であった親の価値や見方を、自らの価値や見方によって相対化する・見直すことを意味しており、時に、いわゆる「第二反抗期」と呼ばれる現象として立ち現れることもある。

　ブロス（Blos, 1967）は、精神分析の立場から青年期の人格の見直し・再構築の作業を、「第二次個体化プロセス」(the second individuation process) と呼んで検討した。

　第二次個体化とは、マーラーら（Mahler et al., 1975）の「分離―個体化プロセス」(separation-individuation process)（フロイトの自我心理学の立場から、乳幼児が内在化された母親との情緒的な対象関係を恒常的に確立し、個として自律的な心の働きを備えるようになるプロセス）を受けてのもので、青年はそれまでの心的基盤であった親との情緒的な対象関係を切り離し、社会における家族以外の愛着対象との関係を再構築するプロセスを指す。

　ブロスは、第二次個体化がいかなるプロセスかについて詳細には述べなかったけれども、メウス（Meeus, W.）らは、親からの分離プロセスと個体化プロセスとは別のプロセス、すなわち二重プロセスであり、両プロセスが絡み合いながら発達するものと指摘している（Meeus et al., 2005）。特に、個体化プロセスにはアイデンティティ発達が密接に絡んでいると見なされており（Kroger & Haslett, 1988）、学業や仕事、人生哲学など青年期発達の問題がそこに集約していると言える。

1-3 自我の発見

青年心理学の祖と呼ばれるアメリカのホール（Hall, G. S.）が説いたことで有名な「疾風怒濤」(stress and storm)（Hall, 1904）は、青年期が内的動揺の激しい発達期であることを指すものであった。

シュプランガー（Spranger, E.）は、了解心理学の立場から青年の精神世界全体を対象とし、青年期の特徴を、「自我の発見」(finding the self)（Spranger, 1924）

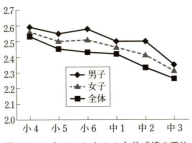

図22-1 小4から中3の自尊感情の平均値（都筑, 2005より抜粋）
小4～中3の7時点・縦断データを収集したうちの、第7回調査の横断データを用いて分析した結果である。

と見た。すなわち、自我は児童期にも存在するが、世界と融合していて対象として意識されることは少ない。それが青年期になると、外界から離れた存在として自己が見出される。しかし、青年が自己に見出すのは、ホールが「疾風怒濤」と表現したような内的動揺であった。青年はこうして動揺や苦痛、孤独を体験しながらも、自分自身の主観を一つの新しい世界として統合し、創り出していくのである。シュプランガーによれば、青年期に入っての人格の見直し・再構築の作業は、「自我の発見」を通して始まるのであった。それは、自らが自己世界の形成主体となることの始まりを意味していた。

1-4 自己への否定的感情の高まり

自我体験のような劇的な体験を伴わない場合であっても、児童期までの人格の見直し・再構築を行う青年期という発達期（前述の1-1項参照）においては、自己への感情は否定的になりやすい（中間, 2011）。

都筑（2005）は、この点に関して貴重な縦断研究の結果を報告している。彼は、自尊感情を指標として、小学4年生から中学3年生までを対象とした4年間・計7回の縦断調査を行い、その変化を検討している。まず、横断的に分析をした結果、7回のすべての調査時期において、学年が上がるにつれて自尊感情の得点が減少する傾向が共通して見られた（図22-1参照）。7回の調査時期すべてにおいて同じ結果が得られたことから、この傾向はかなり一般的なものであろうと結論づけられている。同様の結果は、縦断的な分析結果でも支持され

た。すなわち、同一個人の自尊感情の得点は、小学4年生から中学3年生にかけて次第に低下していったのである。これらの結果は、児童期から青年期にかけて自己の感情が否定的になりやすいことを実証的に示している。

2 青年期はアイデンティティ形成の時期である

2-1 アイデンティティ形成

アンナ・フロイトに指導を受けたドイツ出身・アメリカの精神分析家エリクソンは、「自我アイデンティティ」(ego identity) の混乱ならびに達成 (Erikson, 1963) を、青年期に顕著となる発達的危機の現象だと考えた。自我アイデンティティの形成は、二つのアイデンティティから形成されるものである。一つは「自己アイデンティティ」(self-identity) である。それは「これが私だ」という自己定義 (self-definition) を模索すること、そして見出された自己定義を、「私はどこから来てどこへ行くのか」という過去から未来への連続した感覚としてとらえることである。もう一つは「心理社会的アイデンティティ」(psychosocial identity) である。それは、理想として見出した自己定義を他者に対して、あるいは社会の中で様々に試し（役割実験: role experimentation）、自己定義を共同体の核心に位置づけることである。この二つのアイデンティティ形成の絡み合いによって、全体感情としての「アイデンティティの感覚」(a sense of identity) が自我に形成されるのである。

バーマイスター (Baumeister, 1986) やコテ (Côté, 1996) によれば、エリクソンの提示した青年期のアイデンティティ形成という発達現象は、19世紀末から20世紀初頭にかけて、言い換えれば、社会が工業化・近代化してから登場したものである。それ以前の多くの若者は、大人との共同生活の中で「大人になる」ことを学び育ったが、近代以降の子どもは大人社会・大人の生活空間から切り離され、それに代わって子ども独自の場としての家庭と学校で養育・教育されることとなった（宮澤, 1998）。青年期は、切り離された子ども・青年と大人世界とをつなぎなおす発達期として成立したものである。同一性（アイデンティティ）は差異を前文脈として同一を問う概念であるが、その差異こそも、子ども・青年が切り離されて大人と異なる生を過ごすようになった近代社会の成立によって生まれたものなのであった。

表 22-1　四つのアイデンティティ・ステイタス（Marcia, 1993）

	アイデンティティ達成 (Identity achievement)	モラトリアム (Moratorium)	早期完了 (Foreclosure)	アイデンティティ拡散 (Identity diffusion)
危機	あり	最中	なし	あり or なし
コミットメント	あり	あるが、漠然	あり	なし

　それまで青年期の特徴として議論されてきた自我の発見や自我意識の問題は、アイデンティティ形成論の登場によって包括的に扱われるようになった。つまり、青年期の特徴は、単なる内的動揺や自我の発見だけで説明されるものではなく、「これが私だ」という自己定義の模索、それを連続的・心理社会的に確立しようとする中で立ち現れてくるものだと、構造的・力学的に理解されるようになったのである。

2-2　実証的なアイデンティティ研究の展開

　これまで、エリクソンの論じた青年期アイデンティティ形成論を実証的に測定しようと、多数の測定技法が開発されてきた。その中でも、マーシャ（Marcia, 1966）の「アイデンティティ・ステイタス面接」（Identity Status Interview）は今でも多く使用されている代表的な測定技法である。
　この技法は、「職業」「宗教」「政治」（後者2領域はイデオロギー領域と考えられている）領域に関する「危機」（自身の意思決定があったかどうか）と「コミットメント」（傾倒しているか）の有無の基準によって、表22-1に示すような類型を作成する。こうして作成される「アイデンティティ達成」は、危機を経て特定の職業やイデオロギーにコミットメントしている青年を指し、「モラトリアム」は、危機の最中であり、まだコミットメントする特定の職業やイデオロギーを見出していない青年を指す。「早期完了」は過去に模索をすることなくコミットメントする特定の職業やイデオロギーを見出している青年を指し、その価値やイデオロギーの源泉は親や重要な他者である。そして「アイデンティティ拡散」は、コミットメントする特定の職業やイデオロギーを見出すことができない、あるいは見出そうともしていない青年を指す。危機はある場合もあるし、ない場合もある。

このようなアイデンティティ・ステイタス面接は、判断基準の一つである「危機」を「探求」に置き換えるという作業（Matteson, 1977）、設定領域の拡張・修正（van Hoof, 1999）、ステイタスが移行する際の変化の検討（Kroger, 2003）など、様々な問題を提起して今なお盛んに使用されている。

アイデンティティの感覚を量的に測定する研究も多数行われてきている。その中でもアダムズ（Adams, G. R.）らのアイデンティティ・ステイタスを量的に測定するOM-EIS尺度（Objective Measure of Ego-Identity Status）（Adams *et al.*, 1979）は、質的な研究の隆盛と相まって今でもよく使用されている。また、認知社会的な観点を重視するバーゾンスキー（Berzonsky, M. D.）は、前述のアイデンティティ・ステイタスの違いが、課題に対する問題解決や意思決定などの情報処理様式が異なることから生じると考え、「情報志向」（問題に対して積極的に情報を検索し、評価し、自己関連情報を使用する）、「規準志向」（重要な他者から与えられる決まりごとや期待をもとに問題解決や意思決定を行う）、「拡散・回避志向」（問題に向き合わない）の3因子からなる「アイデンティティ・スタイル（identity style）」尺度を開発している（Berzonsky, 1989）。アイデンティティ達成の青年は情報志向が高く、アイデンティティ拡散の青年は拡散・回避志向が高いなどの結果が示されている（Berzonsky & Kuk, 2005）。

3　分権的自己観にもとづくアイデンティティの二重形成

3-1　複数化・断片化・流動化する現代社会

近代社会の成熟を過ぎた現代社会において、社会学・心理学の様々なテーマで、「複数化」「断片化」「流動化」が問題化している。この話は、首尾一貫したまとまりのある自己体系を目指すエリクソンのアイデンティティ論を揺るがしている。なぜなら、首尾一貫したまとまりある自己を形成せずとも適応できる社会、あるいはそのような青年・大人の存在（Côté, 1996）は、自我の一極集中的な力学をもってアイデンティティ形成を行うと見るエリクソンの自我アイデンティティ論に明確に反するからである。

3-2　分権的自己観にもとづくアイデンティティの二重形成

現代社会におけるアイデンティティ形成とは、特定領域における自己定義の

形成がまずあって、次いで、その特定の自己定義間の葛藤・調整という意味での統合形成がある、そうした二重形成として考えられるべきである。この場合、人によっては自己定義間の葛藤を抱きながらも、取り立てて第二のプロセスに移行して調整せず全体のアイデンティティ形成となることもあるだろうし、人によってはそこから第二のプロセスを加えて除々に全体のアイデンティティを形成することもある。

このような個別領域における自己定義の形成をもとに全体的自己を考える力学は、ハーマンス (Hermans, H. J. M) らが「対話的自己論」(dialogical self theory) (Hermans & Kempen, 1993) を通して主張する分権的自己観に通じてくるものである（詳しくは、溝上、2013）。

対話的自己論とは、自己世界を様々な私が、様々な価値を持って共存するという、多元的自己 (multiple selves) の自己観に立っている。私は、決して自己全体のまなざしに従うものとは限らないという意味で、ジェームズ (James, W.) 以来の伝統的な、一極集中的な自己観では説明されないものである。私同士は、たとえば、仕事と家庭の両立に悩む役割葛藤のように、相反する価値観をもってぶつかり合うこともある。自己は、結局のところ、そうした個別の私同士の葛藤を解決していくことでしかまとまっていくこと、統合されていくことはできないのであり、ハーマンスらはこれを分権的自己観と呼んで、説明をしている。そして、様々な私が乱立するようになった多元的自己の現代社会において、こうした対話的自己論・分権的自己観にもとづく自己形成・アイデンティティ形成の実態が今解明されようとしていっている。

引用文献

Adams, G. R., Shea, J., & Fitch, S. A. (1979). Toward the development of an objective assessment of ego-identity status. *Journal of Youth and Adolescence*, 8, 223-237.

Baumeister, R. F. (1986). *Identity: Cultural change and the struggle for self.* New York: Oxford University Press.

Berzonsky, M. D. (1989). Identity style: Conceptualization and measurement. *Journal of Adolescent Research*, 4, 268-282.

Berzonsky, M. D., & Kuk, L. S. (2005). Identity style, psychosocial maturity, and academic performance. *Personality and Individual Differences*, 39, 235-247.

Blos, P. (1962). *On adolescence: A psychoanalytic interpretation.* The Free Press of Glencoe. (野沢栄司(訳)(1971). 青年期の精神医学 誠信書房)

Blos, P. (1967). The second individuation process of adolescence. *The Psychoanalytic Study of the Child,* **22**, 162–186.

Côté, J. E. (1996). Sociological perspectives on identity formation: The culture-identity link and identity capital. *Journal of Adolescence,* **19**, 417–428.

Erikson, E. H. (1963). *Childhood and society* (2nd ed.). New York: W. W. Norton. (仁科弥生(訳)(1977/1980). 幼児期と社会 I・II みすず書房)

Hall, G. S. (1904). *Adolescence: Its psychology and its relations to physiology, anthropology, sociology, sex, crime, religion and education* (Vol. I & II). New York: D. Appleton.

Hermans, H. J. M., & Kempen, H. J. G. (1993). *The dialogical self: Meaning as movement.* San Diego, California: Academic Press. (溝上慎一・水間玲子・森岡正芳(訳)(2006). 対話的自己——デカルト／ジェームズ／ミードを超えて 新曜社)

van Hoof, A. (1999). The identity status field re-reviewed: An update of unsolved and neglected issues with a view on some alternative approaches. *Developmental Review,* **19**, 497–556.

Kroger, J. (2003). What transits in an identity status transition? *Identity: An International Journal of Theory and Research,* **3**, 197–220.

Kroger, J., & Haslett, S. J. (1988). Separation-individuation and ego identity status in late adolescence: A two-year longitudinal study. *Journal of Youth and Adolescence,* **17**, 59–79.

Lewin, K. (1939). Field theory and experiment in social psychology: Concepts and methods. *The American Journal of Sociology,* **44**, 868–896.

Mahler, M. S., Pine, F., & Bergman, A. (1975). *The psychological birth of the human infant: Symbiosis and individuation.* New York: Basic Books. (高橋雅士・織田正美・浜畑紀(訳)(2001). 乳幼児の心理的誕生——母子共生と個体化 黎明書房)

Marcia, J. E. (1966). Development and validation of ego-identity status. *Journal of Personality and Social Psychology,* **3**, 551–558.

Marcia, J. E. (1993). The ego identity status approach to ego identity. In J. E. Marcia, A. S. Waterman, D. R. Matteson, S. L. Archer, & J. L. Orlofsky, *Ego identity: A handbook for psychosocial research.* New York: Springer-Verlag. pp. 3–21.

Matteson, D. R. (1977). Exploration and commitment: Sex differences and methodological problems in the use of identity status categories. *Journal of Youth and Ado-*

lescence, **6**, 353-374.

Meeus, W., Iedema, J., Maassen, G., & Engels, R. (2005). Separation-individuation revisited: On the interplay of parent-adolescent relations, identity and emotional adjustment in adolescence. *Journal of Adolescence*, **28**, 89-106.

宮澤康人（1998）．大人と子供の関係史序説――教育学と歴史的方法　柏書房

溝上慎一（2008）．自己形成の心理学――他者の森をかけ抜けて自己になる　世界思想社

溝上慎一（2013）．ポジショニングによって異なる私――自己の分権的力学の実証的検証　心理学研究，**84**, 343-353.

中間玲子（2011）．青年の時間．日本発達心理学会（編），発達科学ハンドブック3　時間と人間　新曜社　pp. 98-112.

Piaget, J. (1952). *La psychologie de l'intelligence.* Paris: Librairie Armand Colin.（波多野完治・滝沢武久（訳）（1989）．知能の心理学（改訂版）みすず書房）

佐藤有耕（2014）．青年期への発達心理学的接近．日本青年心理学会（企画），新・青年心理学ハンドブック　福村出版　pp. 49-72.

Schachter, E. P. (2004). Identity configurations: A new perspective on identity formation in contemporary society. *Journal of Personality*, **72**, 167-199.

Spranger, E. (1924). *Psychologie des Jugendalters.* Heidelberg: Quelle & Meyer Verlag.（土井竹治（訳）（1973）．青年の心理　五月書房）

都筑学（2005）．小学校から中学校にかけての子どもの「自己」の形成　心理科学，**25**, 1-10.

第23章　思春期学と社会医学

川上憲人

　社会医学とは、医学に関連する諸科学を総合して社会的要因との関係を研究し、個人と社会の健康と福祉の向上を目標とする医学である。社会医学の中でも、特に公衆衛生学について、ウインスロー（Winslow, C.-E. A.）は、「コミュニティの組織的な努力を通じて、疾病を予防し、寿命を延長し、身体的・精神的健康と生産性の向上を図る科学および技術である」（Winslow, 1920）と定義している。

　表23-1に社会医学（公衆衛生学）の特徴を五つ示した。第一に公衆衛生学は疾病の予防に着目する。公衆衛生学は予防の概念を拡張し、これを三つに区分している。これらは疾病の未然防止を意味する第一次予防、疾病の早期発見である第二次予防、そして治療の後、リハビリテーションなど患者が社会に復帰することを支援するための活動である第三次予防である。第二に、人の集団の健康に着目する点もまた公衆衛生学の特徴である。公衆衛生学では、個人の健康の増進にも関心を持ちつつ、例えば市町村や企業全体として集団レベルでの健康を達成することにより関心を持っている。健康度が向上することに集団としての健康が達成されることで、個々の構成員にも恩恵があるとする考え方である。第三に公衆衛生学では、人の健康が環境要因と個人要因との関係で決定されると考える。例えば環境からの有害物質や病原体が、個人の耐性や免疫力との関係の中で疾病を発症するという考え方である。環境には社会的な環境も含まれる。この考え方は環境に着目した対策を重視することにつながる点で重要な意味を持つ。第四に、健康や疾病の対策を「コミュニティの組織的な努力」により行う点である。公衆衛生学は、集団において組織的、戦略的に対策を立案し、効率的に健康の増進を行うことに関心を持っている。またこの対策において、単に医療だけでなく関連する様々な医療以外の領域の制度の関与も

表 23-1　社会医学(公衆衛生学)の特徴

1　疾病の治療よりも、予防を目標としている。
2　人の集団(国、地方自治体、職場、学校など)を対象としてその健康水準を改善することを目標としている。
3　人の健康を環境との関係で考える。
4　健康や疾病の対策を戦略的かつ全人的に考える。
5　疫学を基本的方法論とし、他分野の方法論(例：行動科学・心理学、社会学、環境科学、分子遺伝学)も積極的に応用する。

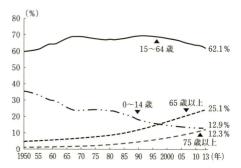

図 23-1　年齢 3 区分別人口の割合の推移 (1950～2013 年)(内閣府, 2013)

推進しようとする。こうしたアプローチは近年、WHO により健康の社会的決定要因アプローチ (WHO, 2008)、あるいはノンヘルスセクター・アプローチ (WHO, 2010) と呼ばれるようになっている。第五に、公衆衛生学は様々な学術を応用する。しかし、その基本的な方法論に疫学という学術をおいている点が特徴である。疫学は、集団のおける健康や疾病の分布および決定要因を明らかにし、これを活用して健康問題の解決にあたろうとする学術である (Last, 2000)。現在の疫学では特に環境要因 (疫学では曝露要因とも呼ぶ) と健康問題との因果関係をできるだけ厳密に検証することが主要な目標となっている。因果関係が厳密に立証された上で、その環境要因に対する対策に着手することになる。

　思春期は、人の健康においてきわめて重要な時期である。本章では、まず思春期における社会医学 (公衆衛生学) の現状を整理し、ついで近年の疫学研究から人の健康における思春期の意味について考える。最後に、社会医学の視点から見た思春期学のあり方について述べる。

1　思春期と健康

1-1　人口構成の変化

　社会医学では、まず人口およびその性別、年齢構成の時代的変化に着目する。日本では現在、人口が減少傾向にある (内閣府, 2013)。さらに、図 23-1 に示

VI 学問分野の融合による思春期学の発展

表 23-2 日本の 0～29 歳の年齢階級別死因の順位と死亡率（人口 10 万対構成割合）（2013 年人口動態統計）

	0 歳	1～4 歳	5～9 歳	10～14 歳	15～19 歳	20～24 歳	25～29 歳
第 1 位	先天奇形、変形及び染色体異常	先天奇形、変形及び染色体異常	悪性新生物／不慮の事故＊	悪性新生物	自殺	自殺	自殺
死亡率（構成割合）	78.8(37.1)	3.4(18.4)	2.0(23.4)	1.7(20.8)	7.6(35.9)	20.9(51.7)	21.4(49.2)
第 2 位	周産期に特異的な呼吸障害等	不慮の事故	―	自殺	不慮の事故	不慮の事故	不慮の事故
死亡率（構成割合）	29.9(14.1)	2.6(14.1)	―	1.6(19.5)	5.6(26.5)	6.8(17.0)	5.5(12.7)
第 3 位	乳幼児突然死症候群	悪性新生物	その他の新生物	不慮の事故	悪性新生物	悪性新生物	悪性新生物
死亡率（構成割合）	12.0 (5.7)	2.0(10.7)	0.7 (7.7)	1.2(14.3)	2.5(11.8)	2.9 (7.3)	4.5(10.4)
第 4 位	不慮の事故	肺炎	心疾患	心疾患	心疾患	心疾患	心疾患
死亡率（構成割合）	8.6 (4.1)	1.3 (7.0)	0.4 (4.9)	0.4 (5.4)	0.9 (4.0)	1.9 (4.6)	2.7 (6.2)
第 5 位	胎児及び新生児の出血性障害等	心疾患	肺炎／先天奇形, 変形及び染色体異常＊	先天奇形, 変形及び染色体異常	その他の新生物	先天奇形, 変形及び染色体異常	脳血管疾患
死亡率（構成割合）	7.4 (3.5)	1.3 (6.7)	0.4 (4.4)	0.3 (4.3)	0.4 (1.7)	0.5 (1.3)	0.9 (2.1)

＊は同率順位

すように若年人口の割合が減少し続けていることがわかる。思春期の開始時期に対応する 10～14 歳の人口は、1950 年に 881 万人であり、その後、1960 年には 1113 万人となったが、2013 年には 579 万人まで減少している。人口減少時代である現代における思春期の課題という側面を意識しておく必要がある。

1-2 思春期と死亡・病気

　社会医学では、死亡および障害を持った生活への影響によって疾病や環境因子の重要性を判断する。思春期は生涯の中で死亡率が最も低い時期の一つである。思春期に相当する 10～14 歳および 15～19 歳の死亡率は千人あたり約 0.1

および 0.2 とされている（2013 年人口動態統計）。死因別に見ると、10～14 歳では悪性新生物が 10 万あたり 1.7 で第 1 位、自殺が同 1.6 で第 2 位であり、それぞれが死亡の約 2 割ずつを占める（表 23-2）。15～19 歳では自殺が第 1 位、不慮の事故が第 2 位であり、それぞれがこの年代の死亡の 36%、27% を占めている。

疾病による早期の死亡によって失われた年数、およびそのために障害を持って生活する年数の合計を、障害調整生存年（Disability-Adjusted Life Year: DALY）と呼ぶ。この指標は疾病の生命・生活への影響を比較評価するための国際的な指標として使用されている。世界において主要な疾病群が各年齢群において DALY をどの程度説明しているかを分析した世界の疾病負担研究（Global Burden of Disease Study）では、10～14 歳では、男女ともに精神疾患が DALY の 19% と、最も大きな割合を占めていることがわかっている（Murray et al., 2012）。

1-3　思春期と生活習慣

小学生、中学生の身長は横ばいであるが、体重は男女ともに減少している（内閣府, 2013）。そのためにやせの区分に入る生徒が増加している。成長曲線から 1 チャンネル以上下方にはずれているやせを「不健康やせ」と呼ぶ。不健康やせの中学 3 年生女子は 19.5% と報告されている。肥満児は減少傾向にあるが、なお生徒の約 1 割程度を占めている。若年者の朝食欠食率は一般に増加しており、2011 年には 7～14 歳の男子で 5.9%、女子で 5.4% であった。一方、中学生、高校生の喫煙率（この 30 日のうちに 1 日以上喫煙）は減少しており、2010 年度の調査では中学 1 年生男子で 1.6%、女子で 0.9%、高校 3 年生男子で 8.6%、女子で 3.8% であった。また中学生、高校生の飲酒率（飲酒頻度が月 1～2 回以上）も改善しており、2010 年度の調査では中学 1 年生男子で 8.0%、女子で 9.1%、高校 3 年生男子で 21.0%、女子で 18.5% であった。

1-4　思春期とその他の行動上の問題

思春期は行動上の問題がいくつも注目される世代である。学校におけるいじめは、2012 年の文部科学省調査では、4～9 月の 6 ヵ月で 2011 年度にくらべて

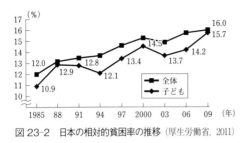

図23-2 日本の相対的貧困率の推移（厚生労働省, 2011）

倍増するなど、その認知度が急増しており、特に小学校での増加が著しい（内閣府、2013）。発生頻度では中学1、2年生に多く、この2学年で件数の4割弱を占めている。校内暴力の発生件数も2005年頃には一旦は改善していたが、それ以後、再度増加している。不登校は1990年代に増加した後、小学校ではほぼ横ばいであるが、中学校では減少傾向にある。しかしその発生頻度は中学1～3年生で高い。

内閣府が2010年に実施した15～39歳に対する調査では、「ふだんは家にいるが、自分の趣味に関する用事の時だけ外出する」者を含む広義の引きこもりは1.8%であった（内閣府、2013）。また15～19歳の層では1.5%であった。この調査では引きこもりの頻度は年齢層で大きく異ならなかった。

1-5 思春期をとりまく社会環境

思春期をとりまく社会環境も健康に影響を与える大きな要因である。今日、子どもの貧困が注目されている。国際的に所得データを用いた貧困指標として、相対的貧困率が使われている。その定義は、等価可処分世帯所得の中央値の50%以下というものである。「等価」とは、世帯内の世帯人員数で調整した値という意味で用いられており、世帯内のすべての世帯員の所得を合算した値（世帯所得）を世帯人数で調整した値が、その中央値の50%以下である世帯に属する者を相対的貧困者と定義する。相対的という意味は、その状態で衣食住ができない絶対的な貧困レベルを必ずしも示すものではないが、その国の他の住民にくらべて所得が少ないことを意味している。日本の相対的貧困率は近年増加しているが、それを上回る勢いで相対的貧困家庭で生活する子どもの割合が増加していることがわかる（図23-2）。所得の少ない家庭で生活する子どもは、所得の多い家庭に生活する子どもにくらべて健康状態が悪いという研究結果も蓄積されつつある。例えば、阿部（2013）は、所得データによる貧困層では、非貧困層とくらべて、7歳の子どもの入院経験、ぜんそくなどの疾病が多

いことを報告している。児童虐待の増加も懸案の一つである。児童虐待の対象は未就学児が高い割合を占めているが、小学生が35.2%、中学生は14.1%を占め、思春期においてもなお大きな課題である（内閣府, 2013）。

2 思春期の健康を支える制度

2-1 学校保健

　社会医学では、組織的、戦略的に集団として人々の健康を支えることに関心を持つ。社会医学における対策は、多くは国や自治体における制度・施策に反映されて人々に提供されることになる。思春期にある者が多くの時間を過ごす学校における保健制度や施策は、思春期の健康にとって重要な社会資源でもある。学校保健は、幼稚園園児、小学校児童、中学校および高等学校の生徒、大学の学生およびこれらの学校の教職員を対象とした保健活動である。学校保健は、保健管理活動と保健教育活動に区分できる。保健管理活動は学校保健法により、保健教育活動は学校教育法にもとづいて実施されている。このほか、感染症の予防に関する法律、予防接種法、食品衛生法、地域保健法、労働安全衛生法などの法律も学校保健にかかわってくる。学校保健の行政体系は、文部科学省、都道府県教育委員会、市区町村教育委員会、学校という流れになる。私立の幼稚園、学校は都道府県知事部局の私学担当課が管轄している。

　保健管理活動の一つである健康診断は、児童生徒の発育・発達の経過を知る健康状態の評価として、就学時（4ヵ月前まで）、定期（毎年6月30日まで）、臨時（特に必要のある時）に実施される。健康診断の項目は学校保健法により学年ごとに規定されており、その項目は、保健調査、身長・体重・座高、栄養状態、脊柱・胸郭・四肢・骨・関節、視力、聴力、眼、耳鼻咽喉頭、皮膚、歯と口腔、結核、心臓、尿、寄生虫卵、呼吸器・循環器・消化器・神経系にわたる。健康診断はスクリーニングとしての機能を持つものであり、その結果により医療機関を受診させたり、精密検査を指示したり、あるいは経過観察が必要かを判断するものである。健康診断の結果は、休学、学校行事への参加、机やイスの変更、学級編成などへの助言にも使われる。健康相談は、学校医また学校歯科医により毎月定期的に、または臨時に実施される。健康診断の事後措置や経過観察として行われたり、あるいは遅刻・欠席の多い生徒、保健室でたびたび休む

生徒などに個別に実施されることもある。

　保健教育は、健康の基本について理解し、健康問題の予防のために生活場面で適切に対処する能力を涵養することにある。このために授業科目として保健学習が、また個別に保健指導が実施される。保健学習については、小学校では3〜6年生の体育科「保健」の授業で、中学校では保健体育科の「科目保健」で学習指導要領により示された内容と時間数で実施されている。2008年に改訂された小・中学校の学習指導要領では、基本的な生活習慣の育成が道徳教育の一貫として盛り込まれている。また子どもが食生活に関して基本的な知識や習慣を身につけることを目的として、食育の推進に関する項目が盛り込まれた。

2-2　スクールカウンセラー

　1999年度から文部科学省は、臨床心理に専門的な知識・経験を有する学校外の専門家、すなわちスクールカウンセラーを学校に派遣する調査研究事業を実施している。これは、いじめや不登校児童生徒の増加など、児童生徒の行動面に多様な問題が生じていることを背景として、学校におけるカウンセリング機能の充実を図るためである。2001年度からは、全国の中学校に計画的に配置することを目標とし補助事業を行っている。スクールカウンセラー派遣校は1万校を超えている。スクールカウンセラーは非常勤職員で、その8割以上が臨床心理士である。また、相談体制は1校あたり平均週1回、4〜8時間といった学校が多い。しかしながら、各都道府県における中学校へのスクールカウンセラーの配置率には大きな差がある。人材の不足や偏在、財政状況等の理由によって活用の状況は様々である。

2-3　健やか親子21

　「健やか親子21」とは、西暦2000年代の母子保健の主要なビジョンを提示する目的で、2001年から2014年までの間を第1期として実施された取り組みであり、国民健康づくり活動である「健康日本21」の一部である。国が数値目標を示し、自治体にその達成のための計画を策定させ、地域ごとの特徴を生かしながらそれぞれの対策を推進することで、国全体として一定の目標を達成しようとする活動である。2013年に行われた評価では、目標を達成した項目

として、思春期では10代の性感染症罹患率の減少、周産期では産後うつ病疑いの割合の減少、周産期死亡率の維持、幼児ではむし歯のない3歳児の割合80％以上達成などの成果が挙がっている（厚生労働省，2013）。また目標に達していないが改善したものとして、思春期では10代の人工妊娠中絶実施率の減少、周産期・幼児期では妊産婦死亡率の減少、妊娠中の喫煙率・育児期間中の両親の自宅での喫煙率の減少があげられている。しかし、「健やか親子21」で目標とされた10代の自殺死亡率や児童虐待には十分な改善が認められなかった。

報告書では、思春期保健対策の一層の充実の必要性が述べられている。思春期保健対策の実施にあたっては、行政、学校、医療機関などの個別の取り組みでは限界があり、その連携が必要であるとしている。また思春期保健対策の重要性を認識しながら、取り組みができていない自治体があることが指摘されており、その阻害要因を分析した上で、どの機関がどのように役目を果たし、連携するかについて明らかにする必要があるとしている。

3 疫学研究により明らかになる思春期と健康の多様な側面

3-1 思春期の生活習慣と生涯の健康

日本学術会議の生活習慣病対策分科会は、その提言の中で、子ども・思春期における生活習慣が成人後の健康に影響を与えることを指摘している（日本学術会議，2008）。動脈硬化病変は子どもの時から始まり、肥満児では非肥満児に比べて進行が早いことが、病理学的な研究や頸動脈超音波検査などを使った研究で明らかにされている（Tounian et al., 2001）。さらに子どもの肥満は大人の肥満に移行しやすい。肥満指標であるBMI（体重を身長の二乗で除した数値）を使った研究では、6歳時点のBMIと18～25歳時点のBMIとの相関は0.5～0.6と高いことが報告されている。思春期に肥満だった者の約70％は成人でも肥満しているとの報告もある。結果として、肥満で過ごした過年数が長くなるほど、心血管疾患のリスクが早期に増加することも知られている（Mossberg, 1989）。長期にわたるコホート研究でも、子どもの肥満が成人後の心疾患のリスクと強く関連することが見出されている（Baker et al., 2007）。喫煙に関しても、早期の喫煙開始が糖尿病のリスクをより大きく増加させることが報告され

ている (Kawakami *et al.*, 1997)。長期間の喫煙により、たばこ依存症を形成しやすくなり、禁煙が困難になることから、早期の喫煙は喫煙による様々な健康影響を受けやすくなる (Kawakami *et al.*, 1998)。このように、子ども、思春期の生活習慣は成人後の生活習慣病の予防と強く関係している。

3-2 思春期までの経験がその後の健康に与える影響

　思春期までの経験がその後の健康に与える影響について、疫学研究による報告が多数なされるようになってきた。15歳までの困難な経験と成人後の精神疾患の罹患との関係を検討した世界精神保健調査のデータ解析からは、15歳以前に身体的虐待、性的虐待、ネグレクト、家庭での暴力の目撃があった場合には、30歳以降の精神疾患のリスクが1.4〜1.7倍に増加することが報告されている (Kessler *et al.*, 2010)。またこのような困難の体験が15歳までにあると、成人後の身体疾患のリスクも増加することが報告されている (Scott *et al.*, 2011)。この研究では、思春期以前の困難な経験があると、成人後の心臓病、ぜんそく、糖尿病、関節炎、慢性腰痛、慢性頭痛のリスクが1.4〜2.2倍増加することがわかった。この関係は、思春期以前の精神疾患を調整しても同様であった。同様の研究から、子ども時代の貧困を経験した者では、成人後の精神疾患、身体疾患のリスクが増加することも見出されている。これらの関係は、思春期以前の経験が、自尊感情の低下や対人関係への態度の変化など心理的な特性の形成に影響し、その結果として心身の疾患のリスクを増加させることになると考えられている。日本でもこれと同様の結果が報告されている。

　一方、日本では、これとは違った傾向も報告されている。例えば両親の学歴が高いほど、うつ病および不安障害が増加するとの報告もある (Ochi *et al.*, 2014)。これは学歴の高い家庭ほど、子どもの将来に対して過度な期待があり、これが子どもへの心理的プレッシャーになるためではないかと解釈されている。同様に、日本では両親の学歴が高い家庭で育った子どもほど、社会的引きこもりを経験しやすいとの報告もある (Umeda *et al.*, 2012)。思春期にある者が、どのような条件下で心理的な負荷に曝露しやすいかは、その社会の特性によって異なる可能性がある。

3-3 思春期までの精神疾患の経験が社会生活に与える影響

思春期は精神疾患の好発時期であり、この時期の精神疾患の経験はその後の社会生活にも影響を与える可能性がある。世界精神保健調査にもとづき、思春期の精神疾患の経験が学校への入学や教育の中断に与える影響を分析した研究では、高所得国で精神疾患を経験すると、高校からの退学のリスクが大きくなっていた (Lee *et al.*, 2009)。また、同じ世界精神保健調査のデータを用いて、最終学歴までの精神疾患の経験と現在（成人後）の世帯所得との関係を解析した研究では、最終学歴までに経験した精神疾患の数が多いほど、現在の所得が少なくなることが報告されている (Kawakami *et al.*, 2012)。四つ以上の精神疾患を経験した者では、現在の所得はその国の中央値の 18% 減となり、最終学歴卒業までの精神疾患の経験は世帯所得の 1.1%（人口寄与危険割合）を説明していた。このように、思春期までの精神疾患はその個人の社会的・経済的可能性を制限する。もちろんこれは平均値としての結果であり、精神疾患を経験した特定の個人がその後どのように生活するかは様々である。しかしこの結果は、思春期までの精神疾患が総体として国の社会的・経済的な負担をもたらすことを意味しており、思春期以前の精神疾患の予防やケアの重要性を示すものである。

4 思春期学と社会医学

思春期が、様々な学術において児童期と成人期のはざかいにあるブラックボックスであると同様に、社会医学においても、思春期はなおざりにされてきたライフステージの一つであった。これは思春期が、身体的な健康問題よりも精神あるいは行動上の問題が顕著な時期であり、身体疾患を中心に発展してきた社会医学におけるこの問題へのアプローチが立ち遅れているためである。また、制度・施策の面でも、厚生労働省が行う母子保健と成人保健や産業保健とのはざまにあり、文部科学省が主管する学校保健という窓を通した施策に対策が限定されてきたためである。近年は、自殺対策や青少年育成などのように、内閣府が主導することで思春期の問題を省庁横断型に対策する試みが始まっているが、内閣府自体の予算、人員が限られていることもあり、制度や施策が十分に展開されているとは言えない。しかしながら、生涯の健康の起点として、思春

期はきわめて重要な時期である。おそらくはこの時期に形成される健康な生活習慣と健全な心理的資源が、将来にわたっての健康の資本となる。生涯の健康を考える視点からも、思春期を新たな健康作りの作用点ととらえ、積極的な研究と施策を推進することが必要である。

　本書で提唱された「思春期学」は、生涯の健康の起点としての思春期という社会医学からの要請に応えるものである。特に、思春期における衝動性や攻撃性などの行動特性、これと関連したいじめ、引きこもり、薬物使用などの様々な問題をどう理解し、どうかかわっていくべきなのかは、これまでの社会医学では十分に検討されてこなかった。制度やサービスもこうした観点からは大きく立ち遅れている。思春期における自我と価値の形成・発展という新しい視点から科学的な研究が進み、思春期を正しく理解し、この時期にある者たちに適切にかかわっていけるサービスや支援のあり方が明らかになることを期待する。

　思春期、人はその多くの時間を学校というシステムの中で経験する。思春期に人が何を得るかは、学校という場において何を経験するかによって影響を受ける。学校という人が作った社会システムは、国や時代によって異なった特徴を持っており、こうした異なった学校システムの特徴が思春期にどんな影響をもたらすかは、今後の思春期学において重要な研究課題である。また人口減少、少子高齢化という現在の日本における思春期と、50年前の高度経済成長期前の日本や、人口増加の最中にある発展途上国における思春期とは、また異なった特性があることも想定される。変化する社会の中での思春期をどのようにとらえるかは、社会医学にとっても興味深い課題である。

引用文献

阿部彩（2013）．子どもの健康格差の要因——過去の健康悪化の回復力に違いはあるか　医療と社会，**22**, 255-269.

Baker, J. L. *et al.*（2007）. Children body-mass index and the risk of coronary heart disease in adulthood. *The New England Journal of Medicine*, **357**, 2329-2337.

Kawakami, N., Takatsuka, N., Shimizu, H., & Ishibashi, H.（1997）. Effects of smoking on the incidence of non-insulin-dependent diabetes mellitus. Replication and extension in a Japanese cohort of male employees. *American Journal of Epidemiology*, **45**, 103-109.

Kawakami, N., Takatsuka, N., Shimizu, H., & Takai, A. (1998). Life-time prevalence and risk factors of tobacco / nicotine dependence in male ever-smokers in Japan. *Addiction*, **93**, 1023-1032.

Kawakami, N. et al. (2012). Early-life mental disorders and adult household income in the World Mental Health Surveys. *Biological Psychiatry*, **72**, 228-237.

Kessler, R. C. et al. (2010). Childhood adversities and adult psychopathology in the WHO World Mental Health Surveys. *The British Journal of Psychiatry*, **197**, 378-385.

厚生労働省 (2011). 平成22年国民生活基礎調査の概況

厚生労働省雇用均等・児童家庭局 (2013).「健やか親子21」最終評価報告書について (http://www.mhlw.go.jp/stf/houdou/0000030389.html)

Last, J. M.（編）日本疫学会（訳）(2000). 疫学事典 第3版 日本公衆衛生協会

Lee, S. et al. (2009). Mental disorders and termination of education in high-income and low- and middle-income countries: Epidemiological study. *The British Journal of Psychiatry*, **194**, 411-417.

Mossberg, H. O. (1989). 40-year follow-up of overweight children. *Lancet*, **2**, 491-493.

Murray, C. J. et al. (2012). Disability-adjusted life years (DALYs) for 291 diseases and injuries in 21 regions, 1990-2010: A systematic analysis for the Global Burden of Disease Study 2010. *Lancet*, **380**, 2197-2223.

内閣府 (2013). 平成25年度版 子ども・若者白書 内閣府

日本学術会議臨床医学委員会・健康・生活科学委員会合同生活習慣病対策分科会 (2008). 出生前・子どものときからの生活習慣病対策 (http://www.scj.go.jp/ja/info/kohyo/pdf/kohyo-20-t62-4.pdf)

Ochi, M., Fujiwara, T., Mizuki, R., Kawakami, N., & World Mental Health Japan Survey Group (2014). Association of socioeconomic status in childhood with major depression and generalized anxiety disorder: Results from the World Mental Health Japan Survey 2002-2006. *BMC Public Health*, **14**, 359.

Scott, K. M. et al. (2011). Association of childhood adversities and early-onset mental disorders with adult-onset chronic physical conditions. *Archives of General Psychiatry*, **68**, 838-844.

Tounian, P. et al. (2001). Presence of increased stiffness of the common caroid artery and endothelial dysfunction in severely obese children: A prospective study. *Lancet*, **358**, 1400-1404.

Umeda, M., Kawakami, N., & World Mental Health Japan Survey Group 2002-2006

(2012). Association of childhood family environments with the risk of social withdrawal ('hikikomori') in the community population in Japan. *Psychiatry and Clinical Neurosciences*, **66**, 121-129.

WHO Commission on Social Determinants of Health (2008). Closing the gap in a generation: Health equity through action on the socialdeterminants of health. *Final Report of the Commission on Social Determinants of Health*.

WHO (2010). Adelaide statement on health in all policies: Moving towards a shared governance for health and well-being. (http://www.who.int/social_determinants/hiap_statement_who_sa_final.pdf)

Winslow, C.-E. A. (1920). The untilled fields of public health. *Science*, **51**, 23.

コラム8　実験社会科学

亀田達也

　経済学、政治学、法学を中心とする社会科学では、近年、実験が様々な分野をつなぐ共通の方法論として注目を集めている。ここでは、そうした分野横断的な新しい学問領域としての「実験社会科学（experimental social sciences）」について簡単に紹介したい。

共通ツールとしての実験
　周知のように、社会科学における伝統的な実証手法の一つである調査研究（survey research）では、すべての変数を観察・測定し、変数間の相関関係について経験的な知識を得ようとする。これに対し実験研究では、いくつかの変数（独立変数）に人為的に介入し操作することで、そうした変数操作が他の変数（従属変数）にどのような因果的効果を持つかを検討する。こうした実験の技法は、理論的研究と手を携えることで、自然科学を飛躍的に進展させてきた。一方、社会科学においては、心理学を除き、実証の手段として実験が用いられることは近年まできわめて稀だった。
　こうした社会科学における「実験の不在」にはいくつかの理由が考えられるだろう。例えば、政治や経済について見れば、ロシア革命や第二次世界大戦の原因は何か、なぜ日本は1950年代から70年代初頭にかけて高度成長を達成できたのかといった問題について何らかの因果的仮説を立てたとしても、それを実験手法によって直接に検討することは原理的に不可能であろう。様々な要因が複雑に絡み合ったマクロな社会現象を抽象化・一般化せず、そのままの形で実験の俎上に載せることはできないし、また、現象の「歴史的・地域的特殊性」に注目すべきという社会科学に強く見られる視点自体も、現象の再現性を旨とする実験という技法にはなじみにくい。また、自然科学の対象であるモノとは違い、ヒトは「自由意思」を持つ存在であり、実験的な統制（変数操作）にはそもそもなじまないという考え方もあるだろう。
　しかし、人の「心」という複雑でそれぞれ「個別」に見える「主観的」な現象群、様々な要因が絡み合った「創発的特徴」を持つ現象群を扱う心理学において、実験手法は最も重要な技法として、100年を超える長い研究の歴史を持っている。この意味で、現象の「複雑さ」や「特殊性」、「歴史性」そのものが、実験手法を原理的に、あらゆる社会現象に対して等しく適用不可能にするとは考えられない。すべての社会現象を実験

コラム8　実験社会科学

の俎上に載せることはもちろんできないが、実験が社会現象の理解に独自の役割を果たすことは間違いないだろう。近年の社会科学では、こうした見込みのもとに、実験・行動経済学、実験政治学、実験哲学・倫理学などといった試みが活発に行われるようになってきている。こうした流れを後押ししたのが、実験経済学者スミス（Smith, V.）、行動経済学者カーネマン（Kahneman, D.）に対する2002年の、そして、政治学者オストロム（Ostrom, E.）に対する2009年のノーベル経済学賞の授賞である。日本においても、科学研究費特定領域研究「実験社会科学――実験が切り開く21世紀の社会科学」（平成19～24年度：西條辰義領域代表）などを契機として、広範に社会科学者を巻き込む形で、実験社会科学という新しい領域が生まれている（西條，2015）。

共通の概念枠組みに向けて

このように経済学、政治学などで新たに実験手法が普及した（しつつある）ことは同時に、「方法レベルでの共有」を手がかりに、協力、信頼、共感、公正など心理学がほかの社会科学と共有しているコアの問題群を軸に、個別分野の壁を越えた「社会科学全体の共通の概念枠組み」を作ることの必要性を浮かび上がらせている。こうした協力、共感、公正などの共通テーマは、まさにヒトを人間たらしめる特性群・能力群の中核を成す。この意味で、実験社会科学の展開は思春期学に対しても重要な含意を持つだろう。

例えば、筆者自身も、脳科学、経済学、法哲学、倫理学の研究者とともに、望ましい分配の仕方をめぐる「分配の公正（distributive justice）」についての共同研究を行っている。この研究からは、分配の公正に関する判断が、共感や視点取得との関係が指摘されている右側頭頭頂接合野（right temporo-parietal junction）の活動と密接に関係するという知見が得られている（亀田，2014）。思春期を待って成熟が始まるとされるこの脳部位が公正判断と密接にかかわるという知見は、「ヒトが人間に変わる時」を解明しようとする思春期学に対しても一定の意味を持つだろう。

実験社会科学と思春期学という学際的領域が手を携えることで、人間性のより十全な理解に向けて、さらなる飛躍と展開が期待される。

引用文献

亀田達也（2014）．「分配の正義」の認知的・社会的基盤を探る．山岸俊男・亀田達也（編），岩波講座コミュニケーションの認知科学4　社会のなかの共存　岩波書店

西條辰義（監修）（2015）．フロンティア実験社会科学（全7巻）　勁草書房

監修者あとがき

　成人になって思春期を回顧する場合、おそらくその時の自分の年代によって想いが異なることだろう。筆者の経験で言えば、まだ想い出が残る20代30代のころは、気恥ずかしさや苦さがまずこみ上げ、「青春時代」の歌詞通り「胸にとげさすことばかり」だったような気がする。40代50代では、時間も経ち、また日々の仕事や生活に追われ、漠然とした甘さや懐かしさが支配的だった。還暦を過ぎた今振り返ると、当時の仲間と再会する機会が増えることもあって、思春期が今の自分を形作った原点であったことを冷静に評価できる。憧れ、思い上がり、背伸びと挫折、人生のお試し期間の試行錯誤の連続がなければ、その後の大人への扉は開かれなかった。思春期の最中にどれだけ荒波に揉まれ、どれだけ努力し、チャレンジしたかによって、人生の豊かさは確実に変わってくる。

　個人的な回顧はさておき、本書は「思春期学」を名乗る本邦初の概説書である。思春期を研究対象とする日本思春期学会はずいぶん前より存在し、思春期に焦点を当てた調査研究は個別には数多くなされてきた。しかし、本書のような形で、学際的なアプローチにより思春期を統合的に俯瞰する試みはなされてこなかった。本書では、近年の人間統合科学研究の定石ともいえる進化的視点を通底に据えつつ、少子化やICT技術に伴う現代の思春期環境の激変による影響まで多角的に論じられている。学際研究は言うは易く実行が難しいと繰り返し言われてきたが、本書では領域連携なしには思春期が語れないことが明快に示されている。

　本書が生まれるきっかけは、「はじめに」にも述べられているように科学研究費新学術領域研究「精神機能の自己制御理解にもとづく思春期の人間形成支援学」（領域代表：笠井清登）がスタートし、その成果が結実してきたことによる。この研究チームが目指すところは、思春期とはそもそもなぜ（それもヒトだけに固有に）あるのか、思春期はどう定義できどんな特徴があるのか、思春期を研究する意義はどこにあるのか、思春期に関する基礎研究は教育や臨床

監修者あとがき

にどのように活かされ、逆に、現場の実践的な試みはいかに基礎研究を掘り起こすかといった問いに関して研究分野を超えて取組み、新しい学術領域を創成することであり、それらの研究の進捗状況が本書の全編で述べられている。

設問がそれだけであれば、「赤ちゃん学」や「子ども学」「老年学（高齢者学）」と類似しているかもしれないが、本書のユニークさは、思春期の研究を通じて人として成熟することの意義、言い換えれば人間性の条件をあぶり出すところにある。思春期研究を介して、人間の本質に迫ろうという試みである。とは言えもちろん、誰もがスムーズに自動的に大人として成熟するわけではない。そこで本書には、「体験・現実を乗り越えて」（第V部）という思春期の蹉跌と克服についての体験者の圧倒的な語りが含まれている。基礎科学研究、臨床研究と現実の生き様との間の三者のキャッチボールを通じて、人間形成支援の視座が輝きを増している。

大型コホート研究をはじめ本書には新しい研究の芽生えが数多く記されており、今後の研究の進展が大いに期待される。本書は日本の統合的思春期研究の最初のマイルストーンであるが、この道がしっかりとまっすぐ、長く伸びていくことを信じている。

2015年春

長谷川寿一

人名索引

あ行

アーセナルト（Arseneault, L.） 98
アダムズ（Adams, G. R.） 326
阿部 彩 334
安藤寿康 124
安藤俊太郎 85
イアコボーニ（Iacoboni, M.） 180
石井綾華 290, 292
石川義博 282
岩宮恵子 18
岩本和也 211
ヴィゴツキー（Vygotsky, L. S.） 10, 163-165
ウインスロー（Winslow, C.-E. A.） 330
ウェインフィールド（Weinfield, N.） 54
ウォータース（Waters, E.） 53
ウォン（Wong, C. C.） 212
臺 弘 226, 227
エックルス（Eccles, J. S.） 76
エリクソン（Erikson, E. H.） 2, 5, 14, 65, 80, 312
エルシェ（Ersche, K. D.） 267
遠藤利彦 45
オールズ（Olds, J.） 185
岡ノ谷一夫 197
岡本泰昌 230
小塩靖崇 273
オストロム（Ostrom, E.） 344
音羽健司 211

か行

カーネマン（Kahneman, D.） 344
笠井清登 1, 219
笠井さつき 312
カスピ（Caspi, A.） 98
金田 渉 211
金生由紀子 240

亀田達也 343
川上憲人 330
クール（Coull, J. T.） 192
クライン（Klein, M.） 2
クレペリン（Kraepelin, E.） 223
グロスマン（Grossmann, K. E.） 54
小池進介 131
コテ（Côté, J. E.） 324
近藤邦夫 80

さ行

西條辰義 344
酒井 弘 145
佐々木司 273
サリヴァン（Sullivan, H. S.） 9, 77
ジェームズ（James, W.） 327
シモンズ（Simmons, R. G.） 77
シュプランガー（Spranger, E.） 323
シュミット（Schmitt, D. P.） 59
シュルツ（Schultz, W.） 189
ジョーム（Jorm, A. F.） 273
ジルバーグ（Gillberg, C.） 241
スタンガー（Stanger, C.） 193
ストレイチィ（Strachey, J.） 313
スノウ（Snow, J.） 88
スミス（Smith, V.） 344
スメタナ（Smetana, J. G.） 81
スルーフ（Sroufe, A.） 50
セルマン（Selman, R. L.） 78

た行

高垣耕企 230
高橋泰城 185
滝沢 龍 96, 211
田中 聡 251
チザム（Chisholm, J. S.） 59
都筑 学 76, 323
鶴身孝介 263

人名索引

デシ（Deci, E.） 81

な行

永山則夫　282
夏苅郁子　14, 281
西岡将基　211
西田淳志　85
西谷正太　101
西平 直　65
ニューポート（Newport, E. L.）　146

は行

バーゾンスキー（Berzonsky, M. D.）　326
ハーバー（Haber, S. N.）　185
バーマイスター（Baumeister, R. F.）　324
ハーマンス（Hermans, H. J. M.）　327
萩原裕子　145
橋本龍一郎　145
長谷川寿一　345
長谷川眞理子　25, 41
ハミルトン（Hamilton, C. E.）　54
バロン-コーエン（Baron-Cohen, S.）　154
ピアジェ（Piaget, J.）　1, 321
ピータース（Peters, B. D.）　152
平石賢二　75, 77
平岩幹男　113
ファースター（Ferster, C. B.）　233
福田正人　159, 303
藤井直敬　173
藤川慎也　101
ブリス（Blyth, D. A.）　77
フレーリー（Fraley, R. C.）　54
フロイト（Freud, A.）　2, 312, 324
フロイト（Freud, S.）　2, 74, 312
ブロス（Blos, P.）　2, 312, 322
ベリッジ（Berridge, K. C.）　189
ベルスキー（Belsky, J.）　57, 58
ボウルビィ（Bowlby, J.）　45, 46, 49, 54, 56
ホール（Hall, G. S.）　323
保坂亨　77
堀江紀一　303

ま行

マーシャ（Marcia, J. E.）　325
マーラー（Mahler, M. S.）　312, 322
マクゴリー（McGorry, P. D.）　223
マクリス（Makris, N.）　267
マスターソン（Masterson, J. F.）　312
溝上慎一　321
ミルナー（Milner, P.）　185
村井俊哉　185, 263
村尾託朗　185
メウス（Meeus, W.）　322
メニンガー（Menninger, K.）　312
モフィット（Moffitt, T. E.）　98

や・ら・わ行

ライアン（Ryan, R. M.）　81
ラター（Rutter, M.）　96
リスター（Lister, R.）　213
リゾラッティ（Rizzolatti, G.）　179
ルリヤ（Luria, A. R.）　164
レヴィン（Lewin, K.）　321
レウィンソン（Lewinsohn, P. M.）　233
レネバーグ（Lenneberg, E. H.）　146

事項索引

あ行

ICD-10　251, 253
愛着　45, 104, 106, 248, 284
アイデンティティ　65, 71, 72, 325
　　──形成　324, 327
アタッチメント　45, 48, 59, 233
　　──の個人差　49, 51
　　──の連続性　53
アルコール　188
　　──依存症　263, 266, 297
アンビバレンツ　313
意識　161
意思決定　190
いじめ　80, 85, 315, 333
依存症　263
依存性物質　188
痛み　154
遺伝と環境の相互作用　96
意図理解　150, 179
陰性症状　219, 226
インターネット　18, 120, 155
　　──依存症　266
ウェルニッケ野　152
ウェルビーイング　11, 99, 225, 287, 290
うつ病　13, 86, 169, 170, 230-232, 253, 338
疫学　87, 331, 337
SNS　20
エピゲノム　97, 211-213
エピジェネティクス　201, 205, 206, 211
横断研究　88
親子関係　159, 225

か行

外在化　51, 142, 244
外側手綱核　187
介入　261

海馬　103
灰白質　258, 266, 267
回復　13, 99, 224, 281, 287, 289, 295
顔認知　174
核磁気共鳴画像法　→MRI
学習獲得的報酬　189
学習観　81
学習の制約　201
隔離児　149
家族研究　97
価値　11, 12, 15, 186, 190, 221, 225
学校　18, 21, 75, 274, 340
　　──移行　75
　　──保健　335, 339
寛解　99, 224, 297
感覚運動学習期　198
感覚学習期　198
環境要因　13, 331
感情統制　153
危険ドラッグ　188
儀式化　80
気分障害　230, 253
虐待　50, 315, 337
ギャンブル障害　263, 264
強化学習　200
教師　80
共同体　19-21, 36, 72, 73
　　──アイデンティティ　71, 72
共同注視　175
共同繁殖　33
強迫症　243, 253
共有環境　125, 126
近赤外分光法　→NIRS
ケアラー　303, 307, 308
月経前症候群　121
ゲノム　211
幻覚　219
言語　9, 136, 137, 145, 152, 163, 197,

349

事項索引

　　　225
　　　──化　313
　　　──学習障害　151
　　　──獲得　199, 206, 207
　　　──システム　151
健康診断　335
行為障害　121
合意的妥当性確認　77
公衆衛生学　330
行動アディクション　263, 266
行動遺伝学　126
行動選択　11
コカイン　187, 267
国際疾病分類　→ICD-10
孤独感　104, 105
子ども時代　69
コホート研究　87, 88, 97, 111, 214, 223, 261
コホート効果　88
コミュニケーション　18, 87, 114, 115, 136, 137, 145, 150, 152, 153, 155, 163, 176, 315

さ 行

作業記憶　109, 152, 153, 219
支援　248, 290, 300, 309, 310
自我　9, 70, 73, 136, 137, 160–162, 221, 323, 325
　　　──アイデンティティ　66, 72, 324
　　　──機能　163, 167
　　　──障害　164, 168, 219
　　　──同一性　6, 106, 159, 160
時間見通し理論　191
時間割引　190, 193
自己　9, 36, 160, 162, 247
　　　──意識　49, 161, 165
　　　──形成　321
　　　──決定理論　76, 81, 137
　　　──効力感　12, 138, 162
　　　──参照　137, 166
　　　──身体の認識　166
　　　──制御　6, 42, 93, 131, 132, 134, 138, 139, 183, 193, 230, 234, 256, 260
　　　──発達　321
　　　──評価　162
思考　163
自殺　13, 85–87, 230, 333, 337
思春期　1, 4, 33, 34, 36, 42, 113, 199, 254, 344
　　　──学　i, 2, 303, 340
　　　──発症　221, 222
　　　──発来　58, 87, 101, 117
視床　187
自尊感情（自尊心）　12, 72, 73, 122, 131, 136, 162, 323, 338
しつけ　41
実験研究　343
実験社会科学　343
実行意識　166, 169
実行機能　126, 131, 136, 219
失読症　151
疾病否認　258
視点取得能力　78
自発性　170, 208
自閉スペクトラム症　122, 145, 154, 175, 180, 242, 253
死亡率　332
社会医学　330
社会性　173, 181, 205–207
社会的コンフリクト　179
社会的信号　153
社会的スキル　78
社会的モデル　66–68
社会脳仮説　29
社会保障　306
社交不安症　244, 253, 314
縦断研究　46, 50, 53, 54, 88, 89, 97, 139, 323
出生コホート　89, 90, 97
障害調整生存年　→DALY
生涯発達　5, 14, 46
上縦束　152
上側頭回　152, 155
上側頭溝　152, 154, 176

焦点変化仮説　77
衝動性　8, 104, 105, 264
情動認知　175
小児性　114, 116
小脳　192
情報処理　167
食育　336
自律性　47, 48, 82, 138
進化　25
　——環境　31
人格　161
進化論的社会化理論　57
神経可塑的変化　148
神経性過食（大食）症　255
神経性無食欲症　251
身体自我　69
身体疾患　338
診断移行　257
親密圏　19
親友　77, 80, 160
心理教育　237, 249
心理時間　192
心理療法　260
スクールカウンセラー　336
健やか親子21　336
ストレス　203, 206, 213
ストレンジ・シチュエーション法　49
スパート　34, 117
スマートフォン　18, 119
生活史
　——戦略　26
　——パターン　25, 32
　——理論　56
生活習慣　333, 337
生活臨床　225, 227
性差　15, 109, 243, 253, 256
性自認　106, 109
成人アタッチメント面接　49
精神疾患　13, 86, 96, 135, 160, 168, 224, 230, 231, 273, 309, 338, 339
精神分析　2, 74, 161, 312
精神保健教育　274

性成熟　29, 33, 35, 36, 102, 107, 113
性早熟症　117
青年期　4, 321
青年心理学　47, 321
性の問題　121
性ホルモン　7, 35, 85, 102, 103, 118, 135, 137, 140, 197, 198, 202, 208, 214
生理的早産　32
生理的報酬　189
世界保健機構　→WHO
セクシャリティ　52
世代間伝達　55
摂食障害　116, 251, 258, 293
セルフ・コントロール　133, 138
前意識　161
線状体　155, 186, 189, 264, 271
前頭前皮質　186, 264, 268, 271
前頭前野　7, 107, 131, 139-141, 189, 221, 230
前頭皮質　192
双極性障害　235, 236
双生児研究　97, 124
双生児出生コホート研究　96, 97
躁病　235
相貌失認　174
ソーシャルサポート　77, 301
側坐核　189
素行症　244

た行

第一言語獲得　149
帯状回前部　154
対人関係　104, 164, 338
第二言語習得　146, 149, 199, 208
第二次性徴　58, 85, 86, 91, 101, 113, 116, 135, 136, 159
第二反抗期　322
大脳基底核　190, 192, 202, 204
大麻　188
タナー段階　58, 102, 107, 116
探索　47
チック症　243

事項索引

チャム　9, 77
注意欠如・多動症　86, 122, 236, 242
中1ギャップ　75
聴覚　151
調査研究　343
超自我　161
治療　248
追跡率　89
DSM-5　168, 230, 235, 240, 253, 263
DNA　211
　──メチル化　202, 212, 213
データマイニング　182
転移　312, 313, 315
島　166
　──皮質　264, 268, 269
同一化　66, 70
動機づけ　13, 81, 170, 206, 269
東京ティーンコホート　92
統合失調症　137, 164, 165, 168-170, 219, 281, 315, 316
当事者　307
読字障害　304
ドパミン　187, 189

な行

内言　10, 153
内在化　51, 142, 244
内発的報酬　189
仲間　38, 79, 80, 104, 106, 154, 221, 225, 247
ナラティブ　14
ニコチン　188
人間関係　159
認知機能障害　219
認知行動療法　234
認知的再評価　153
認知トレーニング　142
認知能力　126
認知バイアス　261
認知発達　1
ネグレクト　50
脳科学　165

脳機能　99, 154, 167, 246
脳内自己刺激　185
脳発達　131

は行

パートナーシップ　49
バイオロジカルモーション　179
排卵　101
白質　266, 267
罰　265
発声学習　197
発達疫学　15, 87, 89-92
発達課題　254
発達障害　121, 240
　──者支援法　240
発達心理学　16, 321
発達精神病理学　16
発達段階　5, 6, 14, 76, 98
母親　106
反抗挑発症　122, 236, 244
犯罪　41, 122
引きこもり　101, 297, 334, 338
非共有環境　125
尾状核　189
左下前頭回　153
ヒト　29
貧困　334, 338
不安障害　13, 256, 338
フェイスパッチ　174
副腎皮質　101
腹側淡蒼球　187
不健康やせ　333
物質依存症　263
物質乱用　236, 256
不登校　20, 75, 101, 116, 220, 248
ブローカ野　153
分子遺伝学研究　97
ペアボンド　37
併発症　244
辺縁系　7, 13, 139, 140
扁桃体　102, 105, 106, 175, 187, 205, 206, 208, 264

包括型地域生活支援プログラム　310
報酬　188, 265
　──回路　185
　──系　106, 108, 185, 204-206, 208, 221, 264
　──予測　186, 189, 265
紡錘状回　155
暴力　101
保健教育　336
補足運動野　192
ボディイメージ　178, 254
哺乳類　27, 197
ホルモン測定　109

ま行

マークテスト　176
右腹側前頭前野　154
ミネソタ飢餓実験　257
ミラーニューロン　179, 204, 208
無意識　161
メタ認知　9, 35, 137, 162
メタンフェタミン　188, 267
メディア　115, 119, 292, 296
　──リテラシー　120
メンタルヘルスリテラシー　273
妄想　219
モジュール仮説　181
モデル動物　213
問題解決訓練　237
問題行動　116, 142
問題制御　39

や・ら・わ行

薬物療法　220, 234, 237, 249, 260, 271
友人関係　77
有能感　131, 137, 138

陽性症状　219
抑うつ　85, 106, 118, 256
抑制　35
予防　98, 301, 330
ライフスタイル　70
ライフステージ　3, 5, 14, 85
ラバーハンド・イリュージョン　177
リカバリー　13, 99, 222, 224-227
リスク選好　7
リスク要因　86
リストカット　116
臨界期　103, 145, 150, 208
臨床病期　223
霊長類　28, 173, 179, 197
歴史的相対性　73, 74
レジリエンス　96, 99, 234
恋愛　51, 160

A-Z

ADHD（Attention-Deficit / Hyperactivity Disorder）　→注意欠如・多動症
ASD（Autism Spectrum Disorder）　→自閉スペクトラム症
ASL（American Sign Language）　149
DALY（Disability-Adjusted Life Year）　99, 333
ECoG（Electro CorticoGram）　181
MRI（Magnetic Resonance Imaging）　148, 258
NIRS（Near InfraRed Spectroscopy）　107
TEDS（The Twins Early Development Study）　93, 96, 98
WHO（World Health Organization）　99, 113, 331

執筆者一覧 （執筆順・＊は編者・†は監修者）

笠井清登＊	東京大学医学部附属病院精神神経科
岩宮恵子	島根大学人間科学部
長谷川眞理子＊	総合研究大学院大学
遠藤利彦	東京大学大学院教育学研究科
西平　直	京都大学大学院教育学研究科
平石賢二	名古屋大学大学院教育発達科学研究科
安藤俊太郎	東京大学医学部附属病院精神神経科
西田淳志	東京都医学総合研究所
滝沢　龍	東京大学医学部附属病院精神神経科
西谷正太	長崎大学大学院医歯薬学総合研究科
藤川慎也	東京大学医学部附属病院精神神経科
平岩幹男	Rabbit Developmental Research
安藤寿康	慶應義塾大学文学部
小池進介	東京大学こころの多様性と適応の統合的研究機構
橋本龍一郎	首都大学東京人文科学研究科
酒井　弘	早稲田大学理工学術院
萩原裕子	首都大学東京人文科学研究科
福田正人＊	群馬大学大学院医学系研究科
藤井直敬＊	理化学研究所脳科学総合研究センター
村尾託朗	京都大学大学院医学研究科
村井俊哉	京都大学大学院医学研究科
高橋泰城	北海道大学大学院文学研究科
岡ノ谷一夫	東京大学大学院総合文化研究科
西岡将基	東京大学大学院医学系研究科
金田　渉	帝京大学医学部
音羽健司	NTT東日本関東病院精神神経科
岩本和也	東京大学大学院医学系研究科
髙垣耕企	広島大学大学院医歯薬保健学研究院
岡本泰昌	広島大学大学院医歯薬保健学研究院
金生由紀子	東京大学医学部附属病院こころの発達診療部
田中　聡	名古屋大学医学部附属病院精神科
鶴身孝介	京都大学大学院医学研究科
小塩靖崇	国立精神・神経医療研究センター精神保健研究所
佐々木司	東京大学大学院教育学研究科
夏苅郁子	やきつべの径診療所
石井綾華	特定非営利活動法人 Light Ring.
堀江紀一	日本ケアラー連盟
笠井さつき	帝京大学心理臨床センター
溝上慎一	京都大学高等教育研究開発推進センター
川上憲人	東京大学大学院医学系研究科
亀田達也	東京大学大学院人文社会系研究科
長谷川寿一†	大学改革支援・学位授与機構

思春期学

2015年5月21日　初　版
2019年9月25日　第2刷

［検印廃止］

編　者　笠井清登・藤井直敬・
　　　　福田正人・長谷川眞理子

監修者　長谷川寿一

発行所　一般財団法人　東京大学出版会
代表者　吉見俊哉
153-0041 東京都目黒区駒場 4-5-29
http://www.utp.or.jp/
電話 03-6407-1069　Fax 03-6407-1991
振替 00160-6-59964

印刷所　株式会社理想社
製本所　牧製本印刷株式会社

Ⓒ 2015 Kasai, K. *et al.*, Editors
ISBN 978-4-13-011141-6　Printed in Japan

JCOPY 〈出版者著作権管理機構　委託出版物〉
本書の無断複写は著作権法上での例外を除き禁じられています．複写される場合は，そのつど事前に，出版者著作権管理機構（電話 03-5244-5088，FAX 03-5244-5089, e-mail: info@jcopy.or.jp）の許諾を得てください．

いま、思春期を問い直す――グレーゾーンにたつ子どもたち
保坂 亨　四六判・274頁・2800円
心理学，教育学から，現代の若者文化や日本戦後社会史の知見なども整理し，いまや消失したとも議論される「思春期」の意味に再照明をあて，心理援助，学校教育が向き合うべきポイントを考える．

発達科学入門［全3巻］
高橋惠子・湯川良三・安藤寿康・秋山弘子［編］　A5判・平均300頁・各3400円
心理学を中心に，脳科学，医学，社会科学など，発達を扱う科学を総動員し，胎児期から超・高齢期まで，生涯にわたる発達を学際的・統合的にとらえるシリーズ．第一線の研究者が，生物―心理―社会的観点からバランスのとれた知見を提供する，網羅的なテキスト．
第1巻　理論と方法
第2巻　胎児期～児童期
第3巻　青年期～後期高齢期

ベーシック発達心理学
開 一夫・齋藤慈子［編］　A5判・288頁・2400円
心と体の生涯発達への心理学的アプローチの方法から，乳幼児期の認知・自己・感情・言語・社会性・人間関係の発達の詳細，学童期～高齢期の発達の概要，発達障害への対応まで，子どもにかかわるすべての人に必要な発達心理学の基礎が身に付くようガイドする．

進化と人間行動
長谷川寿一・長谷川眞理子　A5判・304頁・2500円
人間もまた進化の産物であるという視点に立つと，人間の行動や心理はどのようにとらえなおすことができるだろうか．人間とは何かという永遠の問いに進化生物学的な視点から光を当てる，「人間行動進化学」への招待．

ここに表示された価格は本体価格です．ご購入の際には消費税が加算されますのでご了承ください．